개정증보판

# 도대체 무엇을 어떻게 쓸 것인가

문학박사 유종국 저

형설출판사
www.hyungseul.co.kr

# 글을 쓰는 일

## 머리말을 대신하여

글을 쓰는 일은 재미있고 유익하다. 우선 자신을 들여다 볼 수 있기 때문이다. 자신의 외모를 알고 싶으면 거울을 들여다보아야 하고, 자신의 내면을 알기 위해서는 자신이 쓴 글을 읽어 보아야 한다. 그래야 자신의 지나간 생각과 언어와 행동을 성찰하고, 반성하고, 후회하고, 나중에 개선할 수 있다. 그러면 그는 바람직한 사람, 사람다운 사람이 된다.

그밖에도 글쓰기는 지적 능력으로서 논리적 사고력, 사물에 대한 관찰력, 당면한 문제에 대한 창의적인 대처 능력 등이 길러진다. 또한 감성적 능력으로서 글을 쓰는 재미가 있고, 글을 씀으로써 자아실현감을 높여 주어 정서 함양에 이바지한다.

요즘 학생들은 말은 제법 잘하면서 글은 잘 쓰지 못한다. 그 이유는 무엇인가. 아마도 그 이유는 이메일, 휴대폰, 전화 등과 같은 최신 첨단의 통신기기의 등장으로 말미암아 편지 등 글을 쓰는 일이 많지 않기 때문일 것이다. 또한 입시 위주의 교육으로 말미암아 기사문, 식사문, 일기문, 기행문 등 각종 실용문을 지을 기회가 거의 없고, 시나 수필 등 문예문을 창작해 볼 시간이 거의 없기 때문일 것이다.

필자는 14년 동안 대학생들의 글쓰기 지도를 해보았다. 대학생들은 자유로운 사고 훈련, 브레인스토밍, 자유 작문 훈련, 올바른 문장 표현 비법, 감상문 쓰기, 기사문 쓰기 등과 같은 글쓰기를 가르쳤다. 정확한 문장 이론에 입각한 글쓰기 훈련을 통해서 문장의 구성 능력을 습득하였다. 그 나름의 소기의 성과를 거두었다.

대학생의 교재로 쓰던 이 책을 보완해야 할 필요를 느꼈다. 그렇지만 나 자신이 게을러서 차일피일 미루다가 비로소 이번에 개정증보판을 준비하였다. 이 책은 세월이 흘러 시대적 변화에 따라 보완할 필요가 있었다. 또한, 가을에 떨어지는 낙엽처럼 교정해도 오자(誤字)가 나와서 책을 개정하는 일이 절실하였다.

대학생은 혼자서도 끝까지 읽고 이해할 수 있으리라고 본다. 물론 교사, 교수의 강의나 해설이 더해지면 더욱 좋을 성싶다. 이 책은 쉽고 재미있는 글쓰기 훈련을 하도록 짜여 있다. 다만 국어 문법규칙에 맞게 쓰는 훈련을 통하여 부지불식간에 문장력을 향상시키는 데에 저작의 목적을 두고 있다. 한편, 대학교 교재로 사용할 수 있게 하기 위하여 체계적으로 각장을 나누어 논의를 전개시켰다.

이 책은 4대별할 수 있다.

(1) 무엇을 쓸 것인가?
  –글감, 소재
(2) 어떻게 쓸 것인가?
  –자유작문 훈련, 정확한 문장 만들기 기법에 대한 습득
(3) 어떻게 구성할 것인가?
  –정확한 문장, 단락 나누기, 완결문 만들기의 구성 방법 터득
(4) 어떻게 양식에 맞는 글을 쓸 것인가?
  –"모든 글은 양식으로 이루어진다." 글 양식의 이해와 선택 요령

사람은 모름지기 이웃을 잘 만나야 하는 법이다. 우리 대학교의 바쁘고 힘든 학사업무 속에서도 연구와 교육에 전념할 수 있게 배려해 주신 김동준 총장님과 교직원님들께 감사한다. 그리고 떠올리면 글썽거려지는 내 스승님 一山 김준영 선생님, 古河 최승범 선생님, 좋은 벗 이태영 교수, 가정 경제를 걱정하지 않게 해준 사랑하는 아내, 형설출판사 사장님과 관계자 여러분들께 진심으로 감사드린다.

2011년 6월 2일
아양산 언덕에서
저자 유종국 씀

# 차례

## 1 도대체 무엇을 어떻게 쓰기 시작할까



## 2 도대체 글이란 어떻게 엮어지는 걸까

# 3 도대체 글에도 양식이 있는가

# 1장

## 1. 도대체 무엇을 어떻게 쓰기 시작할까

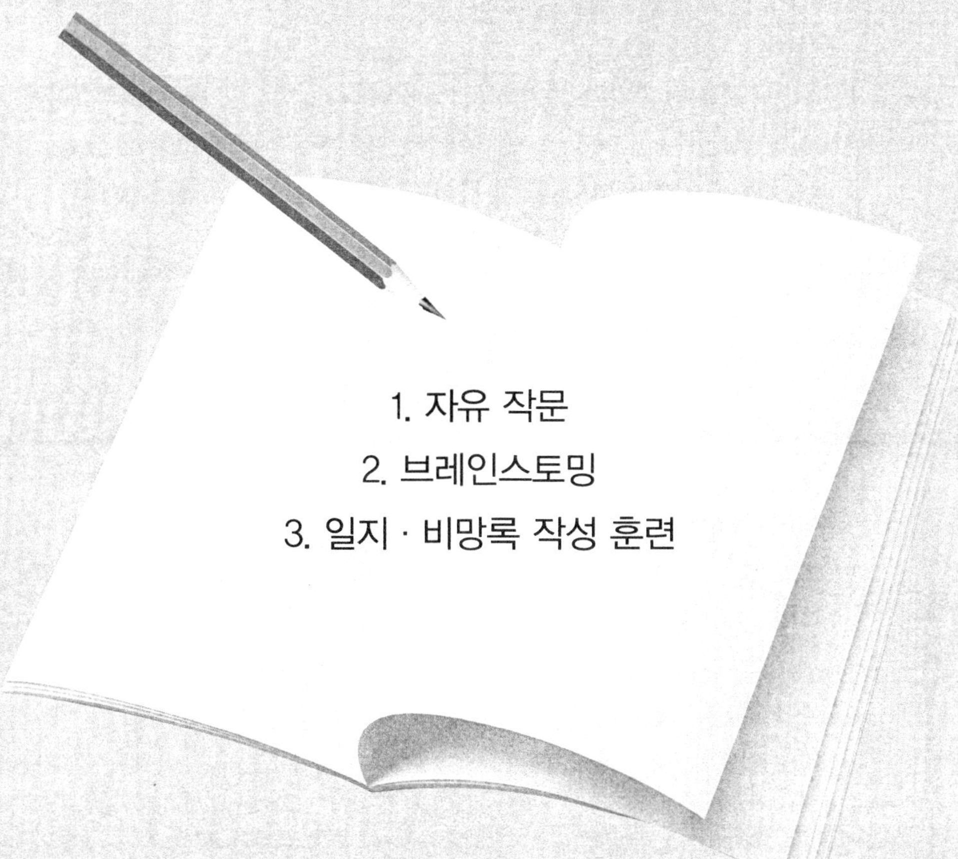

1. 자유 작문
2. 브레인스토밍
3. 일지 · 비망록 작성 훈련

인간은 본래 자기 자신을 드러내려는 본능을 갖고 있다. 어떤 대상이나 행위에 대하여 자신의 느낌과 생각을 표현하려고 한다. 이럴 때의 표현은 자신이 경험한 것이 대부분이다. 자신들의 즐거웠던 혹은 슬펐던 경험일 수 있다.

사람은 자신이 어떠한 존재인가를 알고 싶은 욕구를 갖고 있다. 사람은 자신의 외모에 대하여 알고자 하면 거울을 들여다 볼 것이다. 자신의 생각을 알고자 한다면 자신의 생각을 글로 표현하고서 그 내용을 스스로 읽어 볼 것이다. 자신의 정체를 알고자 하면 거울과 글이 필요하다.

글을 쓰는 일은 그리 쉽지 않다. 무엇을 쓴다는 말인가. 사람들은 곧잘 쓸거리가 없다고 말한다. 글감, 곧 소재가 없다는 말이다. 지난 일에 대해서 쓰거나, 어떤 대상에 대하여 쓰기를 권한다.

인간만사(人間萬事)가 다 글감이다. 누군가 쓸거리가 없다고 말하면, 작가들은 자신이 경험한 과거의 추억으로 돌아가라고 말한다.[1)] 추억을 회상하게 되면 쓸거리가 생긴다는 말이다. 어린 시절을 지낸 사람이라면 누구나 평생 글로 쓰고 남을 만큼 풍부한 쓸거리를 갖고 있다. 자신이 비로소 초등학교에 다니기 시작했을 무렵부터 기억나는 추억들을 하나씩 써나갈 수 있다. 이는 글쓰기를 위한 초보적인 일이다.

유치원에서부터 시작해도 좋다. 내가 다녔던 유치원 이름은 무엇이었는가, 누구랑 친하게 지냈는가, 어떤 노래를 즐겨 불렀는가, 어떤 놀이를 즐겼는가, 학예발표회 때는 어떤 춤을 추었는가, 당시 좋아하던 짝꿍은 어떤 아이였는가.

초등학교 1학년 때 몇 반이었는가, 담임 선생님은 어떤 분이셨는가, 누구랑 같은 반이었는가, 당시엔 어떤 옷을 입고 다녔는가, 가방은 어떤 모양이었는가, 초등학교 6학년 때 내가 좋아하던 이성 친구는 누구였는가, 친구와 싸운 적이 있었는가, 소풍은 주로 어느 곳으로 갔는가, 초등학교 졸업식 때 분위기는 어떠했는가. 이런 것을 떠올려 보면 말할거리도 있고, 쓸거리도 있다.

중학교 다닐 무렵 여름에 해변이나 강가에서 물놀이한 적은 없었는가. 물놀이를 하다가 물에 빠져 죽을 뻔한 적은 없는지, 친구 도시락 반찬을 훔쳐먹어 본 일은 없었는지를 회상해 볼 수 있다. 중3 때의 졸업 여행에 대하여 글을 쓸 수

---

1) 앤 라모트 저, 송정희 역, 『글쓰기 잘쓰기』(서울 : 중앙일보사, 1996), pp. 32~33. 여기서처럼 이렇게 글의 출처를 밝히거나, 아니면 경우에 따라 전문 용어를 쉽게 풀어 설명하거나 혹은 본문에서 논하지 않은 것을 여기서 보충 설명하는 것을 주(註)라고 한다. 특히 이와 같이 그 페이지 하단에 붙이는 주를 각주(footnote)라고 한다. 필자가 출처를 밝혀 주를 달 때는 항상 독서 카드를 참고한다. 독서 카드는 뒤에서 설명할 것이다.

도 있다. 가족과 여행을 다녀온 일도 글로 쓸 수 있다.

며칠 전 외갓집에 다녀온 일을 글로 쓸 수 있다. 봄나들이, 바캉스, 체육대회, M.T., 축제, 다과회 등 어떤 행사든 모두 쓸거리다. 아르바이트, 심부름, 오락 게임, 데이트 그 어느 것이든 모두 쓸거리다. 인간만사(人間萬事)가 글의 소재이다.

삼라만상(森羅萬象)이 모두 글의 소재이다. 엊그제 활짝 핀 진달래에 대하여 글을 쓸 수 있다. 달빛 아래 하얀 배꽃(梨花)에 대하여 쓸 수도 있다. 대나무, 소나무, 벚나무, 채송화, 라일락이나 말, 사자, 기린, 사슴, 고양이에 대하여 글을 쓸 수 있다. 유리병, 찻잔, 바위, 금반지에 대하여도 글을 쓸 수 있다. 봄, 여름, 가을, 겨울 사계절도 쓸거리다. 비, 바람, 눈보라, 태풍도 쓸거리다. 건축물, 조각, 공예품, 그림, 문학작품, 영화도 쓸거리다. 삼라만상(森羅萬象)이 모두 글의 소재이다. 글쓰기 소재는 무척 많다.

고수(高手)들의 말은 어렵지 않다. 머리에 쏙쏙 들어온다. 하수(下手)들의 말은 현란하고 어렵다. 그럴듯하기는 한데 듣고 나면 무슨 말인지 알 수가 없다. 자기가 완전히 소화하고 나면 설명이 쉬워진다. 저도 모르니까 말이 어려워진다. 모르는 것을 감추려고 말을 현란하게 한다.[2] 글쓰기 또한 그러하다. 쉽게 쓰는 글이 좋은 글이다.

글쓰기 노트 한 권을 준비하여 「글쓰기」라고 제목을 붙여 두라. 거기에 온갖 잡다한 글을 써보기로 하자.

# 1. 자유 작문

## 글쓰기 비법 [1] 자유로이 작문하기(일명 막쓰기)

여기서 패트릭 하트웰(Patrick Hartwell)이 제안한 자유작문(free writing)을 하기를 권한다.[3] 자유 작문의 주요 원리는 간단하다.

2) 정민, 『죽비소리』(마음산책, 2005), p. 141.
3) 패트릭 하트웰 저, 이을환 외 편역, 『글을 어떻게 쓸 것인가』(서울 : 경문사, 1990), p. 5.

① 긴장을 풀고
② 무조건 쓰기

자, 이제 어린 시절에 경험했던 추억 한 가지씩 써 보도록 하자. 이른바 "3분 막쓰기" 훈련을 해보기로 한다. 3분 동안 마구 쓰자. 쓰고 난 후 문장 숫자를 헤아려 하단에 기입해 놓으시기 바란다.

써보기

어렸을 적의 한 추억 :

자유 작문의 원리는 한마디로 말해서 막쓰기이다. 문법과 논리는 일단 무시한다. 비문법적인 문장이든 논리에 맞지 않은 문장이든 괘념치 말아야 한다. 문법에 맞으면서 논리가 정연한 문장을 짓는 공부는 나중에 공부하기로 하자.

우선 중국음식 가운데 맛있는 음식 한 가지를 소개하자. 이름, 모양, 색깔, 맛, 감촉은 어떠한가, 재료는 무엇 무엇이 쓰이는가를 쓰자. 어떻게 만들고 음식 이름에는 어떤 일화가 얽혀 있는가를 쓰자. 어렸을 적에 먹었던 이 음식 맛은 어떠했다는 등 아무래도 좋다. 이는 3분 막쓰기 훈련이다. 주어진 시간에 많은 문장을 쓰도록 노력하라.

써보기

내가 좋아하는 음식 :

또, 다음 동물에 대한 과거의 경험을 생각나는 대로 쓰자.

써보기

강아지 :

어떤 소재라도 좋다. 평소에 생각한 대로, 혹은 지금 바로 생각나는 대로 그냥 써 보자. 글쓰기 노트에 적어 보라.

글쓰기 소재는 다양하다. 다음은 계용묵의 <묘예>라는 단편소설의 서두이다. 무더운 여름을 지내고 있는 개구리와 잠자리를 표현하는 글이다.

> 들에도 한 점의 바람이 없다. 걸음 썩은 논 귀의 진창물 위에 두 다리를 힘 없이 쭉 빼드러치고 뚱뚱 떠서 헐덕이는 개고리, 나른히 시드른 풀잎 위에 깃을 축 늘어치고 붙어 조으는 잠자리. 보기만 하여도 기분조차 더웁다.(당시의 표현 언어 그대로)

은희경의 소설 <빈처>에 나오는 일부분이다. 똥에 관한 이야기치곤 신선하고 재미있다. 어떤 것이라도 글의 소재가 될 수 있다.

> 때때로 나는 똥을 보고 놀란다. 저 흉측한 것이 내 몸에서 나왔다고 인정할 수 없다. 그러나 똥은 엄연하다. 우리 관계는 부인할 수 없다. 그래서 한참을 보니 신기하게도 저것이 더러운 똥이라는 생각이 안 든다. 이제 막 궂고 수고로운 일을 마친 가족 같기도 하다. 나는 똥을 자세히 본다. 내 똥을 자세히 보는 나를 거울 속으로 보니, 참 정답다.[4)]

4) 은희경, <빈처> 『1996 이상문학상 수상작품집, 윤대녕 천지간 외』(서울 : 문학사상사, 1996), p. 241.

이제, 준비한 노트에 오늘 하루 중에 일어난 일에 대하여 글을 써 보자. 시간적 순서에 따라 써도 좋고 사건 중심으로 이것저것 순서 없이 써도 좋다. 다음 글도 3분 마구 쓰기를 하시오.

써보기

어머니 :

당신이 학교에 다니기 시작했을 무렵 기억나는 것들을 하나씩 써 나가는 것은 글쓰기 시작을 위해서 아주 좋다. 유치원에서부터 시작해도 좋다. 당신의 머릿속에 떠오르는 추억과 생각나는 어휘들을 써 내려 가도록 하라. 혹시 당신이 지금 쓰고 있는 것이 좋은 글이 못 된다면 어쩌지 하는 걱정일랑 하지 마라. 그 글을 볼 사람은 아무도 없다.

외갓집에 놀러 갔던 일, 도시락 반찬을 훔쳐 먹어 본 일, 옷에다 오줌을 누었던 친구, 물에 빠져 하마터면 죽을 뻔 했던 일, 여름방학 때 수박서리를 시도한 경험, 좋아하는 이성 친구에게 사랑을 고백했다가 거절을 당해 낯을 붉힌 일, 약속을 지키지 못해 친구에게 미안했던 일, 가족들과의 즐거운 여행. 이런 일들이 추억으로 남아 있다.

## 글쓰기 비법 [2] 일사일문주의

주어진 3분 동안 어떻게 하면 문장을 많이 쓸 수 있을까? 답은 간단하다. 단문 위주로 쓰도록 하라. 반드시 단문으로 쓰는 것만이 좋은 것은 아니다. 그러나 자유 작문 훈련을 하는 동안에는 단문 위주로 쓰기를 권한다. 예를 들면 이러하다.

① 봄이 오니 꽃이 피고 새들이 지저귄다.
→ 봄이 왔다. 꽃이 핀다. 새들도 지저귄다.

② 아침에 늦게 일어나 허겁지겁 세수를 하고 아침밥을 재빨리 먹어 치우고 학교로 내달렸으나 나는 결국 지각을 했다.
→ 아침에 늦게 일어났다. 허겁지겁 세수를 했다. 아침밥을 재빨리 먹어 치웠다. 학교로 내달렸다. 그러나 나는 결국 지각을 했다.

③ 얼굴이 아주 예쁜 세인이가 어제 우리 집에 놀러 왔다.
→ 세인이는 얼굴이 아주 예쁘다. 그녀가 어제 우리 집에 놀러 왔다.

④ 비가 오니 마음이 심란하다.
→ 비가 온다. 마음이 심란하다.

단문 위주로 쓰기 위해서는 일사일문주의 혹은 일개념일문주의에 입각해야 한다.[5] 한 문장에 하나의 사건이나 하나의 개념만 담자는 뜻이다. 위에 제시한 문장들처럼 구태여 춘래(春來), 개화(開花), 조제(鳥啼)를 한 문장에 담을 필요가 없고, 기상(起床), 세수(洗手), 식사(食事), 등교(登校), 지각(遲刻)을 한 문장에 담을 필요가 없다. 미모(美貌)와 방문(訪問), 날씨와 기분도 한 문장에 굳이 넣을 필요가 없다.

다만 대상이나 사건을 서로 대조하거나 열거할 때에는 구태여 단문을 고집할 필요는 없다.

① 철수는 축구를 잘하고 민주는 농구를 잘한다.

② 술은 우리 몸의 건강을 해치기도 하고 기억력이 떨어지게 하기도 하며 알콜 중독의 우려도 있다.

③ 하늘에는 조각구름이 한가로이 떠돌고, 강물 위에는 유람선이 유유히 떠간다.

④ 산새도 날아와 우짖지 않고 구름도 떠가곤 오지 않는다.

문장이란 말의 기록이다. 말을 문자로 표현한 것이다. 말을 염두에 두지 않고는 글을 쓸 수 없다. 그러니, 부디 말하듯 쓰기 바란다. 달리 말하자면, 글이란 문자로 지껄이는 말이다.

"벌써 진달래가 피었구나!"

를 지껄이면 말이요, 써 놓으면 글이다. 사람이 본 대로 생각나는 대로 말을 하

---

5) 일사일문주의(一事一文主義), 일개념일문주의(一概念一文主義)란 하나의 사건이나 개념을 한 문장으로 표현하자는 생각이다. 곧, 한 문장에 하나의 사건이나 하나의 개념만 담자는 뜻이다.

듯이, 그것을 문자로 쓰면 그것이 곧 글이다. 이오덕은 글을 쓰려고 하는 사람이 반드시 지녀야 할 몸가짐, 마음가짐을 다음 세 가지라고 말하였다.

> 입으로 말하듯이 쓴다.
> 될 수 있는 대로 아이들도 알 수 있는 말로 쓴다.
> 글을 모르는 할머니에게 들려준다는 태도로 쓴다.[6)]

물론 글의 종류에 따라 다를 수 있다. 문학작품이라든가 전문적인 분야의 논문이나 논설문 같은 글은 이런 식으로 쓸 수 없다. 그러나 일반적으로 알기 쉬운 서사문, 감상문, 설명문과 일상적으로 사용하고 있는 편지, 일기, 비망록과 같은 대부분의 글은 이와 같은 태도로 쓰는 것이 좋다. 곧, 말하듯이 쉽게 쓰라는 것이다.

써보기

우리 선생님 :

써보기

내 취미 :

6) 이오덕, 『우리 문장 쓰기』(서울 : 한길사, 1994), p. 188.

왜 일반적으로 말을 쉽사리 하는 사람은 많은데, 글은 쉽사리 써 내는 사람은 드문가. 말과 글은 언어라고 하는 같은 표현 매체이지만, 전달 방법상 서로 다른 점이 있다. 말과 글이 서로 다른 점은 여러 가지 측면에서 지적할 수 있다.

첫째, 말은 청각기관인 귀를 통하여 전달하는 방법이고, 글은 시각기관인 눈을 통해서 전달하는 방법이다. 말은 말해진 행위의 그 자리에서, 그 순간에 사라지고 말지만, 글은 공간적으로 넓게, 시간적으로 오랫동안 남을 수 있다.

둘째, 글은 말처럼 저절로 배우게 되는 것이 아니다. 일부러 애써서 배워야 비로소 글자도 알고 문장을 짓는 요령도 알게 된다. 말은 외국어가 아닌 한, 성장해 감에 따라 거의 의식적인 노력 없이 알게 되고, 의식적인 연습도 없이 아무 때나 지껄이는 것으로 절로 연습이 되는 것이다. 그러나 글은 배워야 알게 되고, 연습해야 잘 쓸 수 있다.

셋째, 말은 머리와 꼬리도 없이 불쑥 나오는 대로, 한 마디 혹은 두 마디로 쓰이는 경우가 전부다. 말은 한두 마디로 불쑥 나오지만, 그것은 제삼자에게 이해될 환경에서 표정과 제스처를 섞어가면서 지껄이는 것이다. 곧, 말은 거두절미하거나 동강 내어 말하더라도, 말하는 경로, 말 자체의 고저장단, 말하는 이의 표정이나 몸짓이 더해져서 전달되기 때문에 의사전달이 잘 이루어질 수 있다. 글은 말을 할 때와는 그 정황이 다르다. 표정과 몸짓 등은 사용할 수 없고 오로지 문자로만 표현해야 하기 때문에 글을 통한 의사전달은 그리 쉬운 일이 아니다.

말하기보다 글쓰기가 더 어려운 이유가 여기에 있다. 말은 서두와 결미 등에 반드시 갖추어야 할 일정한 형식을 갖추어 발화하지 않는다. 꼭 그렇게 꾸며서 말을 할 필요도 없다.

> "요즘 한 이틀짼 꽤 따뜻해, 아지랑이가 다 끼구……. 벌써 봄이야."

이렇게 느껴지는 대로, 생각나는 대로 지껄이기만 하면, 말로는 완전히 사용되는 것이다.[7)]

---

7) 이태준, 『문장강화』(서울 : 창작과 비평사, 1991), pp. 11～14.

써보기

부끄러웠던 일 :

"요즘 한 이틀짼 꽤 따뜻해, 아지랑이가 다 끼구……. 벌써 봄이야."

이렇게 말하듯 써놓아도 문장은 문장이다. 그러나 한 구절, 혹은 몇 구절의 문장이지 실제로 발표할 수 있는 글로서의 한 편의 글이랄 수는 없다. 글이 글로서의 의미를 가지려면 글로서의 체제를 갖추어야 한다. 중국 명(明)나라 때 유명한 문인이요 학자인 서사증(徐師曾)이 글의 체제에 대한 중요성을 이렇게 말한 바 있다.

> 무릇 글에 체제가 있는 것은, 마치 집이 집 나름대로의 제도가 있고 그릇은 그릇 나름대로의 법식이 있는 것과 같다.
>
> 집의 제도로 말할 것 같으면, 당(堂)은 반드시 트여야 하고 실(室)은 반드시 깊숙히 자리잡아야 하며, 대(臺)는 반드시 사각 모양으로 높은 곳에 있어야 하고 누(樓)는 반드시 좁고 자리 굽은 곳에 위치해야 한다. 그릇으로 말할 것 같으면, 여(筥)는 반드시 둥근 모양이어야 하고 비(篚)는 반드시 모가 나야 하며, 보(簠)는 반드시 밖이 모가 나고 안은 둥글어야 하고, 궤(簋)는 반드시 밖이 둥글고 안이 모가 나야 한다. 이래야만 무릇 진실로 마땅하다고 할 것이다. 실로 제도와 법식을 버리고 자기 마음대로 한다면, 그것을 아는 사람들에게 비웃음을 당하지 않을 자가 드물 것이다. 하물며 문장에서랴.[8)]

그러나 여기서는 글을 말하듯 써 보는 것이 우선이다.

8) 徐師曾, 『文體明辯』

써보기

할머니 :

써보기

첫사랑 :

이밖에도 문장력 향상을 위해서 당신에게 무엇이든 쓸거리가 있으면 그것을 준비한 노트에 적어 보라. 글감이 떠오르지 않는 사람은 노트에 자신이 즐겨 부르는 <애창곡>에 대하여 쓰도록 해 보라. 이 노래가 왜 좋은지, 어떤 부분이 호감이 가는지, 이 노래에 얽힌 사연이 있는지, 노래의 장르는 무엇인지, 노래의 템포는 어떤지. 이런 것이 모두 쓸거리이다.

## 2. 브레인스토밍

사업 경영 분야에서는 새로운 아이디어를 창출하려거나 획기적인 상품 판매 전략을 세우기 위해서 간혹 사원들의 기발한 아이디어를 요구한다. 그러한 방법의 하나로 "브레인스토밍(brainstorming)"이라는 자유 사고를 통한 의견 제시의 기법을 도입하기도 한다. "브레인스토밍"이란, 원래 정신 착란, 영감, 기발한 착상, 엉뚱한 생각이라는 의미를 지닌 brainstorm에서 유래된 말로, 우리말로 번역

하면 '즉흥적으로 생각 떠올리기'라고 번역할 수 있을 듯하다. 이 방법은 의식 속에 파묻혀 영원히 매장되어 버리기 쉬운 기발한 생각, 건전한 아이디어 등을 발굴하는 데에 목적을 두고 있다.

이것이 쓸데없는 생각일 수 있다. 그러나 백 가지 생각 가운데 어느 하나만 이용해도 성과를 거둘 수 있다. 어떤 문제에 대한 방안으로 광범위하고 다양한 의견을 수렴할 수 있다. 아래 주어진 낱말을 보고 즉흥적으로 떠오르는 생각을 한 문장으로 표현해 보자.

■ 비행기 : ........................................................................................................

■ 권총 : ........................................................................................................

■ 자동차 : ........................................................................................................

■ 사과 : ........................................................................................................

■ 남자 : ........................................................................................................

■ 딱따구리 : ........................................................................................................

■ 코끼리 : ........................................................................................................

■ 카메라 : ........................................................................................................

■ 에어컨 : ........................................................................................................

■ 물 : ........................................................................................................

■ 소방차 : ........................................................................................................

■ 반달 : ........................................................................................................

■ 바다 : ........................................................................................................

■ 목욕 : ........................................................................................................

■ 채팅 : ........................................................................................................

### 1) 고백적인 표현

박연구는 <백제 와당의 얼굴>이라는 수필에서

나는 글 쓰는 작업을 '자화상 그리기'라고 생각한다.[9)]

라고 말했다. 자기 자신을 있는 그대로 그려내는 것이 글쓰기 작업이란다.

얼굴에 점이 있으면 있는 대로 그리면 된다. 자신의 자화상을 그릴 때 자신의 귀가 한 쪽이 잘려 나갔으면 잘려나간 그대로 그리면 된다. 실제로 한 쪽 귀가 없는 사람이 스스로 자화상을 그릴 때 양쪽 귀가 모두 온전하게 붙어 있는 모습으로 그렸다면, 그것은 거짓이다.

꾸며낸 이야기는 아무리 흥미롭고 극적이라고 할지라도 허구일 뿐, 진실한 이야기가 될 수 없다. 사건과 현장에 대한 표현은 물론 인물을 묘사할 때도 이 '진실의 원칙'은 반드시 지켜야 한다.[10)] 소설은 물론 예외다.

자신의 약점이나 결점을 지나치게 의식하면 글을 쓸 수 없다. 그 사람의 실수나 결점이 아름다울 수 있을 때는 바로 솔직히 자신의 그것을 드러낼 때이다. 자기 고백에 충실해야 한다. 솔직해야 한다. 솔직해야 수긍이 되고 수긍이 되어야 감동이 일어난다. 독자가 글을 읽고 수긍하게 하려면, 곧 독자를 설득하려면 논리와 감성을 자연스럽게 조화시키라고 강미은 교수는 말하고 있다. 그는 아리스토텔레스의 『수사학』(Rhetoric)을 빌려 설득의 3대 요소로 로고스(logos), 에토스(ethos), 파토스(pathos)를 들었다. 로고스는 논리적인 주장을 말하고, 에토스는 말하는 사람의 인격적인 도덕 요소를 말하고, 파토스는 정서적 호소와 공감대를 말한다.[11)]

자유스럽게 글을 쓰는 데 있어서 일정한 장애가 있다. 그것은 전적으로 심리적인 문제로부터 생긴다.

첫째, 부담감이다. 이를테면, 만일 글쓰기 숙제는 언제나 부담스럽다고 느낀다면 그것이 바로 부담감이다. 자신의 글이 평가를 받는다고 생각하면 몹시 부담스럽다. 글을 잘 써야만 한다고 작심하는 순간 부담감은 더욱 커진다. 어떤 이는 글로 인하여 칭찬을 받고 싶어서 썩 잘 써야겠다는 의욕이 지나쳐서 마침내 스스로 심리적 부담감에 사로잡히기도 한다.

둘째, 부끄러움이다. 거리낌은 자신의 부끄러운 추억이나 과거를 솔직하게 드러내 놓기를 꺼려하는 데서 비롯한다. 감추고 싶은 이야기를 드러내 놓기가 부끄럽다. 과거에 남을 속인 일이라든가 실수를 저지른 일을 밝히자니 부끄럽기만 하다.

---

9) 이철호 외 편, 「한국의 수필 106선」(서울 : 기린원, 1995), p. 200.

10) 채수묵, 『기막힌 이야기 기막힌 글쓰기』(서울 : 교보문고, 2011), p. 79.

11) 강미은, 『논리적이면서도 매력적인 글쓰기의 기술』(서울 : 원앤원북스, 2006), p. 88.

셋째, 두려움이다. 거리낌은 자기 나름대로 암암리에 지니고 있던 금기(禁忌)를 스스로 깨뜨리는 일이 될는지도 모른다는 두려움으로부터 생기기도 한다. 만약 어린 시절의 언행이 바람직스럽지 않았을 수 있다. 가족들과의 불화로 마찰을 빚었을 수도 있다. 이런 일을 사실대로 이야기하면, 검은 구름 속에서 뼈만 앙상하게 남은 손가락이 삐죽 나와서 당신을 가리키며 천둥치는 소리로

"그런 말을 해서는 안 된다고 말했지?"

하고 무서운 고함을 쳐 오싹 소름을 돋게 할 것이라고 생각할 수 있다.[12)]

글은 그 사람의 양심이요 인격이다. 양심을 갖고 사는 사람, 인격을 잘 수양하고 사는 사람이 좋은 글을 만들어 낼 수 있다. 그렇다. 그러나 성인(聖人)이 아닌 바에야 인간은 적어도 불완전한 점이나 결점을 가지고 있다. 완전한 인격을 추구하는 가운데서도, 혹은 불완전한 채로, 혹은 결점이 있는 채로 얼마든지 글을 쓸 수 있다.

글쓰기는 자기 수양이다. 옛 선비들이 글짓기를 중요하게 여긴 이유 가운데 하나가 여기에 있을 것이다. 만약 과거에 실수를 했다거나 남에게 놀림 받을 만한 일을 저질렀다고 한다면, 반성과 고백의 글을 쓸 수 있다. 『논어』(論語)에서 증자(曾子)도 하루에 세 가지를 반성한다고 하지 않는가.[13)] 반성과 고백은 인격 수양의 지름길이기도 하다.

지나치게 남을 의식할 필요가 없다. 남을 의식하는 것은 무엇인가 거리낌이 있다는 것이다. 그 거리낌으로 인하여 남 앞에 이야기할 수 없다는 것은, 아직 반성할 마음의 준비가 되지 않았다는 증거이다. 진실된 마음으로 글을 써야 한다. 솔직하고 진실되게 쓴 김현 씨의 다음의 글을 보자.

**언제 만나도 편안한 친구**

우정이 있는 게 아니라, 가끔 친밀감을 느끼는 사람이 있을 뿐이라고 한 작가는 꼬집듯 말하고 있다. 사람의 이기적인 면을 잘 꼬집은 말이지만, 그 말이 옳다는 생각은 들지 않는다. 우정이니 뭐니 하는 거창한 말은 다 빼더라도, 언제 만나도 편안

12) 앤 라모트(1996), p. 35. **참고** 앞서 인용한 책을 다시 인용할 때는 이처럼 줄여서 주를 달고 있다. 이러한 각주를 약식각주(略式脚註)라고 한다.

13) 『論語』에 이르기를, 증자(曾子)는 하루에 세 가지를 반성한다고 하였다. 첫째, 내가 사람과 더불어 일을 하였을 때 충성스러웠는가, 둘째, 내가 벗과 사귐에 있어서 믿음직스러웠는가, 셋째, 내가 배우고 익힌 것을 제대로 잘 익혔는가 하는 것이다.

하고 마음 놓이는 친구들이 있다. 나는 진정한 의미에서의 친구란, 아무 말 없이 오랫동안 같이 앉아 있어도 불편하지 않은 사람이라고 생각하고 싶다.

어떤 사람들은 같이 있는 것이 불편해서, 괜히 담배를 피우거나 해도 괜찮고 안 해도 괜찮은 말을 계속해야 되는 경우가 있는가 하면, 어떤 사람들은 그냥 곁에 있는 것만으로 편안해져서, 구태여 의례적인 말들은 하지 않아도 되는 경우가 있다. 같이 아무 말도 하지 않고 오래 앉아 있으면 불편해지는 사람을 친구라 부르기는 거북하다.

대체로 삶에 대한 반성 없이 글을 쓰기 어렵다. 아무런 반성 없이 글을 썼다면, 그 글은 자신은 물론 어느 누구에게도 도움이 되질 않는다. 그런 글은 쓸 필요가 없다.

남에게 칭찬을 받으려는 생각을 버려야 한다. 다만 자기 자신에게 충실하겠다는 생각에서 글을 쓰면 된다. 자신에게 성실한 것이 남에게도 성실한 태도로 드러나는 법이다.

자신과의 금기 약속은 어렸을 적의, 혹은 과거의 문제이다. 어렸을 때, 혹은 과거에는 지금처럼 깊은 생각을 하지 못했다. 지난 날 자신과의 약속은 이제 와서 보면 원인 무효다. 이제는 무서워할 것 없다. 당신은 거리낌 없이 글을 쓰면 된다. 기억나는 것을 솔직하게 쓰도록 하라.

고백록, 일기문, 호소문, 명상록, 인생론은 여기서부터 비롯된다. 안네 프랑크의 <안네의 일기>, 헨리 데이빗 소로우의 <소로우의 일기>, 이순신 장군의 <난중일기>, 아우구스티누스의 <고백록>, 파스칼의 <명상록>, 톨스토이의 <인생론>, 가람 이병기의 <가람일기>, 피히테의 <독일 국민에게 고함> 등이 이러한 바탕 위에 쓴 글들이다.

첫사랑 이야기를 솔직하게 표현한 서란아의 <스위트 피플의 선율>이라는 글을 읽어 보자.

### 스위트 피플의 선율

그 버스 기사 아저씨를 만난 것은 고3에 올라가기 얼마 전, 겨울이었다. 야간 자습을 하기 위해 학교에 남았다가 너무 추워서 집으로 돌아가려고 버스를 기다리고 있었다. 마침 정류장에 멈춘 버스 기사 아저씨가 추위에 떠는 내가 안쓰러웠는지 어디까지 가느냐고 묻고는 "학생이 타려는 버스는 오려면 멀었으니까 좀 돌아가더라도

이 차 타고 가지요."라고 친절하게 말을 붙여 왔다. 이상하게 낯설지 않은 아저씨의 눈은 너무나 맑았다.

사람들이 모두 내린 텅 빈 버스 안에 혼자 앉아 있기가 어색해 책을 펴 들고 있는데, 출발하기 위해 버스에 올라탄 아저씨가 "학생에게 커피를 권해도 되는지 모르겠네."하며 커피를 내밀었다. 커피는 아주 따뜻했다.

그 뒤로 나는 아침 등교 시간에도 될 수 있으면 아저씨의 버스를 타려고 시간을 맞춰 기다렸고 아저씨도 정류장에서 나를 위해 잠시 정차하는 버릇이 생겼다. 500원 짜리 동전을 내면 도로 100원 짜리 동전을 고스란히 내 손에 다시 쥐어 주셨고, 학교 앞을 지날 때는 경적을 두 번 크게 울리고 가셨다. 작은 우정이라고 나는 생각했다. 어느 날 저녁에는 나 혼자만 타고 있던 버스를 길모퉁이에 잠깐 세워두고 레코드 가게로 성급히 뛰어들어가셨다. 그리곤 다시 버스에 올라타서는 '스위트 피플'의 테잎을 사주고 싶었는데 마침 없어 '나나무스꾸리' 테잎을 샀다며 내 손에 테잎 한 개를 쥐어 주셨다.

그렇게 1년의 세월이 흐르고 나는 대학 시험을 치른 후 서울로 가야 했다. 그날이 12월 24일이었는데, 아무래도 아저씨에게 인사를 하고 가야 할 것 같아 집앞 정류장에서 버스를 기다렸다. 아저씨의 버스를 타면 늘 앞자리에 앉았지만 그날은 제일 뒷자리에 앉아 어떻게 인사를 해야 할지 몰라 아저씨의 눈만 바라보고 있었다. 버스가 회차 지점에 도착해서야 겨우 "아저씨, 저 오늘 서울 가요. 오늘 가면 이제 안 와요……."라고 조그맣게 말했다. 아저씨는 아무 말씀도 없으셨다.

거의 매일 아저씨의 버스를 타고 등하교를 했다. 어느 일요일엔 하루 종일 버스를 타고 책을 읽던 때도 있었다. 그 때마다 김밥을 사 가지고 와 슬그머니 내밀던 아저씨……. 늘 용기를 준 분이었다. 아저씨도 많이 섭섭해 하리라 생각하며 버스에서 내렸다. 기차 시간에 맞춰 아버지께서 짐을 기차에 실어 주시고 돌아가셨다.

출발시각이 5분쯤 남았을까. 아무래도 아저씨가 와 있는 것 같아 있을 수가 없었다. 무작정 뛰어나갔다. 역 앞 건너편 횡단보도 앞에 서 있는 버스가 보였다. 반가움에 눈물이 났는데 횡단보도를 반도 채 건너기 전에 아저씨는 차창 밖으로 무언가를 내던지듯 던지고는 가버리셨다. 교차로를 빠져 나가는 버스를 바라보다 발 밑에 떨어져 있는 신문뭉치를 발견했다. 기차로 돌아와 가쁜 숨을 몰아 쉬며 신문을 펼쳐보니 그 안에는 '스위트 피플' 테잎이 들어 있었다.

서울에 와 대학을 다니는 동안 내내 그 테잎을 듣고 살았다. 그리움이란 것이 이런 것이구나를 느끼면서……. 그것은 내 첫사랑이었다.[14)]

14) 월간 좋은 생각사 간, 「좋은 생각」 통권 53호(1996년 6월호), pp. 18~19.

감동이란 일종의 강한 정서적 수긍의 상태이다. 글을 읽고서 정서적으로 수긍이 일어나지 않으면, 곧 감동을 주지 못하면 헛된 글이다. 정서적 수긍은 진실한 글에서 느낄 수 있는 감정 상태이다. 자신을 잘 감추는 인간이 될 것인가, 자신을 솔직히 드러내는 인간이 될 것인가. 글은 곧 인격이다. 진실한 인격은 곧 솔직한 글이다.

어떤 이는 자신의 정체를 숨기면서 동시에 글을 잘 써보려고 노력한다. 이런 경우 글이 잘 써지지 않는다. 글을 쓰더라도 그 글은 위선적이다. 그런 글은 감동을 줄 수 없다.

그렇다. 자신이 물에 빠질 각오를 해야만 다른 사람을 물속에 빠트릴 수 있다. 자신은 빠지지 않고 다른 사람만을 물속에 넣고자 하는 이는 자신의 뜻을 성취할 수 없다. 자기 정체를 드러내고, 성실하고 솔직하게 고백하는 것이 글을 잘 쓰는 지름길이다. 솔직히 고백하듯이 글을 쓰기 바란다. 그리하면 우리의 인격도 훌륭하게 될 것이다.

위선과 가면의 옷을 훌훌 벗어 던지고 알몸으로 자신을 물속에 내던져보자. 여기서 일정한 낱말이나 일정한 제목으로 '생각나는 대로' 문장을 각각 다섯 개씩 만들어 보기로 한다. 자유로이 생각하면서 하나의 문장을 만들어 나아가 보자. 무엇을 써도 좋다. 가급적이면 고정관념을 버리고 자유로운 상상의 날개를 펼쳐 당신의 생각을 다이내믹한 공간에 날려 두어라. 자유로운 즉흥적 사고를 효과적이게 하기 위해서는

① 자기고백식으로, 혹은
② 관찰보고식으로, 혹은
③ 상상되는 대로

쓰면 된다. 실제 쓰는 훈련을 하는 것은 매우 유익하다. 자신의 감추어진 내면의 위선과 허식을 벗어 던져라. 이렇게 될 때 비로소 자유 사고가 용이해진다. 또 어떠한 현상을 기술하거나 사물의 특성을 설명하는 형식을 빌려서 쓰고자 하는 경우에도 이러한 '숨겨진 자신 드러내기'가 큰 도움이 된다.

당신은 잠시 짬을 내어, 준비한 노트에 '내 짝꿍은'으로 시작하는 문장을 다섯 개 지으시라. (3분 동안 노트에)

사람은 어렸을 적 경험한 내용, 자기 취향, 자기 장점 등에 따라 동일한 생각이나 사건도 각기 다르게 표현한다. 스포츠, 영화, 음악, 역사, 문학, 음식 요리, 실내 디자인, 쇼핑, 군것질, 낚시 등등 가운데 당신은 어떤 것에 관심이 있는가. 야구 경기 관람하는 기분으로, 혹은 낚시질하면서 찌가 쑥 올라오기를 기다리며 담배 피우는 기분으로, 혹은 이것저것 상품을 고르는 기분으로, 혹은 떡볶이를 요리하는 기분으로 글을 쓰자. 밥을 다 먹고 난 후 어머니가 끓여 준 숭늉을 훌훌 마시는 기분으로 글을 쓰자.

'야구 경기'와 '남녀의 사랑'을 연관시켜 쓸 수도 있다. 회사 동료나 가족 아무개와의 갈등을 글로 쓴다면, 낚시할 때 '꾼'과 '붕어'와의 팽팽한 긴장감과 연관시켜 전개해 나갈 수 있다. 혼기가 닥쳐 배우자를 고르는 일에 대하여 표현한다면 쇼핑센터에서 물건을 고르고 흥정하는 일에 견주어 쓸 수도 있다. 회사에서 자신의 일을 마치 떡볶이를 요리하는 일에 빗대어 글로 표현할 수 있다. 항상 중요한 것은 진솔하게, 마치 고백하는 기분으로 써야 한다는 점이다.

자, 이제 글을 쓰자. 주어진 낱말을 넣어서 문장을 지어도 좋고, 그렇지 않아도 좋다. 이 낱말이 맨 처음 나와도 좋고, 뒷부분에 나와도 좋고, 안 나와도 좋다. 주어진 단어를 보고 연상되는 것을 그대로 써도 좋다. 이제, 아래에 주어진 일정한 제목에 대하여 자유롭게 생각해 보고, 글을 써 보자.

써보기

길 :

써보기

내 고향 :

써보기

장미 한 송이 :

당신은 또 잠시 시간을 내어 '그림자', '철조망'이라는 단어로부터 연상되는 문장을 각각 다섯 개씩 지어 보라. 노트에 적어 두어라.

다시 글을 써 보자. 자유작문 3분 쓰기를 시작하자.

써보기

생명복제 :

써보기

우리 어머니 :

당신은 다시 노트에 '등대'라는 단어에서 연상되는 문장을 각각 다섯 개씩 쓰라. 이 낱말이 들어가도 좋고, 들어가지 않아도 좋다.

## 2) 관찰 기술(記述)

보고서, 관찰일지 등은 사물을 직접 관찰, 조사, 실험, 분석한 기록이다. 사람, 동물, 식물, 달, 북두칠성 그 무엇이라도 좋다. 파브르의 <곤충기>, 시튼의 <동물기>, 유홍준의 <나의 문화유산답사기>도 이러한 류이다.

보고 느껴 알게 된 내용을 마치 가까운 친구에게 말하듯이 글로 쓰면 된다. 처음부터 명문(名文)을 기대하지 말라. 명문장가는 타고난다. 여러분 중에는 그러한 싹을 지닌 분도 있을 것이다. 그러한 싹이 있든 없든 좋은 문장을 구사하기 위해서는 지나친 욕심을 버려야 한다. 부디 명문을 의식하지 않기를 바란다.

감상문이란 우리가 생활하면서 마음에 떠오르는 느낌이나 생각을 자연스럽게 쓰는 글이다. 느낌이나 생각만을 따로 떼어서 쓰는 것이 아니다. 겪은 일을 쓰면서 그 속에 느낌과 생각을 담아 적는 것이다. 파브르의 <곤충기> 등도 처음엔 감상문 쓰기 식으로부터 비롯한 것이라고 할 수 있다. 초등학교 4학년 김지영 아이가 쓴 소박한 감상문을 살펴보자.

**본 대로 느낀 대로**

선생님께서 오늘은 손발로 감촉을 느끼는 것에 대해 경험해 보자고 하시면서, "맨발로 밖으로 나가 바닥을 걸어보자."고 말씀하셨다.

우리들은 모두 고개를 갸우뚱거리며 양말을 벗고 복도를 걸었다. 꼭 나무가시에 찔릴 것 같은 생각이 들었다. 다행히 찔리지 않았다. 그 다음 계단을 걸었다. 계단이 돌로 되어 있었기 때문에 차가워서 '내가 남극에 있나?'하는 생각이 들었다.

그 다음 밖으로 나갔다. 모래와 작은 돌멩이가 섞여 있었기 때문에 바늘방석에 앉아 있는 듯한 따가운 기분이 들었다. 그 때 3학년 아이들이 나왔다. 3학년들은 우리들을 빤히 쳐다보았다. 이상하다고 생각하는 것 같았다.

그 다음 부드러운 모래가 쌓여 있는 곳으로 갔다. 정말 부드러웠다. 모래가 쌓여 있는 곳을 내려와서 작은 운동장으로 갔다. 하지만 태권도부가 있어서 돌아왔다. 다시 모래가 쌓여 있는 곳으로 갔다. 그 때 민방위 방송이 나와서 들어와야 했다.[15)]

15) 「구몬가족」(1996년 9월호), p. 39.

특별 활동 시간에 맨발로 나무 복도, 계단, 운동장, 모래바탕을 밟아 보고 자세히 기억했다가 느낌이 잘 전달되도록 글로 쓴 것이다.

글은 이렇게 시작한다. 그럼 이제 당신의 집, 학교, 회사, 집 주위에 있는 공원, 그 어느 곳이든 문장 스케치를 시도해 보자. 우선 자신의 집에 대하여 문장 스케치를 시도해 보자. 집 형태, 창문이나 현관의 배치, 곳곳에 놓여 있는 가구의 위치, 각 방의 쓰임새, 통풍이나 일조량 등에 대하여 기술해 보도록 하자. 실내 분위기, 가족 분위기를 써도 좋다.

써보기

우리 집 :

당신도 그냥 지나칠 수 없다. 어제 길거리를 지나면서 사물이나 사건에 대해보고 느낀 바를 준비한 노트에 글로 작성하라. 제목은 <길을 걷다가>이다.

김영수 씨가 필리핀 마닐라에서 일몰 광경을 지켜본 소감 일부를 소개한다.

**마닐라 일몰(日沒)**

나그네들이 끈적한 무더위를 피해 호텔방에서 나와 해 지려는 쪽을 바라보며 조금씩 모여든다. 키 큰 야자수들도, 높은 건물들도, 파아란 잔디들도 숨을 죽이면서 해를 바라보고 있다. 태양은 수평선 위 일 미터 정도의 높이에서 둥근 테가 명확해지면서 부드러운 빛으로 변하고 있다. 나도 조금씩 목 말라 온다.

태양은 부드럽고 성스럽게, 전혀 눈부심 없이 붉은 빛을 드러내어 드디어 하늘과 땅, 바다와 모든 인간들에게 흠뻑 뿌리면서 긴 잿빛 띠의 수평선에 닿고 있다. 아! 마침내 이루어지기 시작하는 일몰. 흔히 태어남에 대한 감동만 보아오다가 내가 지금 일몰의 아름다움 앞에서 숨을 죽이며 희열을 안고 있는 감격은 순례의 예정에도 없는 행운이란 생각이 들면서 하느님께의 고마움에 눈물이 돌고 있다.

잿빛 띠에 닿자마자부터는 조금도 지체함이 없이 곧바로 붉디 붉은 몸을 감추면서 더욱 진하게 황금빛을 토해 낸다. 순간, 우주에 아름답게 널려 있던 모든 성스러운 침묵들이 한데 모여 광활하고도 신비한 침묵을 이루어낸다. 그 성스러운 침묵 속에서 쉬지 않고 태양은 몸을 감추기 시작하여 30여 초 만에 위대한 일몰을 완성하고 있다.

나는 기쁨과 허전함의 뒤범벅 속에서 태양의 장엄한 몰락을 바라보며, 태양은 아침이면 다시 위대한 출현으로 고루 비추게 될 것임을 생각하고 있다. 해를 머금은 수평선 쪽에서 보내고 있는 희미한 붉음의 잔광(殘光)이 온 하늘에서 마지막으로 산화(散華)한 후 몇 분이 지나니, 땅 위의 모든 것들은 안으로 조금씩 어둠을 잉태하기 시작한다. 바다와 땅, 인간의 집들, 모두가 검게 물들이면서 그 경계가 없어지고 만다. 내일 아침, 해가 빛을 안고 다시 돌아올 때까지는.[16)]

써보기

아래에 제시된 대상에 대하여 보고 느낀 대로 기술해 보자.

외갓집 :

16) 김영수, 『시간과 영원의 사이』(서울 : 빛샘, 1992), pp. 29~30.

써보기

아래에 제시된 대상에 대하여 보고 느낀 대로 기술해 보자.

동물원 :

꼭 하고 싶은 말이나 생각을 글로 써 보는 것이다. 이것은 마해송의 <남볼상>이라는 수필 한 편이다.

**남볼상**

떡거머리 같이 머리를 더벅머리 하고 수염을 자라는 대로 내버려 둔 일견 추하고 게을러 보이는 사장이 있었다.

무엇이 그리 바쁘다고 이발도 안하고 그래? 하고 친구가 핀잔을 주니 사장 왈,

아 그누무 이발소란 불결하고 비위생적이야. 문둥이건 폐병환자건 닥달하던 것을 소독도 안 하고 그대로 쓱쓱 솔질만 해 가지고 덤벼드니 갈 생각이 나야지! 에잇 생각만 해도 끔찍해!

좌중은 폭소하였다.

그럴 듯한 말이지만 그보다도 그 사장이 그만큼 깨끗해 보이지는 않기 때문이었다.

깨끗하고 깨끗지 못하고는 결국 「남볼상」이 위주인 모양이다.

남이 보기에 더러워 보이지 않도록 하는 것이 또한 상식적인 최소한의 예의다.

「남 보고 사나!」 하면 물론 남도 보고 사는 것이다.

안방 건넌방보다 객실을 더 잘 채리는 것은 동서도 고금도 마찬가지다.[17)]

17) 사장 자신의 지저분한 용모나 차림새와 청결을 강조하는 그의 말이 서로 모순이 되기 때문에 우습다. 이처럼 우스꽝스럽게도 모순이 되는 상황, 언행, 사건이 전개될 때 웃음이 유발된다. 일부러 작가가 이런 식의 표현 기교를 사용하기도 하는데, 이러한 기교를 아이러니(irony)라고 한다.

마해송의 <남볼상>은 글쓴이의 할 말이 선명하게 드러나고 글이 간명해서 좋다. 불필요한 말 한마디 없다.

우리는 간혹 이렇게 말한다.

"아! 글쎄, 밤에 비가 오려나? 바람 부는 것이……."

이것은 말이다. 소설 속의 배경 묘사는 다음과 같을 수 있다. 한 예를 들자. 김형경은 그의 소설 <담배 피우는 여자>에서 이렇게 표현하고 있다.

**담배 피우는 여자**

산의 움직임이 심상치 않습니다. 바람이, 북풍이 분명한 바람이 산의 이마를 쓰다듬고 지나갑니다. 바람의 손길 아래서 산은, 더 많은 바람을 불러모으는 굿거리 동작으로 온몸을 뒤척이고 있습니다. 아무래도, 오늘 밤 안으로 저 산이 비를 불러올 것 같습니다. 푸른 머리채를 휘저으며, 온몸을 뒤척이며, 산이 기우제를 지내는 모양입니다. 저 빨래 건조대가 또 비를 맞겠군요.[18]

써보기

아래 제시한 사물에 대하여 글을 써 보자.

나팔꽃 :

18) 김형경, <담배 피우는 여자> 『1996 이상문학상 수상작품집, 윤대녕 천지간 외』(서울 : 문학사상사, 1996), p. 145.

**써보기**

아래 제시한 사물에 대하여 글을 써 보자.

대나무 :

도대체 사람은 왜 웃을까? 웃음을 유발하는 요인은 무엇일까? 웃음이라는 생리적 현상에 대하여 준비한 노트에 글을 써 보자. 제목은 <웃음>이다.

## 글쓰기 비법 [3] 대상 표현 요령

인간과 자연 사물이나 자연 현상, 이 온갖 것이 글쓰기 재료요, 대상이다. 오빠, 동생, 대나무, 동백꽃, 한라산, 비, 눈, 삼한사온 등 모두 글쓰기 소재이다. 그렇다면 일정한 대상을 표현하려면 우선 무엇부터 쓸까? 먼저 이렇게 생각해 보자.

① 외형 : 외모, 모양, 자태, 무늬, 형식, 형태, 크기, 용적 등
② 내면 : 인품, 성격, 재주, 솜씨, 내용, 재질, 성질, 속성 등
③ 기능 : 역할, 용도 등
④ 나의 느낌과 생각

예를 들어 어머니를 대상으로 삼아 글을 쓴다면 이렇게 쓸 수 있다.

① 외형으로는 "키가 작다.", "뚱뚱하다.", "늙었다.", "한복 입은 자태가 참 곱다.", "헤어 스타일은 언제나 생머리 스타일을 고집하신다.", "청바지가 잘 어울린다." 등으로 표현할 수 있다.
② 내면으로는 "인자하다.", "착하다.", "꼼꼼하다.", "야무지다.", "괄괄하다.", "바느질 솜씨가 참 좋다.", "글 쓰는 재주가 뛰어나다.", "여행을 좋아한다.", "요리 솜씨가 무척 좋다." 등으로 표현할 수 있다.

③ 기능으로는 "집안에서는 주부로서의 역할을 하고, 밖에서는 중학교 선생님이다.", "직장 생활로 말미암아 어머니로서의 역할이 소홀하다." 등으로 표현할 수 있다.

④ 나의 느낌과 생각으로는 "그래도 나는 어머니를 존경한다.", "고생하는 어머니가 몹시 안쓰럽다.", "어머니는 나에게 가장 소중한 분이다." 등으로 표현할 수 있다.

이렇게 생각을 하게 되면 막쓰기 3분 동안에 10문장 가까이 지을 수 있다. 이제 다시 3분 막쓰기 훈련이다.19)

써보기

피서지에서 생긴 일 :

## 글쓰기 비법 [4] 사건 표현 요령

하루를 살다 보면 여러 가지 사건을 접하게 된다. 그 사건들이 글쓰기의 소재가 된다. 내가 회사원이라면 직장에서 상사와의 대화, 고객과의 상담, 부서 직원들과의 회식, 친구의 결혼, 큰아버지 장례 등 크고 작은 일들이 벌어진다. 또 뉴스도 접하고 나라 소식이나 지역 주변의 소식도 듣는다.

그런 사건을 표현하려면 무조건 7가지 점을 떠올릴 수 있다. 육하원칙(5W1H)과 나의 느낌이 그것이다. 언제, 어디서, 누가, 무엇을, 어떻게, 왜 했는가? 그에 대한 나의 느낌은 무엇인가를 생각해야 한다.

19) 막쓰기란 마구 쓰기를 줄인 말이다. 자유작문(free writing)을 막쓰기라고도 할 수 있다.

① 언제(when) : 시간적 배경. (예) 2012년 3월 2일 오전 10시
② 어디서(where) : 공간적 배경. (예) 서울시청 앞 광장에서
③ 누가(who) : 주체. (예) 비정규직 노동자 100여 명
④ 무엇을(what) : 목적. (예) 비정규직 처우 개선 집단시위
⑤ 어떻게(how) : 방법. (예) 피켓과 현수막을 앞세우고 구호로 호소
⑥ 왜(why) : 이유. (예) 비정규직의 처우와 근로조건 열악
⑦ 나의 느낌과 생각 : 느낌, 생각 혹은 주장. (예) 비정규직 근로자의 처우를 개선하고 직업 안정성을 확보해 주어야 한다고 생각한다.

육하원칙에 자신의 느낌과 생각 혹은 주장을 덧붙이면 족하다. 다만 꼭 자신의 느낌을 맨 마지막에 써야만 하는 것은 아니다. 사건을 표현하는 도중에 느낌이나 생각이 얼마든지 끼어들 수 있다.

사건 표현
\+
느낌이나 생각
\+
사건 표현
\+
느낌이나 생각

이런 식으로 글을 전개할 수 있다. 앞서의 글 <본 대로 느낀 대로>가 사건과 느낌을 조합하여 글이 전개된 것이다. 아래 제시한 고등학생의 글을 살펴보도록 하자.

### 울기 공원을 오르며

고등학교 2학년 여름방학 때에 나는 외갓집에 놀러 갔다. 우리 외갓집은 울산이다.

7월 22일 점심을 먹고 고속버스를 타고 출발하여 오후 6시쯤 울산에 도착하였다. 80세가 넘으신 외할머니께서 외갓집 어린 조카와 함께 고속버스터미널까지 마중 나오셨다. 고맙기도 하고 송구스럽기도 하였다. 외갓집은 울산에서 유명한 울기 공원

아래에 위치해 있다. 조용하고 아담한 단독주택이다. 아파트에서만 살아온 나는 단독주택에서 살고 계신 외할머니가 마당을 쓸고 풀을 뽑는 모습이 신기하기만 하였다.

외갓집은 조손가족이다. 외할머니와 손자가 살고 있다. 그 애는 나에게는 조카이다. 저녁밥을 배불리 먹고 거실에서 외할머니와 오순도순 이야기를 나누다가 조카가 먼저 잠들고 나도 그만 잠들었다.

이튿날 아침에 오전 9시쯤 외갓집 여섯 살 조카와 함께 울기 공원에 올라갔다. 외할머니는 조심해서 다녀오라고 여러 차례 당부하셨다. 나는 오래 전부터 외갓집에 가게 되면 울기 공원에 올라가겠다는 마음을 먹고 있던 터였다. 조카 손을 잡고 뛰다가 걷다가 하면서 공원에 올라갔다. 공원을 오르는 길은 가파르지는 않지만 아침나절부터 날씨가 더워서 연신 흘리는 땀을 닦았다. 다리가 아프다고 하여 내가 조카를 업고 가기도 하였다. 도중에 쉬었다가 가기도 하였다.

마침내 정상에 올랐다. 울산 시내가 한 눈에 내려다 보였다. 오른 편에는 동해의 바닷물결이 출렁이고 왼편으로는 대도시가 눈 아래로 들어왔다. 산에는 커다란 소나무가 무더기로 숲을 이루고 있다. 바다에서 불어오는 시원한 바람은 상큼하였다. 공장이 많아서 대기오염으로 생활환경이 좋지 않다고 하지만, 그래도 울기 공원 같은 좋은 공원이 있어서 울산 시민들에게는 위안이 될 것만 같았다.

정상을 넘어 조금 아래로 내려갔다. 그곳에는 대왕암이 있었다. 신라 문무왕 아내의 무덤이 바닷속에 묻힌 곳이라고 하였다. 삼국 통일의 대업을 완수한 문무왕은 포항 앞바다에 묻혀 용왕이 되어 왜적을 지키고 있고, 왕비는 울산 바다에 묻혀 나라를 지키고 있는 것이라 하였다. 우리 조상들의 나라를 지키려는 굳센 의지를 엿볼 수 있었다.

## 글쓰기 비법 [5] 오감표현법

자연의 사물이나 현상을 여러 가지 감각으로 표현할 수 있다. 가급적이면 시각적인 묘사에 그칠 것이 아니라 청각, 후각 등 여러 가지 감각으로 표현할 수 있음을 착안해야 한다. 사람이 어찌 사물이나 현상을 보기만 하겠는가. 눈으로 보고, 귀로 듣고, 코로 향내를 맡고, 혀로 맛을 보고, 피부로 느끼기도 한다.

글을 쓸 때면 반드시 다섯 가지 감각기관을 동원하여 그 느낌을 표현할 필요가 있다. 그래야만 읽는 사람이 실감(實感)할 수 있다. 실감이 나야 비로소 감흥이 느껴진다. 시각, 청각, 후각, 미각, 촉각의 오감(五感)을 있는 대로 표현해야 한다. 예를 들어 어느 경치를 구경했다고 가정하자.

첫째, 대상을 본 대로 느낀 대로 쓰면 된다. 시각적 표현은 가장 기본적인 표현이다. 시각적인 표현도 원근법을 이용하여 표현할 수 있다. 마치 영화를 볼 때 카메라 감독이 카메라를 가까운 곳에서부터 먼 곳으로 포커스를 이동하는 것처럼, 혹은 먼 곳으로부터 가까운 곳으로 포커스를 맞추면서 이동하는 것처럼.

먼 곳 ① 가을 산의 단풍이 온통 붉다.
② 산봉우리가 마치 하늘을 찌를 듯하다.
③ 산들이 나를 에워싸고 있다.
④ 단풍 숲이 마치 오색 양탄자를 깔아 놓은 듯하다.

가까운 곳 ① 단풍잎이 빨갛게 물들었다.
② 길가의 소나무 높이가 20미터쯤 되어 보인다.
③ 발 밑은 온통 하얀 바위들이다.
④ 계곡에서는 잠자리가 날아다닌다.

둘째, 청각적인 표현은 눈을 감고 멀고 가까운 곳에서 들려오는 모든 소리를 들을 수 있다. 그 소리에 대한 표현도 가능하다.

① 휘파람새가 "휘 — 휘리릭 휘— 휘"하며 장단 맞춰 노래 부른다.
② 억새풀 소리가 구슬프다.
③ 계곡물 소리가 마치 사자가 포효하는 듯하다.
④ 대수풀 소리가 스산하다.

셋째, 후각을 자극하면 향내든 냄새든 표현해 본다.

① 솔향기가 상큼하다.
② 맑은 공기가 상쾌하다.
③ 꽃 피는 사월이면 진달래향기, 밀 익은 오월이면 보리 내음새
④ 풀 냄새 피어나는 잔디에 누웠다.

넷째, 미각적 표현을 위해서 온갖 사물들을 혀끝으로 맛보고서 표현한다.

① 물맛이 시원하고 담백하다.
② 참기름 맛이 고소하다.
③ 달콤하기가 꿀맛이다.
④ 매실은 맛이 시다.

다섯째, 촉각은 피부로 느끼는 감각을 표현한다.

① 찬물에 손을 담그니 손이 시렵다.
② 바람이 얼굴을 간지럽힌다.
③ 대나무 숲속이 서늘하다.
④ 등에서 땀이 주르르 흐른다.

그밖에 아픈 감각으로 통각도 있다.

① 매워서 혀끝이 아리다.
② 추위가 살을 에는 듯하다.
③ 팔이 몹시 아프다.
④ 추위 때문에 무릎이 시리다.

인물에 대한 오감표현도 가능하다. 통각까지도 표현할 수 있다.

(1) 시각 : ① 눈이 충혈되어 있다.
② 오월은 방금 세수를 마친 맑고 청신한 소녀의 얼굴이다.
③ 낯빛이 창백하다.
(2) 청각 : ① 목소리가 약하다.
② 화가 난 듯이 고함을 질러댄다.
③ 깔깔깔 웃어댄다.
(3) 후각 : ① 입에서 구취가 난다.
② 살이 썩는 냄새가 난다.
③ 젖비린내가 난다.
(4) 미각 : ① 맛이 달콤하다.
② 입에 쓰다.
③ 오렌지 맛이 너무 시다.
(5) 촉각 : ① 손발이 차다.
② 온몸이 불덩이 같다.
③ 미열이 있다.
(6) 통각 : ① 어깨가 결리다.
② 허리가 쑤신다.
③ 손발이 저리다.

우리가 한 편의 영화나 비디오를 관람하고 나서 간단하게 감상 메모를 남길 수 있다. 좀 길기는 하지만 영화 <비욘드 랭군>에 대한 「중앙일보」의 소개문을 예로 들어 보자. "잊혀진 미얀마 민주화 항쟁 기록"이라는 타이틀에 "우연히 목격한 미국인 여의사 휴머니즘 눈 떠"라는 것이 한 눈에 들어온다.

**" 비욘드랭군" 영화의 소개문**

87년 민주 항쟁의 기억이 아직도 선연한 한국인들에게 비슷한 경험으로 다가오는 88년 미얀마 민주화 항쟁을 기록한 영화 <비욘드 랭군>이 6일 호암아트홀에서 개봉된다.

최근 아웅산 수지 여사에 대한 구속 영장 발부로 세계 언론의 초점이 되고 있는 미얀마는 88년 네윈 군사 정권의 20여 년간의 철권통치에 대항해 국민들이 총궐기했다가 발포를 서슴지 않는 무자비한 진압에 수천 명이 숨진 아픈 기억의 나라.

영화는 당시 집권군부의 철저한 통제와 세계 언론의 외면으로 묻혀버린 처절한 항쟁과 학살의 기록을 8년만에 발굴해 보여 준다. 불과 1년 사이를 앞두고 독재 정권에 대항해 투쟁한 한국과 미얀마 국민은 비록 투쟁 과정과 결과는 상이하지만 영화를 통해 특별한 공감대를 누릴 만하다.[20)]

미국인 여의사 로라(패트리샤 아퀘드)는 강도에게 가족을 잃은 아픔을 동양적 신비 속에 달래볼 요량으로 88년 미얀마 관광길에 나선다. 때마침 미얀마는 민주화 시위가 한창인 상황이다.

시위 군중을 잔인하게 총살하는가 하면 미얀마인들의 다정함을 느끼게 해준 노신사를 범죄자로 탄압하는 이 나라 군인들의 만행을 본 로라가 민주화 운동의 정신적 리더인 노신사와 함께 태국으로의 탈출 길에 나선다는 내용이다.

미국인 여성의 개인적인 아픔과 미얀마 사회의 고통이 동격처럼 설정된 것이 그렇고 액션 영화처럼 관객을 몰입시키는 추적 신은 주제보다는 흥행을 노려 제작됐다는 인상을 심어 준다.

그러나 「자기 일에만 충실하면 잘 살 수 있다」고 믿어 온 일반적인 미국 시민이 아웅산 수지 여사의 용기 있는 투쟁과 군인들의 총에 쓰러지는 미얀마 군중들의 비참한 모습을 우연히 목격하면서 선진국식 개인주의를 벗고 휴머니즘에 눈을 뜨는 과정은 현실적인 설득력이 있다.

이 장면은 동남아에 대해 어느 새 미국인처럼 우월적인 지위를 누리고 그곳 사람들을 경시하는 사고에 빠져버린 한국인에게도 마찬가지로 힘을 갖는다.

영화는 할리우드 영화답게 철저히 주인공 위주로 전개된다. 그러나 영화를 제대로

20) "공감대를 누릴 만하다"에서 목적어와 서술어의 연결이 바르지 못하다. '공감대를'이라는 목적어에는 '형성하다'라든가 '이루다'라고 하는 서술어가 호응을 이룰 수 있기로, '공감대를 형성하고'나 '공감대를 이루고'라고 해야 옳다. 만약 '공감을'이 목적어로 쓰였다면 서술어로는 '얻는다'라든가 '받는다'가 그와 호응을 이룰 수 있기로, "공감을 얻을 만하다"라고 해야 잘 어울린다.

보고 싶으면 주인공보다 배경인 미얀마 사람들에게 초점을 맞추어야 한다.

특히 노신사 아웅 코 교수역은 민주화 진영에서 활약하다 프랑스로 망명한 실존 인물이 배역을 직접 맡았다. 배우 아닌 그가 실제 투쟁 경험을 바탕으로 꾸밈없이 펼치는 실연(實演)을 눈여겨 봄직하다.[21]

써보기

아래에 제시한 영화에 대한 감상문을 써 보자.

태극기 휘날리며 :

당신은 노트에 봄비에 대해서 쓸 수 있다. 제목은 <봄비>이다. 한 번 써 보라.

써보기

아래 제시한 제목으로 글을 쓰자.

낮에 나온 반달 :

21) 「중앙일보」, 96년 7월 4일자.

써보기

컴퓨터 게임 :

그동안 만났던 사람의 인상을 솔직하게 기술하는 일도 문장력 향상에 큰 도움이 될 수 있다. 자신의 외삼촌, 고모부, 형수, 친구, 애인, 남편, 아내, 아들, 딸, 이웃집 아저씨, 술집 아줌마 등 누구든 그 사람의 외모나 성격, 혹은 그 사람에게서 느껴지는 느낌, 매력, 불쾌감 등 어떤 것이라도 좋다.

인물을 소설가처럼 잘 표현하면 좋겠지만, 마음 먹은 것처럼 잘 되질 않는다. 그래도, 현진건의 <지새는 안개>의 일부에서 군수(君秀)와 세환(世煥)이에 대한 표현을 보자. 나중에 공부하겠지만, 이것은 인물에 대한 묘사(description)이다.

**지새는 안개**

군수(君秀)는 얼굴은 거무테테하였으되 키는 설멍하게 큰 데다 딱 벌어진 어깨와 길고 곧은 두 다리의 임자이니 세비로나 입고 금테안경이나 버티고 단장이나 두르고 나서면 그 풍채의 훌륭하기가 바로 무슨 회사의 사장이나 취체역 같았다. 그는 쾌활한 호인물이었다. 결코 남을 비꼬든지 해치지 않았다. 혹 남이 제 귀에 거슬리는 말을 해도 마이동풍으로 흘려들었다. 그는 재판소와 도청을 출입하는 기자인데 아침에 들어오면 모자를 쓴 채로 단장을 휘휘 내두르며 편집실로 왔다갔다 하다가 누구에게 향하는지 모르게 싱긋 웃으며

"인제 또 가 봐야지."

하고 휙 나가버린다. (…중략…)

세환(世煥)은 군수와는 정반대로 키도 작달막하고 몸피도 가냘폈다. 얼굴빛까지 해끔하되 새까만 눈썹과 오똑한 코며 얼굴의 째임째임이 제 체격과 어울리게 매우 조직적이었다. 대가리를 까불까불하며 궁둥이를 살랑살랑 흔들며 걸어다니는 모양은

> 일본사람으로 속게 되었다. 그는 경찰서를 도는 기자인데 군수(君秀)와는 달리 다부지게 수집도 하고 기사도 곧잘 만들어 쓰되, 제 쓴 것이 실리지 않는다든지 귀에 거슬리는 말을 듣는다든지 하면 온종일 입을 꼭 다물고 쌔근쌔근하다가 기사 한 줄 안 쓰고 뛰어나간다.[22]

남의 인상을 기술한다지만, 사실은 거기에 자신의 이야기를 집어 넣고 자신의 가치관, 미관, 세계관, 인생관을 표현해 놓는 일이다.[23]

그 사람의 장신구, 휴대품, 생김새 등 외모뿐 아니라 그의 출신지, 학력, 연령, 가족 관계, 이성 편력 등 프라이버시와 관계되는 것도 좋다. 그의 심성, 취미, 특기, 인생관, 대인 관계, 성격, 독특한 개성 등도 기술해도 좋다. 이런 일은 사람 보는 안목을 길러 준다. 그러나 관상쟁이를 만들지는 않는다.

인물은 인물 그 자체의 자기표현이 항상 있다. 나무처럼 산처럼 요지부동하는 것이 아니라 쉴새없이 표정이 있고, 말이 있고, 제스처가 있으며, 그런 모든 것을 통해서 감정과 의지를 늘 표현하고 있는 것이다. 그러니까 먼저 표정, 말, 행동의 기축인 외모에서 특징을 찾는 데 관심을 두고 세밀한 관찰과 탐사가 필요하다.[24]

**써보기**

아래 제시한 제목으로 글을 써 보자.

내 친구 ○○○ :

22) 이태준, 전게서, p. 221.
23) 이태준, 전게서, pp. 233~234.
24) 상게서, p. 253.

써보기

아버지의 면도기 :

써보기

바다 :

준비한 노트에 '내 할아버지'에 대하여 글을 써 보자.

### 3) 자유로운 즉흥적 상상

브레인스토밍식 자유 사고가 필요하다. 다음 문제들에 대하여 거리낌 없이 상상해 보기를 거듭 당부하거니와 제발 잘 쓰려고 애쓰지 말라. 즉흥적인 생각을 일단 아무렇게나 쓰라. 처음부터 맞춤법이나 띄어쓰기는 염두에 둘 필요가 없다. 생각나는 대로 쓰면 그뿐이다. 교정은 탈고 때나 할 일이다.

써보기

우리들의 언어생활의 나쁜 점을 구체적인 예를 들어 있는 대로 제시하라.

써보기

이웃집과 잘 사귀며 지낼 수 있는 방안을 강구하라.

써보기

하늘에서 내리는 비를 이용한 에너지 획득 방안을 강구하라.

써보기

하루도 빠짐없이 매일 저축할 수 있는 방안을 강구하라.

써보기

스스로 부자(富者)가 될 수 있는 방안을 강구하여 보라.

## 3. 일지·비망록 작성 훈련

대부분의 전문적인 시인, 소설가, 경영인, 학자, 수필가 등은 어느 장소, 어느 때든지 간에 순간적으로 떠오르는 아이디어, 어떤 일의 문제점, 특별한 사항 등을 즉시 적어놓기 위해서 자기 나름대로 일지라든지 비망록을 가지고 다닌다. 그들은 시간과 장소를 가리지 않고 필요하면 메모를 한다.

시인에게는 그것이 곧 일기가 된다. 소설가에게는 어떤 장면이나 배경에 대한 묘사를 위한 중요한 메모일 수 있다. 학자에게는 어떤 학설의 문제점을 비판하는 자료가 되기도 한다. 경영인에게는 판매 전략이 촘촘히 적힌 글일 수도 있다.

### 1) 일지·비망록 쓰기

일지와 비망록의 특징은

① 생생한 현장성을 지니며,
② 즉흥적으로 쓰기 때문에 비문법적인 글일 수 있다.[25)]

당신이 평소에 이러한 일지와 비망록을 작성해 두는 습관을 들인다면 사고력 증진과 아울러 작문 능력이 크게 향상될 것이다. 또한 그것은 글쓰기의 자료가 될 수 있다.

회의를 하는 중이거나 전철을 타고 가는 중이거나 문상(問喪)하는 중에도 무엇이든 생각이 떠오르면 지체 없이 메모하는 것이 좋다. 필자는 노트가 없을 때에는 명함 뒷면이나 담뱃갑에 메모하는 버릇이 있다. 재미있는 내 후배 김익두 교수는 주로 손등에 메모를 한다.[26)] 그것은 그의 이른바 손등메모법(?)이다. 손바닥 안쪽에 메모를 하면 땀이 나거나 물건을 만지면 지워지니까 손등에 한다. 필자가 추측하건대 좀 지저분하기는 하지만 그가 유능한 평론가요 시인이 될 수 있는 이유 가운데 하나는 분명 그의 손등메모법에 있을 것이다. 메모 내용이 많을 때는 옷소매를 말아 올려 점차 팔목 부근까지 볼펜 메모가 올라가는데 그것도 모자라면 오른손 손등의 사용도 불사한다. 이런 때는 대개 연락하여 만날 사람이 많다거나 관찰, 조사 내용이 많거나, 아이디어가 십분 분출된 날이다.

신문, 잡지, 텔레비전, 라디오 등 매스 미디어로부터 얻어 들은 지식도 메모한다. 그 미디어의 일정 기사나 프로그램에서 보고 들은 후 소감이나 비판거리를 써 놓을 수도 있다.

「중앙일보」에 실린 간단한 일지를 소개하기로 한다.

---

25) 이을환 외 옮김, 전게서, p. 8.
26) 최근 몇 달 동안 만나지 않아서 그 습관이 바뀌었는지도 모른다. 그가 그런 습관이 몸에 밴 지는 약 20년이 넘을 것으로 추산할 수 있다.

**자원봉사 운동 확산일지**

<94년>

- 8. 4 한양대, 국내 대학 최초로 사회봉사 정규과목 채택
- 8. 12 서울·부산·인천·강원 교육청, 고입 내신에 자원봉사 반영 발표
- 10. 20 서울시, 자원봉사 경력자 우선 채용 방침 발표
- 12. 3 사법연수원, 연수생 자원봉사 의무화 발표

<95년>

- 1. 22 선경, 쌍용, 삼성, 신입사원 연수 때 의무화
- 3. 3 서울대, 고교 봉사활동 입시 반영 방침 밝혀
- 3. 20 「사랑의 일기장」 전국 보급 시작
- 4. 20 법무부, 현직검사 자원봉사 의무화
  교육개혁위, 종합생활기록부에 봉사활동 반영
- 8. 5 가톨릭·인제·울산·아주대 의대생 자원봉사 필수선택
- 10. 10 대법원, 법관 임용 때 봉사실적 반영
- 10. 18 한국자원봉사 포럼 창립
- 11. 15 한국사회복지협의회－삼성복지재단 「자원봉사 전산망」 개통

<96년>

- 1. 27 전 공무원 교육기관 자원봉사 과목 채택
- 2. 3 법무부, 비행 청소년 「사회봉사명령제」 실시
- 2. 3 「대한조계종 자원봉사단」 발족
- 3. 1 충남북·대전·전북 도교육청, 중고생 자원봉사 의무화
- 4. 20 94개 대학, 봉사활동 입시 반영 방침[27]

이처럼 간단한 일지도 자원봉사운동에 대하여 글을 쓴다면 반드시 필요하다. 필자가 위의 일지를 자료로 삼아 <사회봉사활동의 의의>에 대하여 대학 신문에 글을 써서 실은 적이 있다. 일지라고 하는 자료를 어떻게 응용하고 있는지 자세히 살펴보면 도움을 받을 수 있을 것이다.

27) 「중앙일보」, 1996년 7월 8일(월)자 제12면. 필자가 이처럼 각주를 달 수 있는 것은, 평소 관심 있는 분야의 신문기사를 오려 두어 클리어 파일에 끼워 두었기 때문이다. 본문에서도 말했지만 여기서 유의해야 할 점은 필자명, 신문명, 발행일시, 면수를 반드시 기재해 놓아야 한다는 것이다.

## 사회봉사활동의 의의

94년 8월 4일 서울 한양대에서 국내 대학 최초로 사회봉사를 정규과목으로 채택한 이후, 11월 27일 서울시가 자원봉사 경력자 우선 채용 방침을 내놓았고, 95년 3월 3일 서울대에서 고교 봉사활동 입시 반영 방침을 밝혔다. 95년 4월 교육개혁위원회에서는 종합생활기록부에 봉사활동 반영안을 내놓았고, 동년 8월 5일에는 가톨릭대, 인제대, 울산대, 아주대에서 의대생들에게 자원봉사를 필수과목으로 개설하였다. 96년 1월 27일 전 공무원 교육기관에서 자원봉사 과목을 채택하였고, 동년 3월 3일 충남북, 대전, 전북도 교육청에서는 중고생 자원봉사를 의무화하기로 결정하였다. 구체적으로 말하면, 전북도 교육청은 올해부터 관내 초(4학년 이상)·중·고교생 전원에게 연간 34시간(학교 단체행동 20시간, 개인봉사 14시간)씩의 봉사활동을 하도록 의무화하고 있다.

우리 대학은 전문대학으로서는 국내에서 몇 안되는 앞선 출발 주자로 도내에서는 최초로 금년 1학기부터 1학년을 대상으로 사회봉사활동을 교양선택으로 설강하였다. 현재 수강신청 인원은 총 183명 전체 1학년 학생의 약 20%가 이 과목을 수강신청하여 봉사활동을 벌이고 있다. 1학점에 32시간 이상 주로 공휴일과 방학기간을 이용하여 봉사하고, 분할 활동도 가능하다. 주로 고아원, 양로원과 정박아, 장애자, 무의탁 노인들의 수용시설, 경찰서 등 주로 사회복지와 공익사업 활동에 관련된 곳에서 활동을 펼치고 있다. 교내 봉사활동도 인정하는데 강의실 청소, 교내 환경 정화일을 주로 하며 봉사시간은 1회당 1시간으로 인정하고 있다.

봉사란 타인이나 공공의 유익을 위하여 헌신적으로 힘쓰는 일이다. 오늘날 첨단산업사회, 고도의 정보화 사회에서 현대인들은 황금만능주의와 극단적인 이기주의의 가치관 속에서 남과 이웃을 생각하고 돌볼 마음의 여유가 없다고 회피한다. 아예 이웃에게 관심을 기울이는 일은 아주 어리석은 일이라고 빈축을 놓는 것이 이 시대의 우리들의 모습이다.

이 시대의 도덕성 회복과 함께 가치관의 재정립은 인류의 공존과 평화와 행복을 위해서 무엇보다도 시급하다. 자원봉사활동이야말로 이 시대 우리의 가치관을 재정립할 수 있는 중요한 모티브이다. 남을 위해 땀을 흘려보는 일은 이웃 사랑 실천의 지름길이다. 이 일은 근로의 의미를 터득하고 인내력과 지구력 함양을 통하여 높은 성취감을 느낄 수 있고, 남을 위해 희생 봉사함으로써 차원 높은 보람을 얻을 수 있다. 이것이야말로 드높은 성취감이요, 참된 보람이다. 그것은 인간애에로 승화할 수 있다. 그것은 가치관 변화의 바람직한 조짐이다.

본교의 교훈에도 명시된 바 학생들에 대한 중요한 정신적 가르침으로서, 우리 대학은 '봉사' 정신의 함양을 지향하고 있다. 사회봉사활동과 본교 교훈의 지향점이 상호 부합한다. 초창기 대학으로서 사회봉사활동의 학점화를 통한 봉사정신을 함양하는 일은 우리 대학의 새로운 역사적 전통을 세우는 일이기도 하다.

따라서 본교의 사회봉사활동 제도 마련은, 첫째 현대 사회에서 가치관의 재정립을 위한 모티브로서, 둘째 인간성 회복을 위한 심성 교육의 기회로서, 셋째 근로의 의미를 깨닫고 남을 위한 희생에서 얻을 수 있는 차원 높은 보람과 성취감을 얻는 장으로서, 넷째 교훈이 지향하는 바 신념에 찬 봉사자를 양성하는 한 교육과정으로서, 다섯째 우리 대학의 전통으로 남아 대대로 이어질 학생들의 활동으로서 그 의의가 자못 크다고 아니할 수 없다.

처음이기 때문에 '준비성(readiness)'이라든가 제도적 '장치'면에서 시행착오가 있을 수 있다. 그러나, 우리가 여기서 주목해야 할 점은 우리 학생들의 봉사정신과 성실성이 뒷받침만 되면 바라는 바 소기의 성과를 얻을 수 있으리라는 점이다. 학생들의 분발을 기대해 본다.[28)]

**우선 노트에 최근 일주일 동안 일어난 일에 대하여 일지를 써 보라. 제목은 <지난 일주일 동안의 일지>이다. 중요한 일들을 우선 써 보라.**

개인적으로 매일 쓰는 기록으로 일기가 있다. 나치 독일 병사들의 눈을 피해 숨어 지내며 일기를 쓴 <안네 프랑크의 일기>가 갑자기 세계 명작이 되었던 점을 생각해 보라. 평소에 당신이 적어둔 일기도 세계적인 명작이 될 수 있다.[29)]

### 2) 「독서 카드」 만들기

한편 <독서 카드>를 정리하는 습관은 글을 쓰는 자료를 잘 모으는 지름길이다. 자료 수집을 위해 가장 먼저 해야 할 일은, <독서 카드>에 인용하거나 참고할 자료의 출처를 밝혀 놓는 일이다. 단행본 책, 논문, 신문, 잡지의 경우에는 각각 다음과 같은 사항을 <독서 카드>에 정리해야만 한다. 컴퓨터로도 독서카드를 만들 수 있다.

[단행본] : 저자명
서명(책 이름)
편자 / 역자명
출판사항(출판횟수, 출판지, 출판사, 출판 연도)

28) 정읍공업전문대학 학보사, 「정읍대학보」 제3호, 제2면, 1996.
29) 이을환 외 옮김, 전게서, p. 8.

[논문] : 집필자명
제목(논문의 제목)
게재지명(게제한 논문집 이름)
권수, 호수 및 발행일자
게재면수(몇 쪽에서 몇 쪽까지)

[잡지] : 집필자명
제목(논문 혹은 논단의 제목)
잡지명
권수(제○권 혹은 통권 제○), 호수(봄호 혹은 12월호) 및 발행일자
게재면수(몇 쪽에서 몇 쪽까지)

[신문] : 집필자명
제목(논제, 타이틀)
신문명
발행일자
면수(예 : 제8면 혹은 제10면)

자료의 기록 방식은 여러 가지다. 원문을 직접 인용하기도 하고, 요약 정리하기도 하며, 원문의 뜻을 본인이 직접 풀어서 적어 두기도 한다. 자료의 기록은 주로 독서 카드를 이용한다.

일반적으로 독서 카드는 두 종류가 있다. 어떤 조사 자료를 기록하여 보관하느냐에 따라 나눈 것이다. 조사 자료의 서지사항[30]을 기록하는 <서지 카드>와 자료를 직접 인용하거나 요약하여 적어 두는 <내용 카드>가 그것이다. <서지 카드>는 서명 카드 혹은 마스터 카드라고도 하는데, 연구 조사의 대상이 되는 문헌의 서지사항을 기록해 두는 카드다. 논문이나 보고서를 작성할 때, <서지 카드>를 이용하여 주석란과 참고문헌란을 작성한다. <내용 카드>는 자신의 연구와 관련된 자료의 내용을 직접 인용하거나 요약하여 정리해 두는 카드다. 필요에 따라서는 <내용 카드>에 글쓴이 스스로 어떤 자료에 대한 해설이나 그 자료에 나오는 단어에 대한 뜻풀이를 할 수도 있고, 일정한 주제에 대해서 떠오른 아이디어 혹은 자신의 주관, 견해를 기록해 둘 수도 있다. 다만, 이때에는

30) 서지사항(書誌事項)이란 옛날 책이든 오늘날의 책이든 그 책의 내력, 즉 책 이름, 저자, 역자, 편자, 발행일, 판수, 출판사, 출판지, 출판 연도 등에 관한 사항을 말한다.

글쓴이 자신의 의견임을 카드에 밝혀 둔다. 서로 연관되는 것들을 <내용 카드>에 정리할 경우 동일한 표제어(제목)를 달아 놓는 것이 좋다. 카드에 기입해야 할 사항은 다음 그림과 같다.[31)]

**서지 카드**

| | |
|---|---|
| | 저자명, 책의 제목 |
| | 판수, 출판지, 출판사, 출판 연도, 면수 |

**내용 카드**

| | |
|---|---|
| | (표제어) |
| | 저자명, 책의 제목 |
| 면수 | ……………… (인용) ……………… |

학자나 문필가가 아니라면 일반적으로 손쉽게 사용하기 위해서 자료와 내용을 합친 형태의 한 가지 독서 카드를 사용하기를 제안한다. 독서 카드의 크기도 여러 종류가 있다. 다만 자신이 쓰기 편리한 것을 골라 쓰도록 하면 된다. <서지 카드>와 <내용 카드>를 합한 형태의 <독서 카드>를 정리하는 일반 양식은 이러하다.

**독서 카드** 혼합 양식(필자가 즐겨 쓰는 방식)

| 표제어(제목) | |
|---|---|
| | 출처(저자명, 책명, 출판지명, 출판사명, 출판 연도, 면수) |
| | 내용<br>……………… (인용) ……………… |

31) 이상의 독서카드 정리 요령은 권영민, “연구 자료의 특성과 종류”, 『대학국어작문』(서울 : 서울대학교출판부, 1994), p. 292 참조.

**독서 카드** 혼합 양식에 의한 정리의 실례

(표제어) : <산유화>의 "저만치"의 거리, 그 비극성

(출처) : 김동리, 「문학의 이해」(서울 : 정음출판사, 1986), p. 6.

"저만치"의 거리감은 현실세계와 저승세계 사이의 좁힐 수 없는 비극적 거리를 표상한다.

---

국민연금법의 목적

오정수 외 「사회복지학개론」(서울 : 양서원, 2010), p. 119.

이 법은 국민의 노령, 장애 또는 사망에 대하여 연금급여를 실시함으로써 국민의 생활 안정과 복지 증진에 이바지하는 것을 목적으로 한다.

---

독서 카드에 읽은 내용을 위와 같이 정리해 두자. 혼자서 문득 떠오른 생각이나 창의적인 발상, 혹은 자연이나 인간을 접하고 난 순간적인 느낌을 독서 카드에 적어 두자.

① 반드시 독서 카드 한 장에는 한 책의 것, 한 가지 주제만 기입하라. 동일한 책의 것일지라도 다른 이야기라면 다른 독서 카드를 사용하라. 독서 카드를 아끼지 말라. 또 독서 카드는 뒷면을 사용하지 말라. 그래야만 나중에 글을 쓰는데 아주 편리하다. 왜냐하면 어떤 일정한 글을 쓰기 위해서는 그와 관련 있는 동일한 주제의 카드들만을 뽑아 그것들만 참고하면 아주 편리하기 때문이다.

② 당신의 글쓰기 능력은 마침내 독서 카드의 분량에 비례한다. 글은 그것이 어떤 종류의 글이든지 간에 자료가 있어야 쓸 수 있다. 무에서 유를 창조하기란 참으로 어렵다. 곧, 독서 카드 없이 글을 쓰기 어렵다는 말이다.

③ 독서 카드를 많이 만들자. 이사를 갈 때 가구를 빠뜨리면 경제적 손실이 온다. 독서 카드를 빠뜨리면 글 재산이 바닥난다. 글을 쓰는 이들에게 독서 카드는 구두쇠의 보석함이나 금송아지보다 더 소중하다.

④ 독서한 내용을 모아 두어라. 한 달쯤 후에 주제별로 나누어 정리해 두라.

만약 당신이 사회봉사활동, 언론의 자유, 국민의 알 권리, 인간성 회복 방안, 자연 생명의 훼손, 의견설화(義犬說話), 건국신화, 인터넷, 한글 맞춤법, 고사성어, 우리나라의 우화(fable), <산유화> 등을 주제로 독서 카드를 작성

했다면, 동일한 주제끼리 묶어 나누어 정리해 두라. 어느 누군가가 갑자기 인간성 회복이라는 주제로 글을 써 달라고 요청할지도 모른다. 사회봉사활동의 의의, 국민의 알 권리, 자연 생명의 훼손, 훈민정음 창제에 대한 찬반 논란 등이 대입 논술시험에 출제될지도 모른다.

그것이 다른 사람의 논급이거나 당신의 아이디어거나 간에 주제별로 정리해 두고, 한 번 훑어보라. 이때 당신은 자신이 얼마나 공부했는지 스스로 알 수 있고, 새로운 아이디어가 얼마나 많은지를 보면서 자신이 대단한 사고력의 소유자임을 깨닫고 스스로 놀랄 것이다.

준비한 노트에 <독서 카드>를 그려 놓고 최근에 읽은 것을 정리해 보아라.

알고 보면, 학자나 문필가란 평소에 독서 카드와 스크랩북(클리어 파일)을 잘 만들어 두는 사람이다.

한편, 스크랩북도 독서 카드의 역할을 한다. 어느 일정한 주제에 대한 신문기사를 읽고서 참고할 만하다고 느껴 그것을 가위로 오려 스크랩북 안에 보관시켜 두었다면, 당신은 글 재산을 간직한 셈이다. 글을 쓸 때면 독서 카드와 스크랩북이 동원된다. 스크랩북이라고 말했지만, 요즈음에는 주로 클리어 파일(Clear File)을 주로 사용한다. 옛날처럼 스케치북에 자료를 오려서 풀칠하여 붙일 필요가 없다. 클리어 파일의 깨끗한 비닐 안에 간단히 끼우기만 하면 된다. 수십 년 동안 변질 없이 보관할 수 있다. 클리어 파일에 자료를 오려 넣을 때 절대로 잊지 말아야 할 것이 있다. 오려 둔 신문이나 잡지의 여백에 자료의 출처를 밝히는 일이다. 왜냐하면 인용할 때 그 출처를 밝혀야 하기 때문이다.

- 신문명(예 : 「중앙일보」, 혹은 「문화일보」) 혹은 잡지명(예 : 「샘이 깊은 물」, 혹은 「신동아」)
- 집필자명
- 발행연월일
- 면수

거듭 말하지만, 스크랩북(클리어 파일)과 독서 카드는 당신의 글쓰기의 중요한 자료이다. 마치 아무런 생각 없이 말이 입 밖으로 나올 수 없듯이, 자료 없이는 결코 글이 써지지 않는다.

# 2장

## 2. 도대체 글이란 어떻게 엮어지는 걸까

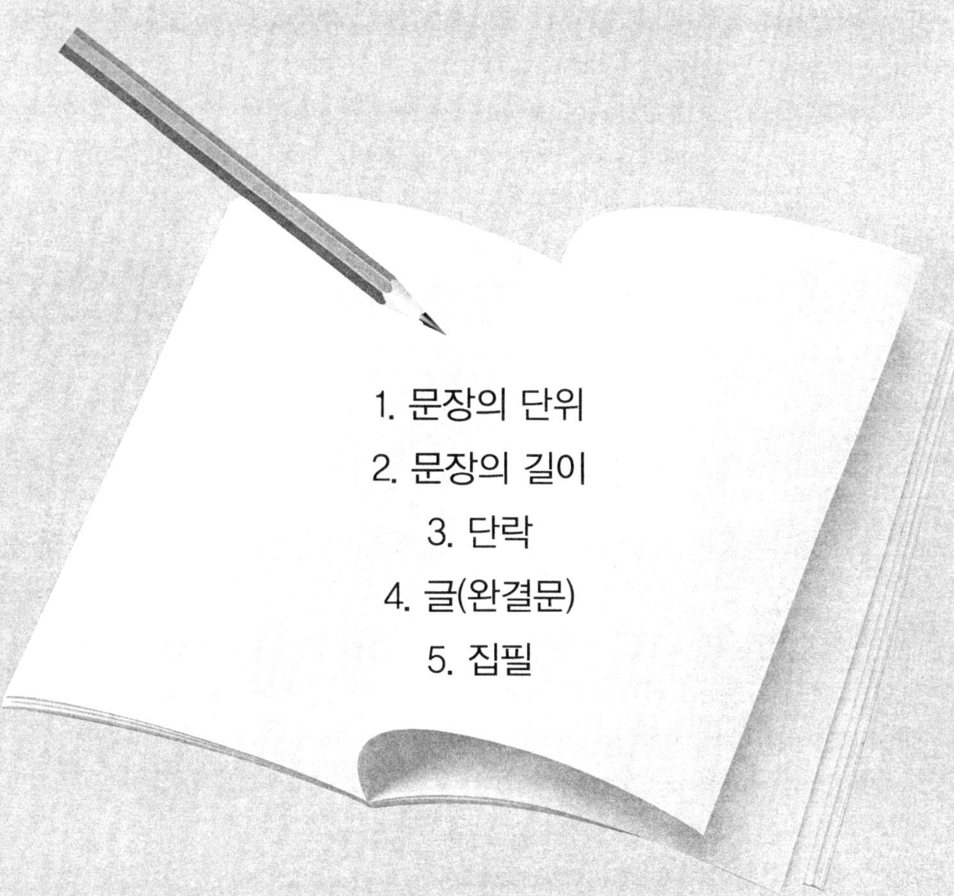

1. 문장의 단위
2. 문장의 길이
3. 단락
4. 글(완결문)
5. 집필

일반적으로 말을 그대로 옮겨 놓으면 글이 된다고 하나, 엄밀히 말하자면 말과 글은 명백히 그 성격을 달리한다. 여기서는 글을 쓰는 사람이 말을 할 때와 얼마나 다른 상황에 놓이는가를 중심으로 그 기본적인 성격의 차이를 구체적으로 살펴보기로 한다.

첫째, 말은 단편적인 수 있으나 글은 단편적일 수 없다. 휴대전화 문자메시지를 보내거나, 쪽지로 간단한 말을 전하는 경우 또는 일기장에다 간단한 한 줄의 메모를 남기는 것과 같은 경우를 제외하면, 글은 처음부터 끝까지 일정한 논리에 따라 완성되지 않으면 안 된다. 그러나 말은 단편적일 수 있고, 그것이 상황에 따라서는 더 효과적일 수 있다.

둘째, 말을 할 때의 상황과 글을 쓸 때의 상황은 근본적으로 다르다. 말은 적어도 듣는 사람, 말하는 상황, 주위 사람들이 갖고 있는 감정의 낌새 등에 대하여 알려진 상태에서 시작한다. 그러나 글을 쓸 때에는 이런 모든 상황을 맘속으로 가정하고 상황에 대하여 효과적으로 암시를 해 가며 써야 하는 것이다.

셋째, 글을 쓰는 속도가 말을 하는 속도보다 느리다. 속도가 느리다 보니, 각 성분끼리 호응이 잘 되지 않는 문장, 불완전한 문장을 쓸 가능성이 커진다.

넷째, 말을 할 때에는 이것저것 따지고 논리적으로 빈틈없이 문장을 구성하지 않아도 자기의 생각을 다른 이에게 전달하는 데 큰 어려움은 없다. 손동작, 표정, 몸놀림의 도움을 받을 수 있고, 말의 속도, 억양, 뉘앙스를 이용하여 전달할 수 있기 때문이다. 그러나 글을 쓸 때는 그렇지 않다. 이 모든 것이 글로 표현되어야 한다.

다섯째, 일반적으로 사람들은 말에는 관대한 태도를 보이나, 글에 대하여는 엄혹하다. 말할 때 발음상의 실수, 조사나 어미의 잘못 사용에 대하여 크게 나무라지 않는다. 한자(漢字)를 몰라도 된다. 영어 스펠링을 정확히 알지 못해도 상관없다. 글은 전혀 그렇지 못하다. 정확히 써야 한다. 실수를 용납하지 않는다.

여섯째, 말로는 가능해도 글로는 그렇게 하면 안 되는 것이 있고, 그 반대의 경우도 있다. 친구끼리 말할 때는 반말을 쓸 수 있지만, 조금 서먹한 친구 사이라면 반말로 편지글을 쓰기 어렵다. '그러므로'나 '~므로'는 글로는 쓰지만, 말로 하기는 곤란하다.

일곱째, 글의 생리는 말의 생리와 다르다. 같은 말, 같은 표현을 몇 번이고 반복해도 말은 별다른 혐오감을 주지 않는다. 그러나 글은 같은 표현을 두 번만 반복해서 써도 읽는 사람은 고개를 갸우뚱거린다. 새로운 표현이 요구되는 것은 주로 글에서라고 할 수 있다.

여덟째, 말에서의 문장과 글에서의 문장은 그 길이에 대한 제약에서 큰 차이가 있다. 말에서의 문장은 호흡의 길이와 밀접히 관련된다. 글에서의 문장은 호흡을 위하여 아무 곳에서나 끊을 수 없다. 말에서는 보통 일정한 호흡 단위 이상으로 한 문장이 계속 길어지기 어렵다. 그러나 글은 호흡의 영향을 받지 않는다.[1)]

훌륭한 글은 마치 살아 숨 쉬는 물체와 같다. 그 자체가 하나의 유기체적인 구조를 이루고 있고, 의미를 내뿜으며 활동하는 다이내믹한 의미망을 구축하는 것이다. 하나의 구조를 이루고 다이내믹한 의미망을 형성하는 데에 있어서, 글은 일차적으로 여러 가지 요소들을 갖추게 되어 있다. 그 요소들이 날과 씨로서, 혹은 상호작용으로서 의미망을 구축하는 것이다. 그러므로 글을 이해하기 위해서는 먼저 그것을 구성하는 기본 요소들을 알고 넘어가지 않을 수 없다.[2)]

글의 기본 단위로는 단어, 구, 절, 문장, 문단 등이 있다. 단어, 구, 절은 홀로 독립적인 단위라고 할 수 없다. 문장의 일부로써만 쓰일 따름이다.

그밖에도 문장에서의 각종 문장부호들은 마치 음식의 맛을 내는 데 있어서 양념과도 같은 필수적인 구성 요소들이다. 문장부호들이 사용되는 자리에 따라 문장은 의미 변화를 일으키게 된다. 문장부호를 무심코 지나쳐 볼 일이 아니다. 예를 들면,

① 사람들이, 많은 도시를 다녀보면 재미있는 일이 많을 것이다.
② 사람들이 많은 도시를 다녀보면, 재미있는 일이 많을 것이다.

이는 반점( , )의 위치에 의해 문장의 의미가 달라지는 예이다. 앞 문장 ①은 '사람들이 여러 도시를 여행하노라면'이라는 의미요, 뒷 문장 ②는 '인구가 많은 도시에 가 보면'이라는 의미이다. 다음 예문도 반점의 존재 여부와 그 위치에 따라 어떻게 의미가 달라지는가 한 번 생각해 보자.

**예 1**
- 그녀의, 옷에 대한 대단한 관심
- 그녀의 옷에 대한, 대단한 관심

**예 2**
- 그 거만한, 철수의 외삼촌
- 그 거만한 철수의, 외삼촌

---

1) 임홍빈, "문장과 단락", 『대학국어작문』(서울 : 서울대 출판부, 1994), pp. 667~669.
2) 전북대 대학국어편찬회 편, 『國語作文』(서울 : 학문사, 1994), p. 23.

다음 문장이 어떻게 모호한가를 지적해 보자. 준비한 노트에 고쳐 쓰시오.

1. 몹시 성질이 급한 이모부의 여동생은 사소한 일에도 호들갑을 떤다.
2. 맑은 물과 흰구름이 감도는 봉우리를 바라보며 설악산 중턱을 걸어가고 있다.
3. 박 선생님은 누구나 좋아하는 분이다.[3)]

## 1. 문장의 단위

### 1) 단어

단어는 글의 기본이 되는 최소의 단위이다. 글쓰기를 위해서는

첫째, 풍부한 단어 어휘력을 지녀야 하고,
둘째, 단어의 정확한 선택에 세심한 주의를 기울여야 한다.[4)]

아무리 어휘력이 풍부한 사람이라고 할지라도 국어사전 한 권도 없이 글을 쓰는 일은 없다. 글쓰기를 시작하는 사람들은 정평 있는 국어대사전을 갖추어야 한다.

어휘력을 늘리는 데는 국어사전을 활용하는 것이 좋다. 외국어 공부를 하다가 단어의 의미를 모르면 외국어 사전에 의존할 수밖에 없다. 우리말 단어를 정확하게 이해하지 못할 때 역시 국어사전을 활용하지 않을 수 없다.

#### (1) 쉬운 단어의 잘못 사용

##### 가. 틀리다/다르다

우리는 간혹 쉬운 단어를 잘못 이해하고 사용하는 경우가 있다.

① 그 점에 있어서 내 동생은 나와 생각이 틀리다.
② 철수가 푼 수학 3번 문제는 답이 다르다.

---

3) 1. 몹시 성질이 급한, 이모부의 여동생은 사소한 일에도 호들갑을 떤다.
2. 맑은 물과, 흰 구름이 감도는 봉우리를 바라보며 설악산 중턱을 걸어가고 있다.
3. 누구나 박 선생님을 좋아한다. 혹은, 박 선생님은 모든 사람을 좋아한다.

4) 상게서, p. 23.

①의 '틀리다'(誤)는 '다르다'(異)라고 해야 옳다(是). 나와 내 동생은 서로 생각이 다른 것뿐이지 동생의 생각이 잘못된 것은 아니니까. ②는 '다르다'(異)를 쓰려면 정답과 비교, 대조해서 정답과 같은지 다른지를 이야기할 때 쓸 수 있을 것이지만, 여기서는 답이 맞고(正) 틀리고(誤) 하는 문제이기 때문에 '틀리다'(誤)라고 해야 한다.

'맞다'는 '틀리다'와 상대적인 의미로 쓰인다. '맞다'는 문제 푼 것이 정답일 때, 무엇인가 두 짝이 아귀가 딱 들어맞을 때 쓰인다. 이를테면, 신데렐라의 발이 유리 구두에 들어맞을 때 '맞다'라고 쓴다.

의견, 견해, 이론, 주장 등에 대한 시비(是非)를 따지는 경우에는 '옳다/그르다'를 씀이 정확하다.

'다르다'는 두 가지 이상의 대상물을 가지고 있는 성질이나 모양에 차이가 있다는 말이다. 반면에 '틀리다'는 그 가운데 하나는 옳고 나머지는 그르다고 할 때 쓰이는 말이다. '다르다'는 곧 사물의 속성을 객관적으로 매김하는 뜻을 지녔다고 할 수 있고, '틀리다'는 특정한 사물의 가치를 강조하는 구실을 한다고 할 수 있다. 비슷한 말 같으면서도 그 본질은 전혀 다르다.

언제부터인지 우리 주변에는 이 두 단어가 서로 넘나들며 쓰이는 경우가 퍽 잦아졌다. "그 사람 생각은 저하고는 틀려요"라는 말은 분명히 ①이 잘못 쓰인 것처럼 역시 잘못 쓴 것이다. '다르다'라고 해야 한다.

> 중국말은 우리말과 말의 순서가 틀려서 배우기 어렵다.

에서도 '틀려서'는 틀린 표현이다. 이것은 '달라서'라고 표현해야 맞다.

그러나,

> 딴 사람은 몰라도 제 생각은 틀린데요.

라는 말에서는 아리송한 뜻의 겹침이 일어난다. 자신의 생각이 '그릇되다'는 말인지 남의 의견과 '다르다'는 말을 잘못한 것인지가 분명치 않다.

'딴 사람'이라는 말까지 '틀린 사람'이라고 하지는 않고, '다른 사람'이라고 분명히 잘 쓰고 있는 것을 보면, 이러한 잘못은 고칠 가능성이 있다. 물론 가끔 약속한 장소를 '잘못' 알고 '다른' 장소에서 기다리는 경우가 있기는 하다. 이럴 경우, 그 '다른 장소'가 '틀린 장소'가 될 수도 있다. 그러나 이 두 개념은 분명히 구별되어야 한다.[5)]

---

5) 남기심·김하수 지음, 「당신은 우리말을 새롭고 바르게 쓰고 있습니까?」(서울 : 샘터사, 1995), pp. 54~55 참조.

③ 영희의 견해가 옳다.

의견, 견해, 이론, 주장 등에 대한 시비(是非)를 따지는 경우에는 '옳다' 혹은 '그르다'를 쓴다. 따라서 ③의 표현은 좋다.

써보기

<신데렐라>에 대하여 글을 써 보자.

신데렐라 :

잘못된 단어를 지적하여 준비한 노트에 정확한 단어로 바꿔 바른 문장을 만드시오.

1. 신발이 너무 커서 내 발에 옳지 않다.
2. 슬기의 주장은 같잖다.
3. 철수는 기말고사 4번 문제에 대하여 자신의 그릇된 답을 맞다고 우기니, 참 답답하다.
4. 그녀의 의견은 내가 생각한 바와는 틀리다.[6)]

## 나. 많다/적다, 크다/작다

① 영자는 먹는 양이 작아도 살이 많이 쪘다.
② 인수는 키가 아주 적은데도 농구를 잘하여 주위 사람들이 이상하게 여겼다.

먹는 양은 수량의 다소(多少) 문제이다. 이는 '많다/적다'로 써야 하므로 ①은 '양이 적어도'라고 해야 옳고, 신장의 대소(大小)는 키가 '크다/작다'의 문제이므로 ②는 '키가 아주 작은데도'라고 해야 옳다.

6) 1. 신발이 너무 커서 내 발에 맞지 않다.
2. 슬기의 주장은 옳지 않다.
3. 철수는 기말고사 4번 문제에 대하여 자신의 틀린 답을 맞다고 우기니, 참 답답하다.
4. 그녀의 의견은 내가 생각한 바와는 다르다.

### 다. 흔히 잘못 사용하는 어휘

어휘력을 늘리기 위해서 인상 깊었던 낱말이나 어절을 수집해 보는 것도 권장할 만하다. 한자어, 표준어에 대한 정확한 이해도 요구된다. 실제로 우리말의 60～70%가 한자어이다. 한자에 대한 공부 없이 우리말 어휘력을 늘린다는 것은 어불성설이다. 필요에 따라 방언을 쓸 수도 있으나 그 방언의 표준어가 무엇인가를 알고 있어야 한다. 낱말의 수집, 한자 공부, 표준어에 대한 이해는 어휘력을 늘리는 기초이다.

① 이번 달에는 전반적으로 철수의 실력이 상승했다. (상승→향상)
② 물가 향상 요인을 알아내기로 했다. (향상→상승)

'상승'과 '향상'이라는 단어는 그 의미가 서로 다르다. 상승은 값이 오름을 뜻하고, 향상은 능력이나 실력이 좋아짐을 뜻한다.

## (2) 항상 쓰는 단어의 잘못 사용

흔히 쓰는 말에서도 잘못 사용하고 있는 단어들을 알아차리고 바른 단어를 넣어 사용할 수 있어야 한다. 제법 유명한 문필가들의 글에서조차 단어를 잘못 사용하는 예를 볼 수 있다. 자주 적절치 못하게 쓰고 있는 단어들을 일일이 들어 보기로 한다.

문필가들의 글에서 흔히 나타나는 단어를 잘못 사용하는 예들이다.

① 발자국 소리를 들었다 : 발자국은 발로 밟은 흔적의 형태이므로 절대 소리가 날 수 없다. '발걸음 소리'라고 해야 옳다. 이같이 잘못 쓴 예는 많은 소설가들의 글에서 발견된다. <구도 A>, <나만의 비밀> 등.
② 그릇된 오해 : 오해란 잘못 이해한 것이니, 그릇된 오해라는 말은 잘 이해한 것이라는 뜻이다. 그러나 글 가운데서 오해라는 뜻으로 잘못된 오해라고 했다면 그것은 정말 잘못이다. <제품인간>에서 이런 오류를 범했다.
③ 시동하는 차바퀴 소리 : 시동하는 것은 차바퀴가 아니다.
④ 어머니는 알아보도록 늙었고, 동생은 알아보도록 성장했다 : 어머니께서 몰라 보게 많이 늙으셨고 동생 역시 몰라 볼 정도로 많이 컸다는 뜻으로 이러한 문장을 지은 것이리라. 그러나 '알아보도록' 혹은 '눈에 띄게'와 '몰라 보게'는 정반대의 뜻이다. 어느 것이 더 적절할까? 이 글을 쓴 <어떤 귀향>의 작자는 아마도 '눈에 띄게' 확연히 늙었거나 성장했음을 표현코자 한 듯하다. '알아보도록'보다는 '눈에 띄게'가 더욱 적절하지 않을까?

⑤ 장기판을 겨루고 : <지붕 밑의 한 낮>에서는 “장기를 두다”를 “장기판을 겨루다”로 쓴 것처럼 보인다. 장기, 바둑, 농구, 씨름, 야구, 태권도 등은 겨룬다고 할 수 있지만, 장기판, 바둑판, 씨름판을 겨룰 수는 없다. ‘－판’은 ‘벌이다’라고 해야 한다. 따라서 “장기를 겨루다” 혹은 “장기판을 벌이다”가 옳다.

⑥ 전문가로부터 자문 받은 지식 : 일일이 열거할 수 없을 만큼 자주 볼 수 있는 글이다. 남에게 의견을 묻는 것이 ‘자문(諮問)’이다. 아마도 글쓴이는 ‘전문가로부터 자문을 구해서 얻어 들은 지식’이라는 뜻으로 이렇게 쓴 듯하다. 그런 의미라면 ‘자문 받은 지식’이라고 해서는 옳지 않다. 왜냐하면, ‘자문 받은 지식’이란 ‘전문가에게 의견을 묻는 지식’이므로 본디 글쓴이의 뜻과는 다른 뜻이 되어 버리고 말기 때문이다.

⑦ 옛부터 : <두 자매>에 실린 것이지만, 다른 글에서도 자주 발견된다. 잘못 쓰인 단어이다. ‘옛’의 품사는 관형사이고 ‘부터’는 조사이다. 조사는 명사나 대명사와 같은 체언에 붙는 말이므로 관형사 뒤에 붙을 수가 없다. ‘옛’과 ‘부터’가 합하여 복합어를 이루기도 어려운 법이다.

⑧ 존재하느냐 존재하지 않느냐의 여부는 직접 가서 눈으로 확인해야 한다 : “존재하느냐 존재하지 않느냐”라는 말이나 “존재 여부”나 같은 말이다. 따라서 “존재하느냐 존재하지 않느냐는 직접 …”이라고 쓰든지, 아니면 간단히 “존재 여부”라고 쓰면 된다.

⑨ 김 교수는 일요일마다 천주교에 다닌다 : ‘다닌다(기본형 : 다니다)’는 구체적인 장소가 있을 때 쓴다. ‘천주교’는 장소를 뜻하는 말이 아니므로 이 문장에서는 ‘천주교회’ 혹은 ‘성당’이라고 바꿔 써야 한다.

⑩ 할머니께서 얼마든지 먹어도 좋다라고 생각하며 나에게 음식을 자꾸 권했다 : ‘라고’는 인용문일 때 사용하는 것으로 이를테면 ‘“얼마든지 먹어도 좋다” 라고 생각하며……’라는 식의 문장에서 쓰인다. 인용부호 없는 문장에서는 그냥 “얼마든지 먹어도 좋다고 생각하며……”라고 써야 한다.[7)]

준비한 노트에 다음 문장을 정확하게 고쳐 쓰시오.

1. 밤이 이슥해지자 사방이 적막한 가운데 저쪽에서 발자국 소리만 들려왔다.
2. 때마침 코주부 영감은 곰보 영감과 장기판을 겨루고 있었다.[8)]

---

7) 이상은·미승우 씨의 “한국 문인들의 글 솜씨” 참조.

8) 1. 밤이 이슥해지자 사방이 적막한 가운데 저쪽에서 발걸음 소리만 들려왔다.
 2. 때마침 코주부 영감은 곰보 영감과 장기판을 벌이고 있었다.

### (3) 겹말의 잘못 사용

겹말은 중첩의 단어, 곧 같은 뜻의 말이 겹쳐서 된 말이다. 필요 없이 겹말을 만들지 말자.

① 방화(防火)를 막다 : '방화'는 '불을 막는 것'이다. 그렇다면 이것은 "불을 막는 것을 막다"는 뜻이니까 "불을 지르거나 불이 난 채로 그냥 놓아두다"라는 뜻이다. 적절히 쓰인 것 같지 않다.

② 외치는 절규 : '외침' 혹은 '절규(絕叫)' 둘 중에 하나만 쓰면 된다. '외치는 절규'는 곤란하다.

③ 수확을 거두다 : '농작물을 거둠'을 수확이라고 한다. "농작물을 거둠을 거둔다"라고 한다면 어휘의 선택이 잘못된 것이다.

④ 쓰이는 용도에 따라 : '쓰임에 따라' 혹은 '용도에 따라'라고 해야 한다.

이와 같이 겹말을 잘못 사용하고 있는 예는 많다. 열거하면 다음과 같다.

1. 거꾸로 서는 역립감(逆立感) → 거꾸로 서는 느낌, 혹은 역립감
2. 다시 재생한 → 재생하는, 혹은 다시 살아난
3. 끌어당기는 인력 → 인력, 혹은 끌어당기는 힘
4. 판이하게 다른 → 판이한, 혹은 아주 다른
5. 불시에 급습 → 급습, 혹은 불시에 습격
6. 버스 안에 탄 승객 → 승객, 혹은 버스 안에 탄 손님
7. 같은 동포끼리 → 동포끼리, 혹은 같은 겨레끼리
8. 남은 여생 → 여생, 혹은 남은 인생
9. 높은 고지 → 고지, 혹은 높은 곳(지대)
10. 늙은 노모 → 노모, 혹은 늙은 어머니
11. 면학에 힘씀 → 면학, 혹은 학문에 힘씀
12. 신년 새해 → 신년, 혹은 새해
13. 아직 미정 → 미정, 혹은 아직 정하지 않음
14. 어려운 난관 → 난관, 혹은 어려운 관문
15. 역전앞 → 역전, 혹은 역앞
16. 전선줄 → 전선, 혹은 전깃줄
17. 지나치게 과식(과음, 과로) → 과식, 혹은 지나치게 먹음
18. 축구를 차다 → 축구, 혹은 공을 차다
19. 푸른 창공 → 창공, 혹은 푸른 하늘
20. 해변가 → 해변, 혹은 바닷가

써보기

아래 제시한 제목으로 글을 써 보자.

나의 종교관 :

준비한 노트에 다음 문장을 정확하게 고쳐 쓰시오.

1. 저는 길을 지나가는 과객입니다.
2. 황토흙은 그 쓰이는 용도에 따라 벽돌, 기와, 질그릇 등을 만들 수도 있다.
3. 우리의 조상들은 사람의 영혼이 잠든 사이에 콧구멍으로 빠져 나갔다가 들어올 때 비로소 사람이 다시 재생한다고 믿는다.
4. 10. 26 사건은 나중에 다시 재조명할 필요가 있다.[9)]

### (4) 피동의 이중 사용

불필요하게 이중 피동을 사용하지 말자. 우리 언어에서 이중 피동은 정말 불필요하다. 이중 피동이 확산된 원인은 외국어의 영향이요, 우리 국민의 성격 탓이리라. 다음은 쓸데없이 이중 피동을 사용한 경우이다.

준비한 노트에 올바르게 고쳐 옮기시오.

1. 찍혀져 있다. (→ 찍혀 있다.)
2. 밝히우고 (→ 밝히고)

9) 1. 저는 길을 지나가는 길손입니다. 혹은, 저는 과객입니다.
2. 황토는 그 쓰임에 따라 벽돌, 기와, 질그릇 등을 만들 수도 있다. 혹은, 황토는 용도에 따라 벽돌, 기와, 질그릇 등을 만들 수도 있다.
3. 우리의 조상들은 사람의 영혼이 잠든 사이에 콧구멍으로 빠져 나갔다가 들어올 때 비로소 사람이 다시 살아난다고 믿는다. 혹은, 우리의 조상들은 사람의 영혼이 잠든 사이에 콧구멍으로 빠져 나갔다가 들어올 때 비로소 사람이 재생한다고 믿는다.
4. 10. 26 사건은 나중에 재조명할 필요가 있다. 혹은, 10. 26 사건은 나중에 다시 밝힐 필요가 있다.

3. 보여지다. (→ 보이다.)
4. 창조되어지고 (→ 창조되고)
5. 한 가락이 되어지는 (→ 되는)
6. 정돈되어져 있는 (→ 정돈되어)
7. 발견되어지지 않았다. (→ 발견되지)
8. 해결되어지지 않았다. (→ 해결되지)

### (5) 조사와 어미의 적절한 사용

조사를 적절히 구사하기란 그리 쉽지 않다. 조사에 따라 쓰임새와 기능이 다르고, 그에 따라 약간의 의미상의 차이가 있기 때문이다. 잘못 사용해서 어색한 몇 예를 들어 보자.

#### 글쓰기 비법 [6] 조사 '은/는'과 '이/가'의 쓰임

① 여기서 중요한 것이 고래는 포유동물이라는 점이다.
② 봄은 오고 꽃은 피면 내가 고향의 뒷동산이 생각난다.
③ 예술의 길고 인생의 짧다.

이 세 문장은 '이/가'와 '은/는'의 잘못 사용으로 인하여 어색한 표현이 된 예다.

①의 문장은 '것이'를 '것은'으로, '고래는'을 '고래가'로 고침이 옳다. 문장의 접속의 경우, 특히 이 문장과 같은 안은문장(포유문)으로 접속할 경우, 안은문장의 주어 뒤에는 '은/는'을 쓰고 안긴문장의 주어 뒤에는 '이/가'를 쓰는 것이 좋다. 따라서

① 여기서 중요한 것은 고래가 포유동물이라는 점이다.

라고 고치는 것이 좋다. 그러한 예를 몇 가지 보이면 이러하다.

- 한 가지 주목해야 할 점은 방금 말씀하신 군수님의 말뜻의 지난 제3차 회의 석상에서 말씀하신 것과는 다소 다르다는 것이다.
- 내가 재삼 당부하고 싶은 일은 나 없는 동안 당신의 문단속을 잘 해야 한다는 것이다.
- 책벌레인 영수가 애태우는 바는 너무 바빠서 책 볼 시간의 없다는 것이다.

자, 이런 식의 안은문장을 몇 개 지어 보자. 단, 주어와 서술어의 호응에 유의해야 한다. 안은문장의 주어와 서술어가 호응하고 안긴문장의 주어와 서술어가 각각 호응하게 하라.

여기서 또 하나 주의해야 할 것은 안은문장의 주어 내용과 안긴문장의 주어 내용이 겹쳐서 서로 충돌하게 하지 말아야 한다는 점이다. 예를 들면, '여기서 중요한 점은'이라는 주어와 호응하는 서술어를 '……중요한 점이라는 것이다'라는 식의 서술어 중복을 피하라는 것이다. 가급적이면 '것은'과 '것이다', '점은'과 '점이다', '이유는'과 '이유이다'에서와 같이 서로 동일한 단어끼리도 호응케 하지 않는 것도 필요하다.

②의 문장 역시 '봄은', '꽃은', '내가'를 각각 '봄이', '꽃이', '나는'으로 고쳐야 한다. 문장의 접속의 경우, 주절과 부속절(종속절)이 존재하는 문장이라면 주절의 주어 뒤에는 '은/는'을 쓰고 부속절(종속절)의 주어 뒤에는 '이/가'를 쓰는 것이 보통 어색하지 않다. 따라서

② 봄이 오고 꽃이 피면, 나는 고향의 뒷동산이 생각난다.

라고 고치는 것이 좋다. 이런 몇 가지 예를 들어 보자.

- 만약 내가 다시 대학생이 된다면, 나는 무엇보다도 독서를 열심히 할 것이다.
- 영자가 유학차 파리에 온다는 소식을 듣자, 다시 만날 생각에 철수는 마음이 부풀었다.
- 영규가 말썽을 부려 영규 엄마는 마음 편할 날이 거의 없다.

③의 문장과 같이 어떤 철학적 명제나 진리를 나타내려고 하는 문장에서 주어 뒤에 조사 '은/는'을 쓰는 것이 좋다. 따라서

③ 예술은 길고 인생은 짧다.

라고 해야 한다.

- 사람은 사회적 동물이다.
- 사람은 죽는다.
- 지구는 돈다.

등도 이러한 예에 해당한다. 사실상 어떤 경우에 '이/가'를 써야 하고 어떤 경우에 '은/는'을 써야 하는지 아직 정확히 알 수 없다. 국어학자들의 연구에 의해서 장래에는 밝혀질 것이다. 지금으로서는 언어 사용자의 직관에 의지할 수밖

에 없다. 그렇다고 하더라도 ①, ②, ③의 해설은 일반적으로 설득력을 지니고 있다.

우리말의 어미 가운데 자주 규범에 틀리게 사용하는 예가 '으로서/으로써', '하므로써/함으로써'이다. '으로서'는 어떤 자격을 말할 때 쓰고, '으로써'는 수단이나 방법을 말할 때 쓴다.

- 교육자로서 우리말도 모른대서야 말이 되나?
- 국가 원수로서 차우체스크를 차씨라고 하다니, 쯧쯧.
- 법관으로서 슬롯 머신 업자를 돌보아 주다니, 그것 참.
- 글로써 밥을 먹기란 정말로 힘들구나.
- 장사하는 사람은 사업 수완으로써, 문인들은 펜으로써, 군인들은 총으로써, 사제는 말씀으로써 각자 소임을 다해야 할 것이다.
- 송곳으로써 어찌 장검을 대적할 수 있겠는가?

또한 받침 다음에는 '으로써'가 오고 받침이 없는 말에는 '로써'가 온다. 그러니까 '하므로써'가 아니라 '함으로써'가 맞다. 간혹 '하므로써'를 볼 수 있는데 이것은 잘못 사용한 것이다.

## 글쓰기 비법 [7] 조사 '의'를 자주 사용하지 말 것

- 과음의 습관의 폐해의 연구
- 문장의 구성의 원리
- 국방의 의무의 중요성

조사 '의'의 거듭된 사용은 문장을 어색하게 한다. 수식 관계를 따지려면 아주 복잡하게 되어 무엇이 무엇을 수식하는지를 알 수 없게 된다. 그래서 글이 불분명하게 되거나 애매모호하다고 느낄 수 있다.

- 습관성 과음이 끼친 폐해에 관한 연구
- 문장 구성의 원리
- 국방 의무의 중요성

이처럼 바꾸면 문장이 명확하고 이해하기 쉽다. 가급적 '의'의 빈번한 사용을 삼가야 할 것이다. '의'를 지나치게 많이 사용하는 일은 일본어를 비롯한 외국

어의 영향이다. 일본말 '노(の)'의 영향이 크다. 중국어 '的'의 영향도 있다. 영어에서 소유격 ''s', 혹은 전치사 'of, in, on, for'의 영향도 있다.

우리말에서는 '의'를 경우에 따라 자주 생략할 수 있다. 우리말에서는 대개 '의'를 빼고 쓰는 것이 우리말 구조에 더 잘 어울린다. 될 수 있는 대로 '의'를 사용하지 말고 다른 조사로 바꾸거나 일정한 서술의 말을 붙여 우리말 의미를 뚜렷하게 해서 사용하는 것이 좋다. 이를테면, 이처럼 고쳐 쓰는 것이 좋다.

- 유럽의 대부분의 사람들은 여가의 선용이 활발한 편이다. ('의'자 세 번 쓰임)
  → 대부분의 유럽 사람들은 여가를 잘 선용하는 편이다. ('의'자 한 번 쓰임)

영어 등 외국어를 번역할 때 부주의해서 생긴 경우도 많다. 외국어의 수식 관계를 우리 국어에 그대로 대입하는 경우에 생기는 잘못된 언어 번역 관습이다. 이를테면, 되도록 'My cap'을 '나의 모자'라고 하지 말고 '내 모자'라고 번역하고, 스토우 부인(Mrs. Stowe)의 '*Uncle Tom's Cabin*'을 '아저씨 톰의 통나무집'이라고 하지 말고 '톰 아저씨가 사는 통나무집'이라고 번역하도록 노력하자.

<종합> 준비한 노트에 다음 문장을 정확하게 고쳐 쓰시오.

1. 학생기자로써 총학이 주관한 공청회 사건을 모르고 있다니, 그게 말이 되니? (→ 학생기자로서)
2. 문인이라고 해서 꼭 글로서 먹고 살란 법 있나요? (→ 글로써)
3. 어찌 무술로서 황룡이나 봉황을 잡을 수 있단 말인가? (→ 무술로써)
4. 인간이 사회적 동물이다. (→ 인간은)
5. 창문에 비쳐지는 희미하게 보여지는 두 그림자가 나의 질투심을 자극하고 있다. (→ 비치는, → 보이는)
6. 동물이지만 돌고래의 지능지수가 꽤 높다는 점이다. (→ 여기서 강조하고자 하는 것은 동물이지만 돌고래의 지능지수가 꽤 높다는 점이다.)
7. 푸른 창공을 나는 독수리가 병아리를 낚아채려고 날카롭게 주시하여 보고 있었다. (→ 창공, 혹은 푸른 하늘)
8. 새로 들어온 신입생이 어떻게 벽돌 격파 시범을 보일 수 있겠니? (→ 새로 들어온 학생이, 혹은 신입생이)

### (6) 객관적인 단어 사용

일반적인 논술문에서 강한 주관을 드러내기 위하여 필요 이상으로 자신의 감정을 노출시키는 경우가 없지 않다. 또는 언어의 미적인 감각을 살리려는 취지에서 필요 이상으로 멋을 부리는 경우도 있다. 문학적인 표현 기교를 부리려고 고의로 비유적이거나 애매모호한 표현을 시도하는 경우도 있다. 일반적인 논술문에서 이런 식의 표현은 금기이다.

언어에는 여러 가지 기능이 있다. 말에 따라 감정 표현의 기능을 가진 말도 있고, 시적인 표현 기능을 지닌 말도 있다. 논문이나 논설문 등에서는 이런 기능을 지닌 말보다는 지시적, 사전적 기능을 지닌 말들이 한결 잘 어울린다.[10]

- 도대체 대학이란 곳을 꼭 들어가야 한단 말인가?
  (대학에 들어가야 할지 의문이다.)
- 소위 대학생이란 작자들이 거리에서 떠들어 대는 꼴이라니, 쯧쯧.
  (대학생들이 거리에서 떠들고 있는 모습이 좋아 보이지 않는다.)
- 요즈음 대학생들 하고 다니는 꼬락서니라니, 아주 가관이다.
  (요즈음 대학생들의 차림새는 우리 눈에 거슬린다.)
- 주제에 사내랍시고 대드는 꼴이 영 한심스럽다.
  (남자의 입장에서 그냥 지나칠 수 없었던 모양이다.)
- 그런 자는 우리 사회에서 영원히 말살시켜버려야 한다.
  (그런 사람은 우리 사회에서 교육의 혜택을 더 많이 받아야 한다.)

이상과 같은 단어의 선택은 쓰는 이의 품위 손상은 물론, 논리 전개 중 자칫하면 글의 객관성을 잃기 쉽다. 객관적으로 서술하지 않으면 논리가 비이성적으로 흐르고 감정이 지나치면 독단에 흐르기 십상이다. 어떤 경우에는 심지어 자기의 감정을 절제하지 못해 스스로 자기의 글에 빠져 허우적거리는 사람도 있다.[11]

준비한 노트에 다음의 주관적인 감정 표현 단어를 객관적인 어휘로 바꾸시오.

1. 이번 시험에 미역국 먹은 주제에 무슨 할 말이 있다고 지껄이는 거야.
2. 소위 교육자란 자가 자기 동료를 헐뜯고 심지어 자기 마누라 흉을 보다니.[12]

---

10) 뒤에 나오는 "언어의 여섯 가지 기능"이라고 하는 단원을 참조할 것.

11) 한효석, 「이렇게 해야 바로 쓴다」(서울 : 한겨레신문사, 1995), pp. 26~28 참조.

12) 1. 이번 시험에 실패하고서 무슨 할 말이 있을까 모르겠네.
    2. 교육자가 자기 동료를 헐뜯고 마누라 흉을 보다니.

### (7) 쉬운 단어의 사용

학생을 가르칠 때, 어떤 원리를 쉽게 설명한다는 것은 그만큼 잘 이해하고 있다는 것이다. 그런 교사는 유능하다. 어렵게 설명한다는 것은 학생들이 그것을 잘 이해할 수 있도록 설명할 정도로 내용을 잘 이해하지 못하였거나, 설명의 테크닉이 부족하거나 둘 중에 하나다.

> 고수들의 말은 어렵지 않다. 머리에 쏙쏙 들어온다. 하수들의 말은 현란하고 어렵다. 그럴듯하기는 한데 듣고 나면 무슨 말인지 알 수가 없다. 자기가 완전히 소화하고 나면 설명이 쉬워진다. 저도 모르니까 말이 어려워진다. 모르는 것을 감추려고 말을 현란하게 한다.[13]

쉬운 내용도 쉽게 가르치고 어려운 내용도 쉽게 가르치는 교사가 훌륭하다. 글 쓰는 사람은 쉬운 말을 사용하여 상대방으로 하여금 쉽게 이해하도록 하는 것이 좋다.

써보기

<말솜씨>라는 제목의 글을 써 보자.

말솜씨 :

차분하고 객관적인 논조로 글을 쓰다가 갑자기 글쓰는 이가 유식한 척하기 위해서 외래어나 한문성어를 넣을 때에 간혹 논리가 어긋나게 되거나 글의 흐름이 바뀌어 어색한 글이 되는 경우가 있다. 유식한 언어를 구사하려다 논리가 서지 않아 억지로 갖다 붙이는 일도 있다. 그것을 견강부회(牽强附會)라고 한다. 불필요하게 어려운 단어의 사용 예를 살펴보기로 한다.

① 고의적으로 일말의 언급조차 회피한 이유는 주지의 사실이다.
② 건설부가 작금의 사태를 방치할 것은 불문가지이다.[14]

---

13) 정민, 『죽비소리』(마음산책, 2005), p. 141.
14) ① 일부러 한 마디 말을 하지 않은 이유를 누구나 알고 있다.

쉬운 문장으로 얼마든지 효과적으로 전달할 수 있는 글이다. 자신의 지식을 실제 이상으로 드러내려는 욕심으로 인하여 이처럼 문장이 어색하게 된 것이다.

다음의 자기 한자 실력을 과시하는 듯한 문장들을 쉬운 단어를 이용하여 알기 쉽게 고치시오.

1. 증거 인멸과 도주의 우려가 있는 현행범은 즉시 체포해야 한다.
2. 대만은 핵폐기물을 북한에 처녀 수출하게 되었다.
3. 제차는 서행하고 특히 노견주의하십시오.15)

### (8) 잘못된 말버릇을 그대로 글로 쓰는 잘못

평소의 잘못된 말버릇대로 글을 쓰면 글의 품위를 떨어뜨리게 되고, 간혹 논리가 맞지 않게 되기도 하며, 더러는 문맥이 잘 통하지 않는다. 구어체 문장을 사용하지 말라는 말과는 다르다. 구어체 문장은 필요에 따라 얼마든지 구사해도 된다. 여기서 지적하고자 하는 것은 습관적으로 잘못 쓰고 있는 말버릇 말 그대로를 글로 쓰지 말라는 점이다.

> 선생님, 저 있잖아요, 제가요, 어제요, 학교에요, 왔는데요, 선생님께서요, 안 계셔서요, 그냥요, 집으로요, 돌아왔어요.

흔히 여학생들이 이처럼 말하곤 한다. 이처럼 말할 때 '-요'를 남용하는 것은 조금 지나치다. 그러나 이렇게 말하는 학생에게 선생님께서 '너 지금 그걸 말이라고 하니? 똑바로 말 못해?'라고 심각하게 핀잔을 주는 것은 올바른 지도가 아니다. 왜냐하면, 이 같은 언어에는 일종의 언어의 친교적 기능이 들어 있어서, 상대방의 관심을 환기시킨다거나 서로 친밀한 분위기 속에서 조금은 다정스럽게 대화를 나누고 싶다는 의도가 깔려 있기 마련이기 때문이다. 이럴 때 핀잔을 주는 선생님은 아마도 언어적 감각이 둔한, 그래서 인기 없는 선생님일 것이다.

남학생들은 이렇게 말하기도 한다. 특히 제대하고 얼마 지나지 않아 학교로 돌아온 복학생들이 그렇게 말하는 경우가 잦다.

---

② 건설부가 이번 사태를 방치할 것이 예상된다.

15) 1. 증거를 없애거나 도망칠 우려가 있는 현행범은 즉시 체포해야 한다.
2. 대만은 핵폐기물을 북한에 처음으로 수출하게 되었다.
3. 차들은 천천히 가고 특히 갓길을 주의하십시오.

> 선생님, 저 말입니다. 제가 말입니다. 3일 전에 말입니다. 선생님을 뵈려고 말입니다. 선생님 연구실에 왔었습니다. 그런데 말입니다. 선생님 어디 가셨는지 말입니다. 안 계셔서 말입니다. 박카스 한 박스만 조교 선생님께 전해 달라고 맡겨 놓고 갔다는 거 아닙니까?

이 말을 들은 선생님께서 만약 언어적으로 둔감한 분이라면 "학생! 내가 어딜 가든 말든 웬 참견이야. 자네 정신 나간 거 아닌가?"라고 핀잔을 줄는지 모른다. 설마 그렇게까지 하겠는가마는 그도 그럴지 모르는 일이다. 학생은 반가움과 정겨움을 표현한 것이다. 친교적 기능을 지닌 말이다.

'–요,'와 '말입니다.'의 반복적인 쓰임은 구어(口語)에서는 문제될 것은 없다. 그러나 일반적인 논술에서는 그렇게 쓰면 좋지 않다. 그 밖에 그와 유사한 버릇처럼 잘못 쓰는 구어체 글의 예를 들어 보자. 소설에서는 필요에 따라 이렇게 쓰는 경우가 많다. 그러나 우리는 지금 소설 문장을 공부하고 있지 않다.

- 남자란 다 그런 거다.
- 있잖아요, 저기요, 그 배꼽 티 말이에요, 좀 뭐한 거 같아요.
- 피는 물보담 진하걸랑요.
- 나이를 먹을수록의 이빨이 약해진다.

이런 글은 모두 정확한 문어체 문장으로 고쳐 써야 한다.

## 2) 단어 사용의 기술

이제 기술적인 문제로 넘어가자. 단어를 정확히 사용하는 기술을 익히도록 하자.

### (1) 단어의 위상

단어가 문장 안에서 어떠한 위상을 차지하고 있는가를 파악하여 단어를 선별해야 한다. 그러기 위해서는 집합적인 사고 능력이 요구된다. 예를 들자.

**예 1** ① 연세대와 고려대 간에 운동경기가 벌어졌다.
② 연세대와 고려대 간에 구기경기가 벌어졌다.
③ 연세대와 고려대 간에 농구경기가 벌어졌다.

① '운동경기'는 그 말이 가리키는 범주가 넓고 크다. 육상경기일 수도 구기경기일 수도 있다. ② '구기경기'라고 하면 그 범위가 조금 좁고 작다. 그것은

축구, 농구, 배구, 야구, 핸드볼, 테니스 등 공을 가지고 하는 경기를 지칭한다. ③ '농구경기'라고 하면 다섯 명씩 양편으로 갈라 바스켓에 볼을 집어넣어 승부를 가르는 경기를 뜻한다. 어떤 단어를 선택해야 할 것인가를 정확히 결정, 선택해야만 한다. 만약 양교 간에 농구경기를 펼친다면 '농구'라는 단어를 선택해야 한다. '구기' 혹은 '운동'이라는 단어는 너무 포괄적이어서 어울리지 않는다. 반면에 농구, 배구, 축구, 야구 등 여러 종목의 구기경기를 갖게 된다면, '구기'라는 단어를 선택해야 한다. '농구'만을 말할 수는 없다. 또한 이것을 '운동경기'라고 표현하면 실제 사실보다 너무 광범위하다.

**예 2** ① 이것은 소나무다.
② 이것은 침엽수다.
③ 이것은 나무다.
④ 이것은 식물이다.
⑤ 이것은 생물이다.

소나무, 침엽수, 나무, 식물, 생물. 이 말의 사다리에서 앞의 것일수록 협소하고 구체적이고 특수한 속성을 지니고, 뒤의 것일수록 광범위하고 추상적이고 보편적이다. <예1>도 마찬가지지만 이들 단어들은 '가족유사성'으로 묶어 생각하고, 경우에 따라 집합적인 사고를 해야 선택이 쉬워진다.[16]

이를테면 위의 두 가지 예를 다음과 같이 그림으로 나타낼 수 있다.

**예 1**

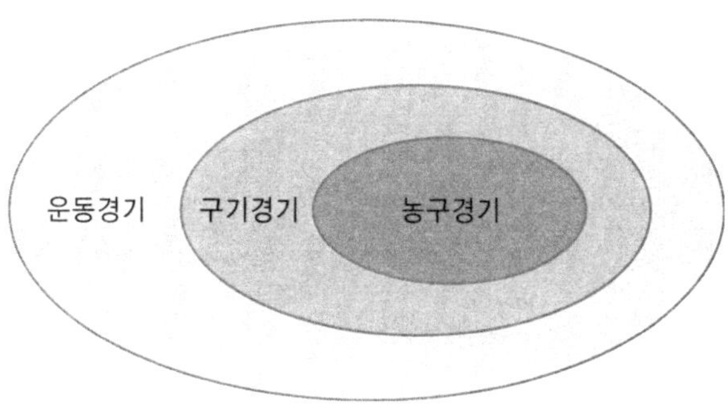


16) 20세기 서양의 분석철학자 비트겐슈타인은, 언어들은 각각 명확히 공통되는 점은 갖고 있지 않다고 하더라도 유사한 것끼리 하나의 가족을 이루고 있다고 하였다. 이것을 그는 '가족유사성(family resemblance)'이라고 명명한 바 있다.

예 2

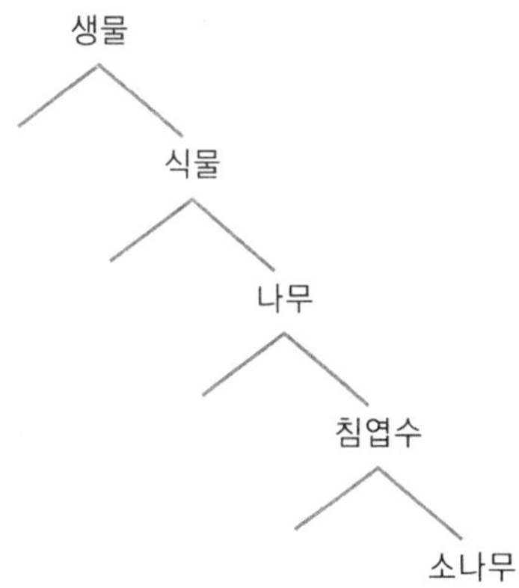


다음 문장에서 단어의 쓰임을 잘 살펴보고 보다 구체적인 어휘를 선택해 보자.

1. 양치기 소년이 (짐승들, 포유동물들, 양떼)을(를) 우리 안으로 몰아 넣었다.
2. 영희는 철수에게 (놀이, 가족놀이, 신랑각시놀이)를 하자고 제안하였다.
3. 이번 8월 15일 광복절을 맞이하여 폭우가 퍼붓는 날씨에도 불구하고 (사람, 학생, 대학생, S대 대학생, J대 여대생)들이 전국대학생연합회가 주관하는 조국순례대행진에 참여하여 남한 일대를 종단하는 도보 행진을 강행하였다.
4. 수성초등학교 어린이들은 어제 (지리산, 지리산 계곡, 지리산 뱀사골 계곡)으로 봄 소풍을 떠났다.

### (2) 동일 단어의 여러 가지 의미

표면적인 의미와 이면의 의미를 항상 생각해야 한다. 글자 그대로의 뜻과 비유적인 뜻을 생각하라는 말이기도 하다. 경우에 따라서는 중의성(ambiguity)도 감안해야 한다. 예를 들자.

예 1 백두옹
할미꽃

예 2 달덩이
예쁘고 밝은 얼굴(옛날)

예 3 술통
술을 많이 먹는 사람

문학적인 용어, 학술적인 표현 때문에 이해하기 어려울는지 모르겠다. 당신은 작성하는 글의 종류나 성격에 따라, '문자 그대로의 의미를 지닌 단어'를 사용할 것인지 아니면 '비유적이고 이면(裏面)의 의미를 지닌 단어'를 사용할 것인지를 결정해야 한다. 실용문인 경우에는 '문자 그대로의 의미를 나타내는 단어'를 위주로 쓰고, 예술문인 경우에는 '비유적이고 이면의 의미를 지닌 단어'를 주로 쓰게 된다.

써보기

<술>에 대하여 글을 써 보자.

술 :

### (3) 구식 단어와 신식 단어/하류층 단어와 상류층 단어

예전의 어휘를 쓸 것인가 최근의 어휘를 쓸 것인가를 결정해야 하고, 하류층의 언어를 취할 것인가 아니면 중상류층의 언어를 취할 것인가를 결정해야 한다.

- 엄동설한에 기체후 일양만강하시오며, 댁내 두루 무양하시옵니까? (예전 어휘 사용)
- 추운 날씨에 안녕하시오며, 집안 모두 평안하십니까? (최근 어휘 사용)

- 이 과장님께서 저번에 모친상을 당한 후로 몹시 상심하고 계십니다. (중상류층 언어)
- 이 과장이 접때 어머니 돌아가시고 난 뒤로 되게 속이 뒤집혀 있대요. (하류층 언어)

1920~1930년대에는 지금의 '그녀'(She)를 '궐녀'(厥女)라고 썼다. 20~30년 전만 하더라도 남한에서 친구를 주로 '동무'라고 했다. 50년대부터 북한에서는 사상적 동지를 '동무'라고 쓰고 있지 않은가. 우리가 먹는 밥을 옛날에는 나이, 계층에 따라 '진지', '메', '수라'라고도 하였다.

### (4) 어감에 따른 어휘 선택

표현의 대상에 따라 어감이 적절한 어휘를 선택할 수 있어야 한다. 선택의 기준은

- 밝고 어두움(예 : 노랗다 — 누렇다)
- 날카롭고 둔함(예 : 뚝뚝 — 똑똑)
- 길고 짧음(예 : 껑충껑충 — 꺼엉충꺼엉충)
- 인간적인 친밀성(예 : 아버님 — 아버지 — 아빠)

에 따라 다를 수 있다.

- 하얀 얼굴(수염) — 허연 얼굴(수염)

'하얀 얼굴'은 밝은 이미지, '허연 얼굴'은 어두운 이미지를 나타낼 수 있다. 소녀의 밝고 예쁜 얼굴은 '하얀 얼굴'이라고 하는 것이 어울리고, 병든 소녀의 창백한 얼굴은 '허연 얼굴'이라고 하는 것이 어울린다. '수염'의 경우도 마찬가지다.

- 그 사람 참 뚝뚝한 사람이야. — 그 사람 참 똑똑한 사람이야.

이때 '뚝뚝함'은 무뚝뚝하고 시무룩함을 나타내고, '똑똑함'은 영민하고 말 잘하고 야무짐을 나타낸다.

## 3) 구와 절

구(句)와 절(節)은 그 자체로 독립적인 단위가 아니다. 문장의 일부일 뿐이다. 구란 두 단어 이상이 모여 그것이 절이나 문장의 일부분이 되는 토막이다. 절이란 주어와 서술어를 갖추었으나 독립적으로 쓰이지 않고 문장의 한 부분으로 있는 것이다.

### 글쓰기 비법 [8] 구끼리 절끼리 수식하게 할 것

반드시 그래야만 하는 것은 아니지만, 가급적 구는 구끼리 어울려 한 단어를 수식해야 하고 절은 절끼리 어울려 한 단어를 수식하게 하는 것이 오류의 여지

가 줄어든다. 곧, 한 단어를 수식할 때 하나는 구로써 수식하고 하나는 절로써 수식하게끔 꾸미지 않는 것이 좋다는 말이다. 부득이한 경우에는 할 수 없지만, 대등한 자격을 가진 구끼리 꾸며 주게 하고, 대등한 자격을 가진 절끼리 꾸며 주게 해야 글의 구성이 좋다. 예를 들자.

① 토끼는 몹시 성급한 위기를 잘 벗어나는 동물로 등장한다.
② 대학은 모든 시대와 나라에서 형성된 가장 심오한 진리 탐구와 치밀한 과학적 정신을 배양하는 도장이다.

①은 '동물'을 꾸며 주는 말이 '몹시 성급한'과 '위기를 잘 벗어나는'이기 때문에 부드럽지 않고 다소 어색한 느낌이 든다. '성질이 몹시 급하고 위기를 잘 벗어나는'이라는 형태의 두 개의 절로 고친다면, 대등한 자격을 지닌 절끼리 '동물'이라는 단어를 수식하여 그리 어색하지 않다.

②도 '진리 탐구'는 구이고 '과학적 정신을 배양하는'은 절이기 때문에 어색하므로 동등한 자격을 지닌 절로 고치면 좋을 듯하다. '진리 탐구'를 '진리를 탐구하고'로 고치면 '치밀한 과학적 정신을 배양하는'과 대등한 자격을 가진 절로서 '도장'을 수식해서 좋다.

바로 이어지는 낱말을 수식하지 않고 뒤에 나오는 낱말을 수식하는 반점( , )이나 앞 절(구)과 뒷 절(구) 사이에 ' , ', ' , 곧', ' , 즉'과 같이 쓰이는 문장의 경우, 혹은 말바꿈표( — )로 앞뒤의 절(구)이 연결되는 문장의 경우에도 마찬가지이다. 앞의 구(절)와 뒤의 절(구)이 대등한 자격으로 단어를 꾸며 주게 하는 것이 좋다. 예를 들자.

① 나이를 먹은 늙은이와 아직 어린 젊은이, 남자와 여자 할 것 없이 모두 참석하였다.
② 내가 목표하는 좋은 대학원에 입학하기 위해서라기보다 자칫하면 망각하기 쉬운 학생의 직분, 즉 열심히 학문의 진리를 탐구해야겠다.
③ 사회 초년생으로서 길이 이제 트인 것이다. 오로지 닥칠 여러 문제들에 그저 순응만 하는, 물결치는 대로 휩쓸려 떠내려가야만 할 것인가?
④ 하늘에 떠 있는 달을 갖기를 원하지만 그것은 그림의 떡—노력해도 얻지 못한다.

①은

"늙은이와 젊은이, 남자와 여자 할 것 없이 모두 참석하였다."

라고 하는 것이 좋다. 꾸밈말이 붙어 있는 절이나 구(나이를 먹은 늙은이, 아직 어린 젊은이)와 단순한 낱말(남자, 여자)이 동등한 자격을 갖고 있지 않기 때문이다.

②는 두 가지 문제점을 안고 있다. 하나는 ' , 즉' 앞에 오는 '학생의 직분'이라는 구와 동일한 자격을 가진 구가 없다. 그래서 이를테면 '진리(의) 탐구'라고 하는 구를 만들어 넣어야 한다. 또 하나는 '~하기 위해서라기보다'가 나오면 '~하기 위해서'라는 말이 나와야 한다. 그래야 관용어구를 사용한 의의가 있다. 따라서 이 문장은

> "내가 목표하는 좋은 대학원에 입학하기 위해서라기보다 자칫하면 망각하기 쉬운 학생의 직분, 즉 진리의 탐구에 충실하기 위해서 열심히 노력해야겠다."

정도로 고쳐야 할 것이다.

③은 반점( , ) 뒤에 와야 할 '그저 순응만 하는'과 대등한 자격을 가진 절이 없다. '물결치는 대로 휩쓸려 떠내려가는'이라고 고쳐서 그에 상당하는 절을 만들어야 한다. '그저 순응만 하는'과 '물결치는 대로 휩쓸려 떠내려가는'이 꾸며 줄 명사가 없다. 이를테면 '생활', 혹은 '삶'이라고 하는 명사가 필요하다. 그렇게 한 후, 다음을 이처럼 고쳐 온전한 문장을 만들자.

> "오로지 닥칠 여러 문제들에 그저 순응만 하는, 물결치는 대로 휩쓸려 떠내려가는 생활을 해야만 할 것인가?"
>
> "오로지 닥칠 여러 문제들에 그저 순응만 하는, 물결치는 대로 휩쓸려 떠내려가는 삶을 영위해야만 할 것인가?"

④에서 '그림의 떡' 다음에 말바꿈표( — )가 나오므로 그에 상응하는 말로, 이를테면 '아무리 노력해도 얻을 수 없는 것'이라는 말이 연결되어야 좋을 것이다. 그림의 떡이란 아무리 얻으려고 해도 얻을 수 없는 것이라는 뜻을 지니고 있다. '그림의 떡'에서의 그 '떡'은 '아무리 노력해도 얻을 수 없는 것'에서의 바로 그 '것'이다. 그러므로

> "하늘에 떠 있는 달을 갖기를 원하지만 그것은 그림의 떡 — 아무리 노력해도 얻을 수 없는 것이다."

라고 함이 옳다.

써보기

<빵>에 대하여 간단한 글을 쓰시오.

빵 :

### 4) 문장

문장은, 어떤 하나의 뭉뚱그려진 생각을 나타내는 표현의 최소 단위로서, 몇 개의 단어들이 결합하여 주술(주어와 서술어) 관계를 갖춘 글이다.

글쓰기에서 단어의 문제도 복잡하다고 하지만 문장의 문제는 훨씬 더 복잡하다. 글쓰기에 있어서 문장의 측면에서 고려해야 할 점들이 있다. 곧, 문장에 대하여 몇 가지 알아두어야 할 문제가 있다.

첫째, 문장에 관계된 기본적인 문법적 지식을 갖추어야 한다.

둘째, 명확성, 직접성, 구체성을 확립해야 한다.

셋째, 문체에 대하여 이해해야 한다.

#### (1) 문장에 대한 기본 지식

문장에 대한 기본적인 문법적 지식을 갖추어야 한다.

문장을 이루는 몇 가지 요소를 문장의 성분이라고 부른다. 문장 성분은

① **주성분** : 주어, 서술어, 목적어, 보어[17)]

② **부속성분** : 관형어, 부사어

③ **독립성분** : 독립어

17) 보어(補語)란 주어와 서술어만으로는 뜻이 완전하지 못한 문장에서, 그 불완전한 곳을 보충하여 뜻을 완전하게 하는 부속성분(수식어)이다. 국어에서는 '되다', '아니다' 앞에 조사 '이', '가'를 취하여 나타나는 문장 성분을 말한다. "철수가 지도자가 되었다"에서 '지도자가' 따위이다.

로 나뉜다. 이 성분들은 여러 가지 제약 조건에 따라 서로 연결, 호응되기도 한다. 서로 호응을 이루지 못하면 비문법적인 문장이 된다.

문장에는 또 여러 가지 문법 요소들이 결부되어 있다.

① 사동과 피동
② 시간 표현
③ 높임과 낮춤
④ 긍정과 부정
⑤ 종결법

등이다.

문장의 짜임새에 관한 문법 지식도 알아야 한다. 그것은

① **홑문장(단문)** : 주어와 서술어의 호응이 한 번만 이루어진 문장
② **겹문장(접속문)** : 홑문장이 다른 문장 속에 들어가 있거나(포유의 방식), 서로 이어져(접속의 방식) 겹으로 된 문장

에 대한 지식이다.

이 외에도 문장과 문장의 연결 및 호응 관계 등이 고려되어야 한다. 이때 그 연결의 관계에 따라 순접, 역접, 대등, 인과, 비유, 예시, 전환, 설명 등 그 관계의 성격을 분명히 해야 한다.[18)]

### (2) 문장의 명확성과 직접성

문장이 명확해야 하고, 직접적이어야 한다. 이해하기 쉬운 문장을 쓰기 위해서는 무엇이 필요한가. 추상적인 어휘보다는 구체적인 어휘를 고른다. 추상적이고 철학적인 내용의 글일수록 더욱 구체적인 단어를 취해서 사용해야 한다.

'사랑'이라는 말은 구체적이고 실감나게 느끼기 어렵다. 사람은 감각으로 느낄 수 없는 것을 알기란 쉽지 않다. 곧, 사랑을 '사랑'이라는 말 자체로 느껴 알기 어렵다. 이 말과 연결되어 있는 감각이나 감각적인 인상, 감각적인 기억에 의존하여 이 말의 의미를 알게 된다. 적어도 '사랑은 오래 참는 것', 혹은 '사랑은 남을 위해 자기를 희생시키는 일' 정도로 구체적으로 표현되어야 '사랑'이라는 말을 정확하게 알 수 있는 것이다.

18) 전북대 대학국어편찬회 편, 전게서, pp. 25~26.

준비한 노트에 아래 제시한 글 가운데 추상적인 단어를 빼고 보다 구체적인 단어를 넣어 보시오.

1. 자식으로서 부모님을 잘 공경하게 하기 위해서 사상에 대한 교육이 필요하다. (사상 → 효도)
2. 각자 자신의 삶을 잘 영위하려면 나름대로의 철학관을 가지지 않을 수 없다. (철학관 → 주관)
3. 김 교수는 금번 1학기 중에 자신에게 주어진 교육을 하지 않는 일이 잦았다. (교육 → 강의)
4. 고3인 미경이는 사람을 너무 좋아한다. 철수, 태지, 종수, 강주 등 남자들과 늘상 어울린다. (사람 → 남자)

써보기

'할머니의 사랑'에 대해 글을 써 보자.

할머니의 사랑 :

### (3) 문체에 대한 이해

문체에 대한 이해는 그리 쉽지 않다. 그렇다고 할지라도 참고해 둘 필요가 있다. 문체란 문장 자체의 독특한 개성, 혹은 글에 드러난 작자의 개성을 말한다. 곧, 글의 스타일이다. 학자들에 따라서는 글의 형태를 고려하여 글 양식(literary form, 혹은 gattung)이라고 하기도 하고, 글의 수사적인 특성을 감안하여 문채(figure)라는 용어를 쓰기도 한다. 이희승 편 『국어대사전』을 참고하면 문체(文體)가 세 가지의 의미로 사용되고 있다. 첫째, 글의 체재로서 작자의 사상이나 개성이 문장의 어구나 조사에 나타나 있는 전체의 특색을 말하거나, 둘째, 문장의 양식으로서 구어체·문어체·논문체·서한체·서사체 등을 가리키기도 하고, 셋째, 한문의 형식으로 논변·서발·서설·칙령 등을 일컫기도 한다.[19)]

19) 이희승, 『국어대사전』(서울 : 민중서관, 1974), p. 1043.

이태준은 각각 다른 문체들이 ① 독특한 언어, 문자와 국민성에서, ② 동일한 언어·문자라도 시대가 다름에서, ③ 동일한 언어, 문자에 동일한 시대라도 작자의 개성의 다름에 따라 각각 다른 문체들이 나타난다고 말하였다.

①은 말할 나위 없이 동서양의 문체의 차이나 언어가 다른 나라 간의 문체 차이를 보면 안다. ②는 조선시대의 문체와 현대의 문체의 차이를 생각하면 짐작할 수 있다. 1909년 유길준이 쓴『文典』을 보면 국한문혼용체이자 문어체의 글임을 알 수 있다.

> 읽을지어다. 우리 문전(文典)을 읽을지어다. (… 중략 …) 고유한 언어가 유(有)하며 특유한 문자가 유(有)하여 기(其) 사상과 의지랄 성음(聲音)으로 발표하고 기록으로 전시(傳示)하매, 언문일치의 정신이 사천여의 성상(星霜)을 관(貫)하야 역사의 진면(眞面)을 보(保)하고 실정의 습관을 증(證)하도다.[20]

③은 오늘날의 글에서 작자 개개인의 개성에 따라 서로 다른 글 스타일이 있음을 의미한다. 김동인, 현진건, 김유정, 이효석, 김동리, 황순원, 이문구, 이청준, 이들 소설가는 그들 나름대로 독특한 문체를 가지고 있다.

사람마다 각기 개성이 있듯이 작자에 따라 문체도 달라진다. 글에는 글쓴이의 개성이 드러난다. 이런 개성은, 동서고금의 고전들을 두루 읽고 모방하기도 하는 과정을 거친 다음, 모방 단계로부터 벗어나 자기만의 특성을 글로 이루어 가는 창조적인 과정에서 얻어진다. 문체란 하루아침에 이루어지지 않는다. 오랜 수련 과정을 거쳐서 획득된다.[21]

### (4) 정확한 문장 표현 요령

#### 가. 주어의 생략에 주의하라.

한 문장을 이루는 가장 기본적인 두 요소는 주어와 서술어이다. 정상적인 문장은 적어도 하나의 주어를 갖추고 있다. 그렇지 못하면 그 문장은 온전한 문장이 될 수 없다.

그러나 예외가 있다. 주어가 어느 특수한 조건 아래에서 생략될 수 있음이 그것이다. 우리말은 알타이 계통의 언어로서 영어, 불어, 독어 등 인도유러피언 계통의 언어와는 달리 주어를 자주 생략할 수 있는 특징을 가지고 있다. 주어를

20) 유길준,『文典』. 이태준, 전게서, p. 248에서 재인.
21) 전북대 대학국어편찬회 편, 전게서, p. 27.

생략할 수 있는 특수한 조건이 많다는 뜻이기도 하다.

물론 경우에 따라서는 서술어가 생략되는 경우도 없지 않다. 그렇지만 빈번하게 생략되는 주어의 경우에 비해 서술어가 생략되는 예는 그리 많지 않다. 한 예를 들자.

- 누가 가겠니?
- 나.

서술어가 생략되고 "나."만으로 한 문장이 이루어졌다. "(내가) 가겠어." 가 생략된 것이다. 국어는 주어가 잘 생략되곤 하는 특징을 지니고 있다. 다음 예문들은 가령 영어로 번역한다면 그 어느 문장도 주어를 찾아 번역하지 않고서는 도저히 온전한 문장이 되지 않는다는 사실을 알 수 있다.

① 어디 가니?
② 학교에 가는 중이야.
③ 무슨 책을 읽었니?
④ 주로 소설책을 읽었어.
⑤ 정말 꿈같은 일이었다.
⑥ 어휴, 깜짝 놀랐네.

위 문장은 모두 주어가 생략되어 있다. 주어가 표면에 나타나지 않아도 우리에게 아무런 어색함을 주지 않는다. 다시 말하면 주어가 생략되었다고 해서 문장에 이상(異狀)이 생기지 않는다는 말이다. 곧, 주어의 생략이 허용된 경우라고 할 수 있다.

우리말이 주어를 곧잘 생략하는 특징이 있다는 사실을 머릿속에 두고, 또 다른 생략된 주어를 생각해 보시오.

1. 이번 시험에서 몇 점 맞았니? ································ (너는)
2. 돈이 얼마나 많아서 사업을 시작할까? ··············· (그는 )
3. 몸이 아파서 결석했습니다. ································ (저는)
4. 말없이 휙 돌아섰다. ································ (그녀는)
5. 그저 눈물만 흘리고 있었다. ································ (지혜는)
6. 참 곱구나! ································ (꽃이)
7. 울타리 주변에 무궁화를 심어 놓았다. ··············· (아버지께서는)
8. 민족의 혼이 담긴 가락이다. ··············· (그것은)

문제는 주어의 생략에 있지 않다. 우리말이 이처럼 주어를 빈번하게 생략하는 특징이 있다는 점에 현혹되어, 주어가 반드시 있어야 할 경우임에도 불구하고 생략하는 데에 문제가 있다. 바로 그 점을 유의해야 한다. 당연한 말이지만, 있어야 할 곳에는 반드시 주어가 있어야 한다.

## 글쓰기 비법 [9] 가급적 주어를 생략하지 말 것

주어를 생략해서는 안 되는 문장에서 주어를 생략하면 어색한 문장이 된다. 예를 들어 보자.

① 이러한 언어관은 언어학 연구뿐 아니라 언어 문제의 해결에 있어서 근본적인 관념을 이루는 것이다. 그러므로 그 근본을 좌우하는 언어 철학의 기본 문제이며, 우리에게 그 어떤 관점을 취하도록 부단히 요구하고 있다. 아닌게 아니라 이론을 합리화하는 토대로서도 없어서는 안 될 존재인 것이다.

② 그런데 우리 소설사의 흐름이 단편소설로 바뀌면서 소설이 지녀야 할 사상성 같은 것이 거의 무시되어 버리고만 사실이다.

③ 몸이 아파서 어머니를 따라 침을 맞으러 다녔는데 아주 잘 낫는 어머니 교회의 집사님이셨다.

①의 두 번째 문장 '(언어 철학의) 기본 문제이며'와 '요구하고 있다'라고 하는 서술어에 호응하는 주어가 없다. '이러한 언어관은'이라고 하는 주어가 필요하다. 셋째 문장의 서술어 '(없어서는 안 될 존재인) 것이다.'라는 서술어에 호응하는 주어도 있어야 한다. 곧, '이러한 언어관은', 혹은 '그것은'이 문장 앞에 삽입되는 것이 옳다. 그러나 셋째 문장은 앞의 두 개의 문장에 동일한 '이러한 언어관은'이라는 주어가 있기 때문에 생략해도 좋다.

②의 '사실이다'라고 서술어에 호응하는 주어가 필요하다. 앞서 '조사와 어미의 사용 문제'라는 소항목에서 주술의 호응에 대하여 간략히 말한 바 있고 잠시 후에 역시 주술의 호응에 대하여 공부하겠지만, '사실이다', '것이다', '점이다', '바이다' 등의 서술어는 대체로 '것은', '점은', '사실은', '바는' 등과 같은 주어를 필요로 한다. 여기서도 '(여기서 중요한) 것은'이라는 주어를 필요로 한다.

③도 '집사님이셨다'라고 하는 서술어와 호응하는 주어가 필요하다. 이 경우 '~ 분은'이라는 서술어가 필요하다. 따라서 '나를 치료해 주신 분은', 혹은 '나

에게 침을 놓아 주신 분은'이라는 적절한 말을 만들어 주어의 위치에 두어야 한다. 그렇게 하고 나니, 다시 '아주 잘 낫는'이라는 관형절이 문제이다. '낫는'이라는 말은 자동사로서 '집사님'을 꾸미기에 적절치 못하다. 곧, '침술이 아주 뛰어난', 혹은 '침을 아주 잘 놓는', 혹은 '병을 잘 고치는'이라는 관형절로 고치는 것이 바람직하다.

아래 예문을 보고 만약 주어가 부당하게 생략되었다면 올바르게 고치시오.

1. 어린 나이에 할머니의 생활을 이해한다는 것은 거의 불가능한 일이었다. 그럼에도 불구하고 돌아보건대 나의 지금의 모습을 형성하는 데 많은 영향을 미쳤다.
2. 10년 만에 만난 친구들이 그동안 너무 변해 있었다는 점이다.
3. 여행이란 사람을 자기가 사는 좁은 환경으로부터 끌어내어 훨씬 더 큰 세계를 보여 준다. 더군다나 나와 같이 소도시에서만 자란 사람에게는 자칫하면 좁아지기 쉬운 자기의 시계(視界)를 위해서도 좋은 것이다.[22)]

### 나. 목적어의 생략에 주의하라.

목적어의 생략도 마찬가지다. 타동사일 때에는 결코 목적어를 생략할 수 없다. 그럼에도 불구하고 사람들은 곧잘 목적어를 생략하는 실수를 범하곤 한다.

## 글쓰기 비법 [10] 목적어를 생략하지 말 것

① 목표를 명중시키려고 정신을 모아 정곡을 노려보던 사수(射手)가 맞히고 난 후의 심정이라고나 할까?

② 외숙모님은 2년 전 추운 겨울에 나의 외가에서 40의 나이로 마치셨다.

①의 '맞히고'와 ②의 '마치셨다'가 타동사이므로 그 앞에 목적어가 있어야

---

22) 1. 어린 나이에 할머니의 생활을 이해한다는 것은 거의 불가능한 일이었다. 그럼에도 불구하고 돌아보건대 할머니와의 생활은 나의 지금의 모습을 형성하는 데 많은 영향을 미쳤다.
2. 내가 깜짝 놀란 사실은 10년 만에 만난 친구들이 그동안 너무 변해 있었다는 점이다.
3. 여행이란 사람을 자기가 사는 좁은 환경으로부터 끌어내어 훨씬 더 큰 세계를 보여 준다. 여행은 더군다나 나와 같이 소도시에서만 자란 사람에게는 자칫하면 좁아지기 쉬운 자기의 시계(視界)를 위해서도 좋은 것이다.

한다. ①에는 '과녁을' 혹은 '목표물을'이라는, ②에는 '일생을' 혹은 '삶을'이라고 하는 목적어가 필요하다.

다음 문장에 적절한 목적어를 넣으시오.

1. 밤에는 그 곳의 학생들에게 공부도 가르쳐 주었다. 낮의 일 때문에 피곤하였지만 눈을 또렷하게 뜨고서 나를 쳐다보는 그들에게서 힘을 얻고 나니 하루 중 가장 즐거운 시간으로 만들 수 있었다.
2. 우리가 살아가다 보면 고난에 처하기도 하고 역경에 부딪히기도 한다. 그러나 인내와 끈기를 가지고 매진하는 것만이 해결하지 다른 어떤 것도 필요치 않다고 생각한다.
3. 대학 1학년 당시 여름방학 동안 고아원을 찾아가 봉사활동을 하면서 아이들과 공부하고 함께 뛰놀며 보낸 일에서 내 생애 처음으로 삶의 보람을 느꼈으며 또한 결코 잊을 수 없다.
4. 이데올로기 대립으로 피를 흘리며 쓰러져 간 젊은이들의 죽음이 있었던 현장에 와 있는 나도 어떤 의미로 받아들여야 할지 막막하다.
5. 누구나 소망을 가지고 있으며 실현시키기 위해 노력한다.[23)]

### 다. 주어와 서술어의 호응에 유의하라.

주어와 서술어는 문장의 두 기둥으로서 한쪽이 부르면 다른 한쪽이 응답하는 관계에 놓여 있다. 말하자면 둘이 서로 호응하면서 한 문장을 이룬다. 이 주어와 서술어 사이의 호응을 흔히 '주술의 호응'이라고 줄여 부른다.

'주어와 서술어'는 문장을 이루기 위한 양쪽 기둥으로서 가장 기본이 되는 축이다. 이 둘이 호응을 이루는 일이야말로 부부가 화목하게 살고 있는 한 가정에 비유할 수 있다.

---

23) 1. 밤에는 그 곳의 학생들에게 공부도 가르쳐 주었다. 낮의 일 때문에 피곤하였지만 눈을 또렷하게 뜨고서 나를 쳐다보는 그들에게서 힘을 얻고 나니 그 시간을 하루 중 가장 즐거운 시간으로 만들 수 있었다.
2. 우리가 살아가다 보면 고난에 처하기도 하고 역경에 부딪히기도 한다. 그러나 인내와 끈기를 가지고 매진하는 것만이 고난과 역경을 해결하지 다른 어떤 것도 필요치 않다고 생각한다.
3. 대학 1학년 당시 여름방학 동안 고아원을 찾아가 봉사활동을 하면서 아이들과 공부하고 함께 뛰놀며 보낸 일에서 내 생애 처음으로 삶의 보람을 느꼈으며 또한 결코 그 일을 잊을 수 없다.
4. 이데올로기 대립으로 피를 흘리며 쓰러져 간 젊은이들의 죽음이 있었던 현장에 와 있는 나도 그것을 어떤 의미로 받아들여야 할 지 막막하다.
5. 누구나 소망을 가지고 있으며 이를 실현시키기 위해 노력한다.

## 글쓰기 비법 [11] 반드시 주술을 호응시킬 것

그런데 우리 주변에서 보면 이 주술의 호응을 깨뜨려 세련되지 못하고 어색한 문장을 만드는 경우가 종종 있다. 예를 들면, 주어는 있는데 그 짝이 될 서술어가 아예 없거나, 무엇인가 서술어가 될 만한 내용은 있어도 군더더기 말이 덧붙어 결과적으로 적절한 서술어가 없게 되는 경우가 이에 속한다. 예를 들면,

① 요즈음 젊은이들을 보고 느끼는 것은 노력해서 성실히 살려고 하지 않는다.
② 사회란, 그것을 종합·정리하여 최종 해결 방안을 모색하는 하나의 방법이다.
③ 그 건망증이 심한 춘희 엄마가 미용실을 나와 예식장에 도착했을 때는 이미 끝난 후였다.
④ 춘원 이광수가 1917년 <무정>을 발표했는데, 국문학사상 최초의 근대 장편소설이다.
⑤ 나는 지금 군복무 중인 연철이가 보고 싶은데, 내가 사랑하는 사람이다.

문장 ①은 주어 "것은"에 해당하는 서술어가 없다. 문장 ②는 주어 "사회란"에 적절히 호응하는 서술어가 없다. 다음과 같이 주어와 서술어를 호응시켜야 한다. ③은 '끝난'에 호응하는 주어 '예식이(결혼식이)'가, ④는 '장편소설이다.'의 주어가 될 짝으로 '그것은(<무정>은)'이, ⑤는 '사람이다.'와 호응할 주어 '그는'이 있어야 한다.

① 요즈음 젊은이들을 보고 느끼는 것은 그들 스스로가 노력해서 성실히 살려고 하지 않는다는 점이다.
② 사회란, 그것을 종합·정리하여 최종 해결 방안을 모색하는 하나의 공동체이다.

자, 그러면 주어가 없거나 서술어가 없는 다음 예문들을 올바르게 고치시오. 서술어가 될 만한 내용은 있어도 군더더기 말이 덧붙어 결과적으로 적절한 서술어가 없는 것도 있다. 그런 것들도 고치시오.

1. 한 가지 첨가하고자 하는 것은 용비어천가와 같은 귀중한 책이 세종 27년에 이미 완성되었음을 보아서도 가히 알 수 있다.
2. 내가 이공 계열에 들어온 것도 따지고 보면 이공 계열 출신들이 우리나라

공업 분야에서 선구자 역할을 하고 있다는 생각과 또한 사회적으로 대우받을 수 있다는 자신감에서 이공 계열을 택한 것이다.[24]

다음 문장을 주술의 호응이라고 하는 관점에서 올바르게 고치시오.

1. 아버님의 말씀은 다름이 아니라 성적도 중요하지만 어려운 일을 참고 꾸준히 해 나아가는 일이 더 중요하다는 말씀이라는 것이다.
2. 내가 생각하는 진리 추구의 좋은 점은 주위에서 보고 듣고 느낀 현상 상태를 앎으로써 기쁨을 느낀다.
3. 우리의 말과 글은 우리 겨레의 얼이 담겨 있다.[25]

### 라. 부사어와 서술어의 호응에 유의하라.

우리말의 부사어 중에는 특정한 서술어에만 호응을 이루는 것들이 제법 많다. 그것은 부사어 자체가 일정한 기능과 의미를 지니고 있어서 그와 유사한 의미 기능을 지닌 서술어와 어울려 쓰이게끔 관용화된 것이다.

① 왜냐하면 ~ 하기 때문이다.

- 그럴 수 없어. 왜냐하면 방금 말한 네 의견은 현재 우리의 상황과는 맞지 않기 때문이야.
- 왜냐하면 우리 민족이 남북으로 갈라져 있기 때문이다.

② 다만(오직, 오로지, 애오라지) ~ 할 뿐(따름)이다.

- 오직 나는 내가 처음에 마음먹은 대로 밀고 나갈 뿐이다.
- 다만 한 가지 예외라면 예외가 있을 뿐이다.

③ 반드시(기필코, 모름지기, 마땅히) ~ 하다(한다, 해야 한다, 하지 않을 수 없다, 하지 않으면 안 된다).

---

24) 1. 한 가지 첨가하고자 하는 것은 용비어천가와 같은 귀중한 책이 세종 27년에 이미 완성되었다는 점이다.
2. 내가 이공 계열에 들어온 것도 따지고 보면 이공 계열 출신들이 우리나라 공업 분야에서 선구자 역할을 하고 있다는 생각과 또한 사회적으로 대우받을 수 있다는 자신감에서였다.

25) 1. 아버님의 말씀은 다름이 아니라 성적도 중요하지만 어려운 일을 참고 꾸준히 해 나아가는 일이 더 중요하다는 것이다.
2. 내가 생각하는 진리 추구의 좋은 점은 주위에서 보고 듣고 느낀 현상 상태를 앎으로써 기쁨을 느낀다는 것이다.
3. 우리의 말과 글에는 우리 겨레의 얼이 담겨 있다.

• 외출할 때에는 반드시 부모님께 그 행선지를 알려드려야 한다.
• 외삼촌이 그렇게 말렸지만 나는 기필코 재가한 어머니를 찾아야만 한다고 우겼다.

④ 결코(절대로, 전혀) ~ 아니(하)다(없다, 못하다).

• 늦잠 자느라고 지각해서 시험을 치르지 못한 게으른 녀석들은 절대로 용서할 수 없다.
• 이번에는 결코 놓치지 않을 거야.

⑤ 하물며(항차, 더구나, 더군다나) ~ 하랴?(하겠는가?, 하지 않을까 보냐?)

• 외삼촌이 그럴진대 하물며 어머니의 괴로운 심정은 오죽하겠는가?
• 짐승들도 자기 새끼 귀한 줄 아는데 항차 사람일까 보냐?

⑥ 그리(이리, 이다지, 그다지, 그리도, 그렇게도) ~ 하랴?(하지만은 않다)

• 상가에서 철야하기란 그리 쉽지만은 않다.
• 오랫동안 공부하는 데 익숙한 학생이 의자에 장시간 앉아 있기가 뭐 그리 힘이 들랴.

⑦ 아무래도 ~ 하기(가) 쉬울(쉽지 않을) 것이다(것 같다).

• 아무래도 차가 밀릴 것 같으니 일찍 떠나는 것이 좋겠다.
• 아무래도 이번 일이 계획대로 잘 이루어지기가 쉽지 않을 것 같다.

⑧ 여간(보통, 어지간히) ~ 하기가 쉽지 않을 것이다(것 같다).

• 실제로 해 보니, 설거지 하는 일이 여간 어려운 일이 아니었다(아주 어려운 일이었다).
• 어지간히 공부하기 싫은 것 같다.

⑨ 차마 ~ 할 수(가) 없다.

• 차마 눈을 뜨고 볼 수 없는 광경이었다.
• 임을 남겨 두고 홀로 떠나는 까닭에 그는 차마 발걸음을 옮길 수가 없었다.

⑩ 비록 ~ 할지라도(하더라도)

• 비록 그가 신학문을 배우지 않았다고 할지라도 나는 그를 지식인이라고 칭하련다.
• 비록 경기에서 이겼다고 할지라도 그것은 정정당당한 승리라고 할 수 없다.

⑪ 아마(아마도, 거의, 대개, 추측컨데) ~ 할 것이다.

- 거의 일을 끝마쳤을 것이다.
- 아마도 그 사건에 철수가 개입되지는 않았을 것이다.

⑫ 아무쪼록(모쪼록, 부디) ~ 하기 바란다(빈다, 기원한다, 희망한다, 하면 좋겠다).

- 아무쪼록 몸 건강히 지내기 바란다.
- 부디 양찰하여 주시기 바랍니다.

그러면 아래 제시한 문장을 보고 부사어와 서술어가 잘 호응하도록 고치시오.

1. 그렇게 하면 결코 좋다.
2. 오직 처음 계획대로 실행에 옮긴다.
3. 왜냐하면 남자는 여자와 다르다.
4. 우리는 다만 앞으로 일에 대비한다.
5. 요즈음 젊은이라면 모름지기 창의적인 능력을 가지고 있다.
6. 가난한 처지에 항차 옷을 철 따라 사 입을 수 있었다.
7. 중학교에 재직할 때의 제자로부터 편지를 받고 보니 여간 반가운 것이었다.
8. 네가 비록 나이가 어리기 때문에 그런 실수는 용납할 수 없다.[26)]

## 마. 접속문을 만들 때 유의하라.

복잡한 내용을 담은 한 문장을 만들려면 단문만으로는 어렵기 때문에 단문을 몇 개 모아 더 복잡한 문장을 만들지 않을 수 없다. 단문을 모아 더 큰 문장을 만드는 방식에는 두 가지가 있다. 접속과 포유가 그것이다. 접속은 두 문장을 거의 대등한 관계로 묶는 방식이요, 포유는 한 문장은 주문(주된 문장)의 위치에 놓고 다른 문장은 한 단어의 자격으로 바꾸어 주문의 한 성분으로 처리하는 방식이다. 즉, 주문 안에 절을 만들어 삽입시키는 방식이다. 이를테면,

26) 1. 그렇게 하면 결코 좋지 않다.
2. 오직 처음 계획대로 실행에 옮길 따름이다.
3. 왜냐하면 남자는 여자와 다르기 때문이다.
4. 우리는 다만 앞으로 일에 대비할 뿐이다.
5. 요즈음 젊은이라면 모름지기 창의적인 능력을 가지고 있어야 한다.
6. 가난한 처지에 항차 옷을 철 따라 사 입을 수 있으랴.
7. 중학교에 재직할 때의 제자로부터 편지를 받고 보니 여간 반가운 것이 아니었다.
8. 네가 비록 나이가 어리다고 할지라도 그런 실수는 용납할 수 없다.

① 겨울이 갔다.
② 봄이 왔다.

라는 두 문장을

→ 겨울이 가고, 봄이 왔다.

라고 고칠 수 있다. 이는 접속에 의해 만들어진 접속문이다. 또

① 나는 알겠다.
② 봄이 왔다.

라는 두 문장을

→ 나는 봄이 왔음을 알겠다.

라고 고칠 수 있다. 이는 포유에 의해 만들어진 접속문이다.

### 글쓰기 비법 [12] 접속, 공통된 요소만 생략할 것

접속에 의해 만들어진 접속문에 특히 유의해야 한다. 접속에 의한 접속문은 본디 두 문장에 공통되는 요소의 하나를 생략시킬 수 있다. 이것은 일종의 규칙이다. 그것은 수학에서 배분의 법칙과도 같다.

$$ab + ac = a(b + c)$$

이와 같은 이치이다. 실례를 들면,

① 형님은 키가 컸다.
② 형님은 힘이 세었다.

에서

→ 형님은 키가 크고 힘이 세었다.

는 좋은 접속이지만,

→ 형님은 키와 힘이 세었다.

는 잘못된 접속이다. '컸다'와 '세었다'는 공통된 요소가 아니다. 이처럼 공통된

요소가 아님에도 불구하고 하나를 생략할 때 비문법적인 문장이 만들어진다. 그러니까, 바로 이 점에 유의하라는 것이다.

누가 그런 접속문을 만들겠느냐고 반문할는지 모른다. 그러나 이러한 비문법적인 문장이 종종 눈에 띈다.

① 인간은 자연을 지배하고 복종한다.
② 또 국어의 장래를 영화롭게 하려면 어떻게 해야 할 것이며, 나라와 국어와는 어떠한 관계가 있는가를 알고 소중히 하는 국어애의 정신을 기르도록 하자.
③ 한편으로 학계에서는 현상학이 기존의 분석철학을 근본적으로 비판한 것이라 하여 크게 주목하였기도 하였지만, 반대도 컸다.

① 문장은 어딘가 어색한 느낌을 준다. 왜 그럴까? 그것은 이 문장을 본래의 두 단문으로 복원시켜 보면 저절로 드러난다.

• 인간은 자연을 지배한다.
• 인간은 자연을 복종한다.

물론 '인간은'은 공통된 요소이므로 하나를 생략할 수 있다. 그러나 '자연을'과 '자연에'는 공통된 요소가 아니다. 그러므로 '자연에'를 생략하고 그로써 '복종한다'에까지 공유(共有)케 해서는 잘못이다. '자연을'은 '지배한다'와 연결되기 위해서 있어야 하고 '자연에'는 '복종한다'와 연결되기 위해서 있어야 한다.

②는 '소중히 하는'의 목적어가 '나라와 국어와는 어떠한 관계가 있는가를'인 것처럼 되어 있다. '소중히 하는' 앞에 '국어를'을 넣어 '나라와 국어와는 어떠한 관계가 있는가를'이 '알고'와 '소중히 하는'이라고 하는 두 개의 서술어에 부당하게 공유되는 일을 막아야 한다.

③은 그대로 두면 "현상학이 반대도 컸다"는 꼴이어서 문장이 되지 않는다. '반대도' 앞에 '그것(현상학)에 대한'을 삽입시켜야 한다.

다음 문장을 준비한 노트에 정확하게 고쳐 보자.

1. 영수는 피아노와 바이올린을 잘 켠다.
2. 대학생은 모름지기 올바른 인격 형성과 미래에 대한 꿈을 한껏 키워야 한다.[27)]

---

27) 1. 영수는 피아노도 잘 치고 바이올린도 잘 켠다.
2. 대학생은 모름지기 올바른 인격을 형성하고 미래에 대한 꿈을 한껏 키워야 한다.

써보기

자신에 대하여 글을 지으시오. 제목은 <나의 미래>이다.

나의 미래 :

## (5) 문장 부호

지금까지 글쓰기 학습에서는 대체로 문장 부호의 중요성을 인식하지 못하여 그것을 소홀히 해왔다. 그러나 문장 부호는 단어, 문장, 단락 못지 않게 중요한 역할을 한다. 예컨대 시(詩)에서는 문장부호가 전체의 의미나 리듬에 중요한 역할을 한다. 비단 시뿐 아니다. 앞서 문장의 구조적인 모호성에서 살핀 바와 같이 이를테면 반점( , ) 하나가 모호한 문장의 구조를 투명하게 해주기까지 한다. 그만큼 문장 부호가 갖는 표현의 효과는 막중하다.

주요 문장 부호로는

- 온점 ( . )
- 그침표 ( : )
- 머무름표 ( ; )
- 느낌표 ( ! )
- 작은 따옴표 ( ‘ ’ )
- 동안표 ( _ )
- 풀이표 ( – – )
- 가지런표 ( 〃 )
- 쌍괄호 ( (( )) )
- 대괄호 ( 〔 〕 )
- 중간점 ( · )
- 반점 ( , )
- 물음표 ( ? )
- 큰 따옴표 ( “ ” )
- 붙임표 ( – )
- 말바꿈표 ( — )
- 줄임표와 말없음표 ( …… )
- 소괄호 ( ( ) )
- 중괄호 ( { } )

등이 있다.

가. 온점( . )의 쓰임

① 서술, 명령, 청유 등을 나타내는 문장의 끝에 쓴다.
사람은 빵만으로 살 수는 없다.
젊은이는 나라의 기둥이다.
창문 좀 닫아 주십시오.
황금 보기를 돌같이 하라.
집으로 돌아가자.

② 서구어의 약자에 쓰인다.
B.C, A.D

③ 아라비아 숫자만으로 연월을 표시할 적에 쓰인다.
1997. 3. 1.

④ 표시 문자 다음에 쓰인다.
1. 마침표 ㄱ. 준말 가. 인명

⑤ 준말을 나타내는 데 쓴다.
서. 1982. 3. 5. (서기)

나. 중간점( · )의 쓰임(가운뎃점)

① 문장의 성분이 동등한 두 개 이상의 단어로 이루어졌을 때
사과·배·감

② 외국어의 두 단어로 된 단일 고유명사 사이
페르디낭·드·소쉬르

③ 두 자 이상으로 된 말
육·이오

다. 쌍점( : )의 쓰임

① 이미 서술한 내용에 포함되는 종류 및 사항을 예로 들 때
알타이어 : 터어키어, 몽고어, 만주어

② 이미 대강 서술한 내용을 다시 자세히 설명할 때
국민은 행복하게 살았다. : 춤추고, 노래하고, 뛰놀며, 마음대로 생명의 환희를 구가했다.

③ 하위 개념들을 죽 늘어놓은 다음 그것들을 다시 통합하여 묶을 때
세수하기, 거울보기, 분바르기 : 이것이 그녀의 아침 일과이다.

④ 작자와 책 이름을 구분할 때

윤동주 : 하늘과 바람과 별과 시

⑤ 어떤 말을 소표제로 내세우고 설명할 때

마침표 : 문장의 끝남을 표시하는 부호

⑥ 비율을 나타낼 때

10 : 1

⑦ 시(時)와 분(分), 장(長)과 절(節) 따위를 구별할 때나, 둘 이상을 대비할 때에 쓴다.

오전 10 : 20 (오전 10시 20분)

마태오 3 : 16 (마태오복음 3장 16절)

65 : 60 (65 대 60)

### 라. 반점( , )의 쓰임

① 의미가 중단되어 읽을 때 잠깐 쉬는 것이 좋을 자리에 쓰인다. 가령 종속절, 대등절 또는 동격어나 독립어 등의 끝에, 또는 삽입절의 앞뒤에 쓰인다.

참, 회의에 꼭 나오세요. 뿐만 아니라, 회비도 꼭 가지고 오세요.

② 같은 자격의 어구가 열거되거나, 나열되는 항목을 구분할 때 쓴다.

근면, 검소, 협동은 우리 겨레의 미덕이다.

충청도의 계룡산, 전라도의 내장산, 강원도의 설악산은 모두 국립공원이다.

부산, 광주, 대구는 모두 광역시입니다.

③ 짝을 지어 구별할 필요가 있을 때 쓴다.

늙은이와 젊은이, 여자와 남자 할 것 없이 모두 참석하여 함께 즐겼다.

④ 바로 다음 말을 수식하지 않을 때 쓴다.

크고 넓고 화려한, 개선문으로 통하는 상젤리제 거리는 형광등으로 장식되어 대낮같이 밝았다.

슬픈 사연을 간직한, 경주 불국사의 무영탑

성질이 급한, 철수의 누이동생이 먼저 화를 냈다.

⑤ 부르는 말이나 대답하는 말 뒤에 쓴다.

세인아, 빨리 와.

예, 지금 가요.

⑥ 제시어 다음에 쓴다.

맑게 개인 하늘, 그것처럼 청명한 것이 또 있을까?

⑦ 도치된 글에서 쓰인다.

오너라 삼각산아. 다시 보자, 한강수야.

⑧ 가벼운 감탄을 나타내는 말에 쓰인다.

참, 세월도 빠르구나.

⑨ 문장의 맨 앞머리에 나오는 접속사 혹은 연결을 나타내는 부사어 다음에 쓰인다.

그러나, 이해할 수 없다. 뿐만 아니라 상상도 할 수 없는 일이다.

⑩ 숫자의 자리를 구분할 때 세는 단위마다 찍는다.

103, 667, 245

⑪ 문장 중간에 끼어든 구절 앞뒤에 쓴다.

나는, 솔직히 말하면, 별로 즐겁지 않소.

철수는 미소를 띠고, 속마음과는 달리, 그들을 맞았다.

⑫ 문장의 되풀이를 피하여 한 부분을 줄일 때에 쓴다.

여름에는 바다에서, 겨울에는 산에서 휴가를 즐겼다.

⑬ 문맥상 끊어서 읽어야 할 곳에 쓴다.

갑돌이가 울면서, 떠나는 갑순이를 배웅했다.

갑돌이가, 울면서 떠나는 갑순이를 배웅했다.

⑭ 숫자를 나열할 때 쓴다.

1, 2, 3, 4

⑮ 수의 폭이나 개략의 수를 나타낼 때 쓴다.

5, 6세기

6, 7개

### 마. 머무름표( ; )의 쓰임

① 의미가 어느 정도 중단되어 종지부보다 짧으나 휴지부보다 긴 휴식이 요구될 경우에 찍는다.

물이 너무 맑으면, 고기가 없고 ; 사람이 너무 곧으면, 벗이 없다.

소·말·양 ; 호랑이·사자·표범

② '예를 들면'으로 표현될 경우에 쓰인다.

주의사항 ; 실내에서는 금연·정숙

### 바. 물음표( ? )의 쓰임

① 직접 의문이나 방어 및 수사 의문 혹은 가벼운 감탄을 나타낼 때 쓰인다.

대학의 사명은 무엇인가?

이래서야 되겠습니까?

② 독립적이지 않은 몇 개의 의문문이 겹쳐 나올 때는 마지막에 한 개만 찍는다.

이것이 좋으냐, 아니냐?

③ 그 의문이 각각 독립적인 문장일 경우에는 매번 찍는다.

인생이란 무엇인가? 일장춘몽인가?

### 사. 느낌표( ! )

① 강한 느낌이나 부르짖음을 나타내는 감탄사와 감탄형 어미 뒤에 찍는다.

아! 가을인가!

② 명령, 의문, 권유의 글에서도 느낌을 강조할 때 찍는다.

빨리 와!

도대체 그게 무슨 소리요!

③ 느낌을 가지고 사람을 부를 때

영희! 참 고마워.

은녀! 사랑해.

※약한 느낌일 때는 종지부(온점)로 대신한다.

### 아. 큰 따옴표( “ ” )의 쓰임

① 남의 말을 직접 인용할 때 쓰인다.

그녀는 “나도 이젠 숙녀다.”라고 말했다.

② 책·논문·잡지·신문·시·연극·영화 등의 제목을 나타내거나 특수한 명칭·어구임을 보일 때 쓰인다.

『삼국사기』는 “번호 없는 국보”다.

※ 이때 ‘ . ’와 ‘ , ’은 언제나 인용 부분 안에 찍고, ‘ ; ’와 ‘ : ’은 인용 부분 밖에 찍는다. ‘ ? ’와 ‘ ! ’는 그것이 인용의 일부일 때만 인용부 안에 찍는다.

### 자. 작은 따옴표( ‘ ’ )의 쓰임

① 인용 부분 속에 또 다른 인용 부분이 들어 있을 경우에 쓴다.

그 여자는 ‘그가 “나는 신사다.”라고 말했다’는 사실을 알고 있다.

② 강조하는 경우에도 쓴다.

‘망각’ 그것은 인생의 묘약이다.

### 차. 붙임표(－)

① 단어의 끊어진 자리를 이어 붙이는 경우에 쓴다. 사전에서는 접두사, 접미사 및 복합어의 표시에 쓰인다.

초-음속, 슬기-롭다. 민주-주의

② 로마자 표기에서 한 단어가 두 줄에 걸쳐 적힐 경우에 쓴다.

카. 동안표( — )의 쓰임

① 수량, 날짜, 길이, 넓이 등을 표시하는 경우에 쓰인다. 주로 '무엇(어디)으로부터 무엇(어디)까지'의 뜻을 나타낼 때 쓴다. 이 표는 사실상 ' ~ '와 같은 역할을 한다.

4 — 6명, 3월 — 8월, 서울 ~ 광주

② 도형이나 표식의 경우 관계가 밀접함을 표시할 때 동안표는 임의의 길이로 쓰인다. 이 경우 줄임표 '……'으로 대신하기도 한다.

타. 말바꿈표( — )의 쓰임(줄표)

① 동안표와 똑같은 모양의 부호로서, '곧', '즉'의 뜻으로 바꿔 말하거나 되풀이하여 덧붙여 놓을 때 쓰인다.

삶 — 그것은 투쟁이다.

그것은 그림의 떡 — 아무리 갖고 싶어도 소용이 없다.

그 신동은 네 살에 — 보통 아이 같으면 천자문도 모를 나이에 — 벌써 시를 지었다.

② 어구의 끝을 강조하기 위해 급히 막고 휴식을 둘 때 쓰인다.

두 원수가 서로 만났다. — 외나무 다리 위에서.

③ 앞의 말을 정정 또는 변명하는 말이 이어질 때에 쓴다.

어머님께 말했다가 — 아니, 말씀드렸다가 — 꾸중만 들었다.

파. 풀이표( - - )의 쓰임

① 윗말을 다시 해석하여 삽입구를 넣거나 병행되는 대등 어구를 세우고 넘어갈 때 그 앞뒤에 쓴다. 이때 괄호나 휴식부(반점)로 대신하여 사용하기도 한다.

미나리아재비-풀이름-입니다.

하. 줄임표( …… )의 쓰임

① 남은 말을 줄일 때 쓴다.

일, 월, 화, 수, ……

② 말이 계속되다가 침묵할 때 쓰인다.

"네가 그랬지?" " …… "

갸. 가지런표( 〃 )의 쓰임

공문서식 등에서 윗줄과 같은 위치에 있는 글자나 말을 가지런히 놓아서 연이어 쓸 때 사용한다.

냐. 묶음표의 쓰임

소괄호( ), 쌍괄호(( )), 중괄호{ }, 대괄호 [ ]로 나눌 수 있다.

① 어떤 부분을 한 덩이로 묶을 때 쓴다.

세종대왕(1397~1450)이 한글을 만드셨다.

② 원어·주석·설명 등을 삽입할 때 쓴다.

인간은 필경(畢竟) 모루(鐵砧·철침)이거나 해머(hammer)이다.

③ 대괄호는 연쇄부호로 쓰기도 한다.

댜. 빗금( / )의 쓰임

① 대응, 대립되거나 대등한 것을 함께 보이는 단어와 구, 절 사이에 쓴다.

남궁만/남궁 만

백이십오 원/125원

착한 사람/악한 사람

② 분수를 나타낼 때 쓴다.

랴. 겹낫표(『 』), 낫표(「 」), 꺽쇠(< >)의 쓰임

① 세로쓰기에서 겹낫표는 큰 따옴표 대신 쓰이기도 하고, 낫표는 작은 따옴표 대신 쓰이기도 한다.

② 반드시 그렇지는 않지만, 일반적으로 단행본 책을 표시할 때에는 겹낫표를 쓰고, 신문, 잡지를 표시할 때는 낫표를 쓰고, 문학작품을 표시할 때는 꺽쇠를 쓴다.

『삼국유사』, 『동문선』, 「중앙일보」, 「신동아」, <진달래꽃> <동천>

## 2. 문장의 길이

문장의 길이를 논하려면 문장의 구조, 문법 요소, 의미, 논리성 등의 요인과 함께 논의하는 것이 마땅하다. 그러나, 여기서는 우리가 글을 지을 때 부딪히는

실제적인 문제만을 논하려 한다. 따라서 고려해야만 하는 문법적인 요소들을 다소 경시하고 넘어가는 듯한 인상을 줄는지 모른다.

문장의 길이에 관한 실제적인 문제로는 장문성(長文性)과 함께 난해성, 비논리성 등을 말할 수 있다. 이러한 성향들은 과연 무엇이 문제인가.

### 1) 문장의 긴 성질(長文性)

① 문장의 길이가 50자 이상이 될 경우
② 일문일단락(一文一段落), 곧 한 문장이 한 단락을 이룰 경우
③ 비논리성과 사고의 통일성 결여의 경우

문장의 길고 짧음에 관한 일정한 기준은 없다. 그러나 일반적으로 40～60자의 문장을 표준 문장이라고 볼 때, 60자 이상의 문자를 장문(長文)이라고 말할 수 있다. 그러면, 다음에 가장 일반적으로 많이 발견되는 긴 문장으로 발생하는 문제를 몇 개 예로 들어 보기로 한다.

> ① 대학입시라는 첫 번째 관문을 뚫고자 초·중고의 과정을 거치고 합·불합격의 기로에서 수많은 경쟁자들을 물리치고 학력고사라고 하는 선발시험에 있어서 승자의 기쁨을 만끽하고 오늘과 같은 기쁨을 누릴 수 있는 것은 부모님의 지극한 은혜에 보답하는 길은 대학생이 되어서 더욱 열심히 공부에 열중하여 장학생이 되어 드리는 것이 나에게 있어서는 가장 큰 목적이다.

이 문장은 190자의 장문이다. 이 문장은 크게 '부모님의 은혜'와 '그 은혜에 대한 보답'이라는 두 개념을 내포하고 있다. 이 문장은 일문일단락(一文一段落)이라는 문제 외에 꾸며 주는 관형절, 곧 '대학입시라는 …… 되어 드리는'이 너무 길다. 이 문장은 이처럼 4개의 문장으로 고쳐져야 한다.

> ① 〈고침〉 : 대학입시라는 첫 관문을 뚫고자 초·중·고의 과정을 거치고 합·불합격의 기로에서 수많은 경쟁자를 물리치고 학력고사라고 하는 선발시험에 합격하였다. 오늘 이 합격의 기쁨을 만끽할 수 있는 것은 부모님의 극진한 보살핌 덕분이다. 부모님의 지극한 은혜에 보답하는 길은 대학생이 되어 더욱 열심히 공부하여 장학생이 되는 일이다. 그래서 장학생이 되는 일이 나의 가장 큰 목적이다.

또 한 예를 들어 보자. 다음의 장문(長文)이 어떠한 문제가 있는지 유심히 검토해 보기 바란다.

② 원하는 회사에 들어갔다고 하더라도 업무는 자신이 생각했던 것과 많이 다를 수 있으니 입사 후 자신이 해야 할 업무가 구체적으로 어떠한 것인지 직무별 특성은 무엇인지를 파악하는 것은 매우 중요하며 업종에 따라 직무 내용이 서로 다른 경우가 있으므로 회사에 따른 직무 내용을 사전에 철저히 알아보는 일이 필요하다.

이 글은 '업무와 직무별 특성을 파악하라'는 주제의 글이다. 너무 길다. 이것은 접속이 많은 복문이라서 문제가 생긴 것이다. 이처럼 세 문장으로 이렇게 나눠 보자. 얼마나 산뜻한가.

② 〈고침〉 : 원하는 회사에 들어갔다고 하더라도 업무는 자신이 생각했던 것과 많이 다를 수 있다. 사전에 입사 후 자신이 해야 할 업무가 구체적으로 어떠한 것인지, 직무별 특성은 무엇인지를 파악하는 것은 매우 중요하다. 업종에 따라 직무 내용이 서로 다른 경우가 있으므로 회사에 따른 직무 내용을 사전에 철저히 알아보는 일이 필요하다.

이제 문제가 있는 장문(長文)을 제시하겠다. 이것을 둘 이상의 문장으로 나누어 쉽고 올바른 문장으로 고쳐 보시오.

**예문 1**

최근 몇몇 대학에서는 사회봉사활동을 필수과목으로 개설하여 대학 재학 중에 사회봉사활동에 참여하도록 의무화하고 있는데, 이는 비단 입사시험에만 필요한 것이 아니라 개인주의적인 이해와 타산이 만연되어가고 있는 우리 사회에서 학생들에게 올바른 가치관을 정립하게 하고 미래지향적인 창의력을 갖추게 하여 사회가 필요로 하는 인재를 길러내는 데에 의의가 있기 때문에 대학생들은 적극적으로 봉사활동에 참여하고 있지만 일부 대학생들은 본래의 취지와 목적을 외면한 채, 취업에만 목적을 두어 어떻게든 활동 실적을 올리기에 급급한 경향이 있어 문제이다.

**써보기**

문장 고치기 :

**예문 2**

많이 사귄다고 무조건 좋은 친구가 아니라 한둘이라도 좋으니, 자기의 생각을 아무런 부담 없이 털어 놓을 수 있는 진정한 친구가 진짜 친구지 양적으로 많아도 자기의 생각을 마음 놓고 털어 놓을 수 없는 사람은 외롭고 불쌍한 소외감을 느끼는 사람이라는 것이다.

**써보기**

문장 고치기 :

## 2) 긴 문장을 짓지 않는 요령

### (1) 문장의 길이는 50자 이내로 쓴다

개념에 따라 분할하여 표현하도록 노력해야 한다. 위 <예문 2>를 고쳐보기로 하자. 3개의 짧은 문장으로 고칠 수 있다. 여러분이 고친 것과 비교하시오.

> 많이 사귄다고 무조건 좋은 것이 아니다. 한둘이라도 좋으니 자기의 생각을 아무런 부담 없이 털어 놓을 수 있는 진정한 친구가 있어야 하는 것이다. 양적으로 아무리 많다고 하더라도 자기 생각을 털어 놓을 수 있는 진정한 친구가 한 사람쯤 있어야 하는 법이다. 그런 친구가 한 사람도 없는 사람은 소외감을 느끼는, 정말 외롭고 불쌍한 사람이다.

### (2) 한 문장에 한 개념을 진술하는 것을 원칙으로 한다(一槪念一文主義, 혹은 一事一文主義)

진술 내용에 따라서는 대비, 첨가, 보족, 인과, 나열 등의 관계로 말미암아 부득이하게 나뉘지 않는 문장도 있다. 이런 경우에는 문장의 길이를 생각하여 접속부사를 활용하는 방법을 강구할 일이다.

'영수의 애인은 키가 크다'라고 하는 개념과 '영수의 애인이 어제 우리 집에 놀러 왔다'는 개념을 각각의 문장으로 만들어 연결시키자.

> 영수의 애인은 키가 크다. 그녀가 어제 우리 집에 놀러 왔다.

이렇게 만들면 될 것이다. 이것을 하나의 문장으로 만들려다 보면, 다음과 같은 모호한 문장이 만들어지는 것이다.

> 키가 큰 영수의 애인이 어제 우리 집에 놀러 왔다.

이 문장은 영수가 키가 큰지 영수의 애인이 키가 큰지 알 수 없다. 곧, 모호한 문장이다.

'토끼는 빠르다', '거북이는 느리다', '최근에 벌어진 토끼와 거북이의 경주에서 거북이가 승리했다' 이러한 세 개의 개념을 하나의 문장으로 표현하려면 부드럽지 못한 문장이 될 수 있다. 예를 들자.

> 토끼는 빠르고 거북이는 느리지만, 최근에 벌어진 토끼와 거북이의 경주에서 거북이가 승리했다.

라는 문장보다는

> 토끼는 빠르고 거북이는 느리다. 그러나 최근에 벌어진 둘의 경주에서 거북이가 승리했다.

라는 문장이 보다 매끄럽고 확실하다. 단문 위주의 글쓰기는 약간의 훈련이 필요하다. 예를 들면,

> 독서는 두레박질이다. 타는 목마름을 식혀준다. 활자로 된 것만이 책이 아니다. 천지간 모든 사물이 다 책이다. 일거수일투족이 다 독서다.[28)]

라고 하면, 간결하지 아니한가.

---

28) 정민, 『죽비소리』 (마음산책, 2005), p. 139.

다음 문장을 몇 개로 나누어 한 문장에 한 개념만 넣은 글로 고치시오.

**예문 3**

죽는 날까지 하늘을 우러러 한 점 부끄럼 없고 땅을 내려다보아 사람들에게 털끝만큼이라도 양심에 거리낌이 없이 살려고 노력한 깨끗한 영혼의 시인 윤동주는 불행히도 8. 15 민족 해방 직전에 옥중에서 세상을 떠났다.[29)]

**써보기**

문장 고치기 :

(3) 문장 구조를 단순화한다

그러기 위해서는 다음과 같은 점에 유의해야 한다.

가. 단문을 즐겨 쓴다.

구조가 단순한 문장을 즐겨 쓰는 것이 장문이나 난해한 문장을 피하는 지름길이다. 예를 들어 보자.

> 두 해 전에 고등학교를 졸업했지만 이제야 겨우 대학에 들어온 그가 초라해 보이기도 하지만 어딘가에서 풍기는 그의 신념이 부럽기도 하다.

이 예문은 54자 정도로 적당한 길이의 문장이다. 그러나 여러 가지 개념을 한 문장에 담아 논지가 분명치 않은 문장이다. 이 문장은 개념에 따라 몇 개의 문장으로 나누는 것이 바람직하다. 우선 개념을 세분화해서

29) 시인 윤동주는 죽는 날까지 하늘을 우러러 한 점 부끄럼 없고 땅을 내려다보아 사람들에게 털끝만큼이라도 양심에 거리낌이 없이 살려고 노력하였다. 깨끗한 영혼의 시인 윤동주는 불행히도 8. 15 민족 해방 직전에 옥중에서 세상을 떠났다.

> "그는 두 해 전에 고등학교를 졸업했다./ 이제야 겨우 대학에 들어왔다./ 그는 초라해 보인다./ 그래도 그의 신념이 부럽기도 하다."

로 나누는 것이다. 그러나 이렇게 네 개의 문장으로 나누면 지나치게 짧은 문장만을 나열하게 된다. 따라서 이처럼 세 개의 문장으로 나누는 것이 좋다.

> 그는 두 해 전에 고등학교를 졸업했으나, 이제야 겨우 대학에 들어왔다. 그래서 그는 초라해 보이기도 한다. 그러나 그의 어디에선가 풍기는 굳센 신념은 부럽게 느껴지기도 한다.

### 나. 대등절의 반복을 피한다.

'-(하)고', '-(하며)' 등의 나열형 어미의 반복적인 쓰임은 문장을 길게 만들기 쉽다. 가급적이면 나열형 어미를 종결어미로 바꾸어 긴 문장이 되는 일을 막아야 한다.

> 그의 아버지는 사람을 즐겨 대하며 어려서 공부를 열심히 한 덕으로 남부럽지 않은 직위에 올랐으며, 경제적으로 매우 풍족하다고 할 수 없으나 쪼들리지 않는 생활을 하는 사람이었고, 직장 생활에도 충실하며 쉬는 날에는 시간을 충분히 활용하여 여행, 낚시, 골프 등 여가를 즐기며 식도락가이기도 하다.

126자의 이 긴 문장은 '며/고'라고 하는 많은 나열형 어미에 의해 여러 가지 사실이 열거되어 있다. 이렇게 열거된 사실은 대칭이 되지 않는 상태로 병치되어 있어서 논리적 이해를 불가능하게 만든다. 따라서, 이 문장은 '아버지가 사교적이며 공부를 열심히 했다는 성실성', 그리고 '이로 말미암아 가정경제 생활, 직장 생활, 여가 생활, 식도락 취미를 여유 있게 즐길 수 있다는 점'을 나누어서 밝히면 그 뿐이다.

> 그의 아버지는 사람을 즐겨 대하며 어려서는 공부를 열심히 하였다. 그 덕으로 그는 남부럽지 않은 직위에 올랐으며, 경제적으로 아주 풍족하다고 할 수는 없으나 쪼들리지 않는 생활을 하는 사람이 되었다. 직장 생활을 충실히 하는 중에도 시간이 나면 여행, 낚시, 골프 등 여가를 즐긴다. 그는 또한 식도락가이기도 하다.

다음에 나열한 긴 문장을 짧은 문장 여러 개로 고치시오.

**예문 4**

대부분의 미국 소년들은 어렸을 적부터 돈 버는 일을 배우며, 10대 소년들이 여름방학 동안을 놀고 지내는 경우는 드물고, 18세가 되면 그들은 스스로 독립했다고 생각하고 부모도 재정적인 도움을 점차 줄이며, 때로는 일절 지원을 끊어버린다.30)

**써보기**

문장 고치기 :

다. 관형절화를 피한다.

문장을 길게 만드는 주요 요인 가운데 하나는 수식절을 자주 사용하는 것이다. 수식절이란 관형절과 부사절을 일컫는다. 문장이 길어질 소지가 있는 수식절을 가능한 한 피하고, 별개의 문장으로 만들 일이다.

> 내가 어렸을 적에 겨울이면 온종일 썰매를 타다가 옷이 오물에 흠뻑 적실 때마다 아무 말 없이 옷을 벗겨 주시고 더운 물로 머리를 감겨 주고 몸을 씻겨 주신 후 따뜻한 아랫목에 이부자리를 펴서 언 몸을 녹여 주며 머리맡에서 옛이야기를 들려주시던 외할머니가 어제 세상을 떠나셨다.

이 문장은, '외할머니'를 수식하는 관형절이 너무 길어서 읽기를 거의 마칠 무렵에나 비로소 무슨 말을 하려는가를 알 수 있는 문장이다. 관형절을 끊어서 하나의 문장으로 만들자.

> 나는 어렸을 적에 겨울이면 온종일 썰매를 타다가 옷이 오물에 흠뻑 적실 때가 가끔 있었다. 외할머니는 그럴 때마다 아무 말 없이 옷을 벗겨 주시고 더운 물로

30) 대부분의 미국 소년들은 어렸을 적부터 돈 버는 일을 배운다. 10대 소년들이 여름방학 동안을 놀고 지내는 경우는 드물다. 18세가 되면 그들은 스스로 독립했다고 생각하고 부모도 재정적인 도움을 점차 줄인다. 때로는 일절 지원을 끊어버린다.

> 머리를 감겨 주고 몸을 씻긴 후 따뜻한 아랫목에 이부자리를 펴서 언 몸을 녹여 주며 머리맡에서 옛이야기를 들려 주셨다. 그분이 어제 세상을 떠나셨다.

또 다른 예를 들어 보자.

> 이 책은 빨치산과 내통했다는 혐의로 순박한 양민 570명을 사살한 거창 양민 학살사건과 국민방위군 간부들이 방위군 예산을 횡령해 수많은 군인들을 굶어 죽게 한 국민방위군 사건을 예리하게 추적하여 그 시시비비를 가려 후세의 우리 국민들에게 교훈을 삼게 하려는 작가 조봉래의 역사 르포이다.

이 문장의 주문(主文)은 "이 책은 역사 르포이다."라는 것이다. 여기에 필수적인 수식 성분 '작가 조봉래의'가 추가된다 하여도 15자의 짧은 문장이다. '빨치산~'부터 '~ 교훈을 삼게 하려는'까지가 수식하는 긴 관형절이다. 긴 관형절을 피하자. 120자나 되는 이 긴 문장은 서너 개의 문장으로 나누는 것이 좋다.

> 6. 25를 전후로 해서 빨치산과 내통했다는 혐의로 순박한 양민 570명을 사살한 거창 양민 학살사건과 국민방위군 간부들이 방위군 예산을 횡령해 수많은 군인들을 굶어 죽게 한 국민방위군 사건이 있었다. 작가 조봉래는 이 두 사건을 예리하게 추적하여 그 시시비비를 가려 후세의 우리 국민들에게 교훈을 삼게 하려 하였다. 이 같은 취지에서 쓰인 이 책은 그의 역사 르포이다.

준비한 노트에 다음 제시한 긴 문장을 짧은 문장으로 고치시오.

**예문 5**

> 평소 정신박약아들의 삶의 터전인 '사랑의 집'을 자주 방문하여 집 안팎을 청소하고 그들의 옷가지를 빨아 주기도 하고 목욕도 시켜 주기도 하고 함께 어울려 놀아 주기도 하였을 뿐만 아니라 연말연시에는 헌옷을 수집하거나 불우이웃돕기 성금을 모금하여 도움을 주었던 시민 자원봉사자들이 올해 들어 복지시설 비리가 여기저기서 불거진 까닭인지 발길을 뚝 끊었다.[31]

---

31) 평소 정신박약아들의 삶의 터전인 '사랑의 집'을 자주 방문하였다. 집 안팎을 청소하고 그들의 옷가지를 빨아 주기도 하고 목욕도 시켜 주기도 하고 함께 어울려 놀아 주기도 하였다. 연말연시에는 헌옷을 수집하거나 불우이웃돕기 성금을 모금하여 도움을 주었다. 그런 시민 자원봉사자들이 올해 들어 복지시설 비리가 여기저기서 불거진 까닭인지 발길을 뚝 끊었다.

라. 보문화(補文化)를 피한다.

보문화란 관형절화를 제외하고, 어떤 문장이 다른 문장에 내포(포유)되는 과정을 통틀어 일컫는 말이다. 주어절, 서술절, 부사절, 목적절, 보어절, 독립절 따위가 되는 것을 말함이다. 부사절은 관형절을 말할 때 언급하였거니와, 이밖에 절들의 보문화도 문장을 길게 만드는 요인이 되고 있다. 다음은 서술절이라고 할 것이 내포된 문장이다.

> 그녀는 나이도 나보다 네 살 손위이고, 직업도 흔히 세상 사람들이 말하는 좋은 직업은 못 되어 나중에 이를 알아버린 가족과 친척들의 비난도 들었지만 나는 그녀를 진정 좋아했었다.

'그녀는' 이라는 주어에 호응하는 서술절이 너무 길다. '나이도 나보다 네 살 손 위이고, 직업도 흔히 세상 사람들이 말하는 좋은 직업은 못 되어'라는 서술절이 그것이다. 이러한 서술절을 별개의 문장으로 만들면 다음과 같이 짧은 문장이 될 수 있다.

> 그녀는 나이가 나보다 네 살이 많았다. 직업도 흔히 세상 사람들이 말하는 좋은 것이 못 됐다. 뒤에 이를 알게 된 가족과 친척들이 나를 비난했다. 그러나 나는 그녀를 진정 좋아했었다.

마. 가급적 문장의 접속을 꾀하지 말아야 한다.

문장이 길어지지 않게 접속어, 지시어, 반복어, 조사 등을 사용하여 문장의 접속을 가급적 피해야 한다. 그렇지 않으면 긴 접속문이 만들어지기 쉽다.

> 즉 과거를 역사로서 분석하면 미래에 대한 객관적인 추측과 신념, 심지어는 예언이 과학적 근거 아래에서 나올 수 있다고 주장하는 것이 바로 역사주의라고 요약할 수 있는바, 포퍼는 '미래가 어떻게 되어질 것이다' 내지는 '된다'는 식의 생각을 개인적 사유로서가 아니라 과학적으로 분석하려는 것은 극히 위험한 사고방식이며, 사상적 횡포가 생길 가능성이 있다고 맹렬히 비난하고 있다.

이 예문은 역사주의에 대한 설명과 역사주의에 대한 포퍼의 비난이라고 하는 개념을 가진 두 문장이 접속된 것이다. 이른바 이유접속화가 꾀해진 문장이다. '요약할 수 있는바,' 에서의 '－ㄴ 바'가 이유를 나타내는 접속어미인 것이다. 이 문장은 너무 길어 '요약할 수 있다'로 끊어서 두 문장으로 나누는 것이 좋다.

바. 문장 삽입을 피한다.

진술된 사실이나 개념에 대하여 보충 설명을 하기 위하여 어떤 말을 덧붙이는 일은 또한 문장을 길게 한다. 따라서 관형절을 동반한 동격의 진술이나 해설부에 이어지는 부연 설명이나 접속어를 동반한 구절의 부연을 삼가야 한다. 보충 설명이 필요한 경우, 별도의 문장으로 진술해야 한다. 삽입 문장으로 인하여 문장이 길어진 예를 들어 보기로 한다.

> 기회는 좋았지만 이 책을 읽는 동안(마음을 차분히 안정시키고 읽으면 두 시간도 채 안 걸리는 분량이지만) 나는 도중 엉뚱한 잡념으로 — 사실 표현을 잡념으로 해서 그렇지 요즘의 나로서는 아주 아름다운 꽃으로 피어날지도 모를, 정녕 내 삶을 사는 데 최소한 도움을 줄 수 있는 글쎄, 진정 사랑하고 싶었고 늘 바랐던 사람을 만나 혼자 사랑에 빠져 있었다 — 이 적은 분량을 읽는데 아주 지루하게 읽었다.

이 문장은 162자 속에 두 개의 삽입문을 안고 있어 문장이 길고 복잡하게 되었다. 이 문장을 개념별로 각각 5개의 문장으로 나누어 진술하면 문장도 짧아지고 문장 구조도 투명해져 좋다. 곧, '기회는 좋았다./ 잡념에 빠져 있었다./ 잡념이란 사랑이었다./ 두 시간 읽을 분량이었다./ 지루하게 읽었다.'와 같이 나누는 것이 좋다.

사. 직접 인용을 짧게 한다.

인용은 필요에 따라 직접 인용과 간접 인용을 하게 마련이다. 그런데 직접 인용을 할 경우에는 너무 길지 않게 할 일이다.

> 아리스토텔레스는 "시는 달콤하고 유익한 것이다."라고 하여 문학의 효용성을 인정하였다. (『詩學』)

써보기

단문위주 글쓰기 연습을 해보자.

단문위주 글쓰기 연습 :

# 3. 단락

## 1) 단락 이해

단락이란 문장이 모여서 이루어진, 하나의 집약된 생각이 표현된 글의 단위이다. 다른 말로 문단, 대문, 대목이라고도 한다.

말과 글의 눈에 띄는 형식상의 차이 가운데 하나가 단락짓기이다. 말에도 내용상의 단락이 있을 수 있기는 하다. 그러나 단락 또는 문단이라고 하는 것은 일반적으로 글에 나타나는 형식 단위의 하나다. 형식적으로 하나의 단락은 가로쓰기일 때, 한 칸 들여쓰기로 시작하여 그 다음 칸 들여쓰기 이전까지의 연속된 문장들을 말한다. 하나의 단락이 시작하여 끝날 때까지는 단락의 중간에서 독립된 인용문이 끼어드는 것 외에는 어떠한 일이 있어도 행의 첫 칸을 비우는 일이 없다. 단락짓기의 절대적인 요건이다.

단락의 개념은 문장의 집합이 일정한 의미 단위로 묶일 수 있음을 전제로 한다. 글 전체의 내용이 일정하게 마디지어지는 부분적인 내용의 집합으로 이해될 수 있는 것이라면, 읽기를 위해서도 단락짓기는 필수적이다.

## 2) 단락짓기

한 편의 글이 다음과 같은 내용으로 이루어진다고 가정해 보자.

① 어젯밤에 이상한 꿈을 꾸었다.
② 꿈에 돼지가 나타났는데, 내가 그 돼지를 가슴에 안았다.
③ 돼지꿈은 횡재를 할 꿈이라고 한다.
④ 복권을 사서 한 번 자신의 운을 시험해 볼까 공상을 한다.
⑤ 친구에게서 전화가 와서 오랜만에 회포나 풀어 보자고 한다.
⑥ 친구가 술값을 내어 내 돼지꿈이 효력이 있는가 보다고 쾌재를 불렀다.
⑦ 술에 만취하여 집에 돌아와 잤다.
⑧ 이튿날 깨어 보니 양복 주머니에서 돈지갑이 찾아지지 않는다.
⑨ 꿈에 때한 배신감을 느낀다.

이러한 내용의 글을 ①에서부터 시작하여 ⑨까지 시간적인 순서에 의해 기술할 수도 있고, 거꾸로 ⑨부터 시작하여 역순으로 사건을 기술할 수 있다. 시간적 순서에 의해서 글을 기술한다고 가정하자. 그러면, 대개

① 꿈의 해몽
② 친구와의 술자리
③ 돈지갑 분실과 꿈에 대한 배신감

이라고 하는 세 단락으로 나누어 단락을 지을 수 있다.

이와 같은 구성은 너무 평면적이라서 재미없다고 느낀다면 순서를 바꾸어 ③, ①, ②의 순서로 기술할 수도 있다.

③ 돈지갑 분실과 꿈에 대한 배신감
① 꿈의 해몽
② 친구와의 술자리

이 역순의 기술 방식은 대개 ③이 기술되고 난 후, 과거(어젯밤 꿈과 친구 술자리)에 대하여 회상하는 형식으로 글이 전개되는 수가 있다.

위 두 가지 단락짓기 방식이 마음에 들지 않으면 다른 방식으로 단락을 지을 수도 있다.

단락과 단락은 시간적 순서에 의하여 진행될 수도 있고, 또 공간적 순서에 의해서 진행될 수도 있다. 이밖에도 논리적인 순서에 의한 진행은 쉬운 문제에서부터 어려운 문제로 진행할 수도 있으며, 원인적인 현상에서 결과적인 현상으로 옮겨갈 수도 있고, 작은 문제에서 큰 문제로 또는 현재의 문제에서 과거의 문제로 이행해 갈 수 있으며, 독자에게 친숙한 문제로부터 생소한 문제로 옮겨갈 수도 있다. 다음에 제시한 글을 단락으로 나누어 정리해 보자. (단락나눔 표시 "/" )

**예문 6**

홀어머니와 단둘이 사는 그 아가씨는 밝고 건강했다. 어머니는 혼기가 꽉찬 딸을 걱정했지만 내색을 하지 않았다./ 몇 년이 지나고 어느 날 거울을 보고 있던 그녀는 갑자기 벽에 부딪히는 듯한 기분에 빠져 들었다. 나이에는 장사가 없다던가. 부쩍 눈에 띄는 잔주름이 결혼에 대한 희망을 사라지게 했고 머지않아 어머니마저 세상을 뜨면 앞으로 긴긴 세월을 고독하게 지내야 할 것 같은 암담한 생각이 든 것이다. 절망적인 기분은 쉬이 사라지지 않았다./ 매사에 의욕이 떨어진 그녀는 식사도 거르면서 한숨만 푹푹 내쉬다가 점차 몸이 형편없이 야위어만 갔다. 그러다가 마침

> 내 병이 들어 자리에 눕고 말았다. 며칠 앓다가 일어날 줄 알았던 그녀는 한 달이 지나도록 자리에서 일어나지 못했다. 병원에 데려가 진찰을 받았으나 별다른 이상이 없었다./ 이때부터 어머니는 온종일 딸의 시중을 들며 간호해야 했다. 나날이 야위어가는 그녀는 2층까지 어머니가 날라다 주는 밥을 먹고 종종 어머니에게 짜증을 부리기도 했다. 어머니는 그런 딸의 투정을 다 받아주고 위로했다./ 그렇게 10년의 세월이 흘렀다. 그녀는 여전히 침대에 누워 있었고 그녀를 간호하기에 지친 어머니의 머리는 하얀 서리로 가득했다./ 그러던 어느 날 아침이었다. 평소처럼 딸의 아침 식사를 들고 2층으로 올라가던 어머니는 계단에서 쓰러지고 말았다. 와르르 하는 소리에 놀란 딸이 밖으로 뛰어나왔다. 어머니는 정신을 잃고 쓰러져 있었다. 딸은 비명을 지르며 울부짖었으나 어머니는 눈을 뜨지 못했다. 그 동안 딸을 간호하느라 너무 지쳐 있었던 것이다./ 평생을 의지해 온 어머니가 떠난 빈자리는 너무 컸다. 그러나 비탄에 잠겨 몇 주일을 보낸 그녀는 어느 날 자리에서 일어났다. 이젠 더 이상 그녀를 돌보아 줄 사람이 없다는 것을 안 그녀는 혼자 밥을 챙겨 먹어야 했기에 조금씩 움직이기 시작했으며 그러다 보니 옛날처럼 건강해졌다./

이 글은 다음과 같이 단락지울 수 있다.

① 첫째 단락 : 건강하게 지내는 혼기가 찬 처녀
② 둘째 단락 : 처녀의 낙심과 절망
③ 셋째 단락 : 처녀의 득병
④ 넷째 단락 : 모친의 간호와 시중
⑤ 다섯째 단락 : 10년간 딸을 간호하다가 늙어버린 모친
⑥ 여섯째 단락 : 모친의 죽음
⑦ 일곱째 단락 : 독립심이 생긴 처녀의 건강 회복

## 글쓰기 비법 [13] 단락짓는 요령

단락 나누기는 문장의 분량과는 상관이 없다. 문장이 많다고 단락을 나누지 않는다. 단락은

(1) 시간적 배경에 따라
(2) 공간적 배경에 따라

(3) 인물(대상)의 등장(혹은 바꿈)에 따라
(4) 행동(사건)의 발생(혹은 바꿈)에 따라
(5) 주장(이야기)하는 내용에 따라

나눈다.

### (1) 시간적 배경에 따라

시간적인 배경에 따라 단락을 나눈다. 조선시대 김창협이 31일 동안 금강산을 유람하고 기행문 <동유기>(東遊記)를 썼다. 시간적 순서에 의해 단락이 이루어졌다.

> ① 신해년(1671년) 첫 여름에 내 동생 자익(子益)이가 필마독행(匹馬獨行)으로 떠나 내외 금강산을 두루 돌아보고 달포 만에 돌아왔다. 자익이 구경한 말을 들은 나는 더욱 그 명승을 직접 한 번 구경해 보지 않고 견딜 수가 없었고, 또 가는 것도 크게 어려운 게 아닐 것으로 믿었다.
> ② 그래서 이 해 중추(8월)에 형님과 동행할 것을 약속하여 미리 날짜를 잡아 정하고 기다리다가 드디어 나는 형님 댁엘 갔다. 뜻밖에도 형님은 하루 갑자기 병이 생겨 어차피 혼자 가게 되었으니 생각할수록 정말 섭섭한 마음뿐이다. 그러나 이미 떠나려던 길이며 중도에서 그만둘 수 없어 드디어 11일(己丑)에 아버지께 인사를 드리고 떠났다. 나와 동행으로 따라간 사람은 김성률과 이유굴 두 사람이며 행장으로는 다른 것은 없고 다만 당시선(唐詩選) 몇 권과 와유록(臥遊錄) 한 권 뿐이었다. (…… 중략 ……)
> ③ 경인(12일) 아침 밥은 포천 장터거리에서 먹고, 양문역(梁門驛)에 가서 점심을 먹은 후 초경(20시 뜸)은 되어 풍천역에 도착하여 여기서 잤다. 여기는 철원 땅이다.[32]

①, ② ③은 시간적 배경의 바꿈에 따라 단락을 바꾼 것이다.

### (2) 공간적 배경에 따라

공간적인 배경에 따라 단락을 나눈다. 이용한의 『이색마을 이색기행』 중 강원도 정선의 아우라지 주변 경관에 대한 글의 일부이다.

32) 김창협 외 지음, 최철 번역 『東國山水記』(서울 : 덕문출판사, 1977), pp. 5∼6.

① 최근 개장한 화암동굴 안에는 28미터 높이의 동양 최대의 유석폭포가 있으며 온갖 대형 석순과 즐비하게 늘어선 석주도 흔하게 만날 수 있다. 또한 금광맥의 생성과 종류, 제련, 금의 쓰임 금의 역사를 살필 수 있는 자료도 전시하고 있다. 화암국민관광단지 안에 화암약수 또한 영약으로 알려져 있다. 피부병, 위장병, 안질 등에 효험이 있다고 한다.

② 정선 소금강의 마지막 절경인 몰운대도 예로부터 많은 시인묵객들이 찾았던 곳이다. 아름다운 경관에 반하여 구름도 쉬어갔다고 하는 몰운대 절벽 아래에는 수백 명이 쉴 수 있다는 암석을 깎아 세운 듯한 절벽 위에는 수명을 다한 노송이 계곡을 굽어보고 있다. (…… 이하 생략)[33]

①은 화암동굴, ②는 몰운대에 대한 글이다. 이는 공간적 배경에 따라 단락을 배치한 것이다.

### (3) 인물(대상)의 등장(혹은 바꿈)에 따라

대상이나 등장인물의 바꿈에 따라 단락을 바꾼다.

① 오늘 밤 십 원짜리 동전을 관찰하였다. 앞에 1999가 작은 글씨로 조금 볼록하게 있다. 가운데에 10이라는 아라비아 숫자가 크게 있다. 아래에는 한국은행이라고 쓰여 있다. 그리고 동전 둘레에 아주 작은 점선이 찍혀 있다. 뒷면은 다보탑과 유사한 탑이 하나 있고 탑 양쪽에 '십'자와 '원'자가 한글로 쓰여 있고 점선은 없다.

② 백 원짜리 동전도 보았다. 거기에는 십 원짜리처럼 1999이라고 쓰여 있고 큰 글씨로 100이라고 아라비아 숫자가 찍혀 있다. 한국은행이라고 쓰여 있고 동전 둘레에 아주 작은 점선이 원형으로 찍혀 있다. 뒷면은 누군지 몰라도 관복차림의 벼슬아치의 상반신이 그려져 있고 그 얼굴 사진 양쪽에 우리말로 '백'자와 '원'자가 쓰여 있다.[34]

①은 십 원짜리 동전에 대한 글이요, ②는 백 원짜리 동전에 대한 글이다. 대상에 따라 단락을 배치한 것이다.

### (4) 행동(사건)의 발생(혹은 바꿈)에 따라

행동의 발생이나 바꿈에 따라 단락이 달라진다.

---

33) 이용한 글, 안홍범 사진『이색마을 이색기행』(서울 : 실천문학사, 2002), pp. 55～56.

34) 문우일,『참 쉬운 글쓰기』(서울 : 미래 M&B, 2005), p. 50에서 수정 인용.

① 목마른 개미가 샘에 물을 마시러 갔다가 샘물에 휩쓸려서 죽어가고 있었습니다. 이를 본 비둘기는 가까운 나무에서 잔가지 하나를 꺾어 샘물에 떨어뜨려 주었지요. 개미는 그 나뭇가지를 붙잡고 겨우 목숨을 건졌습니다.

② 이런 일이 벌어지고 있는 동안 새 사냥꾼이 새덫을 들고 나타나 그 비둘기를 막 잡으려고 하였습니다. 이를 보고 있던 살아난 개미는 사냥꾼의 발을 힘껏 깨물었지요. 어찌나 따끔했던지 사냥꾼은 새덫을 그만 놓치고 말았습니다. 그 틈에 비둘기는 멀리 날아갔습니다.[35]

①은 죽어가는 개미에 대하여 비둘기가 은혜를 베푼 행동이요, ②는 위기에 놓인 비둘기에게 개미가 그 은혜를 보답한 행동이다.

### (5) 주장(이야기)하는 내용에 따라

주장하거나 이야기 내용에 따라 단락이 결정된다.

① 올해 초부터 4월 초순까지 삼성, 현대 등에서 저지른 이른바 기업형 비리에 대하여 세간의 이목이 집중되고 있다. 이 무렵 국회와 검찰 등 정치와 법조계 인사들 사이에 일도이부삼백이란 용어가 사람들의 입에 오르내리고 있다.

② 우리나라 법관들은 무전자(無錢者)들에게 엄혹하기만 하고 유전자(有錢者)들에 대하여는 관대하기 이를 데 없다. 대기업 인사들에 대하여 무혐의 처분을 내린다거나 집행유예 처분을 내리기도 한다.

③ 유예(猶豫)란 원래 동물의 이름이다. 그중 유(猶)란 원숭이의 일종이다. 원숭이 가운데 특히 유라는 놈은 무척 조심성이 많은 녀석이다. 조금만 이상한 소리가 나면 나무에서 내려오는 법이 없다. 언제나 내려가야 할지 그대로 나무에 매달려 있어야 할지 머뭇거리며 살아간다. 예(豫)란 녀석은 코끼리의 일종이다. 다른 큰 코끼리는 물을 건널 때 천천히 여유 있게 건너지만 이놈은 건널까 말까 망설이다가 시간을 다 허비하고 만다. 그래서 원래 유예라는 것은 두 동물처럼 이러지도 저러지도 못하고 머뭇거리고 사는 모양을 빗댄 말이다.

④ 우리나라 유능한 법관들조차 왜 대기업 회장의 비리에 대하여 왜 이러지도 저러지도 못하고 집행을 유예하는가. 홀리데이 영화에서 보듯이 무전유죄요 유전무죄라는 생각이 뼈저리게 느끼고 판결을 하지 않는가 하는 생각은 결코 나만의 생각은 아닐 것이다.

⑤ 일도이부삼백이란 무엇인가. 일도(一逃)는 제일이 도망치는 일이란 뜻이요, 이부(二否)는 두 번째가 모르쇠로 일관하면서 부인(否認)한다는 것이요, 삼백(三background)은 온갖 배경을 동원하여 무혐의나 집행유예 처분을 받는다는 것이

35) 상게서, pp. 50～51.

다. 기업형 비리 혐의자가 세우는 여러 방책 가운데 가장 탁월한 선택은 일도(一逃)라고 한다. 무조건 도망치고 본다는 것이다. 삼성 회장, 현대차 회장이 그 적절한 예이다. 여론이 잠잠해지면 돌아와서 다음은 이부(二否)를 채택한다. 혐의를 부인(否認)하는 일만 하면 된다는 것이다. 그래도 안되면 삼백이라 하여 배경을 동원해서 무혐의나 집행유예 처분을 받으면 그만이다. 삼성과 현대 총수들이 딱 그 격이다.

⑥ 이젠 성추행한 국회의원도 짐작하건데 그 코스를 밟을 모양이다. 힘 있는 이들에 대한 검찰 수사와 법관의 판단이 공정하지 않다면 이런 일은 앞으로도 반복될 것이 뻔하다.[36]

①은 일도이부삼백이란 용어의 쓰임, ②는 최근에 법관의 유전무죄, 무전유죄의 판결 사태, ③은 집행유예에서 나온 유예(猶豫)라는 용어의 어원 설명, ④는 는 비리 대기업 총수에 대하여 집행유예라는 판결은 유전무죄의 판결이라는 것, ⑤는 일도이부삼백을 고수하는 비리 대기업 총수에 대한 관대한 처벌 문제, ⑥은 법관의 공정한 판결이 나오지 않으면 기업형 비리가 지속될 것이라는 비관적 전망. 이렇게 내용상으로 단락을 만든 것이다.

### 3) 소주제문 작성 요령

알다시피, 단락은 문장(sentence)보다는 길고 복잡한 단위로서 핵심 관념(key-idea)을 가져야 한다. 그 핵심 관념은 새로운 생각, 사태일 것이다. 새로운 생각이나 사태가 아니라면 구태여 새로운 단락을 나눌 필요가 없다. 하나의 단락은 하나의 핵심 관념을 지니게끔 꾸미는 것이 일반적이다.

단락은 또 하나의 최종적인 소주제문을 가지는 것이 보통이다. 하나의 단락에 필수적인 핵심 관념이 완결된 표현으로 드러나게 되는데 이를 소주제문이라고 한다. 우리가 보통 중심이 잘 잡혀 있는 글이라고 말하는 경우는 곧 각 단락의 소주제문이 잘 드러나 있다는 뜻이다. 소주제문이 명쾌하지 못하면 단락의 핵심 관념이 흐려지므로 소주제문을 선명하게 표현하도록 노력해야 한다.

매력적인 글은 핵심이 명확하고 내용이 충실한 글이다. 내용이 충실해야 스타일도 살아나는 법이다. 내용이 있기는 해도 무슨 내용인지 알아볼 수 없는 글도 있다. 전달하고자 하는 핵심을 제시하지 못했기 때문이다.[37] 핵심을 분명하게

---

36) 필자가 쓴 글. 「한겨레신문」 2006년 4월 12일자 <발언대>에 실림.

하기 위해서는 글 전체의 주제문이 명확해야 한다. 여러 단락이 있을 경우 각 단락마다의 소주제문 역시 명확해야 한다.

몇 개의 문장의 집합으로 구성되면서 최종적인 소주제문이 하나의 핵심 관념을 담고 있는 단락을 단순 단락(simple paragraph)이라 하여 복합 단락(complex paragraph)과 구별한다. 여러 개의 단순 단락이 서로 연관되어 여러 관념들을 포괄하는 경우를 복합 단락이라고 부른다.[38]

이상(李箱)의 수필 <권태>를 예로 들자.

**권태**

① 나는 그 자리에서 일어나서 풀밭으로 가 보기로 한다. 풀밭에는 암소 한 마리가 있다.

② 그 웅덩이 속에 고런 맹랑한 현상이 잠복해 있을 수 있다니 — 하고 나는 적잖이 흥분했다. 그러나 그 현상도 소낙비처럼 지나가고 말았으니 잊어버리고 그만 두는 수밖에.

③ 소의 뿔은 벌써 소의 무기는 아니다. 소의 뿔은 오직 안경의 재료일 따름이다. 소는 사람에게 얻어맞기로 위주니까 소에게는 무기가 필요 없다. 소의 뿔은 오직 동물학자를 위한 표지이다. 야우(野牛)시대에는 이것으로 적을 공격한 일도 있습니다 — 하는 마치 폐병(廢兵)의 가슴에 달린 훈장처럼 그 추억이 애상적이다.

④ 암소의 뿔은 수소의 그것보다 한층 더 겸허하다. 이 애상적인 뿔이 나를 받을 리 없으니 나는 마음놓고 그 곁 풀밭에 가 누워서 위선 소를 본다.

⑤ 소는 잠시 반추를 그치고 나를 응시한다. 이 사람의 얼굴이 왜 이리 창백하냐. 아마 병자인가 보다. 내 생명에 위해를 가하려는 거나 아닌지 나는 조심해야 되지.

⑥ 이렇게 소는 속으로 나를 심리하였으리라. 그러나 오분 후에는 소는 다시 반추를 계속하였다. 소보다도 내가 마음을 놓는다.

⑦ 소는 식욕의 즐거움조차를 냉대할 수 있는 지상 최대의 권태자다. 얼마나 권태에 지질렸길래 이미 위에 들어간 식물을 다시 게워 그 시금털털한 반소화물(半消化物)의 미각을 역설적으로 오락하는 체해 보임이리오.

⑧ 소의 체구가 크면 클수록 그의 권태도 크고 슬프다. 나는 소 앞에 누워 내 세균(細菌)같이 사소한 고독을 겸손해 하면서 나도 사색의 반추는 가능할는지 불가능할는지를 좀 생각해 본다.

---

37) 강미은, 「글쓰기의 기술」(서울 : 원앤원북스, 2006), pp. 75～76.

38) 김봉군, 이승재, 이지양 편저, 「문장작법」(서울 : 신구문화사, 1995), pp. 127～128에서 참조.

이 글의 ①~⑧은 단순 단락이라 할 수 있다. 이 단순 단락들은 각각 ①과 ②, ③과 ④, ⑤와 ⑥, ⑦과 ⑧이 합해져 복합 단락 네 개를 이루고 있으며, 또 ③과 ④ 그리고 ⑤와 ⑥이 합하여 더 큰 복합 단락을 이루고 있다고 할 수 있으며, 전체가 합해져 가장 큰 복합 단락을 이룬다고 볼 수 있다.

전체를 포괄하는 복합 단락에도 포괄적인 중추 관념을 가지는 문장이 있게 마련인데 이를 소주제문과 대립시켜 모주제문(母主題文)이라고 한다. 위의 <권태>에서는 ⑧의 둘째 문장이 모주제문이다. 단순 단락들이 유기적인 관계를 이루어 복합 단락을 형성하듯이 각 단순 단락의 핵심 관념은 궁극적으로 모주제문을 유도하기 위한 하위 단위라고 할 수 있다.

이러한 점에서 소주제문은 모주제문에 도달하기 위한 기초 작업이라 할 수 있다. 모주제는 하나의 문장으로 표현되는 것이 일반적이지만 보다 구체적이고 개별적이면서 모주제문에 종속되는 문장으로 풀어 쓰는 경우도 있다. 이를 자주제문(子主題文)이라 부르기도 한다.[39)]

### (1) 소주제문 작성

단락은 소주제를 중심으로 통일되어야 한다. 하나의 문단은 하나의 소주제문과 여러 개의 뒷받침 문장으로 짜인다. 뒷받침 문장이란 소주제문의 뜻을 효과적으로 전달하기 위하여 동원되는 문장이다. 이양하 선생의 수필 <나무>를 보자.

> ㉮ <u>나무는 주어진 분수에 만족할 줄 안다</u>. 나무로 태어난 것을 탓하지 아니하고, 왜 여기 놓이고 저기 놓이지 않았는가를 말하지 아니한다. 등성이에 서면 햇살이 따사로울까, 골짜기에 내려서면 물이 좋을까 하여 새로운 자리를 엿보는 일도 없다. 물과 흙과 태양의 아들로 물과 흙과 태양이 주는 대로 받고, 후박과 부족을 말하지 아니한다. 이웃 친구의 처지에 눈떠 보는 일도 없다. 소나무는 소나무대로 스스로 족하고, 진달래는 진달래대로 스스로 족하다.

이 글의 첫 문장이 소주제문이고, 그 나머지 문장들은 뒷받침 문장이다. 이는 일종의 두괄식 단락 구성이다.

소주제문 작성에 있어서 다음과 같은 점에 유의해야 한다. 첫째, 무엇보다도 명쾌하고 선명하면서도 인상적인 문장으로 표현한다.

39) 상게서, p. 129 참조.

㈏ 문학과 종교와의 관계는 인류 역사의 출발부터 상호 유기적인 관계를 맺어 왔다. 고대 원시사회에서부터 시작된 종교적 제례의식은 어떤 문학적 상징 기호로 표현되었고, 종교는 문학의 형식에 힘입어 발전하였으며 동시에 문학의 형태를 발전시키는 원동력이 되기도 하였다. 그러므로 문학과 종교는 그 존재론적 역사상에서 상보적인 관계에 있어온 것이라고 할 수 있다.

이 글의 맨 마지막 문장이 소주제문이다. '문학과 종교가 상보적인 관계를 유지하고 있다'는 점을 분명하게 밝히고 있다. 일종의 미괄식 단락 구성이다.

둘째, 범위를 알맞게 잡아야 한다. 소주제문의 범위가 지나치게 넓거나 지나치게 좁으면 단락의 균형을 잡기가 어렵다. 그러므로 소주제문이 너무 일반화된 내용이거나 너무 특수화된 내용이 되지 않도록 해야 한다.

① 우리나라는 우선 경제를 살려야 한다.
② 고비용의 요소를 줄여 제품의 가격을 낮춤으로써 수출 경쟁력을 높여야 한다.

위 문장 ①은 그 내용이 광범위하여 단락의 방향을 정하기 어렵고, 이어지는 다음 단락을 어떻게 기술해야 할지 막연해진다. 아래 문장 ②같은 정도로 특수화되면 좋다. 곧, 단락이 일정한 제약을 받아 그 단락에서 해야 할 말의 내용과 범위가 쉽게 결정이 난다.

셋째, 단락이 소주제에 의해서 통일성을 이루어야 한다. 소주제문을 아무리 잘 만들었다고 하더라도 단락 안에서 다른 문장들과 통일성을 갖게 되지 못하면 논지가 흐려지게 된다. 소주제는 압축된 완결문임과 동시에 뒤에 이어질 내용에 잘 반영될 수 있어야 한다.

써보기

여러분도 아래의 제목으로 소주제문을 쓰시오.

학습분위기 :

### (2) 소주제문의 위치

소주제문을 단락의 어느 부분에 두어야 한다는 원칙은 없다. 대개 단락의 첫머리에 오는 경우가 많다. 이를 흔히 두괄식이라고 한다. 두괄식 작성은 흔히 문제의 핵심을 처음부터 명백히 할 수 있어서 좋다. 앞서 이양하 선생의 수필 <나무>에서 ㉮단락은 두괄식이다. 다음 단락도 역시 두괄식이다.

> ㉰ 대학 축제의 의의는 안으로 축제 행사를 면학을 위한 재충전의 계기로 삼고 밖으로 대학인들과 지역 주민이 한마당 잔치 속에서 화합을 다지는 데에 있다. 축제는 쉴새없이 학문과 기술을 연마하는 데만 골몰하고 있는 대학생들로 하여금 긴장을 완화시키고 지루함을 잊게 하는 기능을 수행하는 동시에 다시금 원기 왕성하게 공부에 매진할 수 있는 정서적 바탕을 마련해 준다. 또한 축제는 지역민과 대학인이 함께 대화하고 뛰고 어울림으로써 오늘날 계층간·세대간 단절된 양자(兩者)로 하여금 한마음이 되어 정서적 일치감을 맛볼 수 있게 하기도 한다.

'대학 축제의 의의'를 내용으로 하고 있는 이 단락은 소주제를 앞에 내세우고 있다. 두괄식 기술법이다.

앞의 ㉯문장은 소주제문을 맨 뒤에 내세우는 방식을 취하고 있다. 이는 미괄식이다. 주제를 강조하고자 할 때면 미괄식이 효과적이다. 이희승 선생의 <나의 언어관>을 보자.

> ㉱ 사람이 건강을 잃으면 아무 일도 계획할 수 없고 활동할 수가 없다. 건강이 좋지 않으면 그 자신도 명랑해질 수 없을 뿐만 아니라, 그 가정도 우울한 분위기에 휩싸인다. 또 약을 사다 먹거나 병원에 가야 하므로 경제적으로도 많은 부담이 된다. 사람에게 건강처럼 중요한 것은 없을 것이다.

두괄식과 미괄식의 장점을 모두 살리기 위해 소주제문을 첫머리와 마지막에 두기도 한다. 이를 쌍괄식 혹은 양괄식이라고 한다. 주제가 중복됨으로써 빚어지는 군더더기의 지저분함을 면할 수 없다. 간결한 맛은 없지만 경우에 따라서 주제가 변형되어 반복된다면 내용이 보충되어 확실해지는 장점도 있다. 쌍괄식 소주제문을 자주 쓰기는 어렵다. 반드시 필요할 때만 쓰는 것이 좋다. 다음에 제시하는 이익섭 선생의 글 <표준어의 기능>의 일부 단락은 쌍괄식이다.

> ㉲ 표준어의 가장 대표적인 기능은 통일의 기능이다. 한 나라 안에서의 방언차는 심하면 의사소통이 안 될 정도로 클 수도 있지만, 그렇지 않더라도 서로 자기들의 방언을 쓴다면 의사소통에 불편을 겪게 되는 것이 일반적이다. 표준어 제정의 일차적 목표는 이러한 불편을 해소하기 위한 것임은 널리 알려진 일이다. 즉, 표준어는 한 나라 국민으로 하여금 공통된 의사 소통의 수단을 갖게 해 주는 공통어의 구실을 한다. 달리 말하면 한 나라 국민을 원활한 의사소통에 의해 하나로 묶어 주는 일을 하는 것이다. 이것이 앞서 말한 이른바 표준어 통일의 기능이다.

### 4) 단락의 구성 원리

특수한 단락을 제외하면, 보통의 단락은 소주제문과 여러 개의 뒷받침 문장으로 짜인다. 소주제문과 뒷받침 문장과의 관계는 나무의 줄기와 잎의 관계와도 유사하다. 뒷받침 문장이 빈약한 단락은 잎이 무성하지 못한 나무처럼 탄력을 잃어 메마른 느낌을 준다. 그러나 소주제문과 직접적인 관련이 없는 뒷받침 문장들이 들어 있는 단락은, 가지치기가 잘 되지 않은 나무처럼 세련된 맛이 없다.

하나의 단락은 그 자체로서의 독립적 의미를 갖고 있고, 소주제문과 뒷받침 문장들이 서로 유기적인 관련을 맺고 있어야 한다. 이를 위해서 단락이 완결성, 통일성, 일관성을 유지하게끔 구성되지 않으면 안 된다.

써보기

최근에 꾼 꿈을 세 단락으로 나누어 기술하시오.

꿈 :

## 4. 글(완결문)

하나의 글, 즉 완결문은 주제를 효과적으로 뒷받침하는 여러 개의 단락으로 이루어진다. 단락들을 서로 긴밀하게 배열하는 방법은 글의 양식, 내용, 특성, 글쓴이의 개성에 따라 여러 가지가 있을 수 있다. 일반적으로 실용문의 경우에는 글 양식에 따라 그 나름대로의 특징을 살리기 위해서 여러 가지 방법이 이용되고 있다. 그 방법은 후술하겠다. 여러 가지 방법 가운데 일반적으로 설명문, 논설문, 논문에서는 자연적 구성과 논리적 구성이 많이 쓰이므로, 이제 완결문의 조직에 있어서 자연적 구성과 논리적 구성에 대하여 간략하게 논의해 보기로 한다.

### 1) 자연적 구성

자연적 구성은 일정한 제재를 우주의 삼라만상의 이법과 질서에 따라 시간적 또는 공간적 순서대로 자연스럽게 전개하는 방법으로 사물의 움직임이나 변화, 사건의 전개 과정 등에 관한 내용을 글로 쓸 때 효과적이다.

#### (1) 시간적 구성

시간적 구성은 시간의 흐름에 따라 글을 전개하는 방법이다. 자연의 섭리대로 시간의 흐름에 따라 과거, 현재, 미래의 순서대로 전개하는 방법이다. 삼국시대, 고려시대, 조선시대의 순서로, 혹은 60년대, 70년대, 80년대의 순서로, 혹은 그제, 어제, 오늘의 순서로, 혹은 아침, 오전, 낮, 오후, 저녁, 밤의 순서로 기술할 수 있다. 경우에 따라서는 역순으로 현재에서 과거로 되돌아갔다가 다시 현재로 돌아오는 순서로 전개할 수 있다. 특별한 경우로 현실에서 꿈으로 꿈에서 다시 현실로 되돌아오는, 곧 시공간을 오가는 순서로 전개할 수도 있다. 이것은 시간적 구성인 동시에 공간적 구성을 겸한다고 볼 수 있다.

글 양식으로는 일기문 양식의 대부분이 이에 속할 것이다. 이러한 구성은 일기문뿐 아니라 기행문, 기사문, 보고서 등이나 전기, 역사소설 등과 같은 서사적인 글을 쓸 때 효과적이다. 가람 선생의 가람일기를 보자.

**가람일기**

> 오전 3시 기침(起寢). 태희 서모가 벌써 일어나서 밥을 짓는다. 3시 반에 경희 데리고 나섰다. 제동 파출소엔 그냥 통과되고 안국동 파출소에선 신분증명서와 여행증명서를 내뵈었다. 오히려 통행금지 시간 중엔 불가라고 한다. 청진동에서는 기차 타러 갑니다 한즉 '가시오'하고, 고담 남대문 파출소에서는 증명서를 보더니 '서울대학이 어데 있소?' 하고 힐난한다. 벌써 네 시가 지나고 행인이 많이 왕래한다. 나는 경성역으로 가서 열차구 조역 이한근을 찾아 이등차로 올랐다. 차장이 자리를 잡아준다. 오후 1시 20분에 강경서 내렸다. 걸어갔다. 탁주 한 되를 마시고 오후 6시 진계동에 도착, 집안이 무고, 저녁에 전주 두 누이가 왔다. 병룡이도 왔다.[40]

40) 이병기, 「가람문선」(서울 : 신구문화사, 1971), pp. 149～150.

써보기

여러분은 어제 하루 동안 일어난 일에 대하여 시간적 구성 방식으로 글을 쓰시오.

어제 일어난 일 :

### (2) 공간적 구성

공간적 구성은 글쓴이의 눈에 비치는 사물을 시선의 이동에 따라 서술하거나, 사물의 모습이나 장소의 변화에 따라 글을 전개하는 방법이다. 이런 구성은, 이를테면 산 위에 올라서서 위에서 아래로 혹은 아래에서 위로 시각을 옮기면서 글을 써 나갈 수 있고, 평지에서는 앞에서 뒤로 혹은 뒤에서 앞으로, 좌에서 우로 혹은 우에서 좌로 보면서 써 나갈 수도 있다. 이와 같은 구성은 대체로 시간의 흐름을 동반하는 것이 보통이다. 공간적 구성은 묘사 위주의 소설이나 감상문, 기행문을 쓰기에 효과적인 방법이다. 가람 선생의 <덕진호반>이라는 글의 일부이다.

**덕진호반**

나는 어느 날 덕진호반으로 걸어 보았다. 푸른 하늘에는 두어 쪽 하얀 구름이 떠돌고 종달새는 오르내리며 지절거리고 늙은 소는 한 편에서 보리밭을 갈고 있다. 무, 배추 밭을 지나 송림 사이로 나아가 높은 방축 길로 돌았다.[41] ……(이하 생략).

## 2) 논리적 구성

간략히 소개하건대, 논리적 구성은 자연적인 질서와는 상관없이 글쓴이의 의도대로 논리적 일관성을 유지하도록 단락을 배열하는 방법이다. 이러한 구성은 일정한 사건을 설명하거나 의견을 제시하는 글을 쓸 때 효과적이다. 글 양식으로는 설명문, 논설문, 논문의 대부분이 이러한 구성을 취하고 있다. 논리적 구성

41) 상게서, p. 207.

에는 단계식·포괄식·열거식·점층식·인과식 구성이 있다. 여기서는 주로 많이 쓰이는 단계식과 포괄식과 열거식에 대하여 소개하고자 한다.

### (1) 단계식 구성

단계식 구성은 필자의 의도와 논리에 따라 단계적으로 글의 내용을 배열하는 방법이다. 대개 처음에 문제를 제기하고, 그것에 관해 여러 가지로 이야기한 다음, 마지막으로 요약, 정리하면서 결론을 맺는다. 이 구성의 기본 형태는 서론 — 본론 — 결론의 3단계이다. 글의 성격에 따라 본론을 두 단계로 세분하여 4단계로 구성할 수 있고, 서론도 두 단계로 세분하여 5단계가 되게 할 수도 있다.

- 3단계 구성 : 서론 — 본론 — 결론
- 4단계 구성 : 도입 — 전개 — 발전 — 정리
- 5단계 구성 : 주의 환기 — 문제 제기 — 문제 해명 — 해명의 구체화 — 행동 추구

논리적 구성 방법 가운데 서론, 본론, 결론 식의 3단계 구성법이 비교적 자주 쓰이는 편이다. 그것이 논리가 단순 명쾌하여 정확한 표현이라는 느낌을 주기 때문이다. 예를 들어 보자. 만약 소금을 과다하게 함유하고 있는 즉석식품, 통조림식품, 냉동식품의 소비를 억제하도록 하려는 목적을 이루기 위해서 글을 쓴다고 생각해 보자.

> 소금의 과다 섭취는 심장 질환과 신장 질환, 그리고 뇌졸중의 직접적인 원인이 되는 고혈압을 일으킨다. 일상의 식사에서 소금을 많이 먹는 일본의 북부 지역의 주민들은 고혈압으로 인한 사망률이 높다. 그러나 뉴기니아의 원시 종족과 같은 소금을 거의 먹지 않는 사람들에게서는 고혈압이나 이와 관련된 질환으로 인한 사망이 아직까지 알려지지 않고 있다.
>
> 인체는 정상적인 활동을 하는 데 하루에 단지 230mg의 소금만 필요하다. 그러나 대부분의 즉석 식품과 통조림 식품, 그리고 냉동식품에는 한 끼분에 그보다 몇 배의 소금이 들어 있다. 예를 들어 맥도널드 햄버거 한 개에는 1,510mg의 소금이 들어 있는데 이것은 하루 필요량의 거의 7배나 되는 양이다. 또 1인용 냉동 닭고기에는 2,567mg의 소금이 들어 있는데, 이는 하루 필요량의 11배에 달한다. 우리가 이렇게 많은 소금을 먹고 있는 것이다. 그것은 놀라운 일이다.
>
> 그러므로 우리는 각종 즉석식품과 통조림식품, 냉동식품의 소비를 줄여야 한다.[42]

42) 임영환 외, 「화법의 이론과 실제」(서울 : 집문당, 1997), pp. 222～223에서 응용 인용.

### (2) 포괄식 구성

중심 생각을 나타내는 부분을 글의 첫머리나 끝, 또는 양쪽에 두고, 그것을 뒷받침하는 구체적 진술 부분을 효과적으로 배열하는 방법이다. 이 구성 방법은 일반적 진술 내용의 위치에 따라, 곧 글 전체의 주제 단락의 위치를 어디에 놓느냐에 따라 여러 가지로 나누어진다. 글 전체의 주제를 나타내는 단락을 ① 제일 앞에 놓는 방식, ② 한가운데 놓는 방식, ③ 맨 끝 부분에 놓는 방식, ④ 앞뒤로 놓는 방식이 있다.

① 앞에 놓는 방식 : 주제 단락+부수 단락+부수 단락
② 가운데 놓는 방식 : 부수 단락+주제 단락+부수 단락
③ 끝에 놓는 방식 : 부수 단락+부수 단락+주제 단락
④ 앞뒤로 놓는 방식 : 주제 단락+부수 단락(+부수단락 …)+주제 단락

다음 예문은 포괄식 구성 가운데 ③ 주제 단락을 끝에 놓는 방식을 택하고 있다.

**인간 복제, 생명윤리논의 시급**

어떤 특정한 개체와 완전히 같은 유전자를 가진 개체를 '클론(clon)'이라고 부른다. 그렇다면, 클로닝(cloning)이란 무엇인가? 그것은 유전적으로 동일한 개체를 창조하는 일을 뜻한다. 그것은 곧, '생명체의 복제(複製)'이다. 최근에 양과 원숭이의 클론을 탄생시켜 큰 화제를 불러모았다. 미국 오리건주 보건과학연구소 돈 울프 박사 연구팀은 지난 해 8월 복제한 원숭이 한 쌍을 금년 3월 2일 공개한 바 있고, 양(羊) 복제에 성공한 스코틀랜드 로슬린 연구소의 과학자들은 '인간복제'도 곧 가능할 것으로 본다고 지난 3월 6일 밝힌 바 있다. 공상과학 소설(혹은 영화)에서나 있을 법한 일이 황당하게도 갑자기 현실 세계에 모습을 선연하게 드러낸 것이다.

올더스 헉슬리가 쓴 소설 「멋진 신세계」에서 시험관 아이의 탄생을 예고한 이래, 선진국 연구소들은 유전자에 대하여 꾸준히 연구하여 왔다. 1993년 10월 13일 미국 조지 워싱턴 대학교 연구팀이 인간의 배아(胚兒)를 복제하는 데에 성공했다고 발표했다. 인간의 배아(엠브리오)는 정자와 난자가 수정된 후 태아로 발육되기 전까지의 세포 분열 단계를 말하는 생물학적 용어이다. 그 배자를 냉동 보관했다가 필요할 때 자궁에 착상, 출산시키면 똑같은 아이를 여러 명 낳을 수 있게 되어 사실상 인간 복제가 가능하다는 사실이 이미 실험으로 증명된 것이다. 이제 1, 2년 내에 복제 인간이 만들어질 수도 있다.

이 획기적인 실험 성공이 알려지자, 먼저 로마 교황청은 당황하여 이 놀라운 연구 사실에 대해 "이같은 연구 결과는 인류에 대한 모독이며 무례"라고 강경하게 비난했다. 빌 클린턴 미국 대통령도 이 기술의 악용을 막기 위해 대책을 마련할 것을 지시한 바 있다.

1978년 시험관 아기가 탄생했을 때는 의료과학의 개가라고 흥분하며 좋아했다. 그러나 그것이 인간을 복제한다는 것이고 보면, 생각이 달라진다. 걱정이 앞선다. 물론 빌 게이츠나 테레사 수녀 같은 사람만을 복제한다면, 인류에게 대재앙이 아닌 큰 경사가 아니겠느냐는 생각들도 있는 것 같다. 그러나 여기에 문제가 있다. 누구는 복제하면 좋고 누구는 복제하면 안 되고 하는 윤리적 판단을 내려야 하고, 결정이 나지 않으면 여론 조사를 실시해서 결정해야 할 것인지 아니면 다른 방법을 택해야 할 것인지 하는 것도 문제이다.

인간 복제는 또 다른 문제를 안고 있다. 실험용으로 쓰일 수정란을 얻기 위한과정에서 수정란을 인위적으로 분할하면서 죽거나 폐기되는 배아, 자궁 내에서 착상하지 못하고 죽은 배아, 너무 많이 착상되어 인위적으로 죽어나갈 배아가 많이 나올 것이다. 이것은 낙태와도 같은 일종의 조기살인이다. 인명 경시 풍조를 더욱 부채질할 것이 뻔하다.

과학기술의 눈부신 발전이 오늘날 인간 복제를 가능케 하였다. 물론 인간 복제는 법으로 규제하지 않으면 안 된다. 만약 인간 복제가 횡행하는 사회가 되어 사사로이 히틀러 같은 독재자나 사담 후세인과 같은 호전주의자, 지존파와 같은 악마파 인간을 만든다면 가공할 일이 아닐 수 없다. 설사 악인이 아니라고 할지라도 사람들이 각자의 필요에 따라 마음대로 복제하여 인간을 만들어 낸다면 엄청난 재앙이 초래될 것이 확실하다.

그렇다고 해서 지금에 와서 과학기술 자체를 매도하거나 힐난할 수 없다. 만약 그런 심각한 일이 벌어진다면, 현시대를 살고 있는 우리 인류들 특히 과학자들에게 그 책임을 물어야 한다. 과학기술을 어떻게 이용하느냐 하는 것은 전적으로 인간의 가치관의 문제이기 때문이다. 과학기술이 인류에게 어떻게 쓰여질 것인가에 대한 아무런 숙고 없이 마구 과학기술만을 발전시킨다면 그것은 인간을 말살시킬 수도 있고, 인류 모두에게 대재앙을 불러올 수도 있다.

이제는 정녕 인간에게 이로운 과학기술만을 골라 선별적으로 발전시켜 나가야 한다는 인식이 요구되고 있다. 인류 모두의 안녕과 평화를 위한다면 인간 복제의 허용 여부를 논의해야 한다. 차제에 인간의 생명 윤리에 대한 논의가 진지하게 이루어져 그에 대한 전인류적인 공감대가 형성되어야 한다. 이것이야말로 인간의 생명을 존중하는 길이며 인권을 살리는 길이다.[43)]

43) 1997년 8월 필자가 쓴 글.

### (3) 열거식 구성

열거식 구성은 중요하다고 생각하는 몇 개의 단락을 대등한 자격으로 배열하는 방식이다. 이때 열거된 단락은 상호간에 논리적 순서나 의미의 연관성이 거의 없다. 이런 구성 방식의 글은 논리정연한 글에서는 거의 사용되지 않고, 특별히 중요하다고 생각되는 문제를 서술할 때에 사용된다.

다음 예문은 열거식 구성의 예다.

**훌륭한 연설을 하려면**

평소에 친구들과 자연스럽게 이야기를 나누는 사람들도 막상 특별한 청중 앞에 서면 당황하여 무엇부터 이야기해야 할지 몰라 허둥대며 비지땀을 흘리는 경우가 많다. 그러나 인내와 용기를 가지고 다음 몇 가지 규칙을 익히면 누구나 두려움 없이 연설을 할 수 있게 될 것이다. 몇 가지 규칙과 요령을 정리해 보면 이러하다.

① 간결하게 말하라.

연설을 할 때 청중은 중요한 한두 가지만 듣고 싶어한다. 강연에서 수많은 주제를 가지고 청중을 압도하려는 생각은 청중과의 결별을 선언하는 것이나 마찬가지이다. 그러므로 말하고자 하는 바를 짧고 분명하게 이야기하는 것이 연설의 첫번째 열쇠이다.

② 주제를 정리하라.

연설을 하기 전에 미리 시작과 끝을 어떻할 것인가와 전체의 요점을 명확하게 정리해 두어야 한다. 유명한 연사들이 한 연설을 살펴보면 보통 그 첫부분이나 끝부분에 연설의 주제가 담겨 있다. 청중들은 처음과 끝 부분에서 연사의 의도를 예측하고 연설의 핵심을 이해한다.

③ 짧게 말하라.

아무리 재미있는 영화라도 서너 시간 동안 쉬지 않고 보게 되면 자리를 뜨고 싶어진다. 처음 얼마 동안은 연사의 목소리와 내용에 집중하던 청중들도 끝없이 계속되는 연설에 피곤함과 짜증을 느끼게 된다. 듣기 좋은 노래라고 할지라도 길게 부르면 듣는 사람이 즐겁게 느끼지 않는다.

④ 진실을 말하라.

자신이 경험하지 않은 내용이나 모르는 사실을 아는 것처럼 이야기하면 청중은 결코 감명을 받지 않는다. 삶의 진실이 담긴 말, 자신이 먼저 감동을 받은 말이야말로 청중에게 웃음과 눈물을 자아낼 수 있다. 연사는 자신이 먼저 허위와 위선의 가면을 벗어던져야 한다.

⑤ 청중의 시선과 마음을 집중시켜라.

연설을 시작하는 잠깐 동안에 연사와 청중 간의 관계가 결정된다. 미소를 지으면서 자연스러운 태도로 청중들에게 감사를 표하라. 그리고 청중들이 집중하기까지 잠시 시간을 가지며 기다리자. 이 짧은 시간을 통해 청중들 한 사람 한 사람은 연사의 연설이 자신을 대상으로 하고 있음을 알아차리고는 연설에 집중하게 된다.

⑥ 읽지 말고 이야기하라.

때때로 연사들은 실수를 하지 않기 위하여 오랜 시간 준비해 놓은 원고를 읽기도 한다. 그러나 이런 연설은 청중들에게 살아 있는 감동을 주지 못한다. 청중은 그야말로 연설을 들으려고 모인 사람들이지 녹음기에서 나오는 생명력 없는 목소리를 들으려고 온 사람들이 아니다.

⑦ 긴장을 풀어라.

아무리 명석하고 연설에 뛰어난 사람이라 할지라도, 막상 수많은 청중 앞에 서게 되면 어느 정도는 긴장하게 된다. 특히 여러 사람들 앞에서 순간적으로 긴장하게 되면 허둥댄 나머지 갑자기 해야 할 말을 잊어버리기도 한다. 이런 때는 잠시 여유를 가지면서 규칙적으로 숨을 쉬어 보자. 그리고 친구에게 자연스럽게 이야기할 때처럼 청중을 바라보자. 그러면 어느새 청중들이 친구처럼 편안하게 느껴질 것이고, 자연스럽게 이야기가 흘러나올 것이다.[44)]

## 5. 집필

### 1) 중심 생각을 좁히자

무엇을 쓸까. 글쓰기에 익숙지 않은 사람들에게는 이야기의 범위를 자꾸 넓히려는 묘한 심리가 발동한다. 그것은 보통 자신의 무식함을 감추기 위해서거나 혹은 자기의 박학다식을 자랑하기 위해서거나 둘 중의 하나이다.

중심 생각을 좁혀야 한다. 아마추어가 아닌 프로들은 대개 중심 생각을 적당히 좁힐 줄 안다. 중심 생각을 좁히면 글이 저절로 구체적이고 체계적이게 된

44) 좋은 생각사, 「좋은 생각」(1996년 6월호), p. 114 일부 참조.

다. 중심 생각이 넓은 글, 곧 포괄적인 글은 관념적이고 피상적이며 짜임새도 없이 이루어지기 십상이다. 프로들은 그런 글을 가장 경계한다. 나이브(naive)한 초보자들이 흔히 이러한 함정에 빠진다.

그렇다고 해서 반드시 중심 생각을 넓혀 포괄적인 글을 쓰는 것이 잘못이라는 말은 아니다. 모든 분야에 정통하고 박학다식하고 경륜 높은 사람들은 그런 글을 쓸 수 있다. 오늘날과 같이 학문, 기술, 예능 분야들이 세분화되어 있는 현실에서 박학다식한 팔방미인을 찾기란 그리 쉽지 않다. 혹시 독자 여러분이 팔방미인이라고 할지라도 겸손하게 중심 생각을 좁혀 글을 쓰시기 바란다. 왜냐하면 중심 생각을 좁히면 심도 있는 글이 되고, 심도 있는 글이 다시 범위를 넓혀 주기 때문이다.

깊어지면 넓어지고, 넓어지면 깊어진다. 그렇지만 먼저 좁혀 쓰기 바란다. 우선 깊어져야 하기 때문이다. 특히 체계적이고 구체적인 글을 쓰고 싶다면 반드시 그렇게 하는 것이 좋다.

- 인간과 환경 → 지구촌 환경 오염 → 우리나라의 환경 오염 → 남한 천변의 환경 오염 → 전주천의 수질 오염 → 전주천 상류의 수질 오염

지구촌에서 우리나라로, 우리나라에서 남한으로, 남한에서 전주로, 전주 전체에서 전주천으로 범위를 좁힌다. 환경오염도 수질, 대기, 토양 오염 가운데 수질 오염으로 한정한다. 경우에 따라서는 '전주천의 수질 오염'을 그 범위를 더욱 줄여 '전주천 상류의 수질 오염'이라고 줄일 수 있다.

- 한국의 역사 → 조선시대의 행정 → 조선 중기의 관료 제도 → 조선 영조대의 과거 제도
- 우리나라의 시 → 삼국시대의 한시 → 통일신라시대의 한시 → 최치원의 한시 → 최치원의 한시 작품 <추야우중>

이런 식으로 범위를 줄일 필요가 있다.

### 2) 완결문에서의 주제문은 이렇게 만든다

집필할 때 최초로 펜을 잡고 쓰는 글이 주제문이다. 경우에 따라서 개요를 작성한 연후에 주제문을 붙이기도 한다. 주제문이란 하나의 단락이나 완결된 글

에서 필자가 나타내고자 하는 중심 생각을 하나의 문장으로 만든 것을 말한다. 여기서 논의하는 주제문이란 완결된 글을 만들기 위해서 사전에 자신이 써 놓은 중심 생각을 나타내는 한 문장을 뜻하고 있음을 밝혀 둔다.

① 누구나 알고 있는 내용이 아니되, 자신은 잘 알고 있는 내용임과 동시에 입증될 수 있는 것이라야 한다. 이를테면, "어버이 은혜는 하늘과 같다.", "스승을 존경해야 한다.", "서로 믿고 살자." 등과 같이 누구나 알고 있는 내용은 흥미를 끌지 못한다. "얼굴이 고운 여자가 바람기가 많다.", "키가 큰 사람이 싱겁다.", "일본인은 표리부동하다.", "한국 사람들은 당파 싸움을 좋아한다."와 같이 지나치게 과장되거나 자기의 선입견 혹은 감정에 치우치거나 입증할 수 없는 내용은 주제문으로 적절치 않다.
② 문장 성분이 생략되지 않은 평서문으로 기술해야 한다. 문장 성분이 생략되면 좋지 않다. 의문문이나 감탄문도 적절치 않다. 이를테면, "사랑, 영원히 풀 수 없는 수수께끼", "규제 대상, 프레온 가스 남용", "경제 정책 갈팡질팡"과 같이 필요한 문장 성분이 생략되어 있거나 도치의 문장이어서는 곤란하다. "지존파, 그들은 누구인가?", "아아! 아름다운 청춘이여!"와 같이 의문문이나 감탄문 역시 좋지 않다.
③ 한 문장에 한 개의 주제문인 것이 좋다. 경우에 따라 부수적인 주제가 따를 수 있다. 그러기 위해서는 문장이 짧아야 하고 장황한 수식어를 뺀다. 이를테면, "담배를 피우는 것은 좋지만 외국산 담배를 사서 피우는 것은 좋지 않으며, 아예 금연하는 것이 건강에 이롭다."라고 한다면 주제가 명확치 않게 된다. "금연이 건강에 좋다." 혹은 "가급적 국산 담배를 애용해야 한다."라고 하면 주제가 명쾌해서 논점이 분명하게 될 것이다.

### 3) 자료의 수집과 정리

글은 발로 쓴다는 말이 있다. 발로 이리저리 다니면서 자료를 구해야 한다는 말이다. 자료가 많으면 그만큼 글을 쓰기가 수월해진다. 요즈음에는 인터넷으로 정보를 사냥하여 좋은 자료들도 얼마든지 수집할 수 있다. 아직 인터넷이 보편화되지 않아서 발로 뛰어야 할 때가 많다. 인터넷과 팩스를 이용하여 정보 서비스를 받으면 훨씬 수월하다.

중심 생각과 완결문에서의 주제문이 결정되면 그에 합당한 자료를 수집해야 한다. 자료 수집을 위하여 서점, 도서관, 행정관서, 연구소, 실험실, 박물관을 찾아가야 한다. 두 번 세 번 찾아가는 경우도 생긴다. 직접 발로 찾아다니며 자료를 구하여 글을 쓰게 되면 글이 구체성과 실증성을 띠어 독자에게 훨씬 가깝게 다가갈 수 있다. 그런 글이 호소력이 있다는 말이다. 전문적인 문필가들은 어떤 글이든지 간에 꼼짝 않고 책상에 앉아서 쓴 글인지, 아니면 발로 뛰어다니면서 자료를 구해서 쓴 글인지를 구별한다.

자료 없이는 글을 쓸 수 없다. 책, 보고서, 논문, 잡지, 신문 등에 실린 필요한 자료를 가위로 오려서 혹은 복사하여 반드시 출처를 기입한 후, 클리어 파일에 넣어 둔다. 인터넷이나 팩스를 통하여 받은 자료도 프린트하여 필요한 부분을 클리어 파일에 보관한다. 경우에 따라서 어떤 자료는 출처를 기입한 후, 독서 카드에 정리하기도 한다. 이것이 곧 자료이다. 독서 카드와 클리어 파일에 있는 자료를 보면서 글을 쓴다.

### 4) 개요는 중심 생각의 범위 내에서 설계되어야 한다

중심 생각이 결정되고, 완결된 글의 주제문이 설정되고, 자료 수집과 정리가 끝나면, 이제 개요(outline)를 작성할 차례이다. 개요는 마치 건축물의 설계도와도 같다. 집 주인은 결코 애당초 집을 짓고자 하는 생각과는 다른 설계도를 원하지 않는다. 집필자는 스스로 세운 중심 생각을 벗어나지 않는 범위 내에서 개요를 설계해야 한다.

개요를 만들어 놓지 않으면, 자칫 글을 쓰는 도중에 곁길로 꺾여 들어가서 당초에 생각했던 방향과는 다른 방향으로 글 내용이 전개될 우려가 있다. 그리하여 글의 초점을 흐리게 하거나 글의 일관성을 잃게 되고 만다. 좋은 글을 쓰기 위해서는 반드시 개요가 필요하다.

개요를 작성할 때는 이야깃거리의 순서와 단계, 논점의 크고 작음과 주종의 관계에 따라 아래와 같이 부호나 숫자를 붙인다. 물론 숫자나 부호는 일관성을 유지해야 한다. 짧은 완결문에서는 이 같은 부호나 숫자 표시를 하지 않고 쓰는 경우도 있다.

| 예 1 | 예 2 | 예 3 |
|---|---|---|
| Ⅰ | Ⅰ | Ⅰ |
| 1) | A | 가 |
| (1) | 1 | 1 |
| ① | a | 가) |
| ② | ① | (1) |
| (2) | ② | ① |
| 2) | b | ㉠ |
| Ⅱ | 2 | ㉡ |
| | B | ② |
| | Ⅱ | (2) |
| | | 나) |
| | | 2 |
| | | 나 |
| | | Ⅱ |

개요 작성의 실례를 들어 보기로 한다. 개요는 목차와 다르다. 목차를 정할 때는 물론 개요를 참고한다.

예 1 [중심 생각] : 술의 해로움

[주제문] : 술은 몇 가지 이로운 효능이 있지만 대체로 우리에게 해를 끼친다.

[개요] : Ⅰ. 술의 장점

가. 정신면에서

1. 괴로움을 잊을 수 있다.
2. 상상력을 촉진한다.
3. 스트레스를 해소한다.

나. 생활면

1. 기분을 좋은 방향으로 전환한다.
2. 친교 유대를 강화한다.
3. 작업 능률을 향상시킨다.

다. 생리면

1. 혈액 순환을 촉진시킨다.
2. 긴장을 이완시키고 피로가 해소된다.

Ⅱ. 술의 단점

가. 정신면

1. 의지박약자의 현실도피 출구가 된다.
2. 기억력이 감퇴되고 건망증이 생긴다.
3. 긍정적인 삶의 의욕이 감소한다.

나. 생활면

1. 시간을 낭비한다.
2. 주벽이 발생하고 취기로 인한 싸움이 유발된다.
3. 자신과 관련된 사무가 지연된다.
4. 음주 운전으로 대형 사고를 부를 수 있다.

다. 생리면

1. 알콜 중독의 우려가 있다.
2. 성기능 장애를 유발할 수 있다.
3. 합병증이 발생한다.

Ⅲ. 술에 대한 우리의 태도와 실천 방안

－가능한 한 술을 적게 마신다.
－가능하면 술을 끊는다.
－음주 습관을 취미와 운동 습관으로 바꾼다.

**예 2** [중심 생각] : 주부의 미덕

[주제문] : 주부는 알뜰한 집안 살림을 통하여 참다운 가치가 발휘된다.

[개요] : Ⅰ. 주부는 살림을 잘해야 한다.

가. 주부는 요리를 잘해야 한다.

1. 사람에게 먹는 일처럼 중요한 일은 없다.
2. 주부는 국민의 체력을 책임지는 위치에 있다.
3. 주부의 제일 요건은 영양 많고 맛있는 음식을 할 줄 아는 것이다.

나. 주부는 청소와 빨래를 잘해야 한다.

1. 청결이 위생을 좌우한다.
2. 가족들의 깨끗한 옷은 주부의 자랑거리다.

다. 주부는 바느질을 잘해야 한다.

1. 지난 날에 비해 바느질해야 할 일이 적어졌다.
2. 주부의 바느질은 가정을 따뜻하게 만든다.

Ⅱ. 주부의 집안 관리는 이웃이나 방문객에게도 영향을 준다.

가. 가구의 배치에서 주부의 인품을 느낀다.

나. 손님 접대의 정성스런 손길에서 집안의 품격을 엿볼 수 있다.

Ⅲ. 한 가정에서 주부는 중추적인 위치를 차지한다.

**예 3** (필자가 쓴 전술한 글 <인간 복제, 생명 윤리 논의 시급> 참조)

[중심 생각] : 인간 복제 금지

[주제문] : 인간 복제는 마땅히 금지되어야 한다.

[개요] : Ⅰ. 생명체의 복제

가. 클로닝이란 생명체의 복제를 말한다.

나. 인간 복제도 가능하다.

Ⅱ. 생명체 복제 연구 과정

가. 선진국 연구소에서 꾸준히 연구해왔다.

나. 인간 복제를 장담한다.

Ⅲ. 인간 복제에 대한 찬반

가. 로마 교황청이 반발하고 클린턴 전 미대통령이 대책을 지시하였다.

나. 의료계는 시험관 아이 탄생과 인간 복제에 대하여 긍정적인 태도이다.

다. 인간 복제는 인명 경시 풍조를 더욱 부채질하고 인간 존엄성을 훼손한다.

Ⅳ. 인간 복제는 금지되어야 한다. 그에 대한 논의가 시급하다.

**써보기**

준비한 노트에 그동안 머릿속으로 구상한 글의 개요를 쓰시오.

개요 작성 :

## 5) 실례 : 필자의 글쓰기

### (1) 자료 찾기

위의 <예 3>의 글을 쓰기 위해서 필자는 다음과 같은 일을 하였다.

① 예전부터 인간 복제 문제에 관심이 있어 이 분야의 글들을 주로 신문을 통

해 모아 왔다. 평소 그 출처를 기록한 후 가위로 오려 클리어 파일에 넣어 놓았다(여러분들도 분야별로 클리어 파일을 준비할 수 있다). 파일을 컴퓨터 옆에 놓는다. 그동안 모아 놓은 파일 자료는 다음과 같다. 이 자료는 필자에게 집필의 동기를 부여한 셈이다.

- 日本經濟新聞 1997년 3월 4일자(중앙일보 3월 5일 특약) <생명 과학 진지한 윤리 논의 시급>
- 가톨릭신문 1997년 3월 16일자 <시사진단 : 인간 복제 실험>(소병욱 신부)
- 중앙일보 1997년 3월 30일자 <장기 복제, 의학 발전 계기 삼아야>, <생명 복제 어떻게 볼 것인가>, <생명 공학 위축 우려 정부 입법 신중>
- 중앙일보 1997년 4월 2일자 <유전자 바꿔 넣는 인간 조작 가능>, <조물주가 만든 인체 설계도 규명>, <암, 노화 극복에도 길 트여>
- 가톨릭신문 1997년 5월 4일자 <인간 복제, 인간 자체 말살 행위, 절대 반대>
- 가톨릭신문 1997년 5월 26일자 <생명 운동에 힘 모을 때>, <생명 문화 쇄신 노력 당부>
- 중앙일보 1997년 6월 11일자 <인간 복제 5년간 금지, 클린턴 법안 제출, 유전자 복사는 허용>, <미 생물윤리위원회 보고서 100% 똑같은 인간 만들 수 없다>, <생물 복제 연구 주요 일지>

② 자료를 더 구하기 위해서 동료 손홍찬 교수님께 부탁하여 인터넷을 통해서 자료를 얻을 수 있었다(지금은 인터넷을 이용하여 정보를 찾을 수 있지만, 당시 필자는 인터넷 이용법을 모르고 있었음). 인터넷으로 찾아낸 정보 자료는 다음과 같다.

- 중앙일보 1997년 3월 4일자 <인간 복제 규제 장치 뒤늦게 법석－각국 대응 움직임>
- 동보 1997년 3월 9일자 <"인간 복제는 우주 질서 파괴" 종교계 우려>
- 동보 1997년 2월 28일자 <카운트 다운에 돌입한 인간 복제, 양·원숭이 그 다음은>
- 동보 1997년 3월 4일자 <[분수대] 인간 복제>
- 동보 1997년 3월 7일자 <"인간 복제도 곧 가능할 것" 영국학자 전망>
- 동보 1997년 3월 7일자 <[논쟁] '인간 복제' 반대 입장>

③ 평소에 감명 깊게 읽었던 글 두 편

- 이명현 교수 <산업사회와 비판적 지성>
- 김용준 교수 <과학인의 역사의식>

### (2) 자료 정리

위의 자료를 검토한 후, 세 가지 이야깃거리로 분류하였다. 그리고 생명복제 연구 역사를 알기 위해서 중앙일보 1997년 6월 11일자에 실린 <생물복제 연구 주요 일지>를 옮겨 써 놓았다.

| ① "생명체 복제의 기술의 발달과 인간 복제 가능성"에 관한 자료<br>② "인간 복제를 찬성하는 의학계의 입장"에 관한 자료<br>③ "인간 복제를 반대하는 종교계의 입장"에 관한 자료<br>※ <생명 복제 연구 일지>–여기에 1780년부터 1996년까지의 연구 일지를 독서 카드에 옮겨 적었다. |
|---|

### (3) 중심 생각 · 주제문 · 개요를 만들었다.

(☞ 위의 <예 3> 참조)

### (4) 집필

분류한 자료를 참고하여 글을 써 내려갔다.

① 우선 대백과사전과 일부 신문 자료를 참고하여 '생명체 복제'에 대하여 정의하였다.

② <생명 복제 연구 일지>를 참고하면서 지금까지 생명 복제 연구 성과를 소개하였다.

③ 인간 복제도 1, 2년 내에 가능하다는 의견을 인용, 제시하였다.

④ 인간 복제에 대한 로마 교황청을 비롯한 종교계 절대 반대의 입장을 대변하였다.

⑤ 인간 복제에 대한 의료계의 긍정적 입장을 소략히 제시하였다.

⑥ 필자의 견해 : 사회적, 윤리적 입장에서 인간 복제는 인명 경시, 인간 존엄성 훼손 등 부작용의 우려가 많다고 주장했다.

⑦ 필자의 입장과 주장 : 인간 복제는 금지되어야 하며, 인간 생명 윤리에 대한 논의가 시급하다고 보았다. 이명현, 김용준 교수의 현대 과학기술에 대한 견해를 응용하여 인간을 위한 과학이 되어야 한다는 필자의 주장을 덧붙였다.[45]

---

45) 실제로 쓴 글은 앞 쪽에 제시한 글 <인간복제, 생명윤리 논의 시급>

## 6) 글의 서술 방식

글을 쓰는 사람의 의도가 각각 다름에 따라 글의 서술 방식도 각기 다른 방식을 취한다. 글을 쓰는 사람의 의도를 대개 아래와 같이 나눠 볼 수 있다.

① 무엇을 알리고 싶다.
② 무엇을 주장하고 싶다.
③ 무엇을 잘 그려내고 싶다.
④ 무엇을 이야기하고 싶다.

이 같은 여러 가지 의도들은 완결문에서 주제와 긴밀한 관계를 맺고 있다. 그리고 그 주제를 어떻게 나타낼 것인가 하는 서술 방법에 따라 글의 성격이 결정된다. 글을 쓰는 의도에 따라 서술 방법이 달라질 수밖에 없는 이유는 그에 적절한 서술 방법을 이용하지 않고서는 소기의 성과를 거둘 수 없기 때문이다. 의도에 따라 다음과 같이 서술 방식이 결정된다.

| [의도] | | [서술 방식] |
|---|---|---|
| ① 무엇을 알리고 싶다. | → | 사실을 알기 쉽게 풀이한다. <설명> |
| ② 무엇을 주장하고 싶다. | → | 주장의 타당성을 증명하고 설득한다. <논증> |
| ③ 무엇을 잘 그려내고 싶다. | → | 느낌과 인상을 잘 표현한다. <묘사> |
| ④ 무엇을 이야기하고 싶다. | → | 사건이나 이야기를 풀어 놓는다. <서사> |

글은 쓰는 목적에 따라 설명, 논증, 묘사, 서사 등으로 크게 나누어진다. 실제로 글을 쓸 때에는 서로 섞어서 쓰곤 한다. 한 편의 글이 처음부터 끝까지 하나의 서술 방식으로만 쓰이는 경우는 드물다. 대개 논설문에는 묘사나 설명의 서술 방식이 쓰이고, 한 편의 소설 속에서 묘사와 서사가 구사된다.

보통은 여러 서술 방식 가운데 어느 하나의 방식이 주를 이루고 다른 서술 방식이 보조적으로 쓰인다. 어느 한 가지 서술 방식만을 고집해서는 좋은 글이 될 수 없다.

### (1) 설명(說明)

설명은 사물에 관하여 알기 쉽게 풀이할 때, 독자에게 유용한 정보를 제공할 때, 어떤 개념을 명백하게 이해시키거나 분석할 때 사용하는 글의 서술 방식이다. 설명의 방법에는 아래와 같은 여러 가지가 있다.

① **지정(指定)** : 가장 단순한 형식으로 한 대상을 손가락으로 가리키듯 지적하여 설명하는 방법이다. 그래서 이것을 일종의 언어에 의한 지적이라고 말하기도 한다. 이때 필요 없는 수식어 사용을 절제해야 한다.

- 저기 모자를 쓴 아이가 내 동생이다.
- 나는 전문적으로 글을 쓰는 사람이 아니다. 글을 쓰는 일에 한없는 관심과 애착을 갖고 있을 뿐이다. 그러니까 이런 내용을 어떻게 글로 잘 기술해 볼까 하는 생각에서 일상의 모든 것을 유심히 관찰하고 오랫동안 생각을 하고, 사물이나 사건에 대하여 예찬하기도 하고 비판하기도 한다. 그러다가 마음이 내키면 글로 정리해 본다. 나는 그런 사람이다.

② **정의(定義)** : 확실한 범주를 설정하여 보다 전문적으로 개념을 규정하는 설명의 한 방법이다. 이 경우, 한 문장을 정의항과 피정의항으로 나눌 수 있다. 단 피정의항은 정의항과 대등해야 하고, 피정의항이 정의항의 일부분이어서는 안 된다.

- 귀납법이란(정의항) 특정 사실로부터 그것을 설명할 수 있는 일반적 사실로 나아가는 추론 방법이다(피정의항).
- 온돌이란 한자(漢字)로는 온돌(溫突) 또는 온돌(溫堗)이라 쓰며, 이는 고래를 만들고 고래 위에 구들장을 놓아, 고래 한쪽에 만든 아궁이에 불을 지핌으로써, 구들장을 덥게하여 그 열을 취하여 추위를 막는 난방장치이다.
- 백화(白話)란 중국에서 일컫는 구어(口語)를 말한다.

③ **비교(比較)와 대조(對照)** : 비교는 둘 이상을 견주어 유사점을 설명하는 방법이고, 대조는 그 대상들의 차이점을 찾아내어 설명하는 방법이다.

- 비교 : 우리나라 판소리와 서구의 오페라는 둘 다 서사적인 성격을 띠고 있다.
- 대조 : 형은 내성적인 데 비해 동생은 외향적이다.

여러분은 준비한 노트에 '우정'과 '사랑'을 비교와 대조의 방식으로 설명하시오.

④ **분류(分類)** : 사물을 일정한 기준에 의하여 무리짓게 하고 다른 무리와 구분하여 설명하는 방식이다. 여기서는 분류의 기준이 하나여야 하고 하위의 분류 계층은 상위의 분류 계층에 남김 없이 포함되어야 한다.

- 설명의 방식에는 지정, 정의, 비교와 대조, 분류, 분석, 예시의 방법이 있다.
- 모든 사물은 동물, 식물, 광물로 나눌 수 있다.

⑤ 분석(分析) : 하나의 관념이나 대상을 그것의 구성 요소로 나누어 자세하게 설명하는 방식으로써, 그 작용에 따라 기능적 분석, 연대기적 분석, 인과적 분석으로 나눌 수 있다.

- 곤충의 눈을 분석하면 겹눈과 홑눈이 있다.
- 돌절구는 조상들이 돌방아확에 곡식의 열매를 넣고서 방앗공이로 찧어 껍질을 벗길 때 사용했다.

⑥ 예시(例示) : 구체적인 사례를 들어 설명하는 방식으로 특수한 사례를 들어 일반적인 것을 설명하는 데 크게 도움이 된다.

- 등불을 켜서 됫박으로 덮어 두는 사람은 없다. 누구나 등경 위에 얹어 둔다. 그래야 집안에 있는 사람들을 다 밝게 비출 수 있지 않겠느냐? 너희도 이와 같이 너희의 빛을 사람들 앞에 비추어 그들이 너희의 착한 행실을 보고 하늘에 계신 아버지를 찬양하게 하여라(마태오, 5, 15～16).
- 국정(國政)을 잘 운영하지 못한 현 대통령이 전임 대통령들의 국정 실책(失策)을 비난하다니, 그것은 마치 전쟁터에서 오십 보를 달아난 병사가 백 보를 달아난 병사를 비웃는 것이나 다름이 없다.

여러분은 준비한 노트에 이솝(Aesop) 우화(fable)를 예시하여 어떤 일을 설명해 보시오.

### (2) 논증(論證)

논증이란 주장하는 바를 사리에 맞도록 논술하여 상대방으로 하여금 납득하도록 하고 독자의 동의를 얻기 위해 사용하는 글 서술의 한 방식이다.

논증은 다음과 같은 요건이 충족되어야 한다.

① 토론해야 할 쟁점이 있어야 한다. 쟁점이 명확해야 토론의 목표도 명확해진다.
② 쟁점을 명제로 나타내야 한다.
③ 명제는 명료하고 공정하여 선입견이나 편견이 없어야 한다.
④ 명제는 둘 혹은 그 이상의 주장이나 판단을 가져서는 안 된다.

논증의 절차는 대개 다음과 같다.

① **추론(推論)** : 쟁점을 명확하게 밝혀 신빙성 있는 결론에 도달하기 위해서 인과관계가 분명하게 논리를 전개하는 일

㉠ 귀납적 추론 : 구체적 사례를 열거한 후, 그것으로 미루어 보아 보편적 결론에 도달하는 방식

㉡ 연역적 추론 : 일반적인 명제를 제시한 뒤에 그 명제에 합당한 구체적인 사실을 예로 드는 방식

② **논거(論據)** : 추론의 근거가 되는 여러 가지 사실들

㉠ 사실 논거 : 실제로 있었던 사실을 추론의 근거로 삼을 때

㉡ 소견 논거 : 다른 사람의 경험이나 증언, 전문가나 권위 있는 사람의 의견을 추론의 근거로 삼을 때

### (3) 묘사(描寫)

묘사란 보고 들은 것이나 마음으로 느낀 것을 언어로 그리듯이 재현하여 기술하는 방식으로 주로 소설, 수필 등의 문예문이나 기행문, 관찰 기록 등에 많이 쓰인다.

#### 가. 묘사의 양태

묘사의 양태는 두 가지가 있다. 하나는 객관적 묘사이고, 다른 하나는 인상적 묘사이다.

① **객관적 묘사** : 기술적 묘사라고도 한다. 가급적 주관에 치우치지 않고 명시적인 언어를 사용하여 묘사한다. 실험 보고서나 관찰일지 등에 적합하고 구체성이 생명이다. 객관적 묘사는 때로 그 대상에 대한 '설명'의 효과도 지닌다. 이 경우를 설명적 묘사라고 할 수 있다.

㊎ 조그만 강아지가, 저편 구석에 앉아, 토스트를 먹고 있는 사나이의 그리 대단치도 않는 구두코를 핥고 있었다. 그 사나이는 발을 뒤로 물르며, 쉬 – 쉬 – 강아지를 쫓았다. 강아지는 연해 꼬리를 흔들며 잠깐 그 사나이의 얼굴을 쳐다보다가, 돌아서서 다음 탁자 앞으로 갔다. –박태원 <소설가 구보 씨의 일일>

② **인상적 묘사** : 암시적 묘사라고도 한다. 작가의 주관적 감각에 의지하여 독자에게 강한 인상과 뚜렷한 이미지를 암시하도록 그려낸다. 수필이나 소설에 적합하며 감각을 통해 지배적 인상을 형성하여 유의성을 지녀야 한다.

㉠ 모닥불은 초가라도 한 채 올려 태우는 양 되게 푸지고 요란했다. 불꽃이 용트림을 하며 길길이 치솟고, 불티가 떼를 이루어 하늘을 가리며 먹장구름 같은 연기 속에서 난리를 피웠다. – 이문구 <우리 동네 황씨>

써보기

여러분은 바닷가의 파도가 방파제를 때려 부수어 버릴 듯이 몰아치는 광경을 묘사하시오.

파도 :

### 나. 묘사의 방법

묘사의 방법은 대체로 두 가지다. 위치에 의한 묘사와 관심에 의한 묘사가 그것이다.

① 위치에 의한 묘사 : 글쓴이의 눈의 위치 변화에 따라 대상을 묘사한다. 그 이동 방식에 일관성이 있어야 한다. 아래의 예문은 경수가 큰 나무를 타고 오르면서 중얼거리며 주위 경관을 내려다 본 것이다.

㉠ '뭐 어렵지도 않네, 무섭지도 않고.' 경수는 혼자 중얼거리며 뜰의 나무들과 근처의 경치를 내려다보았다. 경수는 기분이 상쾌했다. 더 높이 나무 위쪽으로 타고 올랐다. 마을 옆으로 골짜기가 보였다. 골짜기 저쪽에는 들과 숲이 보였다. 또 그 반대쪽 산기슭으로는 벽돌 공장과 창고도 보였다. 멀리 바라보다가 느티나무에 밑동을 내려다보았을 때 경수는 갑자기 얼굴이 화끈하며 눈앞이 아찔해졌다.

② 관심에 의한 묘사 : 글쓴이의 관심이 많은 곳에서 시작하여 적은 곳으로 옮기거나 그 반대의 순서로 묘사하여 인상의 효과를 노린다.

㉠ 밤은 역시 아름답다. 여기저기 켜진 등불들이 불행이란 한 번도 보지 못한 순박한 눈동자처럼 다정한 호기심으로 반짝거리고 멀리 보이는 찻길 위로 몇 대의 버스가 불을 켜고 달려간다. 달려가는 버스의 모습은 마치 신데렐라의 호박마차

처럼 신기하고 예쁘다. 가까이서 보면 필경 먼지나 풀풀 날리며, 터덜거리고 매연이나 내뿜고 있겠지만 여기서는 먼지도, 매연도, 피곤한 안내양의 모습도 어둠에 가려진 채 희망에 찬 불빛만 보인다. 집들도 그렇다. 창마다 발그스레한 불빛이 비치는 것이 한결 따스해 뵈고 어느 순간엔 서로 소곤거리는 것 같기도 하다. 전신주는 비스듬히 어둠에 등을 기대고 있고 낮이면 화안히 드러나는 지저분한 길거리의 모습, 판자벽 같은 것들도 뵈지 않는다. －강은교 <문 앞에서>

### 다. 훌륭한 묘사를 위한 몇 가지 요령

① 위치 변화에 의한 묘사일 경우에는 이동 방식에 일관성이 있어야 한다.
② 인상적인 묘사의 경우에는 그 특징이 충분히 드러나게 한다.
③ 상투적인 비유의 말을 쓰지 말고 참신하고 개성 있는 표현으로 인상의 효과가 크게 드러나도록 한다.

써보기

여기에 여러분이 가본 적이 있는 관공서 민원실에 대하여 묘사하시오.

민원실 :

### (4) 서사(敍事)

서사란 사건이나 행동의 양상을 시간적으로 서술하는 방식으로 르포르타주(reportage), 도큐먼트(document), 전기(傳記, biography), 자서전, 설화, 소설, 기행문, 일기 등에 주로 쓰인다.

### 가. 서사의 3요소

서사의 3요소는 사건, 인물, 배경이다. 소설 구성의 3요소 역시 이것이다.

① 사건 : 서사의 기본 재료가 되는 것으로, 실제로 있었던 일이 주가 되지만 경우에 따라서는 상상한 일일 수도 있다. 사건의 전개에는 그 동기가 전제되어야 한다.

② 인물 : 사건을 행하는 주체로서 대체로 사람이 등장하지만 우화와 같은 글에서는 의인화된 동식물이 등장하기도 한다. 그 인물의 성격은 서술자의 직접적인 설명이나 묘사를 통해서 나타나기도 하지만 그 인물의 행위를 통해서 간접적으로 표현되기도 한다.

③ 배경 : 민담과 설화를 제외한 모든 서사문에는 정확한 시간적, 공간적 배경이 있어야 한다. 그것이 행위나 사건과 조화를 이루어야 한다. 전설이나 민담에도 "옛날 어느 마을에…"라는 식의 시공간적 배경이 제시된다.

### 나. 서사의 단계

발단, 전개, 갈등, 위기, 결말의 단계를 거치게끔 구성한다. 상호 단계의 연결고리는 인과적인 논리에 입각한다. 그래야 그 서사가 논리적 짜임새와 사실성을 획득할 수 있다. 전체적인 통일성도 기할 수 있다.

### 다. 서사의 관점 : 서술자의 시점

① 1인칭 시점 : 서술자 자신의 관점에서 행위나 사건을 진술한다.

- 사건의 주체로서의 주관적 시점 : 1인칭 화자 시점

㉮ 그날 내가 서공암에서 진기수 씨를 찾게 된 것은 땅거미가 질 무렵이었다. 나는 그를 보자 합장을 올리며 무수히 머리를 수그림으로써 나의 절박한 사정과 그에 대한 경의를 먼저 표한 뒤 솔직하게 나의 처지와 용건을 털어 놓았다.

– 김동리 <등신불>

- 사건의 관찰자로서 객관적 입장이 강조되는 시점

㉮ 우리 어머니는, 그야말로 세상에서 둘도 없이 곱게 생긴 우리 어머니는 금년 나이 스물 네 살인데 과부랍니다. 과부가 무엇인지 나는 잘 몰라도 하옇든 동리 사람들이 날더러 과부 딸이라고 부르니까 우리 어머니가 과부인 줄은 알지요. 남들은 다 아버지가 있는데 나만은 아버지가 없지요. 아버지가 없다고 아마 '과부 딸'이라나 봐요. 외할머니 말씀을 들으면 우리 아버지는 내가 이 세상에 나오기 한 달 전에 돌아가셨대요. –주요섭 <사랑방 손님과 어머니>

② 3인칭 시점 : 3자의 관점에서 행위나 사건을 진술한다.

- 제한적 3인칭 시점 : 글쓴이는 3인칭으로 된 모든 작중인물들에 대하여 언급한다. 그러나 이 시점은 한 인물에 의해 보인 것과 들린 것 또 생각한 것만을 서술하는 제한적 성격을 지닌다.

㉮ 현수는 위아래를 오르내렸다. (어떤 해결책을 마지못해 생각하는 듯하면서)갑자기 그는 말했다. "좋다. 인철아, 이 물건 좀 고정시켜 줘." 위를 쳐다보지도 않고 인철이는 다른 책장을 넘기고 있었다. 현수는 팔짱을 끼고 창밖의 바람소리를 듣고 서 있었다.

• 전지적 3인칭 시점 : 글쓴이는 3인칭으로 된 모든 인물들에 대하여 언급하는데 이때 보고 듣고 생각하는 시점에 일정한 제한이 없는 것이 보통이다.

㉮ 현수는 무언가 해결책을 찾으려 하면서 위아래를 오르내렸다. 마침내 그는 어깨가 축 늘어져서는 "좋다. 인철아, 이 물건 좀 고정시켜 줘."라고 말했다. 인철이는 대답도 않고 책장만 넘기고 있었다. 밖에서는 바람이 집 쪽으로 세차게 불어오는 소리가 났다.

# 3장

## 3. 도대체 글에도 양식이 있는가

1. 글 양식의 발견
2. 글 양식의 정의
3. 여러 종류의 글 양식

## 1. 글 양식의 발견

### 1) 모든 글은 일정한 '양식'으로 이루어진다

민주주의 국가에서 국민이면 누구나 자기가 원하는 직업을 선택할 자유가 있듯이, 글을 쓰려는 이라면 누구나 자기가 쓰고자 하는 글 양식을 선택할 수 있다. 글을 쓰고자 하는 사람은 무엇보다도 먼저 자신이 쓰고자 하는 글을 어떠한 양식으로 쓸 것인가를 결정해야 한다. 글에는 각각 글 나름의 양식이 있다.

1930년에 앙드레 욜레스는 자신의 유명한 『단순한 양식들』이라는 책에서 전설, 민담, 수수께끼, 격언, 동화, 재담과 같은 글 양식들을 검토하고 이 각기 다른 여러 양식들의 고유성과 특수성을 찾아내려고 힘썼다.

실로, 글로 된 모든 것은 그것 자체가 하나의 완결된 의미를 갖는 것이라면, 말도 마찬가지이다. 가령, 의사가 처음 대하는 환자에 대한 질문, 상인과 고객과의 상거래 대화, 전화 연락, 소개 인사, 작별 인사, 인터뷰, 경험담, 고백성사 때의 말 등이 모두 그렇다. 글로 쓰인 여러 종류의 글들은 더욱 확고하게 양식화되어 있다. 편지, 보고서, 논문, 논설문, 설명문, 원고청탁서, 청첩장, 초청장, 비문, 원고모집 광고문, 징병검사 통지서, 영수증, 차용증서 등 그것이 학술적인 글이든 일상적인 글이든 간에 일정한 양식으로 이루어져 있다.

누구든지 이러한 격식적인 대화들이나 글들을 아주 세밀하게, 그 서두와 결문뿐 아니라 전체 구조와 규칙적으로 등장하는 개념들을 살펴본다면, 그 말들과 글들이 매우 고정된 틀에 얽매여 있다는 사실을 발견하고서 적지 않게 놀랄 것이다. 그는 특히 우리의 일상생활이 얼마나 고정된 언어 양식들에 의해 영위되는지를 생각하면서 놀랄 것이다.

언어 예술이라고 하는 문학을 하는 사람들은 여러 종류의 글 양식들을 더 분명하게 인식하고 있다. 어떤 자료가 그것이 서정시로 표현되느냐, 혹은 서사시로 표현되느냐, 아니면 희곡으로, 혹은 수필로, 혹은 시조로, 혹은 단편 소설로, 혹은 장편 소설로 표현되느냐에 따라 각기 다른 양식이 생겨난다. 이 양식들은 각각 독자적인 법칙을 가지고 있다.

일정한 자료는 어떤 양식으로 쓰이든 다 적합한 것은 아니다. 글 쓰는 이가 어떤 특정한 자료에 자기 마음대로 양식을 선택하여 글을 지을 수는 없다. 옷을 갈아입듯이 아무 양식이나 선택할 수 없는 일이다. 자료에 따라서 각기 다른 양식을 선택하지 않을 수 없다. 짐을 얹은 지게를 짊어진 채로 택시를 탈 수는 없다. 갓을 쓰고 양복을 입고 다니기 곤란하다. 지게를 짊어진 사람은 천천히 걸어야 하고, 양복을 입은 사람에게는 갓보다는 중절모가 더 어울린다. 그렇지 않으면, 사람들의 웃음거리가 될 수밖에 없다.

내 사랑하는 딸 세인이가 이제 초등학교 3학년 때의 일이다. 학년 초 3월 중순 경 어느 날 담임선생님으로부터 하나의 숙제를 받았다. 그것은 일기를 쓰되 편지글식으로 쓰라는 것이었다. 집에 돌아온 세인이는 나에게 물었다. 알려 주었으나, 거듭 세 번 정도 그런 것은 어떻게 쓰는 거냐고 물었다. 서너 번 설명을 한 연후에야 비로소 세인이는 그것을 이해할 수 있었다.

일기는 줄곧 써 보았고 편지도 몇 번 써 보았으나, 편지글식 일기는 처음 써 보기 때문에 그런 종류의 양식에 대한 이해가 부족하였던 것이다. 처음 읽어 본 아이들은 괴테의 <젊은 베르테르의 슬픔>과 같은 일기체의 소설과 같은 유형의 글에 새롭게 눈을 뜰 것이다.

### 2) '양식'에 따라 독자가 거는 기대 또한 다르다

독자들 역시 각 양식에 따라 거는 기대가 다르다. 서점에 가서 서정시가 실린 시집을 구입한 사람과 역사소설을 구입한 사람이 글 내용에 걸고 있는 기대는 서로 다르다. <구운몽>이라고 하는 고소설을 서정시 양식으로 표현하기란 불가능할 뿐더러 독자 역시 거기에서 서정시에서 얻을 수 있는 것을 얻으려는 기대를 갖고 있지 않다. <삼국지연의>를 손에 든 독자가 애틋한 사랑이라든가 이별의 슬픔과 같은 일반 서정시에서나 얻을 수 있는 류(類)의 감동을 기대하지 않는다. 그는 거기서 수많은 인물들의 성격과 그 인물들 사이에서 빚어지는 흥미진진한 역사적인 사건의 흐름들을 기대한다. 또 다양한 무대와 광활한 공간과 무수한 사건들과 아울러 역사적인 관련성을 머릿속에 떠올린다. 그는 마치 현실의 인간 세상과 같은 풍부하고 다층적이며 복잡한 세계를 기대한다.

자서전을 읽는 독자는 주인공의 일생을 통해서 일어난 일들의 전개와 그것의 사회적인 관계들을 예상한다. 사실 독자가 알기를 바라는 한 토막의 '세계'는 필자의 세계 혹은 필자의 관점에 의한 세계이다. 그래서 그는 글을 읽으면서 부정확한 표현, 사건의 뒤바뀜, 회상의 비논리적 연결 등에 대해서 관대하다. 그의 관심을 끄는 것은 주로 필자의 관점, 세상을 체험하는 필자의 성격, 그의 인격적인 면모와 같은 것들이다. 이 경우, 독자는 솔직한 고백이라든가, 다소간의 편파성이라든가, 개성에 따른 주관성을 기대한다. 과장이나 미화에도 너그럽다. 만약, 이때 사건들의 인과성 결여나 편파성, 주관성을 약점 잡아 꼬집는 사람이 있다면, 그런 사람은 자서전 양식을 모르거나 자서전과 소설을 구별하지 못하는 우둔한 독자이다.

고려속요를 손에 든 사람은 '부르는 노래'를 염두에 두고 가창의 상황, 음악적 리듬, 가사의 진솔성에 관심을 기울이고 노래의 묘미와 당시 사람들의 정서와 생활상을 접하기를 기대할 것이다. 이것은 오늘날의 현대시에서 기대할 수 있는 것과 다른 것이다.

개별 양식에 따라 독자가 거는 기대는, 문학작품뿐 아니라 광고 팸플릿과 같은 상업상의 문서 양식에도 드러난다. 일간 신문 안에 따로 들어 있는 광고 팸플릿을 받은 자에게 자명한 것은, 그에게 전달된 문서가 상업상의 목적에 의해서 쓰인 것이며 그러므로 그 상품에 대한 자랑과 상품의 값이 싸다는 것을 곧이곧대로 받아들여서는 안 된다는 것쯤은 이미 대개 알고 있다는 점이다. 오늘날 과장된 할인 판매 팸플릿에 기록된 '90% 할인 대특매', '엄청나게 쌉니다.', '가격 파괴 선언', '원가 세일' 등의 문구가 결코 문자 그대로 사실이 아니라는 것쯤은 이미 다 알고 있다. 왜 그같은 거짓 팸플릿으로 소비자를 현혹, 우롱하느냐고 항의하는 사람은 별로 없다. 오늘날은 그러한 광고 팸플릿에 속은 소비자를 오히려 어리석다고 나무라는 것이 일반의 실정이다. 그것을 믿고 그 상품을 구입한 소비자가 있다면, 그는 아마도 상품을 싸게 사는 것은 고사하고 형편없는 제품을 터무니없이 비싼 값을 주고 사서 속이 상할 것이다. 팸플릿에 속은 일에 대하여 가족이나 주위 사람들에게 힐책을 받아 부끄러울 지경에 빠지게 될는지 모른다. 그런 이중 삼중의 괴로움을 견디어 내야 하는 고통이 뒤따른다.

### 3) 글 양식들은 제각기 다른 방식으로 '현실'을 밝힌다

수필, 논설문, 논문, 속담, 우화, 전기(傳記), 역사소설과 같은 문학작품뿐 아니라 편지, 청첩장, 초대장, 광고문, 개업 안내문, 부고장, 기도문, 의회 개회 공고문 등과 같은 일상의 실용적인 글에 대해서도 거는 기대가 제각기 다르다.

이러한 모든 글 양식들은 만들어 내고 알리고 밝히는 것이 이른바 '현실'이라고 하는 점에서 공통되지만, 그 '현실'을 만들어 내고 알리고 밝히는 방식이 제각기 다르다. 바꾸어 말하면, 여러 종류의 글 양식들은 각기 다른 방식으로 '현실'을 밝힌다. 그러므로 우리가 어떠한 방식으로 '현실'을 밝힐 것인가를 정확하게 선택하는 일은 매우 중요하다.

### 4) 글 양식에 의해 내용이 제한을 받는다

이와 같이 글 양식은 그 양식 나름대로 그 내용의 타당성을 미리 규정하고 그 내용을 특정한 방향으로 한정시킨다. 가령, 광고 편지에서 인간의 심오한 사상을 찾으려는 사람은 없을 것이고, 철학 논문에서 시장의 물가 동향을 알려는 기대를 갖고 덤벼드는 사람도 없을 것이다.

결혼 청첩장을 작성하는 데 개업 안내문 양식에 의거할 수 없고, 부고장을 만드는 데 광고문 양식을 이용할 수 없다. 청첩장 양식은 결혼을 알리고 초대하기 적절한 양식이고, 부고장 양식은 사람의 죽음을 알려 전하기에 적합한 양식이다. 청첩장 글 양식을 이용하는 것은 반드시 결혼이라고 하는 사건 내용이 있을 예정이어야 한다. 청첩장 글 양식은 '결혼'이라고 하는 내용만을 한정한다. 부고장은 사망을 알리는 일에 한정한다. 글 양식은 일의 내용을 한정하고 제약한다. 만약 청첩장을 돌리고 나서 결혼식이 없다면, 또 부고장을 돌리고 나서 장례식이 없다면 어찌되겠는가. 그것은 황당한 일이다. 그러므로 글 양식은 내용에 의해서 결정된다고 할 수 있는 동시에 양식에 의해 이미 내용이 한정된다고 말할 수도 있다.

## 2. 글 양식의 정의

주어진 말이나 글에서 확고한 양식들을 어떻게 발견해 낼 것인가. 확고하게 굳어진 양식의 수가 일정하지 않고 마치 생명체처럼 항상 자라고 있다. 기술적인 문화의 변화는 사람들에게 늘 새로운 상황을 만들어 준다. 인간이 움직이는 여러 새로운 상황은 필연적으로 언어의 새로운 양식들도 산출한다.

이를테면, '일기예보'는 지난 수십 년 동안 새겨지고 양식으로 결정되었으며 확고한 구성과 일정한 문체를 가지게 된 것이다. 즉, 먼저 기상도에 대하여, 다음은 날씨 예보, 다음은 앞으로의 전망의 순서에 의하여 보고한다. 이러한 언어 양식은 사실 두 가지 새로운 것이 제공됨으로써 비로소 생길 수 있었다. 첫째는 일기에 대한 과학적 탐지 곧 현대 기상학이고, 둘째는 수신인을 위한 전달 기구 곧 현대 전달 수단인 라디오, T.V.이다.1)

문학에서도 시간의 흐름 속에서 양식들이 끊임없이 생겨나기도 하고 없어지기도 한다. 과거 수 세기 동안 존재해 온 양식과는 전혀 다른 별종의 양식이 산출되기도 한다. 기존의 양식을 지나치게 변형시킨 나머지 거의 독창적이라고까지 할 수 있는 양식이 만들어져 나올 수 있다.

서정, 서사, 극의 3대 양식이 인간 존재 방식에 입각한 원형적 양식이라고 할지라도, 이 3대 양식의 하위 개념의 변종 양식들도 수없이 많이 생겨나서 변화하기도 하고 사라지기도 한다. 우리나라의 예를 들어 보자. 서정 양식의 하위 장르인 향가, 경기체가, 고려속요, 조선악장 등이 새로이 발생했다가 소멸하지 않았는가. 시조는 고려 중·말엽에 발생했다가 근대에 접어들어 현대적 변용을 통해 살아남기도 하였다. 그것이 현대시조이다. 민요는 나름대로의 질긴 생명력으로 인하여 민중들의 삶 속에서 줄곧 지속되어 왔다. <진도아리랑>, <수심가>, <노들강변>, <애원성>, <뱃놀이>, <태평가>, <육자배기> 등은 지금도 부르고 있다. 서사 양식의 하위 장르인 동화는 예로부터 현대에 이르기까지 지속되고 있다. 물론 옛날의 것과는 서술 방식이나 표현 기법이 다르다. 오늘날의 동화는 예전의 동화 양식과 그 사회적 기능이 다르고, 동화와 삶의 자리도 바뀐 것이다.

얼핏 보아 동화의 시대는 이미 지난 것처럼 보인다. 전자책, 디스크, mp3 등이 동화를 구술하는 할머니의 역할을 대신하지 못한다. 그런데도 동화의 양식은 계속해서 살아 있다. 동화를 구연(口演)하는 주체가 할머니 곁에서 떠나 동화작가들의 손에 넘어간 것이다. 이들은 글로 쓸 뿐이다. 구연하지 않는다.

20세기 이전의 동화는 지금의 동화와는 딴판이다. 읽는 동화가 아니라 구술의 동화이다. "옛날 옛날 한 옛날에…"로 시작하여 "잘 먹고 잘 살았단다."로 끝맺는다. 주제도 형제간의 우애, 부모님에 대한 효도, 착한 일을 하면 복을 받는다는 것, 나쁜 일을 많이 하면 죄값을 받는다는 것 등과 같이 아동 교육에 유익한 교훈이 대부분이었다. 옛날 동화는 할머니, 할아버지, 혹은 부모가 아이들을 가르치기 위한 교묘한 방법으로 쓰였고, 그러한 일의 필요가 동화를 꾸준히 살아남게 한 요인이었다. 물론 할머니와 손자 간에 사랑을 다지기 위함도 부

1) 로핑크, G., 허혁 옮김, 「당신은 성서를 어떻게 이해하십니까?」(왜관 : 분도출판사, 1977), pp. 29~30 참조.

수적인 목적이었다. 도덕 교육이 제1차적인 목적이라면, 친교가 제2차적인 목적이었다고 할 수 있다. 여기에 예술적인 기교가 끼어들 여지가 없다. 도덕적 교훈만을 주면 그뿐이다. 다만, 듣는 아이들로 하여금 관심을 기울이게 하기 위하여 재미있게 꾸며 말하면 그뿐이다. 흥미를 위하여 기껏해야 다소 과장을 하거나 부연하거나 한다.

현대의 동화는 도덕 교육에 얽매이지 아니한다. 심미적 감상이나 정서 함양에 도움이 되는 것들이 많다. 상당한 수준의 표현 기교와 예술성을 강조한다. 최근 동화작가들은 의식적으로 동화라는 양식을 이용하여 현대의 운명적인 사건을 밝히거나, 현대의 문제를 해학적으로 꾸미기도 한다. 이와 같은 경우 동화의 외형 양식이 조심스럽게 보존되기는 하지만, 동화가 이야기하는 목적과 메시지 전달 의도가 과거의 그것으로부터 완전히 바뀐 셈이다. 물론 20세기 초엽 서양 문학의 이입과 관련한 영향이 컸다. 구연의 동화가 창작의 동화로 바뀐 셈이다. 그에 따라 할머니에게 그저 얻어듣는 입장에서, 책방에서 책을 구입하거나 도서관을 찾아가 스스로 읽는 입장으로 바뀌었다. 이는 언어 문학 양식의 운명이 얼마나 달라질 수 있는가를 보여 주는 좋은 예다.

그것이 무엇이든지 간에 언어 양식이 발견되면, 가능한 한 그것을 정확히 정의하는 일이 중요하다. 이것은 첫눈에 바로 알아볼 수 있다면 쉬운 일이다. 그러나 그리 쉽지 않은 경우가 잦다. 양식이 일률적으로 도식적이지 않기 때문이다. 예를 들어 보자.

가령 재담이라고 하는 것은 하나의 독립된 언어 양식임이 분명하다. 그러나 '재담을 재담이 되게 하는 것'은 본래 무엇인가. 재담의 특수성이 언어적으로 어떻게 파악되고 정의되는가.

재담은 익살을 섞어 만든 재치 넘치는 이야기다. 재담은 맨 처음

> "너희들 그것을 알고 있니?"
> "그것을 알고 있는지 모르겠어."

라는 식으로 시작하여 주위 사람의 주의를 환기시킴과 동시에 호기심을 북돋워 놓은 뒤, 익살스런 이야기를 실감나게 한다. 그리고 난 후,

> "그런데 말이야, 그것은 사실 이것이었어."
> "그것은 바로 이것이었어."

라는 식으로 재치 있고 웃음을 유발하는 말을 맨 마지막에 짤막하게 말한다. 재

담의 특징은 그 핵심들을 언제나 마지막 문장에 두고 있는 것이다.2)

어떤 글에서든 정의되어야 할 양식과 항상 변하지 않는 말투로 일관되어 있다는 것을 식별한다면, 그것은 아주 단순한 식별법이다. 예전의 구연 동화 역시 마찬가지이다. "옛날에…"로 구체적으로 정하지 않은 시간을 나타내는 말로부터 시작하여 "…잘 살았단다.", 혹은 "그들이 죽지 않았다면 지금도 살아 있을 거야." 등의 말투로 끝내는 것이 정상적이다. 그렇게 굳어져 있었다.

글의 구성과 '문안', '상서', '돈수', '근배', '올림', '안녕' 등의 격식어를 보면, 그것이 곧장 편지글임을 알아차린다. 역시 글의 구성과 함께, "고이 잠드소서.", "심심한 애도의 뜻", "명복을 빕니다.", "넋을 위로하나이다." 등과 같은 말투를 보면, 그것이 애도문(추도문, 애사)이라는 점을 알아차린다. 이처럼 일정한 양식이 지닌 특유한 문체를 특정한 양식의 '유형 문체'라고 한다.3) 필요에 따라서는 글의 전체적인 구성이라든지 단락의 짜임새를 고려하여 글의 양식적인 특징을 파악하기도 한다. 이와 같은 어투, 식별 표지, 유형 문체, 글의 구성 등에 있어서 글의 독특한 양식상의 특징을 통하여 양식을 정의하는 것이다.

## 3. 여러 종류의 글 양식

『문체명변』(文體明辯)은 중국 명(明)나라 서사증이 명대(明代)까지의 중국 역대 수만 편의 문장들을 선발하여 문장 양식별로 분류하여 수록한 책이다. 서사증은 여기서 문장 양식을 101가지로 분류하였다.

오늘날 우리나라의 문장 양식은 얼마나 될까. 정확히 알 수 없다. 그러나 언뜻 생각나는 대로 찾아 몇 가지로 정리해 보고자 한다. 우선 우리 글은 실용문과 문예문으로 나뉠 수 있다. 이런 나눔은 편의상의 분류이다. 이를테면, 양자가 엄격히 구분되지 않는 것이 너무 많다. <동명일기> 혹은 <가람일기>는 실용적인 일기문이지만 수필문학적인 성격과 격조를 지니고 있어서, 실용문의 범주에 넣어야 할지 문예문의 범주에 넣어야 할지 확연히 구분할 수 없다. 여기서는 양식상의 문제를 접어두고, 일반적인 상식에 준하여 나누어 보려 한다.

---

2) 상게서, pp. 35~36 참조.

3) 상게서, p. 36 참조.

가. 실용문

1. 일기
2. 편지
3. 기행문
4. 기사문
5. 감상문
6. 의식사
7. 보고서
8. 설명문
9. 논설문
10. 광고문

그밖에도 추도문, 묘비문, 청첩장, 부고, 축문, 안내문, 서문, 발문, 회의록, 일지 등 수없이 많다.

나. 문예문

1. 시
2. 시조
3. 소설
4. 수필
5. 평론
6. 희곡

그밖에도 한시(漢詩), 동화(童話), 동시(童詩), 우화(寓話) 등 이루 헤아릴 수 없이 많다. 글 양식에 대한 이해를 위해서는, 먼저 진술된 글에서 양식을 발견하고, 정의하고, 진술된 언어의 의도를 알아내고, 끝으로 그 글 양식의 삶터를 밝혀야 한다.

## 1) 실용문

실용문이란, 우리가 일상생활을 하는 가운데 실제적인 필요에 의해서 쓰인 글을 뜻한다. 실용문 가운데는, 기사문, 전언 통신문, 공문, 광고문 등과 같이 공공의 필요와 유익을 위한 글도 있고, 일기, 편지, 의식사, 기행문 등 개인적인 필요와 유익을 위한 글이 있다.

건축물은 그 나름의 필요와 쓰임새에 따라 기와집, 초가집, 누대, 아파트, 양옥집, 전각, 궁궐 등 다양하다. 기와집은 기와집대로 일정한 설계, 공법, 재료와 재질, 형태가 나름대로 특징이 있다. 이와 마찬가지로 어떤 글이든지 그 나름대로 여러 가지 특징을 지니고 있다.

실용문은 특히 확고하게 굳어진 일정한 틀을 가지고 있다. 물론, 시대에 따라 언어가 변하는 것처럼 일정한 틀이 부분적으로 조금 바뀌는 경우가 있기는 하지만, 근본적인 틀과 골간은 변하지 않는다. 편지글에서 받는 사람과 보내는 사람 이름이 빠지면, 그것은 편지로서의 기능을 상실한다. 일기에서 글을 쓴 날짜가 빠지면 일기문으로서의 기능이 없어진다. 그것은 시대가 바뀌어도 빠뜨릴 수 없는 중요한 요소 가운데 하나요, 그것 자체가 그 글 양식의 특징이기도 한 것이다. 실용문의 공통된 특징은 이렇다.

첫째, 실용문은 그 글의 삶터에 따라서 그에 맞갖는 격식과 엄격한 예법이 있다. 왜 애국가는 노래방 노래 목록에 빠져 있는가? 애국가의 삶터는 노래방이나 술집이 아니다. 국경일 기념식장과 같은 자리가 애국가의 삶터이다. 이른바 축사라고 하는 의식사는 졸업식, 입학식, 축제, 위안 잔치 등 일정한 '축하의 자리'가 그것의 삶터이다. 축사는 그 삶터에 맞갖은 일정한 규식과 예법이 들어 있다. 기사문에는 육하원칙이라고 하는 기본 원칙까지 있다.

둘째, 내용이 간단하고 명료하다. 일정한 내용의 전달에 그 목적을 두고 있기 때문에 개인적인 느낌이 끼어들 틈이 없다. 특히 공적인 글이 그렇다. 그러나 일기나 감상문에 느낌이 표현되어 있기 때문에 그것을 문학에서 연구 대상으로 논의하기도 한다.

### (1) 일기

#### 가. 일기의 정의

일기란, 한 개인이 그날 하루 동안 보고, 들은 것, 행한 일, 느낀 바, 떠오른 생각, 언행에 대한 반성 등을 기록한 사적인 기록이다.

누구나 그날 하루의 생활이 있다. 그날 하루는 자기 생애를 이루는 한 부분이다. 하루 동안 어떤 특별한 일이 있을 수도 있고, 사소한 일이 있을 수도 있고, 별일이 없을 수도 있다. 그 하루가 기쁘고 즐거운 날일 수도 있고, 슬프거나 괴로운 날일 수도 있고, 별 감정이 없는 날일 수도 있다. 그렇다고 아무런 의미가 없는 것은 아니다. 그날그날은 그 사람 나름대로 생애의 한 페이지를 장식하는 어떠한 시간이다. 특별한 사건이나 행위와 말이 없었던 날일지라도 '어떠한 생각을 한 날'일 수 있다. 하다못해 '오늘은 아무 일도 없는 날이군.'이라고 생각했다면 아무 일도 없는 날로서의 의미가 있다. 또 그 같은 생각을 했다는 점에 의미가 있다. 엄밀하게 분석해 보면, 그날그날마다 어떠한 특별한 의미를 지니고 있다.

### 나. 일기 쓰기의 유익

물론 누구에게나 그날의 잊어버리기 아까운, 의의 있는 생활을 기록하는 것이 일기다. 보고 들은 것 가운데, 또 생각하고 행동한 것 가운데 중요한 것을 적어 두는 것은, 그것이 형태가 있든 없든 간에 모조리 촬영해 놓은 생활 전부의 앨범이다.[4] 일기는 과거를 기념하는 점에 있어서는 앨범과 같다. 그러나 글쓴이의 장래를 위해서 다음과 같은 몇 가지 유익이 있다.

첫째, 자기 수양이 된다. 글을 쓰면서 혹은 글을 쓴 후에, 그날 자기가 한 행위와 말과 생각을 반성하는 기회를 갖게 된다. 그날 자기가 한 것에 대하여 스스로 옳고 그름을 가려보고, 선악을 판별하고, 혹은 그에 대하여 가치를 평가하거나 의미를 부여하는 등의 반성을 하는 것이다. 과거의 추억을 회상하는 즐거움뿐 아니라, 날마다 반성하는 계기가 되고 사무적으로도 정리할 것은 정리하고 청산할 것은 청산함으로써 다음 날을 새로운 마음으로 맞이하게 되는 즐거움이 있다.

둘째, 문장력이 향상된다. 글을 쓰는 습관이 생기면, '글쓰기'를 겁내거나 괴로워하지 않게 된다. 일기는 남에게 보일 필요가 없는 글이기 때문에 쓰는 데 자유롭고 자연스러울 수 있다.

셋째, 관찰력과 사고력이 예리해진다. 보고 들은 바에서 중요한 것을 가려내자면, 우선 미미한 사물이나 하찮은 사건에 대하여 치밀한 관찰과 사고가 자연히 요구된다. 세상 모든 만물에 대한 통찰력이 길러진다. 매사를 치밀하게 분석하는 사고력이 길러진다.[5]

### 다. 일기의 양식

① 일기의 양식을 이루는 것은 날짜와 본문이다. 이 두 가지 요소는 절대로 빠뜨릴 수 없다. 날짜는 일기에서 가장 중요하다. 그것이 없이는 일기로서의 의미가 없다. 날짜와 본문만으로 일기임을 의심치 않는다. 처음에 연월일을

4) 이태준, 전게서, p. 93.

5) 이태준, 상게서, p. 93 참조.

반드시 그리고 정확하게 기재해야 한다. 요일과 날씨를 기재하지 않아도 문제는 없다. 그러나 요일과 날씨는 나중에 자신이 쓴 일기를 되돌아 볼 경우에 당시의 상황을 보다 잘 이해할 수 있게 하는 데에 도움이 되기 때문에 기재하여 두는 것이 좋다.

② 일일 단위의 기록이다. 일기라는 말 자체가 하루의 기록이라는 뜻이다. 여러 날에 걸쳐서 일어난 사건을 그날의 일기 속에 다 쓰게 되면, 그것은 일기(日記)도 아니고, 수기(手記)도 아니다. 지게를 짊어지고 택시를 타는 격이다. 반드시 하루 중에 일어난 일을 기록해 두는 비망기(備忘記)이다.

③ 하루 중에 반드시 자기에게 일어난 일을 다룬다. 자기와 상관 없는 기록이라면 신문 기사거나 사건 보고서일 것이다. 반드시 자기에게 일어난 일이나 혹은 자기와 관련된 일을 적어 놓는 것이다. 일을 기록해 두고자 하면, 가급적 사건을 시간적인 순서에 의해 기록한다.

④ '나', '내가', '나는'과 같은 자기를 지칭하는 일인칭 대명사를 쓰지 않는다. 자기 생활 일기이기 때문에 인칭대명사가 없는 것이 더 좋다. 그것이 없는 편이 더 생동감이 있다.

⑤ 솔직한 표현이며 자기 고백적인 언어 지향성을 띤다. 남을 의식하지 않고 쓰는 글이다. 설사 남이 읽어 주기를 기대하고 썼다고 하더라도 일기는 솔직하게 쓰는 것이 일반적이다. 모든 글들이 그렇지만, 특히 일기를 쓰면서 허위 사실을 쓰고 과장을 해서 무엇을 하겠다는 말인가. 허위 사실을 쓰고 과장을 하려면 일기를 안 쓰는 편이 좋다. 자기 고백적인 언어 지향성을 띠기 때문에 일기가 자기 반성과 수양에 도움이 될 수 있다.

소설 작품이 일기 형식을 갖춘 것이 더러 있다. 일기가 솔직하고 자기 고백적인 언어 지향성을 가지고 있어서 인물의 삶의 과정, 마음씨, 심리적 변화, 솔직한 감정 표현을 위해 매우 적합하기 때문일 것이다. 괴테의 <젊은 베르테르의 슬픔>이 대표적인 예이다.

⑥ 본문 내용은 다양하다. 계절, 기후, 날씨의 변화에 대한 감상, 혹은 어떤 특별한 사건의 기록, 서정적인 글, 관찰, 사교 등 다종다양하다.

### 라. 일기의 종류

① **계절, 날씨, 기온에 대한 느낌을 서술한 것** : 누구나 그날 하루의 기분에 날씨처럼 영향을 주는 것도 없는 듯하다. 춘하추동의 사계절의 변화가 있고, 겨울에는 삼한사온이 비교적 규칙적으로 번갈아 오고, 우기와 건기가 자주 교차

하고, 일교차도 심한 우리나라의 경우에는 계절과 날씨와 기온의 변화야말로 우리 생활에 직·간접적으로 미치는 영향이 적지 않은 것이다.

9월 28일 맑음

맑았으나 서풍이 세게 불어 크고 작은 배들이 출입을 할 수 없었다.

–이순신 『난중일기』

2월 ×일

제법 날이 따뜻하다. 봄이 주는 공포! 야릇한 변태심리다. 겨울이 아직도 물러가지 말기를 바라는 심리다.

–모윤숙 씨 일기 일부

② 자기 일을 기록한 것 : 하루 세 끼 밥을 먹듯 으레 있는 일, 학생이면 매일 등하교하는 일, 회사원이면 출·퇴근하는 일이나 사무 보는 일과 같은 늘상 하는 일은 일기를 쓸 만한 사건이 아니다. 자기에게 일어난 일이면서도 큰 일이든 작은 일이든 날마다 일어나는 일은 일기로 기록할 만한 사건이 아니다. 손님이 찾아온 일이라든지, 누구와 약속한 일이라든지, 길을 가다가 우연히 초등학교 시절의 친구를 만나서 다방에서 커피를 나누게 된 일이라든지, 반가운 사람에게서 편지가 온 일이라든지, 오다가다 교통사고를 당했다든지 하는 일을 기록하는 것이다.

11월 13일

왜선 10여 척이 장도(獐島)에 나타났기에 곧 도독과 약속하고 수군을 거느리고 추격하니 왜선은 움추러 들어가 온종일 나오지 않았다. 도독과 함께 장도로 돌아와 진을 쳤다.

–이순신 『난중일기』

1월 18일

두통이 나고 몸은 고단하였으나 열시 반부터 <대지>(大地) 시사회에 출석. M좌 문간에서 대학교수를 만났다. <대지>를 보면서 나는 자꾸 조선을 생각하지 않을 수 없었다. 조선 사람 눈으로 보면 <대지>가 갖고 있는 엑조티시즘에서 오는 흥미는 반감되리라 생각하였다. 어머니가 해산을 하고 바로 일어나 바느질을 하는 것쯤은 조선서는 항다반한 일인데 관객 몇 사람은 너무나 부자연하다고 야지까지 하고 있었다. 그러나 어쨌든 좋은 사진이다. 「런던 머큐리」의 영화평에는 작년도의 최대 걸작이라고 하였으나 그렇게까지 걱정할 것은 못되어도 근래에 드물게 보는 좋은 영화였다. 너무나 통속적인 흥미에 타(墮)하였다 말할 사람이 있을는지 모르나 통속적이라 해서 반드시 배척할 것도 아닐 것이다.

–유진오 씨 일기 일부

③ 하루 중에 느낀 감상을 쓴 것 : 누구에게나 생활처럼 절실한 것도 없다. 생활에

서 느낀 것은 자기에게도 역시 절실하다. 오다가다 자신에게 일어난 흥취와 느낌을 솔직하게 서술한 글이다.

9월 18일

새벽 하늘에 흰구름 날고, 하현달이 빛나다. 둘에 쪼갠 반달이다. 목탁 소리 들리다. 오늘은 어머니 가신 날 … (중략) … 아침 예불에 차차 마음이 어우러진다. 무엇이나 여러 번 거듭하는 동안에 힘이 나는 것이다.

봉근이가 장티푸스로 입원하였을 때에, 열은 내렸으나 조갈이 심하여

"아빠, 뜨뜻한 찻물에 꿀 타 주어!"

하고, 새벽잠 든 나를 깨우던 것, 꿀을 탄 차를 그리도 맛있게 먹던 것, 드롭스를 너덧 개 종이에 싸서 제 손에 쥐어 주며, 내가

"가지고만 있어. 먹지는 말아라."

하면, 그는 만족한 듯이

"응, 안 먹어. 만지기만 할테야."

하고 대답을 하면서도, 내가 한잠을 자고 나면, 봉근이는 드롭스를 다 먹고 한 개만 남겨 쥐고 있던 것들이 생각난다. 그는 여덟 살에 패혈증으로 갔다.

중생은 슬픈 존재다. 그 중에서도 앓고 죽는 양이 차마 볼 수 없도록 슬프다. 나고 죽는 것이 헛 것이요, 꿈이라 하더라도 슬프기는 마찬가지다.

– 이광수 『산거일기』 중에서

○월 ○일

오다가다 가다오는 도중에 창작에 대한 줄기가 생겨나 국(局)에를 가면 잡무에, 집에로 돌아오면 아이들 재롱에 그만 모두 다 상(想)들이 어디론지 씻은 듯이 잃어지고 마니, 딱한 일이다. 시간의 여유가 있었으면 하는 마음이 간절하다.

욕심이라면 욕심이겠지만 읽고 싶을 때 읽으면서 쓰고 싶을 때 쓸 만한 여유가 있었으면 나는 그 이상 만족이 없겠다. 그러나 이것도 모두 다 쓸데없는 생각이다.

– 김억의 일기

④ **일기와 서정** : 거리에 나가 여러 사람에게 소리쳐 자랑하고 싶게 타오르는 정열, 그러나 자랑하자면 말할 수 없는 비밀스러운 기쁨이 있기도 하다. 반면에 또 그런 슬픔도 없지 않은 것이다. 더욱이 일기는 누구에게 보고하는 것이 아니니까 기쁘고 슬프고 간에 그 정서가 유발된 동기를 적을 필요가 없다. 그 정서에 가장 큰 쇼크를 주는 사태, 물정을 묘사하면 그 사물의 그림자에 자기의 정서가 반드시 깃들여지는 것이다.[6]

6) 상게서, p. 99.

5월 ○일

방안에 햇발이 쫙 퍼졌을 때 뻐꾸기 우는 소리에 옅은 잠이 깨었다. 가슴이 후둘후둘 떨렸다. '뻐구우우', '뻐구우우' 하는 소리도 나고 '뻐꾹', '뻐꾹' 마디 마디를 끊어서 우는 소리도 들렸다.

어느 것이나 내겐 다 슬픈 소리였다. 중에도 '뻐구구욱' 하는 마디 없는 소리가 더 마음을 흔들었다. 뻐꾸기 세상에도 무슨 원통한 일이 있고 슬픈 일이 있는가 봐. 그렇지 않으면 어째서 저리 섧게 울랴.

문을 열고 뻐꾸기 우는 방향을 찾아보았다. 앞산 푸른 숲 그윽이 서 있는 데서 우는 듯. 그 숲 속엔 안개도 끼어 있어서 바람 숲을 지날 때면 안개가 푸른 숲 위에 물결같이 넘실거렸다. 그런데서 뻐꾹은 자꾸만 울고 있었다. 울어라. 울어라.

– 최정희 씨의 일기체로 된 <정적기> 일부

⑤ 일기와 관찰 : 일기가 사생활의 기록이기 때문에 관찰 내용도 자신의 신변을 범위로 한정된다. 신변에 대한 묘사가 많은 것도 일기의 한 특징이다. 자기 집 뜰 안에 목련꽃이 피었음을 보고 봄이 왔음을 느끼거나, 자신이 다니는 회사 뜰에 오동잎이 한 잎 떨어지는 모습에서 가을을 느끼고 계절의 변화를 느껴 알게 되었다면, 그것도 자기 신변적인 관찰이다. 집안에서 꽃을 심고 가꾸다가 꽃나무를 들여다보거나 꽃나무의 변화를 보며 어떤 느낌이 생겨나면 그것을 일기로 쓸 수 있다.

11월 23일

매헌(梅軒)이 수선화분(水仙花盆)을 둘을 갖다 준다. 하나는 한 뼘이나 되는 전복 껍질에 세멘트를 이겨 발을 달고 투슬투슬 붙은 잔 조개껍질들을 그냥 두어 천연한 정취를 지니고, 또 하나는 그보다 좀 작은 도기(陶器)인데 연엽형(蓮葉形)으로 우묵하게 되고 안은 연엽빛, 겉은 대추빛이고 한 모르엔 게와 조개를 만들어 붙이였다. 옛날 북경서 사온 것이 지금은 고가(高價)를 가지고 북경을 가도 구할 수 없다 한다. 매헌과 함께 이궁(二宮) 앞 청인전(淸人廛)에 가서 장주(漳州)서 온 수선(水仙)을 여덟 뿌리 샀다. 양쪽에 덧뿌리가 달린 해형(蟹形)감으로 골랐다. 커도 푸석한 놈보다는 작아도 볼록한 놈이 꽃망울이 많이 들었다. 그 중 두 뿌리는 매헌을 주었다.

– 이병기 『가람일기』 중에서

써보기

그러면, 오늘 여기에 내 일기를 쓰자.

일기 :

### (2) 편지(書簡文)

살다 보면 다른 사람에게 할 말이 생기게 마련이다. 공간적으로 멀리 떨어져 있어서 말로는 하기 어려운 여건일 때 혹은 말로는 표현하기 어렵고 편지로 자신의 뜻을 전달해야 좋은 결과가 나올 것 같은 상황일 때가 있다. 그럴 때 말 대신 적어 보내는 글이 편지이다. 편지에서 할 말을 어떻게 쓸 것인가. 그 내용을 당사자를 만나서 마치 말로 하듯 쓰면 그만이다. 어려울 것이 없다. 이쪽에서 먼저 알릴 내용이니까 이쪽에서 먼저 써 보낸다. 이쪽에서 알리고 싶은 대로, 될 수 있으면 쉽게 알리는 것이 성과가 있는 것이다. 문장이 어려워서 혹은 한자를 많이 써서 혹은 이해하기 어려운 전문 용어를 써서 상대가 잘 이해하지 못한다면, 그것은 글을 쓴 이의 손실이다. 될 수 있으면 쉽게 뜻을 전하는 것이 편지글의 올바른 길이다.

편지와 같이 극히 사적이고 친근한 글에서도 서두와 결어뿐 아니라 글 전반에 걸쳐 편지임을 의심할 여지가 없는 전래적인 표현들로 이루어졌음을 알 수 있다. 편지글은 고대로 거슬러 올라갈수록 그 양식이 규격화되었음을 볼 수 있다. 1901년(신축년) 우리말 편지글로 추정되는 편지를 보자.

**옛날 편지**

시어만님전 상살니라.
문안 알외압 모츈 일기 미ᄒᆞᆫᄒᆞ온ᄃᆡ
긔후 일항만강ᄒᆞ압신잇가 문안 아압고져
니만 알외압나니다. ᄒᆞ감 젓ᄉᆞ와 눌어 보압소서.
이후 ᄂᆡᄂᆡ 일항ᄒᆞ압심 쳔만 바ᄋᆡ나니다.
신축 삼월 이십 ᄉᆞ일 자부 상살니라.

(현대어 역)

시어머님께 드립니다.
문안 인사 여쭈옵니다. 지금 늦은 봄, 날씨가 조금 차가운데,
몸은 여전히 건강하시옵니까? 편안히 지내시는지 궁금하여 알고 싶습니다.
이만 알외옵니다. 저으기 걱정스럽사오니, 송구스럽습니다만 너그러이 보아주시옵소서.
이후 내내 한결같이 무사하시기를 천만 번 바라옵니다.

신축년 3월 24일
며느리 올립니다.

이 우리말 편지글의 줄거리를 다음과 같이 요약할 수 있다.

① 수신자 호칭
② 계절에 따른 문안 인사
③ 편지의 용건
④ 안녕 기원
⑤ 글 쓴 날짜
⑥ 발신자 이름

이 여섯 가지 필수적인 요건들은 특수한 경우가 아니고서는 생략할 수 없다. 이들이 곧 편지임을 알려 주는 식별 표지이다. 이 여섯 가지가 편지글을 구성하는 요소이다. 글쓴이에 따라 기술 방식이 약간 다를 수 있겠으나, 아무리 격식을 파괴한다고 하더라도 이와 같은 양식상의 확고한 요소를 빠뜨릴 수 없다. 필수적인 구성 요소가 빠지면 그것은 이미 편지글이 아니다. 위의 여섯 가지 구성 요소는 거의 필수적인 구성 요소들이다. 이것은 편지글이다. 한 예를 들어 보자.

아버님께

꽃샘추위가 떠나지 않아 쌀쌀한 요즈음, 아버님 어머님 안녕하시오며 집안이 다 무고하십니까? 제가 대학에 입학하게 된 것은 아마 라디오를 통해서 들으셨을 줄 아옵니다. 방이 붙을 때까지는 합격이나 되었으면 좋겠다는 바람뿐이었습니다만, 합격된 그 순간부터는 벌써 집 생각이 나 어떻게 견디나 하는 걱정이 생겼습니다.

그렇지만 고향에서 온 아이들이 모두 다섯 명이나 함께 입학하여 이들과 자주 한 자리에 모일 것 같습니다. 그러니 울도록 외롭지는 않을 것이오며, 고향 대학과는 달라 같은 학과 친구들이 전국적으로 모인 터이기 때문에 공부로나 무엇으로나 한 번 뛰어나게 잘하고 싶은 욕망이 불탑니다. 힘써 공부하겠습니다.

학교 건물도 훌륭하고, 교수님들도 너무나 유명하신 분들이 많습니다. 너무 좋아서 어제 저녁에는 잠이 안 와서 혼났습니다. 동봉한 입학 수속 서류에 아버님 도장을 찍어 곧 보내 주시기 바라옵니다. 오늘은 이만 그치나이다. 부디 편안히 계십시오.

2006년 4월 2일
소자 철수 올림

자기가 말하고 싶은 사연이 진솔하게 뚜렷이 드러나 있다. 이 편지를 받은 아버지는 감격하며 읽을 것이다. 그러는 가운데 아버지와 아들 사이의 정은 켜켜이 쌓일 것이다. 편지의 장점은 이렇듯이 자기의 감정과 사연을 정확하게 그리고 사뭇 감동적으로 전달할 수 있다는 점이다. 편지는 직접 만나서 대화하는 것이나 전화로 통화하는 것보다 친근하고 사적인 감정을 감동적으로 전달할 수 있는 효과를 지니고 있다. 다음의 생일 초대 편지를 보자.

연정이에게

벌써 여름이야

연정아, 참 오랜만이지.

그래 그동안 잘 있었구, 심심하지는 않았어? 난 꽤 심심하구먼. 글쎄 단 석 달 남짓한데 벌써 이렇게 심심하니 큰일났어.

요전번에 남숙이를 길에서 만났구만. 아주 새색시 티가 나던데. 그러니까 벌써 미쎄스가 셋이지. 그리고 영희도 약혼을 하였대. 남자는 연세대 출신 공학박사라고 하던데. 다들 아주 재주들이 좋은데 말야, 우리들만 납짝콩이야.

오는 24일 목요일이 내 생일이야. 좀 와요. 모두 모여 저녁이나 같이 먹자구. 경아한테도 알려 주었어. 미랑이, 말령이, 경숙이, 은실이한테도 기별했으니까 오랜만에 모두 모일 거야.

어머니께 특별 허락을 받아 놨어. 이 날은 아주 맘껏 놀기로 하였으니, 떠들 준비를 맘껏 해 가지고 꼭 와요.

그럼 그 동안 싸두었던 이야기는 모두 그날 하기로 하고 이만 총총.

7월 6일

길순[7)]

어감을 그대로 살린, 짤막짤막한 말마디들은 마치 전화를 주고받는 것처럼 실감이 난다. 거의 표정이 보일 듯하다. 편지도 표현이니 만큼 쓰는 사람의 마음을 잘 드러낼수록 좋은 편지일 것이다.

이태준 선생은 편지 쓰는 요령을 다음과 같이 요약 정리하여 말하였다.

① 쓰는 목적을 분명히 따져볼 것. (중략) 똑똑히 경우와 분수에 맞추어 목적을 선명히 가지고 쓸 것이다.
② 편지 받을 사람을 잠깐이라도 생각해서 그와 지금 마주 앉은 듯한 기분부터 얻어가지고 붓을 들 것.
③ 한문식 문구를 무시하고 말하듯 쓸 것.
④ 예의를 갖출 것. 말하듯 쓰랬다고 품위 없는 말을 쓴다든지, 문안을 잊어버리고 제 말부터 내세운다든지 해선 안 된다.
⑤ 감정을 상하지 않게 쓸 것. 마주 대해서 말로 할 때는 얼굴이 표정이 있어 말은 비록 날카롭더라도 표정으로 중화시킬 수 있다. 그러나 글에는 표정이 따라가지 못한다. 그래 이쪽에서 심한 말이 아닐 줄로 알고 쓴 것도 저편에선 오해하는 수가 있다. 그러기에 중대한 일은 편지로 하지 않고 만나러 가는 것이다.
⑥ 저편을 움직여 놓을 것. 무슨 편지나 저편을 움직여 놓아야 한다. 문안편지라도 저쪽에서 받고 무슨 자극이 있어야지, 심상히 왔나 보다 하고 접어 놓게 되면 헛된 편지이다. 더구나 무슨 청이 있어 한 편지인데 저쪽이 움직이지 않는다면 그 편지는 완전히 실패다. 써가지고 그 사연이 넉넉히 자기가 필요한 만치 저쪽을 움직일 힘이 있나 없나 읽어 보고, 없으면 얼마든지 그런 힘이 생기도록 고쳐야 한다.[8)]

---

7) 위의 아버님께 쓴 편지와 연정이에게 쓴 편지는 이태준, 전게서, pp. 105～108을 참조하고 약간 현대적으로 변용하여 쓴 것이다.

8) 이태준, 상게서, pp. 109～110.

써보기

아래에 여러분의 아버님께 편지를 쓰자.

편지 쓰기 :

이제는 위의 여섯 가지 요건을 두루 다 갖추었는가 확인하자. 그리고 편지 쓰는 요령에 맞갖는 글인가를 살펴보도록 하자.

## (3) 기행문

기행문이란 여행 중에 보고 듣고 느낀 바를 기술한 문장이다. 여행은 신선하고 새로운 미지의 세계와 접하는 일이다. 그러니, 그에 대한 느낌이 없을 수 없다. 보고 듣는 것이 모두 새 것인 것을 어찌하랴. 새로운 것이기에 호기심이 일어나고 재미있다. 호기심과 재미가 있다 보니, 일련의 감상이 떠오를 수밖에 없다. 그 감상을 쓰는 것이 곧 기행문이다. 글쓰는 이의 취향에 따라 일기, 편지, 수필, 보고의 형식으로 서술할 수도 있다.

이태준 선생의 말을 빌려 기행문의 필수적인 요소를 몇 가지 간추리면 다음과 같다.[9)]

9) 이태준 선생은 전게서 pp. 130～145에서 기행문의 필수 요소로 5가지를 지적한 바 있음.

## 가. 떠나는 즐거움이 드러나야 한다.

여행을 떠날 준비를 하는 설렘과 큰 즐거움이 나와야 한다. 여행을 시작하기 전부터 여행자의 즐거움과 설렘이 가득 표현되었을 때 비로소 독자들도 호기심을 갖고서 동감할 태세를 갖춘다. 일종의 동기 유발을 위해서 필요하다. 조선시대 박제가(1750～?)가 쓴 <묘향산 기행>을 보자.

> 지난 날 내가 맹산(孟山) 고을의 나그네로 유랑하고 있을 때 유득공(柳得恭)이 서신을 보내왔다.
>
> 「지금 자네가 있는 서쪽이 묘향산이라는 것을 잊지 말게」
>
> 그래서 나는 무더운 여름도 다 지나고 곧 단풍이 물들 것 같아 묘향산 구경을 하기로 작정했다. 얼마 후 무관(懋官) 이덕무(李德懋)가 이런 시까지 보내왔다.
>
> 곱게 단풍 든
> 묘향산 유람하고
> 빨리 돌아와서
> 밀린 회포나 풀어 보세.
>
> 기러기 울고 서리 내리는 늦은 가을, 이윽고 나는 묘향산을 향해 출발했다. 녹색 도포 차림으로 나귀에 올라 허리에는 칼을 찼으며 책 몇 권을 함께 실었다.
>
> 동쪽으로 60리를 가 석장이란 곳에 도착하니 뉘엿뉘엿 해가 지려고 하기에 하룻밤 머물고 가기로 했다. 석장 옆으로는 맑은 개울이 흐르고 초가집 뒤로 몇 그루 서 있는 나무들은 마치 산을 배경으로 한 한 폭의 그림 같았다.
>
> 새벽에 일어나 책을 읽고 있는데 이침직이 찾아와서 말했다.
>
> "깊은 밤에 이런 냇가에 와서 묵게 될 줄을 누가 알았겠는가?"
>
> 나도 그의 말투를 흉내내어 맞받았다.
>
> "지붕으로 달빛 쏟아지는데 어찌 방안에서 꿈을 꾸겠나. 얼굴을 쳐드니 깨끗한 이슬이요, 귓전에 들리는 것은 소슬한 바람소리네. 이곳에서 잠 못 이룰 줄 어찌 알았겠는가?"[10)]

유득공과 이덕무가 보내온 서신과 시에서 묘향산의 아름다운 경치를 맛보라는 은근한 권유가 들어 있다. 얼마나 아름다우면 그처럼 서신과 시로써 권했을까. 인용문은 독자의 호기심을 유발시키기 위해 충분하다. 본격적인 묘향산 구경을 앞두고 잠못 이루며 설레는 작자의 마음이 여실히 표현되어 있다.

---

10) 박정수 편역, 「땅끝에서 백두산까지」(서울 : 예문당, 1994), pp. 74～75에 실린 박제가의 <묘향산 기행> 중에서 발췌.

### 나. 여정(旅程)이 보여야 한다.

여정(혹은 路程)이 선명하게 잘 드러나야 독자들도 간접적이지만 여행을 실감할 수 있다. 이것은 독자에게 친절을 베푸는 일이기도 하다. 그렇게 친절한 필자라면 좋은 구경거리를 하나도 빼놓지 않고 보여 줄 것이라고 믿게 되는 것이다. 그러나 노정에 관한 설명이 지나치면 여행 안내문과 같은 느낌을 주어 기행문의 효과가 반감되고 만다.

> 24일 이른 아침밥을 먹고 만폭동으로 들어갔다. 여러 개의 못을 지나 시내 왼쪽으로 난 좁은 길을 통과하여 보덕굴에 올랐다. 구불구불한 돌길을 수백 보쯤 걸어가니 계단이 나오고 40계단이 끝나자 그제야 보덕굴이 나왔다. 보덕굴 속에는 자그마한 암자가 하나 있었다.
>
> 앞 기둥이 바위 밖으로 튀어 나온 암자는 버팀대가 없어 수십 자 되는 구리 기둥으로 받쳐 놓았고 거기에 두 가닥의 쇠사슬로 이리저리 얽어 매어 놓았다. 그 위로 올라가 보았더니 몸이 흔들리는 것이 마치 공중에 뜬 듯 아찔하여 아래를 내려다 볼 엄두조차 낼 수가 없었다.
>
> 잠깐 쉬었다가 서북쪽으로 내려오니 진주담이라는 못이 보인다. 진주담이란 폭포가 쏟아지는 광경이 구슬처럼 아름답다고 해서 붙인 이름이다. (…… 중략 ……)
>
> 화룡연을 지나면 마하연이 나온다. 중향성이 암자 뒤편을 병풍처럼 감쌌고 혈망봉 등 여러 봉우리가 앞쪽을 병풍처럼 둘렀으니 참으로 뛰어난 가람이다.[11)]

이 글은 조선시대 학자 김창협(1651~1708)의 『농암집』(農巖集)에 실려 있는 <금강산 기행문>이다. 만폭동에서 보덕굴, 진주담, 화룡연, 마하연을 지나고 있는 여정이 잘 나타나 있다. 마치 독자가 그 길을 걷고 있는 것과 같은 느낌을 얻을 수 있다.

유홍준 교수의 『나의 문화유산답사기 I』 가운데 다산초당에서 백련사로 넘어가는 대목인데 그 노정이 잘 표현되어 있다.

> 다산초당 천일각에서 만덕산 허리춤을 세 굽이 가로 질러 백련사에 이르는 산길은 늦은 걸음이라도 40여 분 안에 다다를 수 있는 쾌적한 등산길이다. 등산길이라기보다는 산책길이라는 표현이 더 어울릴 이 오솔길은 그 옛날 나뭇군이 다니던 아주 좁은 산길로 정다산이 강진 유배 시절 인간적·사상적 영향을 적지 않이 서로 주고받았던 백련사 혜장 스님을 만나러 다니던 길이다.[12)]

---

11) 박정수 편역, 「땅끝에서 백두산까지」(서울 : 예문당, 1994), pp. 40~42.

12) 유홍준, 「나의 문화유산답사기 I」(서울 : 창작과 비평사, 1996), p. 57.

다. 객창감과 지방색이 나와야 한다.

이에 대한 이태준 선생의 말씀은 누구나 수긍할 수 있는 사뭇 흥미로운 주장이다. 이렇게 말한다. 기행문은 나그네의 글이다. 공연히 여수(旅愁)만을 하소연할 것은 아니로되, 그래도 객지에 나와 며칠 지나면, 더욱 일행이 없이 혼자라면, 길손으로서 애수(哀愁)가 없을 수 없다. 이 애수란 기행문만이 가질 수 있는 미(美)의 하나이다. 그리고 타관다운 눈에 설은 풍정이 전폭으로 풍겨져야 한다. 그러자면 기이한 것을 어느 점으로든 묘사해야 한다.[13)]

라. 그림이나 사진이나 노래나 시를 넣어도 좋다.

이태준 선생은 또 이렇게 말한다. 흥취와 경이가 돌발적으로 나오는 글이 기행문이다. 이미 안지 오랜 고적도 당해 놓으면 감회가 새삼스럽고, 여태껏 기어오르던 산이라도 한 걸음 더 오름으로 말미암아 전혀 다른 안계(眼界)가 전개되는 수가 있다. 그런 돌발적으로 격해지는 감회, 흥취, 경이를 산문만으로 서술하기엔 너무나 늘어질 뿐 아니라 감격 그대로를 전할 수가 없으니 뜻보다 정의 표현인 운문을 이용하게 되는 것이다. 그리고 방위를 위해서나 실경을 위해서 그림이나 사진을 글 속에 끼워 넣는 것도 정취가 있는 솜씨다. 그러나 그림이나 노래에 솜씨가 없어 본문에 손색이 될 만한 정도면 차라리 단념하는 것이 현명하다.

정진권 교수는, 기행문은 자유롭게 쓸 수 있는 형식이지만 체험, 감상, 여정이라고 하는 세 요소를 갖춘 것이라고 말하고, 다음과 같은 삼단구성이 기행문 짜임의 기본형이라고 제시한 바 있어 참고할 만하다.

- 서두 : 여행하게 된 동기(목적)나 떠날 때의 감상을 드러낸다.
- 본문 : 여정에 따라 여행의 체험과 감상을 드러낸다.
- 결말 : 여행에 대한 평가나 반성 등 감상을 마무리한다.[14)]

이제 당신도 준비한 노트에 기행문 한 편을 써 보라.

### (4) 기사문

기사문은 어떠한 사건, 사실, 현상을 객관적인 입장에서 알리기 위해 작성하는 글이다. 다시 말하면, 어떤 일을 객관적으로 기술하여 글을 쓰는 사람의 모

13) 이태준, 전게서, pp. 135～136.

14) 정진권, 「문장론 연습」(서울 : 학지사, 1995), p. 241.

습은 글 속에는 나타내지 않고 읽는 사람이 마치 직접 어떤 일의 현장을 목격하는 것처럼 꾸며서 쓰는 글이다.

기사문에는 글쓴이의 지극히 사적인 목소리나 어조나 개성이 잘 드러나지 않는다. 기사문에서의 글쓴이의 목소리(voice)는 이른바 언론적 중립의 소리(the neutral voice of journalism)이다. 기사문의 목소리는 매우 차분하고 냉정하며 객관적이어서 중립을 유지한다. 글쓴이가 언론적 중립의 소리를 드러내기 위해서 육하원칙(5W1H)에 입각하여 글을 작성하는 것이 일반적이다. 기사문은 따라서 사실(fact)의 설명, 기술, 묘사에 충실할 수밖에 없다. 예를 들면 이렇다.

> 5천여 쌍의 동성애자들이 6일 오후 그리니치 빌리지에서부터 센트럴 파크까지 동성애자들의 긍지와 단합을 위한 연합 시위를 벌였다.

한편, 최근의 기사문은 전통적인 언론이 중립적인 목소리만을 추구하는 데서 오는 제약을 탈피하여 세밀한 부분에 이르기까지 다양하고 풍부한 상황을 독자에게 전달하여 보도자의 주관적 견해도 나타내면서 객관적 판단을 유도해 내는 식의 신언론적 목소리(the voice of the new journalism)를 유지하기도 하는 경향이 있다. 예를 들면 이렇다.

> 6일 오후 뉴욕에 관광 온 신혼 부부 한 쌍은 길 모퉁이에서 롯의 아내처럼 얼어붙어버렸다. 1만여 명의 남녀가 남성은 여성의 복장을, 여성은 남성의 복장을 한 채 괴기스런 복장으로 중세의 인간들처럼 스크럼을 짜고 피켓을 들고서 동성애 예찬의 노래와 구호를 외치며 지나가는 모습에 지난 밤 악몽을 꾼 것과 같은 느낌을 받았다.[15)]

이 보도 기사는 몇 가지 특징이 있다. 첫째, 현장을 극적 상황(dramatic situation)으로 바꿔 보도하고 있다. 둘째, 남녀 구별 없이 바꿔 입은 동성연애주의자들의 복장 묘사에 중세 시대 개념까지 도입하고, 얼어붙은 신혼부부의 모습을 묘사함에 있어서 성경에 나오는 롯의 이야기까지 동원하는 등 다양한 상상력을 발휘하여 묘사하고 있다. 셋째, 필자는 단어의 사용에 있어서 엄격성, 전통성, 상투성 등 관습으로부터 일체 탈피하여 자유로운 단어들을 구사하고 있다.

이러한 신언론적인 목소리는 기존의 전통적인 중립적 언론의 목소리로부터 변화된 모습이다. 글쓴이의 다양한 개성을 반영할 수 있는 목소리다. 최근의 언론에서의 목소리는 이렇게 다양한 개성의 목소리를 지향한다.

---

15) 패트릭 하트웰 저, 전게서, p. 38.

신문 독자들은 어떤 기사를 좋아하는가. 류창하는 이렇게 말한다.

① 현장스케치를 상세히 하라.
② 휴먼터치의 감각에서 기사를 쓰라.
③ 포커스를 잘 맞춰라.
④ 대화의 인용을 많이 활용하라.16)

신문 기사의 글은 어떤 문장이 좋은가. 류창하는 또 이렇게 말한다.

① 간결하게 쓰라.
② 가능하면 구어체로 쓰라.
③ 주어와 술어, 수식어의 위치를 제자리에 두라.
④ 섹시한 용어를 찾아 쓰라.
⑤ 쉽게 쓰라.17)

리드(前文)가 있는 기사문에서의 본문은 최소한 2단락 이상으로 구성되어 있다. 이는 곧 앞단락이 나중의 것보다 중요한 요소들을 포함하고 있어야 하며 앞단락의 첫번째 문장에 가장 중요한 내용을 실어야 한다는 것이 기본임을 설명하는 것이다. 잠깐 하나의 기사를 보자.

① 정부는 13일부터 17일까지 민족대교류 기간 중 무제한 방북을 허용키로 함에 따라 전국 시군구 민원실에 북한 방문 신청 접수처를 마련, 4일부터 8일까지 신청서를 받는다.
② 정부의 이 같은 방침에 따라 내무부는 3일 전국 각 시군구 민원실에 방북 신청 접수 창구를 설치하도록 지시하고 전담직원을 배치 접수상황을 통일원에 마련된 접수상황실에 보고하도록 시달했다.
③ 이에 따라 서울시 등 전국 시군구청 민원실에서는 '북한 방문 신청 접수처' 창구에 안내판을 설치하고 안내문을 인쇄 비치하는 등 준비 작업을 서두르고 있다.
④ 방북 접수증은 앞으로 증명서와 교환되며 8. 15 민족대교류가 실현되지 않을 경우 추석 등 다음 민족대교류가 추진될 때 이번에 발급받은 접수증으로 방문증명서를 받을 수 있다.
⑤ 전국 민원실과 이북 5도청에는 방북 신청 절차를 묻는 전화가 하루에 수백 통 쇄도하고 있어 접수기간 중 약 1백만~2백만의 신청서가 접수될 것으로 보인다.

16) 이상우, 류창하 공저, 「현대신문제작론」(서울 : 나남출판, 1995), pp. 72~73.
17) 상게서, pp. 75~77.

여기서 ①은 리드(前文)기사이고 나머지 ②~⑤는 본문이다. 본문 중 ⑤는 편집상 삭제해도 별 문제가 없는 내용이므로 맨 뒤에 배열하였다. 본문은 하나의 문장이 하나의 단락으로 설정되어 있으며 앞단락이 뒤의 것보다 중요성이 높음을 알 수 있다.[18] 이런 식으로 신문 기사문이 작성된다.

써보기

최근에 우리나라, 혹은 우리 고장, 혹은 우리 집에서 일어난 사건 하나를 기사문으로 만들어 보라.

기사문 :

## (5) 감상문

자연(自然), 인간사(人間事), 생활이라든가 일체의 사물에서 얻은 자기 자신의 감상을 쓴다. 그러니까 바꾸어 말하면 자연, 인간사, 생활, 사물을 소재로 하여 그에 대하여 자기 자신만의 느낀 바를 쓰는 것이다. 따라서 객관적인 대상에 대한 나의 주관적인 글이다. 그 주관에는 결코 허구를 용납치 않는다. 이태준은 말한다.

> 감상은 정(情)과 달라 자기 자신에서보다 어떤 대상, 자연이거나 인사거나 한 사물을 객관적으로 상대해 가지고서야 얻는 수가 많다. 산천에 대한 감상은 산천을 대해 가지고 얻을 수 있는 것이요 생사(生死)에 대한 감상은 생사라는 사태에 대해

18) 전게서, pp. 80~81.

> 가지고 얻는 것이다. 그런데 산천이나 생사를 누구나 볼 수 있듯이 자연, 인사의 모든 대상이 누구에게만 한한 것이 아니라 어떤 사람의 안전에나 다같이 개전(開展)되어 있는 것이다.
>
> "개울물도 맑기도 하다! 속이 다 시원하구나!"
>
> 하는, 촌부의 말 한 마디도 감상이요,
>
> "그느므 땅 걸긴 허이! 흙내만 맡아두 속이 다 흐뭇허네그려!"
>
> 하는, 농부의 말 한 마디도 훌륭한 감상이다. 고저심천(高低深淺)의 차가 있을지언정 감상은 누구에게나 있다. 누구에게나 있는 것이니 글로 쓰기까지 할 감상이면 평범해서는 안될 것이다. 기발하고 참신해서 읽는 사람이 무엇으로나 놀랍고, 무엇으로나 새로울 수 있어야 한다. 그러자면, 어떤 대상이고 무심히 보거나 쉽사리 생각해서는 안 된다. 감각과 사고가 예민해서 어떤 대상, 어떤 사태에나 투시하는 힘이 있어야 할 것이다.[19]

이제 소파 방정환 선생의 <어린이 예찬> 일부를 보자.

**어린이 예찬**

어린이가 잠을 잔다. 내 무릎 앞에 편안히 누워서 낮잠을 달게 자고 있다. 볕 좋은 첫여름 조용한 오후이다.

고요하다는 것을 모두 모아서 그 중 고요한 것만을 골라 가진 것이 어린이의 자는 얼굴이다. 평화라는 평화 중에 그 중 훌륭한 평화만을 골라 가진 것이 어린이의 자는 얼굴이다. 아니 그래도 나는 이 고요한 자는 얼굴을 잘 말하지 못하였다. 이 세상의 고요하다는 고요한 것은 모두 이 얼굴에서 우러나는 것 같고 이 세상에 평화라는 평화는 모두 이 얼굴에서 우러나는 듯싶게 어린이의 잠자는 얼굴은 고요하고 평화롭다.

고운 나비의 나래, 비단결 같은 꽃잎, 아니 아니 이 세상 곱고 보드랍다는 아무것으로도 형용할 수 없이 보드랍고 고운 이 자는 얼굴을 들여다 보아라. 그 서늘한 눈을 가볍게 감고 이렇게 귀를 기울여야 들릴 만큼 가늘게 코를 골면서 편안히 잠자는 이 좋은 얼굴을 들여다 보라. 우리가 종래 생각해 오던 하느님 얼굴을 여기서 발견하게 된다. 어느 구석에 먼지만큼이나 더러운 티가 있느냐. 어느 곳에 우리가 싫어할 한 가지 반 가지가 있느냐. 죄 많은 세상에 나서 죄를 모르고 부처보다도 예수보다도 하늘 뜻 그대로 산 하느님이 아니고 무엇이랴.

아무 꾀도 갖지 않는다. 아무 획책도 모른다. 배 고프면 먹을 것을 찾고 먹어서 부르면 웃고 즐긴다. 싫으면 찡그리고 아프면 울고 거기에 무슨 꾸밈이 있느냐. 시

19) 이태준, 전게서, pp. 112～113.

> 퍼런 칼을 들고 핍박하여도 맞아서 아프기까지는 방글방글 웃으며 대하는 이다. 이 넓은 세상에 오직 이 이가 있을 뿐이다.
>
> 오오, 어린이는 지금 내 무릎 위에서 잠을 잔다. 더할 수 없는 참됨과 더할 수 없는 착함과 더할 수 없는 아름다움을 갖추고 그 위에 또 위대한 창조의 힘까지 갖추어 가진 어린 하느님이 편안하게도 고요히 잠을 잔다. 옆에서 보는 사람의 마음 속까지 생각이 다른 번루한 것에 미칠 틈을 주지 않고 고결하게 순화시켜 준다. 사랑스럽고 부드러운 위엄을 가지고 곱게 곱게 순화시켜 준다.
>
> 나는 지금 성당에 들어간 이상의 경건한 마음으로 모든 것을 잊어버리고 사랑스러운 하느님 — 위엄뿐만의 무서운 하느님이 아니고 — 의 자는 얼굴에 예배하고 있다.[20]

이태준은 좋은 감상문을 위해서 정관(靜觀), 응시, 명상을 하지 않으면 안된다고 말한다. 이 글은 퍽 고요한 관찰이다. 아무나 다 보는 어린이의 자는 얼굴이지만, 정관하는 시야에는 이만큼 놀라운 것들이 떠오른 것이다. 피천득 선생의 <오월>에 대한 감상을 보자.

**오월**

> 오월은 금방 찬물로 세수를 한 스물 한 살의 청신한 얼굴이다.
>
> 하얀 손가락에 끼어 있는 비취 가락지다.
>
> 오월은 앵두와 어린 딸기의 달이요, 오월은 모란의 달이다.
>
> 그러나 오월은 무엇보다도 신록의 달이다. 전나무의 바늘잎도 연한 살결같이 보드랍다.
>
> 스물 한 살 나이였던 오월. 불현듯 밤차를 타고 피서지에 간 일이 있다. 해변가에 엎어져 있는 보우트, 덧문이 닫혀 있는 별장들. 그러나 시월같이 쓸쓸하지는 않았다. 가까이 보이는 섬들이 생생한 색이었다.
>
> 得了愛情痛苦
> 失了愛情痛苦
>
> 젊어서 죽은 중국의 젊은 시인의 이 글귀를 모래 위에 써 놓고, 나는 죽지 않고 돌아왔다.
>
> 신록을 바라다 보면 내가 살아 있다는 사실이 참으로 즐겁다.

20) 소파 방정환 선생의 글을 이태준, 상게서 pp. 113~114에서 재인용.

> 내 나이 세어 무엇하리. 나는 지금 오월 속에 있다.
>
> 연한 녹색은 나날이 번져 가고 있다. 어느덧 짙어지고 말 것이다. 머문 듯이 가는 것이 세월인 것을. 유월이 되면 원숙한 여인같이 녹음이 우거지리라. 그리고 태양은 정열을 퍼붓기 시작할 것이다.
>
> 밝고 맑고 순결한 오월은 지금 가고 있다.[21)]

오월을 대하는 피천득 선생의 계절 감각이 신선하게 풀어져 있다. 정관과 명상을 통해서 얻은 감상이 아닐 수 없다.

### (6) 의식사

의식사(儀式辭)란 각종 의식 때 연설하기 위해 쓰인 글이다. 생활하다 보면 이런 저런 의식에 참석하게 된다. 그 의식은 입학식, 졸업식, 이임식, 취임식, 환영식, 혼례식, 약혼식, 성인식, 전역식, 퇴임식, 회갑잔치, 칠순잔치 등 다양하다. 각종 경조(慶弔) 의식과 밀접한 관련을 가지고 이루어진다.

의식사는 대개 다음과 같은 성격을 지닌다.

첫째, 의식의 일부이다.

둘째, 의식사의 주제와 내용은 의식의 목적에 부합되어야 한다. 의식사가 개인적인 곁가지 이야기로 흐르거나 의식과 상관없는 이야기를 늘어놓아서는 안 된다. 또한 자신의 지위나 역할을 벗어난 내용을 말하게 된다면 자칫 설화(舌禍)를 부를 수도 있다.

셋째, 의식사는 고유한 격식을 고려해야 한다.

넷째, 대개 시간 제한이 있다. 의식 진행자에게 미리 확인하여 가용 시간을 확인한 후 그에 합당한 분량의 글을 준비해야 한다.

이러한 의식 때 구태여 문장을 지어 낭독하는 의의는 그 의식에 따르는 일정한 격식을 위한 것임과 동시에 참석자 일동에게 읽어드리도록 하여 의식의 기분을 고조시키기 위함이다. 의식을 위한 것이기 때문에, 또한 의식사의 삶의 자리가 '의식을 거행하는 자리'이기 때문에 어디까지나 그 의식의 분위기에 맞게 글을 써야 한다. 따라서 의식사는 다음과 같은 점에 유의하여 작성되어야 한다.

---

21) 피천득, 「수필」(서울 : 범우사, 1978), pp. 62～63.

① 격식과 관습에 맞는 말(의식의 성격에 따라 정중한 말, 감상적인 말, 화기애애한 말, 애도하는 듯한 말 등)을 구사해야 한다.
② 예의를 갖추어야 한다.
③ 의식의 목적에 부합되는 주제여야 한다.
④ 낭독조로 글을 써야 한다.
⑤ 단어와 어구의 적절성을 고려하여 불경스런 말, 금기어 등을 사용하지 않아야 한다.
⑥ 지나친 매너리즘에 빠지지 않도록 한다.
⑦ 정분을 아로새겨 감동을 줄 수 있는 글이어야 한다.

의례적이고 격식적인 용어들이 많아 지나치게 형식에 치우치는 경향이 있긴 하다. 그렇다고 글 내용까지 형식적인 말들만 골라 쓴다면 무성의하게 보일 뿐더러 청중들을 감동시킬 수 없다.

여기에 특별히 주의해야 할 두 가지 점이 있다. 첫째, 혼자 의식을 거행하는 것이 아니고 대중이 참석하여 의식을 공유하므로 결코 사적(私的)인 내용에 치우치지 말아야 한다. 둘째, 지루한 느낌이 들 정도로 글 내용이 길지 않아야 할 것이다.

의식사는 일반적으로 일정한 양식상의 특징이 있다. 서두와 결미에서 결코 인사말은 생략할 수 없다. 서두는 대상자의 호칭, 환영 혹은 축복의 인사말, 의식을 맞이하는 소감을 약술하게 된다. 결미는 치하, 당부의 말과 함께 인사말로 끝마치고 날짜와 자신의 이름을 밝힌다. 가운데 본문에는 의식이 갖는 의의, 대상인물의 인품, 능력, 업적에 대한 찬양, 축하나 환영하는 내용이 주로 들어간다.

- 서두 : 대상자 호칭. 환영 혹은 축복의 인사말. 의식을 맞는 소감
- 본문 : 의식이 갖는 의의. 대상 인물의 인품, 능력, 업적에 대한 찬양. 축하 혹은 환영의 요지
- 결미 : 치하, 당부의 말. 인사말. 날짜와 이름

의식사는 식사(式辭), 축사(祝辭), 환영·환송사, 이·취임사, 주례사, 조사(弔辭), 훈시 및 정신 훈화 등으로 분류할 수 있다.

### 가. 식사

식사는 의식이나 회합의 주최자에 의해 실행되는 의식사를 말한다. 여기서의 의식이나 회합은 각종 경조 의식을 모두 포함한다. 따라서 식사는 각종 경조 의

식을 통하여 주최자 혹은 행사 개최자에 의해 이루어지는 의식사를 두루 포괄한다. 결국 식사는 주최자의 인사말이다. 식사의 내용은 의식이나 회합의 목적과 의의, 참석자의 하객에 대한 감사, 의식이나 회합에 관련된 안내 등으로 이루어진다.[22)]

**개천절 기념식사 〈하나의 민족, 하나의 조국, 하나의 역사〉[23)]**

친애하는 국민 여러분!

오늘은 단군 성조가 건국의 기초를 닦으신 지 4304년이 되는 뜻깊은 날입니다. 우리는 이 날을 맞이하여 선조의 위대한 창업을 우러러 추앙하면서, 민족 중흥을 이룩하려는 국민적 결의를 더욱 굳게 다짐해야 하겠습니다.

우리는 유구한 민족사를 돌이켜 볼 때, 우리나라가 대륙과 해양을 연결하는 반도 국가라는 특수한 지리적 여건 때문에, 간단 없는 외세의 침략에 대항하여 국권을 수호하려는 피어린 투쟁의 연속이었다고 할 수 있습니다. 그러나 이 민족은 결코 외세에 굴하지 않고 용기와 슬기로운 생명력을 발휘하여 국난을 극복함으로써, 단일 민족국가로서의 명맥을 이어온 강인한 민족입니다. 그뿐 아니라 비록 굴욕의 시기가 있었다 할지라도 문화 민족의 전통과 긍지를 끝내 지켜왔고, 창조와 개척의 정신을 발휘하여 찬란한 문화의 꽃을 피운 슬기로운 민족이기도 하였습니다. 이러한 역사의 교훈을 깊이 되새기고, 우리의 자랑스러운 역사와 전통 속에서 민족의 자신감과 긍지를 더욱 더 일깨워 나가야 합니다.

그러나 우리는 불행했던 역사도 교훈으로 받아들일 줄 아는 용기와 아량을 아울러 길러 나가야 하겠습니다. 영광된 역사를 자랑하기보다는 오리려 불운했던 과거를 뉘우치고, 다시는 그러한 전철을 되풀이하지 말자는 굳은 결의로 민족 중흥의 과업을 완수하기 위한 새로운 분발과 노력을 다짐해야 하겠습니다.

지금 우리는 국내외적으로 여러 가지 중대한 시기에 처해 있습니다. 우리를 둘러싼 국제 정세는 커다란 변화를 일으키고 있으며, 북한은 이러한 움직임을 악용하여 허위 선전을 일삼아 무력 남침의 기회를 노리고 있으며, 개발과 성장을 위한 세계 각국의 경쟁 또한 나날이 치열해지고 있습니다. 그 어느 때보다도 안일한 방심, 사치와 낭비의 폐풍을 몰아내고 검소와 저축의 생산적 기풍을 시급히 불러일으켜야 하겠으며, 단결과 협동, 분발과 노력의 민족 총화를 이룩해야 할 중차대한 시기가 아닐 수 없습니다.

오늘 우리 세대에게는 면면히 이어져 온 하나의 민족, 하나의 조국, 하나의 역사

---

22) 임영환 외, 「화법의 이론과 실제」(서울 : 집문당, 1997), p. 338.

23) 이 예문은 제4304년 개천절 기념식에서 이루어진 식사이다.

를 보다 영광된 것으로 만들 사명이 있고, 우리의 후손에게 위업을 남겨 주어야 할 막중한 책임이 있습니다. 우리는 역사의 영욕을 조상들의 잘잘못으로 돌리기 전에, 우리들 자신이 후대로부터 원망을 듣지 않는 선대가 되도록 노력합시다. 우리 자신을 희생하는 일이 있더라도 다음 세대에게만은 영광된 역사를 물려 주기 위해 우리 모두 피땀어린 노력을 민족 중흥에 송두리째 바칩시다. 시련이 크면 클수록 보람도 클 것이며, 과업이 벅차면 벅찰수록 이를 성취하는 기쁨도 그만큼 클 것입니다.

나는 우리 국민 한사람 한사람이 우리 세대의 사명과 책임을 자각하고, 인내와 용기로 힘을 모아 가일층 분발해 나간다면, 반드시 모든 난관을 극복하고 민족 중흥의 과업을 완수하여 우리 후손들에게는 이를 자랑스럽게 넘겨줄 수 있다고 확신합니다. 오늘 4304년 개천의 성절이 조국 근대화와 민족 중흥을 위한 우리 모두의 새로운 분발과 노력을 다짐하는 뜻 깊은 날이 될 것으로 믿으면서, 조국의 앞날에 커다란 영광이 있기를 기원하는 바입니다.

### 나. 축사

축사는 축하 의식이나 회합에서 참석자·하객에 의해서 이루어지는 의식사이다. 따라서 주최자의 식사에 답하는 참석자·하객의 인사말이다.

축사는 다시 공적인 행사와 사적인 행사로 양분하여 설명할 수 있다. 공적 행사는 국가 혹은 조직 차원의 경축 행사를 말한다. 국경일, 창설 기념일, 신제품 발표회, 기공식, 준공식 같은 행사가 대표적인 예다. 사적 행사는 개인 차원의 경축 행사를 말한다. 결혼, 생신, 개업, 입학, 졸업, 승진, 진급, 표창, 출판기념회, 연주회, 전시회 등 다양한 예를 볼 수 있다. 축사의 내용은 행사에 대한 축하, 노고에 대한 위로, 앞날에 대한 축원과 당부 등으로 이루어진다.24)

#### 입학식 축사25)

새봄을 맞이하여 존경하는 여러 내외 귀빈과 학부모님! 그리고 큰 뜻을 품고 이 자리에 선 신입생 여러분! 오늘 뜻깊은 입학식에 여러분들과 함께 자리를 갖게 된 것을 진심으로 기쁘게 생각합니다. 먼저 역사와 전통이 살아 숨쉬는 이곳에 새로이 설립된 본 대학에 자녀를 보내 주시고 격려해 주신 모든 분들께 깊은 감사를 드립

24) 상게서, pp. 339～340.

25) 2007년 모 대학의 입학식 축사.

니다. 또한 무한한 가능성과 희망에 가득찬 신입생 여러분의 입학을 진심으로 축하하며 환영합니다.

세계화의 원년을 맞이하여 우리는 유례 없는 무한 경쟁의 시대로 접어들었으며, 급속한 산업화에 따라 모든 일은 더욱 세분화, 전문화되어 가고 있으며 컴퓨터의 발전은 인간의 삶의 모습을 근본적으로 바꾸어 놓았습니다.

이러한 시기에 우리가 생존하기 위해서는 의식의 일대 전환이 필요합니다. 졸업장이 능력을 평가하는 학벌 위주의 고루한 생각에서 벗어나, 실력이 중시되고 전문직이 대우받는다는 사회적 의식 전환이 있어야 합니다. 따라서 좀더 전문적이고 미래 지향적이며 적극적인 인재가 필요한 시기라고 할 수 있는 이때, 신입생 여러분이 대학에 입학하게 된 것은 참으로 뜻깊은 일이라 하지 않을 수 없습니다.

앞으로 본교는 내실을 기하는 교육을 통해 이 고장의 발전을 선도하며 세계화의 주역이 될 인재를 배출하여 더욱 더 융성, 발전하는 대학이 될 것입니다.

신입생 여러분!

여러분은 지금 미래에 대한 부푼 꿈과 새로운 대학 생활에 대한 설레임으로 가득할 것입니다. 이제 수동적인 삶에서 벗어나 매사에 책임질 줄 아는 성인으로서 사회 속에서 여러분의 꿈을 마음껏 펼쳐 보이고 싶은 의욕이 넘칠 것입니다.

미래는 여러분에게 활짝 열려 있습니다. 미래의 주역이 되기 위해서는 꿈을 이루겠다는 강인한 투지와 정열, 삶에 대한 진지한 자세를 가지고 노력해 나아가야 할 것입니다. 노력하지 않고 꿈만 꾸는 나태한 젊은이여서는 안됩니다. 스스로 연마하고 땀을 흘려야 할 것입니다. 그것이 미래를 개척하는 일이며 또한 사랑으로 길러주신 부모님께 보답하는 길이 될 것입니다.

신입생 여러분!

여러분은 새롭게 문을 연 본 대학의 입학생들입니다. 여러분의 일거수 일투족은 모두 본교의 역사와 전통이 될 것입니다. 시작이 좋으면 끝도 좋다는 말이 있습니다. 여러분들이 얼마나 노력하느냐에 따라 본교의 위상이 달라질 것입니다. 여러분과 함께 발전할 이 웅비의 터전에서 여러분의 잠재력을 마음껏 펼쳐서 미래의 당당한 주역으로 성장해 주시기 바랍니다. 또한 본교의 든든한 주춧돌이 되어 주십시오.

다시 한 번 신입생 여러분의 입학을 진심으로 축하하며 또한 바쁘신 중에도 참석하시어 이 자리를 빛내 주신 모든 분들께 감사드립니다. 대단히 감사합니다.

2007년 3월 3일

학교법인 ○○학원 이사장 ○○○

### 다. 환영사·환송사

환영사·환송사는 사람을 보내고 맞이하는 의식이나 회합에 관련된 의식사를 포함한다. 크게 본다면 환영사·환송사도 축사의 범주에 들 수 있지만 의식의 성격과 내용을 고려하여 별도로 분류할 수 있다. 환영사는 사람을 맞이하는 의식이나 회합에서 주최측에 의해 이루어진다. 사람을 맞이하는 기쁨을 표현하는 연설이라고 할 수 있다. 환송사는 사람을 떠나보내는 의식에서 이루어지는 연설이다.[26)]

써보기

아래에 선배 졸업생을 위한 <환송사>를 쓰시오.

환송사 :

### 라. 이임사·취임사

이임식은 어떤 공적인 조직의 직위 혹은 직책을 물러나는 의식이고, 취임식은 그것에 취임하는 의식이다.

이임식은 자신의 역할을 마무리하는 마지막 공식적인 만남이다. 보람과 아쉬움이 함께하는 의식이다. 그러므로 이임사의 내용은 첫인사, 재직중 협조해 준 상관과 부하에 대한 감사, 석별의 아쉬움, 재직중 보람과 아쉬움, 후임자에 대한 당부, 후임자와 상관 및 부하의 건강과 행복 축원, 끝인사로 이루어지는 것이 일반적이다.

취임사는 조직이나 집단에 대한 첫번째 공식적 만남이라는 점에서 매우 중요

26) 상게서, pp. 342～343.

한 의미를 지닌다. 의식에 참가한 상관이나 부하, 구성원들은 취임식을 통해서 신임자의 첫인상을 형성하기 때문이다. 그러므로 취임사의 내용은 참석 인사와 구성원에 대한 인사, 취임의 기쁨과 경외감의 표시, 전임자의 공로 칭찬, 앞으로의 포부 및 복무 방침 천명, 동료·부하에 대한 협조 당부, 전임자의 앞날 축원, 끝인사로 이루어진다.[27)]

### 마. 주례사

주례사도 식사의 일종이지만, 사람의 일생 가운데 중대한 하나의 통과의례로서 일반적인 의식과는 다른 의미와 비중이 있기 때문에 별도로 다룰 수 있을 것이다. 주례사의 내용은 주례를 맡게 된 경위와 기쁨, 예식에 대한 축복과 부모님의 노고 치하, 신랑 신부에게 당부하는 말, 예식에 참석해 주신 하객에 대한 감사 등을 포함하는 것이 보통이다.[28)]

### 바. 조사(弔詞)

조사는 국가나 사회 혹은 조직에 뚜렷한 공로가 있는 사람이나 친인척, 은사, 상사, 선배, 동료가 사망하였을 경우 장례식이나 추모식에서 조의를 표하는 의식사이다. 추도사, 추모사, 추념사, 애도사라고도 한다.

조사의 내용은 애석한 심정의 표시, 고인의 약사 및 업적 소개, 고인과의 일화, 고인의 명복 기원, 유가족에 대한 위로 등을 포함한다.[29)]

### 사. 훈시 및 정신 훈화

훈시 및 정신 훈화는 관리자·지휘관·저명인사가 조직 구성원을 대상으로 특정한 상황을 극복하기 위한 심정적 효과를 주목적으로 실행하는 연설의 한 가지를 말한다.

훈시 및 정신 훈화는 몇 가지 고유한 성격이 있다. 첫째, 조직이나 집단 내에서 상하 관계를 전제로 한다. 둘째, 일반적으로 특정한 과업의 실행이나 우발적이고 특수한 상황의 극복을 전제로 실행된다. 셋째, 구성원의 심정적 변화나 동의를 통한 효율적인 과업 달성을 목적으로 이루어진다. 넷째, 주제나 내용이 관리자의 가치관과 방침에 따라 영향을 받는다. 다섯째, 가용 시간에 따라 글의 분량이 다양하다.

---

27) 상게서, pp. 346~347.

28) 상게서, p. 352.

29) 상게서, p. 355.

써보기

선배인 여러분이 후배 신입생을 맞이하는 <환영사>를 아래에 쓰시오.

환영사 :

## (7) 보고서

보고서 작성 방법을 알기 전에 먼저 보고(報告)에 대하여 이해할 필요가 있다. 보고라는 것이 무엇이며 얼마나 중요하고 어떤 요령으로 해야 하는지를 알아야 보고서 작성의 요체를 터득할 수 있기 때문이다.

### 보고란 무엇인가

보고란, 인간 집단의 일정한 조직을 원활하게 움직이게 하기 위하여 사용하는 의사 전달의 한 방법이요, 커뮤니케이션(communication)의 회로(回路)로서 조직 안에서 업무의 계획, 일의 경과나 상태, 일을 끝마친 결과 등을 알리는 것을 말한다.

일반적으로 조직의 최고 책임자는 지시나 명령을 내린다. 각 부서 책임자와 중간 직급의 직원들은 그 지시나 명령을 이행하고, 하급 부서 직원에게 지시나 명령을 하달한다. 하급 직원들은 지시와 명령에 따라 업무를 수행한다.

하급 부서 직원이 주어진 업무만을 성실히 수행하면 그것으로 자신의 일이 모두 끝났다고 생각하면 큰 오해다. 하급 직원은 일이 시작되기 전부터 업무의 계획을 세우고, 계획을 보고하는 경우가 있다. 일을 진척시키면서도 도중에 일의 경과를 보고하기도 한다. 일을 진행하다가 돌발 사태가 발생하면 그에 대한 보고를 상부에 올려야만 한다. 업무 진행 중간 중간에 상부로부터 다시 지시나 명령을 받기도 하고 중간 중간에 보고를 올려야 하는 경우가 많다. 경우에 따라서는 상부로부터 내려온 변경된 계획에 따라 돌연히 진행시키던 일을 그만두고 다시 새롭게 일을 시작해야 할 경우도 있다. 일을 마친 후에는 업무 추진 결과를 또한 보고해야 한다. 그러니까 조직체 구성원은 '업무'뿐만 아니라 '보고'에도 충실해야 한다. 업무와 함께 '계획 보고', '중간 보고', '결과 보고'를 충실히 다했을 때라야 비로소 일을 다 끝마친 것이다. 보고하는 일도 중요한 업무의 하나이다.

아무리 '업무' 처리 능력이 탁월하다고 할지라도 '보고'를 게을리한다거나 빠뜨린다거나 허위 보고를 하는 사람은 결코 유능한 직원일 수 없다. 그런 사람은 무능한 직원이다.

어떠한 보고이든 간에 그것이 올라와야만 최고 책임자는 보고 내용을 검토하고 업무를 수정하거나 변경할 수 있다. 그리하여 새로운 정보를 포함시켜 그 다음의 지시나 명령을 내리게 된다.

하급 직원은 일이 계획대로 되지 않는다고 계획을 함부로 바꿔 일을 처리할 수 없다. 하급 직원은 업무를 총괄하는 관리자나 책임자가 결코 아니다. 신체에 비유하여 말해 보자. 최고 책임자가 뇌수라고 한다면, 하급 직원은 발단 신경세포이거나 손발인 것이다. 신경세포나 손발은 이미 세워진 계획을 바꾸는 기능을 수행하지 못한다. 그것은 마치 하급 직원이 일정한 계획을 자기 마음대로 바꿀 수 없는 것과도 같다. 따라서 어디까지나 직원은 자기에게 주어진 업무와 보고하는 일, 이 두 가지 일에 모두 충실해야 한다. 그것은 결코 어려운 일이 아니다.

## 보고의 중요성 3가지

한 집단 안에서 보고가 잘 이루어진다는 것은, 정보 전달의 통로가 넓어서 위로는 최고 책임자로부터 하급 직원에 이르기까지 또한 각 부서 상호간에 상하좌우로 정보가 신속, 정확하게 전달되어 항상 전직원이 정보를 공유하고 있음을 뜻한다. 보고가 중요한 이유는 그것이 집단의 흥망성쇠를 좌우하기 때문이다. 무엇 때문에 그것이 집단의 흥망성쇠를 좌우한다고까지 말하는가.

① 보고에 입각하여 업무가 이루어진다. 보고 없이 업무는 이루어질 수 없다. 보고가 없으면 조직체는 마비된다. 보고가 잘 이루어져야 조직체 내에서 정보를 공유할 수 있고, 그래야만 총력을 기울여 공동으로 업무에 대처할 수 있다. 만약 조직체가 정보를 공유하지 못하면 만일의 사태가 발생할 경우에도 무슨 일이 발생했는지 알지 못하기 때문에 신속, 정확하게 대처할 수 없다. 따라서 보고는 마치 체내에 흐르고 있는 동맥과 같은 것이다. 체내에 피가 흐르지 않으면 동맥경화를 불러 일으켜 생명체가 사망하듯이, 조직체 내에 보고가 이루어지지 않으면 조직체는 움직이지 않고 파괴되어 망한다.

② 보고가 신속하게 이루어져야 업무가 원만하게 진행될 수 있다. 신속한 보고 체계가 유지되면 사고나 손실이 발생할 경우에 그 피해나 손실을 최소화시킬 수 있다. 그러나 만약 누군가 늑장을 부려 보고가 지연되면, 만일의 사태가 발생할 경우 막대한 피해와 손실을 입게 된다.

③ 정확한 보고가 이루어져야만 최고 책임자는 정확한 계획을 세워 일을 차질 없이 진행시킬 수 있다. 만약 보고의 일부가 누락되거나, 왜곡된 보고가 올라오거나, 허위 보고가 이루어지게 되면, 최고 책임자의 사고·판단·행동을 빗나가게 만들고, 그에 따라 실행 불가능한 계획을 세워 추진하게 되거나 일의 진행 순서를 엉뚱하게 바꾸게 되어 일이 실패로 끝나게 된다.

## 보고하는 방법

업무를 지시한 상사는 말을 하고 있지는 않지만, 늘 부하의 업무 진행에 마음을 쓰고 있게 마련이다. 적극적으로 보고하는 부하 직원에게는 신뢰심을 갖지만 그렇지 않은 부하 직원에게는 불신감을 갖게 될 수 있다. 상사와 부하 직원 간에 의사소통이 잘 되는 원만한 관계를 유지하기 위해서는 보고를 소홀히 해서는 안 된다. 보고의 중요한 요령을 보다 구체적으로 열거해 보기로 한다.

① 보고의 타이밍 4가지

첫째, 계획보고는 시의적절하게 이루어져야 한다. 보고의 시기를 놓치면 예전에는 그것이 아무리 긴요한 것이었을지라도 불필요한 것이 되고 만다. 한편, 한 걸음 앞서 보고가 너무 빨리 이루어지면 일단 그 보고는 제쳐 놓고 본다.

둘째, 시간이 걸리는 업무는 반드시 중간보고를 한다. 업무를 진행하고 있는 중일지라도 그 업무가 일주일 이상 시간을 요하는 성격의 일이라면 반드시 중간에 보고해야 한다. 팀장은 여러 직원이 하고 있는 업무를 총괄해서 파악하여 업무를 장악해야 하기 때문에 항상 업무의 진행 경과를 잘 알고 있어야 한다. 그래야 상황의 변화에 따라 적절한 지시를 내릴 수 있다. 중간보고나 결과보고를 받은 팀장은, 만일 K직원이 일이 늦어지고 L직원이 일이 빨리 끝나면 L로 하여금 K를 돕게 하여 업무를 효율적이고 신속하게 마칠 수 있도록 조정한다. 중간보고는 곧 팀플레이를 가능하게 한다.

셋째, 급히 알려야 할 사항이나 긴급사태는 즉시 보고해야 한다. 만약 출장지에서 급한 볼 일이 생겼다거나 사고가 발생했다면 즉시 보고해야 한다. 그래야만 직원들끼리 서로 도와가며 주어진 일을 완수할 수 있다. 이것이 팀플레이다. 또한 만약 자사(自社) 제품에 이상이 발생하였다면 역시 급히 보고해야 한다. 설사 서면 보고를 요구받았더라도 급한 사태가 발생하면 구두로 먼저 보고해야 한다. 그래야 이상이 있는 점을 완벽하게 고쳐 제품을 출하할 수 있을 것이다. 보고가 늦어지면 늦어질수록 소비자들이 자사 제품에 대한 인식이 나빠질 것이며, 급기야 자사 제품을 외면할는지 모른다. 그렇게 되면 회사는 어떻게 되겠는가. 조직에 해로운 정보일수록 빨리 알려야 한다. 경쟁 회사에서 자신의 회사를 모함하거나 흑색 선전을 한다면, 또는 근거 없이 최고 책임자의 부정, 비리를 날조 유포한다면, 회사의 이미지에 결정적인 손상을 가져온다.

넷째, 보고는 요구하기 전에 해야 하며, 언제 요구받더라도 즉시 보고할 수 있는 만반의 준비를 갖추어야 한다. 간부는 최고 책임자에게, 평직원은 팀장에게 조직체의 업무에 대하여 궁금증을 갖게 만들어서는 안 된다. 적극적인 보고가 요구된다. 만약 불시에 자신이 행하고 있는 업무에 대하여 브리핑을 요구받게 되면 즉시 할 수 있어야 한다. 보고 요구를 받고 나서 허둥대거나 서류뭉치를 뒤적이는 직원은 이미 실격이다.

다섯째, 업무가 끝나면 즉시 결과 보고를 해야 한다. 전체 일을 통괄하는 책임자의 입장에서는 결과 보고에 따라 효율적으로 새로운 업무를 진행시킬 수 있다.

② 보고의 10가지 기본 수칙

보고는 소설이나 시나리오가 아니다. 구두 보고라면 자신이 메모한 보고할 내용을 순서에 입각하여 차근차근 보고하면 그만이다. 형식을 갖추거나 각색을 할 필요가 없다. 사실을 알리는 것이 모든 보고의 생명이기 때문이다. 사실에 입각하지 않은 정보는 가치가 없다. 보고는 다음과 같은 기본 수칙(守則)이 있다. 보고는

첫째, 신속해야 한다.

둘째, 정확해야 한다.

셋째, 누락시키지 않아야 한다. 사소한 것일지라도 누락시키지 않아야 한다. 사소한 것도 판단에 도움을 준다. 사정이 나쁜 일일수록 올바른 정보가 필요하다. 그것 역시 도움이 되는 정보이다.

넷째, 왜곡시키지 않아야 한다.

다섯째, 허위로 이루어져서는 안 된다.

여섯째, 상사의 사전 허가 없이 행동했을 경우에는 반드시 사후에 보고하여 승인을 받아야 한다. 상사의 허가 없이 일을 처리하게 되면, 비록 그 일이 좋은 결과를 가져왔다고 하더라도 그 수고로움에 대하여 인정하지 않을 수도 있고, 만약 일을 그르치게 되면 심각한 문책이 뒤따른다.

일곱째, 타 기관 혹은 타사로부터 선물, 향응을 제공받았다면 다음 날 곧바로 상사에게 보고해야 한다.

여덟째, 질책이 두려워 자신의 실수를 은폐하지 말아야 한다. 야단맞을 것을 예상하고 보고를 늦추거나 누락시키면 더욱더 크게 야단맞는 법이다. 먼저 보고하고 지시에 따라야 한다. 상사는 실수를 만회할 수 있는 경륜과 지혜를 가지고 있다. 상사도 과거에 하급 직원이었을 때 그와 유사한 실수를 범한 경험이 있거나 혹은 그런 실수를 원만하게 처리한 경험이 있기 때문에 발생한 문제를 잘 처리하는 요령을 이미 터득하고 있다. 실수했을 때는 일이 더 커지기 전에 솔직히 보고하고 상사의 도움을 받아야 한다.

아홉째, 업무를 진행하는 과정에서 아무런 문제가 없이 일이 잘 진행되고 있다면 '문제없다'는 보고도 필요하다. 직장 상사는 이런 보고를 바라고 있다. 그는 업무 전체의 진행을 파악하고 부하의 업무 능력과 태도를 알고 싶어한다.

열째, 부재중에 일어난 일들을 빠짐없이 보고해야 한다. 자기 마음대로 상상하여 어떤

일에 대하여 대단치 않은 일이라고 여기고 그 일을 보고하지 않게 되면, 상사를 궁지에 빠뜨리거나 직장에 크나큰 손실을 가져다줄수 있다.

③ 구두보고의 진술 요령 6가지

첫째, 결과를 먼저, 경과는 나중에 말한다. 결과나 결론을 먼저 말하고 경과, 원인, 이유, 동기, 배경 등을 나중에 말한다. 경과, 원인, 이유, 동기, 배경을 먼저 길게 말하게 되면, 결과가 궁금하게 되고 그렇게 되면 웬만한 사람도 듣고 있으면서 짜증을 내게 된다. 그래서 "대체 그래서 어쨌다는 거야!" 하고 핀잔을 듣게 된다. 보고할 말의 순서를 뒤바꾸어 말하기 때문에 상사는 속으로 "이 녀석 참 미련하군.", 혹은 "참 답답한 사람이네."라고 생각한다.

둘째, 내용을 조목조목 분화하여 알린다. 몇 가지 보고할 것이 있다면 조목조목 나누어 말하여야 한다. "과장님! 들어가도 되겠습니까? 과장님 부재중에 일어난 일들에 대해 보고를 드리겠습니다. 첫째 …, 둘째 …, 셋째 …" 식으로 말해야 한다. 이것 말하다가 저것 말하다가 우왕좌왕해서야 보고다운 보고가 될 수 없으며, 상사도 직원의 보고를 듣고 "아마 저 사람 두 가지쯤 빠뜨리고 말했을 거야. 칠칠치 못한 사람 같으니라고. 쯧쯧." 이라고 속으로 비판할 것이다. 아니면 상사로부터 "김 계장! 당신 지금 제대로 보고하고 있는 거야? 지금."하는 식의 말을 듣게 될는지 모른다.

셋째, 부정확한 말을 쓰지 말아야 한다. 혹은 적당히 얼버무리는 말을 해서는 안 된다. "대부분 여자들이었습니다.", "대략 20% 정도나 되는 모양입니다.", 혹은 "대부분 찬성하고 있는 것 같습니다."라는 식은 금물이다. 그것은 충실한 보고가 아님을 스스로 시인하는 꼴이다. 또 상사는 그런 보고를 들으면 보고자가 행한 분석, 조사가 엉터리일 거라고 생각하게 된다. 그런 버릇이 있다면 이번 기회에 고치도록 하자. 간혹 학생들이 부모님께 여행을 다녀온다고 사전에 보고할 때 그런 실례를 범하기도 한다. 예를 들면, "아버지, 제가 어디로 여행을 갈 지 모르겠습니다만 아마 대엿새 동안 남해안을 돌고 오겠습니다."하고 말한다. 참 답답할 노릇이다. 구체적으로 어디로 며칠 동안 여행을 한단 말인가.

넷째, 필요하다면 자료나 샘플을 부착한다. 구두 보고이건 문서 보고이건 그것만으로 상대가 납득하지 못한다고 느끼거나 자신의 보고를 더 어필하고 싶다면, 자료나 샘플을 동원하여 객관성을 확보하거나 자신이 업무에 몰두하고 있는 객관적인 자세를 보일 수 있다.

다섯째, 단정하지 않아야 한다. 만약 "절대적입니다.", "이것은 확실합니다.", "틀림없습니다."라고 보고하려면, 반드시 근거나 데이터를 제시해야 한다.

여섯째, 혹시 자신의 의사를 개진하고 싶다면, 자신의 주관임을 앞서 밝혀야 한다. 자신의 주관임에도 불구하고 객관적인 사실인 양 말한다면 그것은 정직하지 못하다. 그것은 판단의 혼선을 야기할 수 있다. 만약, 상사가 "이 과장, 당신의 생각은 어떻습니까?"라고 묻는 일이 있다. 이런 때에도 "저의 사견으로는…" 혹은 "제 개인적인 소견으로는…"라는 전제 위에서 의견을 말해야 한다. 그것을 마치 반드시 그렇게 하지 않으면 안 되는 것처럼 말하지 않아야 한다.

## 보고의 종류

보고는 크게 구두 보고와 서면 보고로 구별된다. 구두 보고는 말로 일정한 내용을 알리는 방식이고, 서면 보고는 문서로 일정한 내용을 알리는 방식이다.

구두 보고 : ① 면담 ② 전화 ③ 전화 녹음
서면 보고 : ① 메모 ② 팩스 ③ 보고서 ④ 전화 메모 ⑤ 문자메시지 ⑥ 이메일

면담, 전화, 녹음 전화 등에 대해서는 위의 "구두 보고의 진술 요령"이라고 하는 소항목에서 논의한 바 있다. 메모, 팩스, 문자메시지, 이메일 등은 설명을 요하지 않는다. 전달 내용을 빠뜨리지 않고 신속, 정확하게 전달하기만 하면 그뿐이다. 그러나 보고서를 작성하기란 그리 쉽지 않다. 그러면 보고서는 어떻게 작성해야 하는가.

## 보고서 작성 방법

### ≪보고서 작성 전에 알아두어야 할 사항≫

① 과제를 올바로 파악할 것

어떻든 보고서를 작성하기 전에 과제를 명확히 파악해야 한다. 과제를 부여받을 때 전화 지시든 대면 지시든 반드시 그것을 메모해야 하고 다시 이해해야 한다. 정확하게 이해하지 못했거나 의문이 있으면, 다시 과제 지시자에게 문의하여 과제를 명확히 파악하고 있어야 한다. 애써 만들어 올린 보고서를 받아든 상사가

"아, 글쎄 내가 말한 것은 이것이 아니야, 내가 원하는 것은 이런 것이라니까. 도대체 뭘 하고 있는 거야."

라고 말하는 수가 있다. 이 얼마나 힘 빠지는 일인가. 이렇게 되면 그것은 헛된 보고서가 될 것이며, 무능한 사람으로 인식될 것이 뻔하다.

② 타이밍에 유의할 것

농구 경기에서 타이밍을 정확히 맞추어 패스를 해야 볼이 연결되는 것과 같이, 보고서는 너무 빨리 이루어져서도 안 되고 너무 늦게 이루어져서도 안 된다. 타이밍을 제대로 맞추는 것이 보고서의 기본이다. 언제 무엇을 보고할 것인가를 아는 것은, 조직체 내에서의 일의 중요 정도와 일의 흐름을 간파하고 있어야 가능하다. 시각을 다투는 예리하고 민감한 문제는 육감과 직관을 발동해야 한다. 너무 빨리 제시된 보고서는 조직 경영을 위해서는 시기상조라서 적합지 않다. 반면에 너무 늦게 제출된 보고서는 '소 잃고 외양간 고치는 격'으로 무용지물이다. 보고자는 자신이 어떠한 것을 보고하더라도 모두 과녁에 적중하리라고 기대하지 않는 것이 현명하다.

③ 보고서를 읽는 사람이 누군가를 반드시 알 것

보고서를 작성하는 사람이 그 글을 읽을 사람이 누구인가를 안다면 그 이상 좋을 수 없다. 보고서를 쓸 때에는 한 사람을 염두에 두고 쓰더라도 그것을 읽는 사람은 여럿이다. 보고서 원본은 상사에게 제출되지만 사본은 다른 간부들에게도 돌려져 읽힐 수 있고, 경우에 따라서는 외부에 돌려 전문가에게 읽히게 될 수도 있다.

보고서를 읽는 사람이 과연 어떤 내용을 필요로 하는가에 따라 두 부류로 구별된다. 하나는 주제와 관련된 여러 가지 배경과 세부사항을 알고 싶어하는 사람이요, 다른 하나는 보고서 내용이 즉각 필요하여 도움을 받게 되는 사람이다. 보고서를 작성할 때는 이 두 부류의 사람들을 두루 만족시킬 수 있도록 작성되어야 한다. 따라서 항상 중용을 취하는 것이 현명하며, 많은 정보와 자료를 제공하는 편이 낫다. 다만, 한 가지 유의할 점은 항상 정보의 일부를 남겨 두었다가 상사가 더 이상의 자료를 요구할 경우에 제시하는 것이다.

④ 아이디어를 넣을 것

보고서는 실제 정황이나 사실과 아이디어를 제시하여 읽는 사람으로 하여금 올바른 길로 이끌도록 도움을 주는 데 의의가 있다. 보고서를 작성하는 사람이면 누구나 자기의 보고서를 인정해 주기를 바란다. 자기의 보고서가 채택받게 되기 위해서 노력하려거든 상사를 설득하려고 하지 말고 여러 자료를 제시하고 새로운 아이디어를 넣는 노력이 중요하다. 그러나 한편으로 이 보고서로는 어떤 결론도 내릴 수 없다든가 결론이 입증되지 않았다는 식으로 보고하는 것도 두려워하지 말아야 한다. 있는 그대로 겸손하게 보고하는 것이 좋다. 상사에게 자신의 제안을 수용케 하려고 애쓰거나 혹은 상사를 설득시키기 위해서 과장을 하거나 허풍을 떨면 일을 망친다.

보고서 작성시에는 그 문제와 행동, 대상, 자료에 대한 작성자의 감정을 배제해야 하기 때문에 훌륭한 객관적 사고의 훈련이 필요하다. 보고서에는 막연한 추론을 배제해야 한다. 부당한 영향이 미치는 윤색이 있어서도 안 되며, 선입견이 작용해서도 안 된다. 보고서는 사실로 증명되고 확인되어야 한다.

보고서를 상사가 취택하게 하는 가장 좋은 방법은 보고서 속에 신념이 살아 있게 하는 것이다. 그러면 읽는 사람은 그 주제에서 벗어나지 못하고 그것을 믿어서 마침내 작성자와 같은 결론에 도달하게 되는 것이다.

⑤ 보고서는 자기 스스로 작성할 것

과제가 무엇인지 모를 때만 상사에게 물어볼 일이다. 보고서를 어떻게 작성해야 좋을지 그런 따위는 아예 물을 필요도 없다. 본인이 알아서 작성하면 그뿐이다.

스스로 보고서를 작성한 당사자에게는 뼈를 깎는 노력이 뒤따르게 된다. 골치 아픈 노력과 고통이 따르는 만큼 자기 발전이 오기 때문에 그것은 자기 성장을 의미한다.

⑥ 가능할 때마다 제안을 할 것

정말로 학식이 많은 사람은 으레 조용한 법이다. 제 구실을 하는 상사는 비록 자기가 직원이 제안한 일에 자주 실천하거나 동의하지 않는다고 할지라도 직원들에게 제안을 요구해야 한다. 가급적이면 언로를 개방하여 많은 사람의 다양한 아이디어를 수용하려고 한다. 건의라고 하는 것은 보고자에게는 판단력을 구사할 수 있는 기회를 주고 상사는 그것을 평가할 수 있는 기회를 제공한다. 보고자는 비록 여러 번 자신의 의견이 받아들여지지 않았다고 하더라도 끊임없이 제안하고 충고하는 것이 조직체 안에서의 그의 임무이다.

## 보고서 구성

### ≪보고서 구성 방법≫

일반적으로 보고서는 다음과 같이 구성한다.

① 표지 : 제목, 분량, 작성자 인적 사항, 소속 회사명

② 안지 : 제목, 목차

③ 셋째 페이지 : 머리말

④ 넷째 페이지 : 개요

⑤ 다섯째 페이지 : 본문

⑥ 부록 및 사진자료

① 표지

- 표지에는 보고서의 제목을 쓴다.
- 표지에는 보고서의 분량을 나타내는 페이지 수를 기재할 수 있다.
- 보고서 작성자의 인적 사항을 기재한다.
- 경우에 따라 소속 회사명(학교명)을 기재할 수 있다.

〈표지의 예 1〉

보고서

제목 : 광주지역 하이트맥주 판매 실적

(2011년 4월 중) <총 15쪽>

작성자 소속 : 총무국 판매과 판매 2계

직위 : 계원

성명 : 김갑수

제출일 : 2011년 5월 31일

(주) 하이트맥주

〈표지의 예 2〉

REPORT

제목 : 술이 인간에게 미치는 해독

과목명 : 대학국어
담당교수 : 유종국
제출자 학과 : 간호학과
학년 : 2학년
학번 : 110102－001214
성명 : 김예슬
제출일 : 2011년 5월 9일

전북과학대학교

② 안지

- 제목을 쓴다.
- 목차를 넣을 수 있다.

〈안지의 예〉

**전주천 하천 오염 실태**

…‥목 차……

1. 머리말
2. 개요
3. 본문
   가. 위치별 오염 실태
      (1) 상류의 오염 실태
      (2) 중류의 오염 실태
      (3) 하류의 오염 실태
   나. 환경 오염 성분
      (1) 중금속 성분
      (2) 농약 성분
      (3) 합성세제 성분

(4) 기타 성분

다. 주요 오염원

(1) 공장 폐수

(2) 생활 하수

(3) 농장 오폐수

(4) 기타

4. 부록

③ 셋째 페이지(머리말)

- 머리말이 들어간다(경우에 따라 생략하고 이 내용을 개요에 넣을 수 있다).
- 머리말은 주로 보고서 작성의 필요성과 함께 목적과 방법을 기술한다.
- A4용지 반매 이내의 분량으로 작성한다.

④ 넷째 페이지(개요)

- 개요는 보고서의 아우트라인이다. 머리말을 기술하지 않았다면, 보고서 작성의 필요성, 목적, 방법을 기술하고, 관찰, 조사, 실험한 과정과 결과를 간략히 기술한다. 만약 머리말에서 필요성, 목적, 방법을 기술했다면, 관찰, 조사, 실험한 과정과 결과만을 기술한다.
- 일반적으로 A4용지 반매 내외의 분량으로 쓰면 된다. 너무 길지 않게 작성해야 한다.
- 제안과 건의를 따로 다섯째 페이지에서 거론할 수 있지만, 번거롭다면 개요에서 제안 혹은 건의를 할 수 있다.

⑤ 다섯째 페이지(본문)

- 본문 맨 위는 본문의 첫 단원부터 쓰기 시작한다. 앞의 <안지의 예>를 예로 들자.

〈안지의 예〉

가. 위치별 오염 실태

2011년 8월 11일 현재 전주천의 상류, 중류, 하류의 물을 표본을 채집하여 환경청에 의뢰하여 실험·조사한 결과, 그 오염 실태가 각각 다음과 같이 나타났다.

(…… 중략 ……)

(1) 상류의 오염 실태

(…… 중략 ……)

(2) 중류의 오염 실태

(…… 중략 ……)

(3) 하류의 오염 실태
(…… 중략 ……)

(4) 소결론
(…… 중략 ……)

⑥ 부록

• 표, 도표, 사진, 지도, 참고문헌, 목록, 설문조사 양식 등을 넣는다.

**≪보고서 작성의 일반 요령≫**

보고서 주제가 상급자가 지시한 것이든 자기 스스로 선택한 것이든 예비 연구를 통해서 그 주제의 배경에 대한 일반적인 개념을 정리할 수 있다. 보고서 작성 작업에 앞서 아우트라인을 구상하여 메모해 두면, 논지가 분명해지고 논점이 옆길로 새어나가지 않게 하는 효과를 거둘 수 있다.

주제와 관련한 사항을 조사함에 있어서 제1차적 자료, 곧 조사 대상 그 자체와 제2차적 자료, 곧 조사 대상에 대한 다른 사람의 언급과 주장을 이용할 수 있다.

① 자료 수집

자료와 정보의 수집은 더디고 힘든 작업이다. 신빙성 있고 대표할 만한 사실(fact), 통계 자료(data), 아이디어(idea)를 수집하여, 그 하나하나를 항목별로 나누어 카드에 따로따로 기록한다.

② 체계화

연구한 자료를 크고 작은 부분에 따라 분류하고 도표화하고 체계화한다. 카드에 기록해 놓은 자료들을 질서 있게 구성하는 것이다. 마음으로 보고서의 전체 형태를 염두에 두고 완전한 모습을 갖추도록 노력한다. 본격적인 보고서 작성 작업을 위해 아우트라인을 작성하거나, 처음에 만들어 놓은 아우트라인을 수정 보완한다.

③ 작성

아우트라인에 의거하여 가능한 빠른 속도로 초안을 작성한다. 이때 용어, 표기법, 문맥, 문체 따위에는 신경 쓰지 않는다. 전체 보고서를 작성해 놓으면 그만이다.

④ 수정

초안을 작성한 다음에는 며칠 동안 작성 내용을 잊어버리고 관심을 기울이지 않는 것이 좋다. 며칠이 지난 후, 초안을 다듬을 때에는 자신의 글에 대하여 아주 냉정하고 비판적인 입장에서 삭제 혹은 보충하여야 한다. 불필요한 말은 과감하게 잘라낸다. 뒤엉킨 문장은 바로잡고, 가급적 쉽고 간결한 문장으로 바꾸어 놓을 필요가 있다. 그 다음에 맞춤법, 적절한 어휘 선택에 관심을 기울이고, 오자 탈자에 유의한다.

### (8) 설명문

설명문은 글쓴이가 알고 있는 지식, 사실, 정보 등을 독자들에게 사실적으로 풀어 설명하는 글이다.

설명문의 목적은 어떤 사물이나 지식, 정보를 독자에게 이해시키는 것이 목적이다. 어떤 사물의 특성을 설명하거나 사건의 전말을 자세히 설명하여 알려 준다. 인물이나 작품을 소개하거나 관광지나 유적지 혹은 어떤 책에 대하여 안내할 수도 있다. 소개문이라든지 안내문과 같은 글도 넓은 의미에서 설명문에 속한다고 할 수 있다.

우리나라의 장에 대한 설명문을 예로 들기로 한다.

> 우리나라의 장은 주로 콩메주를 소금물에 담가서 아울러 얻는 간장과 된장이다. 그러나 때로는 중국이나 일본에서처럼 간장만을 얻거나 된장만을 얻기도 한다.
>
> 햇 간장을 달여서 여러 해 묵혀 둔 것을 진장(진간장, 묵은 장)이라 하는데 이것은 여러 해를 묵힐수록 빛깔이 짙어지고 감칠맛이 세어진다. 또 궁중에서는 '절메주'를 써서 간장을 담가 몇 해를 그대로 묵혔다. 그러면 메주가 푸석푸석할 정도로 진이 다 빠진다. 이것은 건져내어 버리고 검고 단 간장을 얻는다. 이것을 진장이라 한다.[30)]

설명문이라고 해서 반드시 설명의 서술 방식만을 쓰는 것은 아니다. 설명의 서술 방식뿐 아니라 필요에 따라 묘사라든가 서사도 들어갈 수 있다.

설명문은 필자의 주관이 배제되고 객관적으로 기술하는 특징을 갖는다. 실제로 글쓴이의 주관이 다소 개입되는 경우가 있기는 하지만, 그것은 있는 사실 그대로 이해하는 데 있어서 방해가 되지 않는 범위 내에서 이루어진다. 글쓴이의 주관이 개입되면 있는 그대로 이해하는 데에 장애가 된다.

설명문은 일반적으로 삼단 구성을 기본으로 하고 있다. 서두, 본문, 결말 삼단으로 구성하는 것이 설명하기에 좋다.

내용을 이해하기 쉽게 써야 '설명'이라고 하는 소기의 목적을 달성하게 되므로, 가급적 쉽고 간결하게 써야 한다. 어려운 내용을 더 어려운 표현으로 설명해서는 안 된다. 그에 따라 설명문의 언어는 주로 지시적 기능과 관어적 기능이 두드러지게 된다.[31)]

---

30) 이성우, 「샘이 깊은 물」(서울 : 『뿌리깊은나무』, 1985년 4월호), p. 128.

31) 지시적 기능이란 언어의 여러 가지 기능 가운데 가장 흔히 쓰이는 기능 가운데 하나로서, 곧 관련상황(대상)에 대하여 말하는 사람이 듣는 사람에게 내용을 알려 주는 기능이다. 이를 정보적 기능이라고도 한다. 관어적

## 언어의 여섯 가지 기능

– 심재기(서울대 교수) –

### 1. 존재와 이름

기독교의 하느님은 세 개의 이름을 가지고 있다. 첫 번째의 이름은 성부이고, 두 번째의 이름은 성자이며 세 번째의 이름은 성령이라고 한다. 천지만물을 창조하신 가장 높은 조물주는 바로 성부로서 피조물 가운데에 인간을 가장 사랑하신 분이라고 한다. 그런데, 인간이 점점 죄악에 물이 들자, 성부 바로 당신 자신이시면서 또한 그 아들이신 성자 예수 그리스도를 인간으로 이 세상에 보내어 인류를 구원하게 되었다고 한다. 그러니까 예수 그리스도는 인간이면서 동시에 하느님이라 불린다. 그 뒤에 성부께서 성자를 세상에 보내셨듯이 성자께서 성령을 보내어 하느님은 인류 구원의 사업을 완성하려 하신다.

이 이야기는 소위 기독교의 삼위일체설로 우리가 잘 아는 중요한 기독교 교리의 하나인데, 여기에서 우리는 하나의 존재가 갖는 여러 개의 기능에 대하여 새로운 지식을 배우게 된다. 즉 김아무개 이아무개라고 불리는 한 사나이가 있을 때, 그 존재는 하나이지만 그는 나라를 위하여서는 충성스런 국민이요, 부모를 위하여서는 효성스런 아들이며, 친구들에게는 믿음성 있는 벗이요, 형제간에는 우애 있는 동기가 되어 경우에 따라 각기 다른 구실을 하며 다른 이름으로 불린다는 이치를 깨닫게 된다. 하나의 존재는 그가 수행하는 일에 따라 다른 이름, 다른 표정을 갖는다.

그러면 '언어'라고 하는 존재는 몇 가지 일을 하고 있는가? 고쳐 말하면 언어는 몇 개의 얼굴을 하고 있는가? 이 문제는 지금까지 많은 언어학자들에 의해 궁리되어 왔었다. 많은 논의가 있었고 여러 가지 학설이 나왔었다. 그런데, 오늘날 대부분의 학자들에 의해 상식적으로 받아들여지고 있는 것은 로만 야콥슨(Roman Jakobson)이란 학자가 제시한 여섯 가지의 기능이다. 이제 이 여섯 가지의 표정을 하나하나 살펴보기로 하자.

---

(關語的) 기능이란 언어 자체와 관련된 기능으로, 진술한 언어 자체를 다른 말로 풀이하거나 바꿔 말하는 사전적 기능을 수행하는 언어 기능을 말한다. 이를 사전적 기능이라고도 한다.

## 2. 언어, 그 여섯 가지의 표정

언어가 갖고 있는 여러 가지 기능을 이해하려면 먼저 언어 행위가 이루어지는 (즉, 우리가 말을 하게 되고 듣게 될) 때에 필요로 하는 요소들이 무엇인가를 알아야 한다. 언어의 표정이란 언어 행위를 구성하는 요소들의 표정이기 때문이다.

이때에 우리는 ① 말하는 사람 ② 말을 듣는 사람 ③ 쓰여진 말(전언) ④ 무엇에 대하여 말하게 되었는가, 즉 말이 관계를 맺고 있는 관련상황 ⑤ 어떤 환경에서 말하게 되었는가, 말이 쓰인 분위기 내지 경로 ⑥ 어떤 말을 사용하였는가, 즉 어떤 종류의 언어가 사용되었는지를 생각하게 된다. 이들 여섯 가지의 요소 가운데 어느 것 하나라도 없으면 언어 행위는 완전하게 이루어지지 않는다. 이것을 도식으로 그리면 다음과 같다.

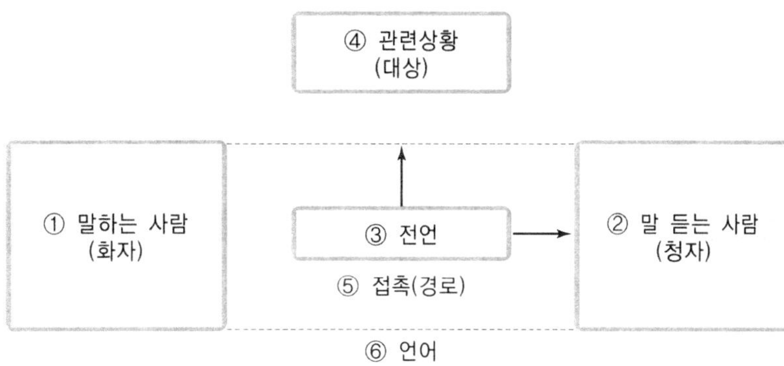


이 여섯 가지의 요소들은 각각 언어의 여섯 가지 표정을 만들어내는 주인공들이다. 그런데 미리 주의해 주어야 할 점은, 어떤 말이 쓰였다고 했을 때 여섯 가지의 기능 가운데 어느 하나만 독자적으로 쓰이는 경우는 있을 수 없다는 사실이다. 발언의 다양한 특성은 이 여섯 가지의 기능, 즉 표정들이 각기 무엇을 강조했느냐에 따라 순서를 정하여 자리를 잡는 것이다.

### (1) 정보적 기능

맨 먼저 언어의 정보적 기능에 대해 생각해 보자. 이것은 ④번에 관련되는 기능이다. 즉, 관련 상황에 대하여 말하는 사람이 듣는 사람에게 내용을 알려주는 기능이다. 대상을 지시한다고 하여 지시적 기능이라고 말하기도 한다. 이 기능은 우리가 세계를 이해하는 정도에 비례하여 수행된다. 그러면 세계를 이해한다는 것은 무엇인가? 그것은 이 세상에 존재하는 사물에 대하여 이름을 부여함으로써 발생하는 것이다.

여기 한 그루의 나무가 있다고 하자, 그런데, 그것을 나무라는 이름으로 부르지 않는 한 그것은 나무로서의 행세를 못한다. 퀴리(Curie)부인이 라듐이라는 원소를 발견하여 그것을 라듐이라고 이름 붙이기 전까지는 라듐은 인류에게 있어서 없는 것이나 마찬가지였다. 물론 라듐은 천지가 창조된 태초로부터 있었을 것이지만 그 존재를 인식하고 거기에 이름이 붙기까지 그것은 인류에게 무의미한 것이요 없는 것이다. 인류의 지식이라는 것은 인류가 깨달아 알게 되는 모든 대상에 대하여 이름을 붙이는 작업에서 형성되는 것이라고 말해도 좋다. 어떤 사물이건 거기에 이름이 붙으면 그 사물의 개념이 형성된다. 다시 말하면 그 사물의 의미가 확정된다. 그리하여 사물과 이름과 의미는 서로 떨어질 수 없는 삼각관계를 맺는다. 그러나 사물이 지닌 의미는 사물에 대한 인간의 인식이요 사물 자체라고는 볼 수 없으므로 이름이 사물과 맺고 있는 관계는 그 사물의 의미(또는 개념)와 맺고 있는 관계보다는 강한 것이 되지 않는다. 그러므로 이름과 사물과 의미의 삼각관계는 다음 도표와 같이 나타낼 수 있다.

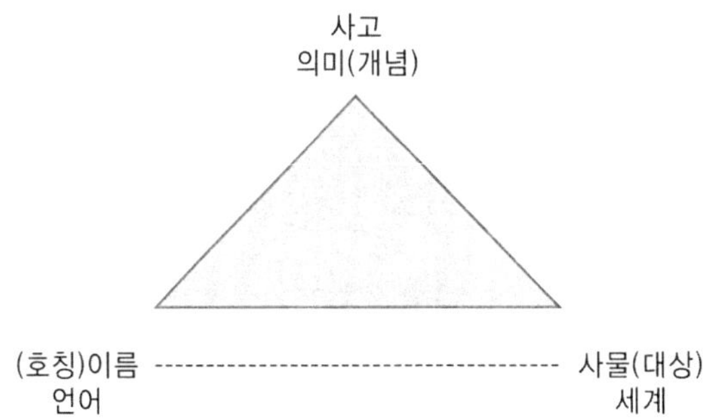


왜 사물과 이름은 점선으로 표시되어야 하는가를 다음 예로 생각해 보자, 가령 '철수'라는 사람(사물)이 나에게 친절하면 그는 나에게 있어서는 좋은 사람(의미 1)이어서 나는 그를 친구로 생각하고 다정하게 '철수야!(이름 1)'하고 부르지만, 만일 그가 나에게 해를 끼쳤다면 그 사람은 나에게는 나쁜 사람(의미 2)이 되었으므로 '그놈(이름 2)'이라는 호칭을 붙일 수 있다. 따라서 이름은 사물과 직접 연결되지 않고 반드시 의미를 통하여 연결된다는 사실을 알 수 있다. '이름'이라고 하니까 고유명사만 생각해서는 물론 안 된다. '아름답다'는 형용사는 꽃이라든가 여인이라든가 경치가 지닌 상태를 대상으로 삼았을 때에 그것이 갖고 있는 어떤 상태에 대한 '이름'인 것이다. 그러므로 우리가 쓰고 있는 언어는 모두가 사물을 대상화하여 그것에 의미를 부여하는 이름이라고 할 수 있다.

대부분의 사람들은 언어의 기능이 이러한 지시나 정보 제공에만 있다고 생각하였었다. 즉, 언어는 세계를 그리는 그림이라고만 생각하였다. 그러나 이 정보적 기능은 언어의 중요한 하나의 기능이기는 하지만 이것만이 유일한 기능은 아니다.

(2) 표출적 기능

말하는 사람(①번)에 초점이 맞추어진 기능을 표출적 기능이라고 한다. 이것은 표현적 또는 정서적 기능이라고도 하는데, 어떤 표현, 즉 쓰인 말이 말하는 사람의 태도를 나타내 준다. 우리 속담에 "어 해 다르고, 아 해 다르다"는 말이 있거니와 말은 말하는 사람의 감정을 발음의 높낮이와 길고 짧음에 의해 나타낼 수 있다. '오천 년의 장구한 역사'라는 구절에서 '장구한'을 강조하여 '자앙구한'이라고 '장'을 아무리 길게 발음하여도 '오천 년의 역사'가 육천 년이나 칠천 년으로 더 길게 늘어나지는 않는다. 그것은 다만 말하는 사람이 오천 년을 대단히 길게 느끼고 있다는 표현 이외에 아무것도 아니다. 이와 같이 말하는 사람의 감정을 효과적으로 드러낼 때에는 정상적 언어발음 이외의 특이한 발음이 나타나는 수가 있다. '흥!'하고 코웃음을 칠 때, '쯧쯧'하고 혀를 차며 안타까워할 때 그것을 문자로 표현하기가 대단히 어렵다. 소월의 시구 "사뿐히 즈려 밟고 가시옵소서"를 낭송할 때에는 누구든지 그 내용에 자기감정이 감염되어 '사뿐히'를 짧고 경쾌하게 발음한다. 이러한 것이 모두 언어의 정서적 기능의 모습들이다.

(3) 명령적 기능

말이란 말을 듣는 상대방이 없으면 성립되지 않는다. 그리고 그 말은 반드시 듣는 사람에게 무엇인가를 행동하도록 요구한다. 이와 같이 말을 듣는 사람(②번)에게 초점이 맞춰진 기능을 명령적 기능 또한 욕구적 기능이라고 한다. 명령문은 이 기능을 극대화시킨 것이라고 할 수 있다. 듣는 사람이 없는 독백의 경우에는 자기 자신을 듣는 사람으로 삼는 일인이역이 발생하는 것이라고 보아야 한다. 우리는 가끔 자기 혼자만 기억하고 싶은 비밀스런 이야기를 일기에 적는다. 그리고 절대로 아무에게도 보여 주지 않겠다고 다짐한다. 여러 해가 지난 뒤, 그 일기장을 우연히 펼쳐 들었을 때, 그 비밀스런 이야기 속에서 슬며시 얼굴을 붉혀 본 경험들을 갖고 있다. 이 경우에도 자기가 자기 자신에게 무엇인가를 행동하도록 바라고 있음을 발견한다. 이처럼 언어의 명령적 기능은 말을 듣는 사람에게 어떤 반응을 불러일으키게 한다. 저녁 늦게 책을 읽다가 혼잣소리로 '목이 컬컬한데…'라고 중얼거렸다고 하자, 이때에 만일 그 옆에 누군가가 있었다면 반드시 따끈한 차 한 잔을 받쳐들고 나타날 것이다. '목이 컬컬한데…'라는 한 마디 말이 결국 듣는 사람에게는 "차 한 잔 가져다 주시겠소?"하는 명령적 기능을 수행한 셈이다.

(4) 친교적 기능

말은 반드시 의미를 전달해야 하는 사무적인 목적으로만 쓰이는 것은 아니다. 말하는 사람과 듣는 사람이 언제고 필요하기만 하다면 의사소통을 할 수 있다는 전제의 확인과도 같은 언어행위가 있다. 이웃 사람들끼리 주고받는 인사말이나, 여행 중에 차중에서 우연히 알게 된 사람과 나누는 날씨 이야기, 경치 이야기 따위는 말을 듣는 사람이나 하는 사람이나 간에 말이 전달하는 의미를 그렇게 중요시하지 않는다. 이때에는 다만 서로 이야기를 주고받는다는 사실만을 귀중하게 여긴다. 이러한 언어적 기능은 말을 주고받는 사람끼리의 환경(⑤번), 즉 의사소통의 경로(라디오나 TV의 채널 같은 것)를 열어 놓고 있는 셈이다. 다음과 같은 인사말을 생각해 보자.

> 아저씨, 안녕하셔요? 어디가셔요?
> 응, 철수로구나. 학교 갔다 오니?

이 대화는 철수라는 학생이 이웃집 아저씨를 만나 인사하는 장면이다. "어디가시느냐"는 물음에는 대답도 않고 "학교에서 돌아오는 길이냐"고 반문을 던지지만 아마 이 두 사람은 서로 웃으면서 길을 엇갈려 지나갔을 것이다. 이때의 그 대화는 단지 두 사람이 서로 아는 사람이란 확인과 정을 교환하는 것뿐이다. "저 말이죠, 거시기 있잖아요?"하는 말에는 말을 듣는 이에게 이제 앞으로 중요한 정보를 전달하겠으니 준비하고 있으라는 예비적 기능 이외에 아무 것도 없다. 이것은 마치 라디오나 TV를 듣고 싶은 번호에 맞추는 작업과도 같다. 상대방이 자기의 말에 귀를 기울이고 있는지를 확인하기 위하여 "오늘은요, 우리가요, 해방이 된 지 말이지요, 꼭 서른여섯 해거든요"하면서 '－요'를 반복하는 경우도 있다. 이러한 것을 모두 언어의 친교적 기능이라고 한다.

(5) 관어적 기능

누구나 다 알고 있는 사실이지만 우리는 말을 통하여 새로운 말을 배운다. 이때에 말(⑥번)은 말에 대하여 말한다. 즉, A계열에 속하는 언어가 B계열에 속하는 언어에 대하여 설명한다.

"춘부장은 남의 아버지를 가리킨다."는 말에서 '춘부장'은 한자어이고 '남의 아버지'는 고유어이다. "영어의 Father는 우리말의 아버지라는 말이다."라고 했을 경우에는 영어와 한국어가 서로 관계하고 있다. 이처럼 언어가 언어끼리 관계하고 있다고 해서 이것을 관어적 기능이라고 부른다. 우리는 이 기능을 통해서 지식을 증진시키고 또 지식을 체계화한다. '물'이라는 것은 일상의 언어이지만 '$H_2O$'는 과학의 언어이다. 자연과학 분야에서는 어떤 물질 간의 결합과 변화를 화학방정식으로 표현한다. 그것은 일상의 말로 표현하면 번거롭기가 이루 말할 수 없다. 이와 같이 새로운 어휘를 습득하고 외국어를 배우며 어떤 특정한 지식을 체계화하려 할 때 언어의 관어적 기능이 없다면 우리는 대단히 큰 불편을 겪어야 한다.

(6) 미학적 기능

끝으로 우리는 전언－message(③번) 자체에 초점을 맞추려는 언어의 표정에 대하여 생각할 차례가 되었다. 화자에 의하여 씌어진 말(전언)은 그 말하는 사람의 의식적·무의식적 노력에 의해서 될수록 듣기 좋은 짜임새를 가지려 한다. 즉, 전언은 아름다운 구조를 가지려고 한다. 말도 화장을 하고 싶어한다고나 할까? 가령 '순이와 바둑이'라고 말하는 경우와 '바둑이와 순이'라고 말하는 경우에서 어느 것이 우리 귀에 부드럽게 들리는가를 생각해 보자. 보통 우리는 음절수가 적은 단어부터 말하는 것이 자연스러움을 느낄 것이다. 이와 같이 말은 그 말 자체 속에 보다 듣기 좋은 표현을 가지려는 본능적인 모습이 감추어져 있다. 이것을 시적 기능이라고도 부른다. 언어를 예술적 재료로 삼는 문학에서는 이 미학적 기능을 가장 중요한 지배적 기능으로 삼는다. 그렇다고 문학이 아닌 일상의 언어생활에서 쓰이는 말이라고 이러한 미학적 기능을 소홀히 하는 것은 물론 아니다. 일상의 대화에서도 시나 소설처럼 말을 짜임새 있게 신경을 써서 꾸미지는 못하지만 늘 그것을 의식한다는 것은 숨길 수 없다. 자주 쓰이는 속담이 대구를 이루고 있는 것은 언어대중들이 은연중 전언의 미학적 기능을 의식하였다는 반증이 된다.

> 열 길 물속은 알아도 한 길 사람 속은 모른다.
> 고기는 씹어야 맛이고, 님은 품어야 맛이다.

이러한 속담은 관용어구에 나타나는 미학적 기능의 모습을 잘 이해하게 한다.

## 3. 언어와 인간 이해

이상으로 우리는 언어가 지닌 여섯 가지의 기능을 살펴보았다. 언어의 기능을 바르게 이해하는 일은 아마 국어 공부의 전제조건일지도 모른다. 우리가 글을 배워 많이 알고자 하는 데에는 남이 하는 말을 바르게 이해하자는 초보적인 목적이 숨겨져 있다.

이 사실을 확인하는 의미에서 언어의 여섯 가지 기능은 반드시 이해되어야 하겠다. 일찍이 공자는 논어의 맨 끝말을 다음과 같이 하여 언어에 대한 이해가 인간 이해의 지름길임을 역설하였다.

子曰 不知命이면 無以爲君子요, 不知禮면 無以爲也요, 不知言이면 無以知人也니라.

(공자가 이르기를, 천명을 모르면 군자가 될 수 없고, 예를 모르면 사람노릇을 못하게 되며, 말을 알아듣지 못하면 사람들을 이해할 수 없느니라.)

**써보기** 언어의 '표출적 기능'을 지닌 말을 두 문장만 찾아보시오.

표출적 기능 :

**써보기** 언어의 '친교적 기능'을 지닌 말을 두 문장만 찾아보시오.

친교적 기능 :

**써보기** 여러분에게 물을 가져다 줄 수 있게 '명령적 기능'을 수행하는 문장을 세 개쯤 지으시오.

명령적 기능 :

# 토의와 토론

-전영우-

## 1. 토론

### (1) 토론의 정의

토론은 어떤 의견이나 제안에 대하여 반대자와 찬성자 각자 논거를 발표하고 상대방 논거가 부당하고 자기의 주장이 정당함을 명백히 밝혀 나가는 것이다. 따라서 자신이 찬성하는 사실에 대하여 진리와 의견 등 구체적 주장이 상대방에 의해 인정되고 상대방의 반대 주장을 논파하려는 의도로 토론이 행하여진다.

토론은 흔히 사상이나 입장이 다른 양방 사이에 각기 주장하는 바가 대립되고 모순이 생길 때 주장과 반대 주장의 적부를 결정하기 위하여 벌어진다. 토론에 피차 설득 방식을 쓰되 그것은 지성에 호소하는 논리적 설득이라야 한다. 그러므로 상호 설득에 의한 토론이 성립된다. 한 쪽의 주장이 분명히 밝혀지고 이것이 또 상대방에 의해 인정받게끔 이야기를 전개해 나가는 것이 토론의 한 특징이다.

토론의 특징을 정리 요약하면 다음과 같다.

① 양방의 사상과 입장에 차이가 있다.
② 특정 문제에 대하여 의견, 해결안, 결론 등이 사전에 결정돼 있어 상호 대립 관계에 있다.
③ 자기 주장의 근거와 증거를 제시, 자기 주장의 정당성을 상대방에게 인식시킨다.
④ 상대방 주장이 불확실한 근거에 토대를 두고 있음을 논증한다.
⑤ 주장하는 내용의 서술은 설득 방법에 의존하나 논리적 방식을 쓴다.

토론에서 상대방을 제압하려면, 상대가 내세우는 논거의 모순을 지적하고, 자기 논거의 정당성과 합리성을 보여, 상대가 반론 제기나 논박의 여지를 갖지 못하게 해야 한다. 이처럼 상대를 궁지에 모는 것을 논파(論罷)라 한다. 주최자에 의해 일정 장소에서 일정 형식을 갖추고 특정 문제를 중심으로 주장과 반대 주장으로 나뉘어 상호 순서에 좇아 상대설을 논파하고 자기설을 주장하는 논거를 대는 토론 양식이 있다. 토론의 논제가 공적인 것이고 공개된 장소에서 다수의 방청자 앞에서 토론이 행해지면 이것을 공개 토론이라 한다. 토론법을 익히려면 다음 항목에 주의한다.

① 논쟁중인 문제를 분석 판단하는 데 필요한 자료를 가능한 대로 여러 방면 여러 각도에서 수집 정리한다.
② 자기 소신이 명확히 논리적으로 발표되도록 여러 가지 논법을 탐구하고 이를 효과적으로 활용해 보도록 노력한다.
③ 확신을 갖고 상대를 설득할 수 있도록 개성 있는 화법을 부단히 연구한다.
④ 토론 대상인 각종 현대 문제에 관심과 흥미를 갖고 최신의 신빙성 있는 정보와 지식을 끊임없이 집약해 나간다.

어떤 문제에 대하여 찬반이 분명한 의견을 갖는 양방 사이에 행하여지는 것이 토론이므로 꾸준히 토론법을 바르게 익히고 이를 유효 적절히 활용하도록 하지 않으면 토론 본연의 길을 갈 수 없다.

(2) 사회자

토론 시에 제3자, 즉 토론 사회자가 필요하다. 토론 사회자는 다음 조건을 구비하고 있어야 한다.

① 토론에 자신도 건설적으로 참가하고자 하는 사람으로 꼭 능변이거나 전문가일 필요는 없다.
② 모든 사물에 폭넓게 통하는 상식적인 사람이면 된다. 다만 사고에 융통성이 없고 특정의 사상적 경향이 농후한 사람은 부적당하다.
③ 경박하고 독선적이며 남을 야유하기 좋아하는 사람은 결격이다.
④ 자연스런 어조로 말하고 남을 위축되지 않게 말하는 사람
⑤ 자기가 가진 지식을 아전인수(我田引水)하지 않는 사람
⑥ 특정 의견과 특정인만을 중시하지 않는 사람, 편견을 갖지 않는 사람

사회자 임무 중 중요한 것은 다음과 같다.

① 토론 장소와 참가자 좌석을 미리 정한다.
② 토론 내용을 미리 알린다. 토론이 궤도를 이탈하지 않게 주의한다.
③ 토론이 난항을 거듭하거나 의견이 첨예하게 대립될 경우, 논점을 간명하게 정리, 참가자 전원에게 주의를 새롭게 환기한다.
④ 어떤 발언 내용이 참가자 전원에게 고루 이해되지 않을 때 내용을 이해하기 쉽게 재언해 준다.
⑤ 사실과 의견을 명백히 구분한다.

⑥ 부적절한 때 중요 사실이 거론되면 메모해 두었다가 필요한 때 문제 삼는다.
⑦ 요약과 질문을 적절히 삽입, 토론 진행을 유연하게 해나간다.
⑧ 토론 종결 시, 결론에 이르면 토론한 내용을 정리 요약 복습하고 만약 결론에 이르지 않으면 토론 범위와 문제점을 정리하고 토론을 종식시킨다.
⑨ 이러한 임무를 수행하면서 사회자는 가능한 대로 발언을 억제한다.

토론이 격해지면 양방 간에 적대 의식이 조성되고, 끝내 논쟁으로 번지기 쉽다. 논쟁은 보통 대립된 의견과 주장이 비교적 장기간에 걸쳐 행해지는 토론을 가리킨다. 논쟁은 개인 사이, 학파 사이, 정당 사이, 단체 사이에 야기되는 경우가 많다. 논쟁은 장기간 양방간에 자기설을 옹호하고 상대설을 반박하는 것이므로 양측이 어떤 일치점을 찾기 어려우나 다만 쌍방의 주장이 이론적으로 심도 있게 발전하는 경우가 있다. 특히 학문 세계에서 논쟁에 의하여 연구가 일층 크게 진전된 예가 많다.

### (3) 토론의 요건과 순서

〈토론의 요건〉

토론은 논리에 의해 상대를 설득하는 것이므로 사실과 사실의 해석에 토대를 두는 추론이라 보는 견해가 가장 적절하다.

① 사실과 실례가 있다.
② 사실, 실례에 따른 해석이 타당하다.
③ 유추로 전개해 나간다.
④ 사실과 추론을 분명히 구분하다.
⑤ 인과 관계를 밝힌다.
⑥ 연역의 결과이다.
⑦ 통계적으로 인정된다.
⑧ 권위자의 의견에 일치한다.
⑨ 특수한 사례에 적용된다.

〈토론의 순서〉

토론의 순서는 따로 형식적인 것이 있지 않다. 토론 대상과 논제에 따라 토론 순서가 달라진다. 그러나 원칙적인 것을 보이면 다음과 같다.

① 자기 주장을 분명하게 제시한다.

② 상대방 주장의 근거인 사실과 논거를 일단 인정하고 가능하면 자기 표현대로 지적, 상대에게 그것을 확인시킨다.

③ 자기 주장의 근거인 사실, 논거가 일층 신뢰성 있고 가치 있음을 간결하고 힘 있게 구술한다.

④ 상대방 주장의 근거와 상대방 입장을 여러 각도에 입각 문제시하고, 노출된 취약점을 주의 깊게 살펴본 다음 이유를 앞세워 약점을 지적한다.

⑤ 자기 주장의 요점을 반복해 말한다.

⑥ 필요시 상대를 납득시켜 자기 설에 동조케 하고, 특정 행동을 일으키게 한다.

⑦ 토론 진행 중 효과적 단절어를 적절히 구사한다(첫째, 우선, 먼저 생각할 것은, 둘째로, 다음에, 바꾸어 말해서, 그것과 별도로, 때문에, 단호히, 두 말할 것 없이, 무엇보다 먼저, 끝으로, 요컨대, 결국, 어떻든 간에).

써보기

최근 TV 토론을 시청하고서 느낀 바를 글로 쓰시오.

TV 토론 :

## 2. 토의

토의는 집단에 의해 실시되며 집단적 사고 과정을 통하여 어떤 문제 해결을 시도하는 방법이다. 따라서 일정한 순서에 따라 참가자 전원이 협력하여 토의를 벌인다.

연설은 한 연사가 청중에게 일방적으로 언어 수단을 통하여 준비한 내용을 전달 표현하는 것이므로 설명, 설득, 환담 방법이 쓰인다. 이에 비하여 토의는 특정 문제를 참가자 전원이 공동으로 숙의할 뿐 아니라, 문제가 갖는 여러 가지 가치와 의미를 밝히기 위하여 상호 정보, 사실, 의견, 지식 등을 교환하게 한다.

어디까지나 문제의 공정한 해결을 보아야 하므로 토의는 전원이 협력 숙의하는 공동 사고의 장이 되어야 한다. 토의는 주로 문제 해결을 목적으로 하는 협력적 방편이 된다. 토의는 주어진 문제에 대하여 공동 숙의해 나가므로 참가자 전원이 문제 자체에 대한 이해와 인식을 보다 깊이 할 수 있다. 다만 토의는 문제 해결안의 결정만이 아니라 해결안 성안에 이르는 과정이다. 토의는 참가자 전원이 각각의 입장에서 자기 의견을 제시, 특정 문제에 대하여 공통의 해결점에 도달하려는 목적으로 전개하는 문제 해결 수단이다. 그러므로 토의는 다수결 및 상대방 주장에 대한 논파를 위주로 하지 않는다. 각기 다른 의견의 지적 교류에 의해 공통의 이해를 기반으로 공정한 문제 해결에 도달하려는 공동 노력이 토의이므로 소수 의견 역시 크게 존중되고 그들에게도 자주 발언 기회가 주어진다.

### (1) 토의 순서와 에티켓

〈토의 순서〉

① 문제에 대한 의미 확정
② 문제 분석과 음미
③ 가능한 모든 해결안의 제시와 검토
④ 최선의 해결안 선택
⑤ 해결안 실시

〈토의의 에티켓〉

① 발표 내용이 남에게 정확히 이해 납득되도록 분명한 표현으로 정중히 말한다.
② 분명한 음성으로 명료하게 말한다.
③ 큰 목소리의 강압적 어법은 금물이다.
④ 발언 기회를 독점하지 않는다.
⑤ 참가자 전원이 차례로 발언한다.
⑥ 침묵으로 일관하는 사람은 관심을 갖고 화제를 듣고 적극 토의에 참가하게 한다.
⑦ 남의 이야기가 끝나기 전에 말을 가로채지 않는다.
⑧ 동시 중복 발언이 나오면, 먼저 발언한 사람, 혹은 또 상위자가 계속 발언케 하고 자신은 다음 차례를 기다린다.
⑨ 상대방 입장과 주장을 인정하는 태도를 취한다.
⑩ 토론과 논쟁이 아닌 공동 의견을 모아 나가는 데 부단한 노력을 경주한다.

### (2) 토의의 분류

| | |
|---|---|
| ① 비공식 토의 | ② 위원회 회합 |
| ③ 공청회 | ④ panel 토의 |
| ⑤ symposium 토의 | ⑥ forum 토의 |
| ⑦ 대학의 과외 토의 | ⑧ radio 토의 |
| ⑨ television 토의 | ⑩ 협동 연구 |
| ⑪ 집행위원회 회합 | ⑫ 강의식 토의 |
| ⑬ 원탁식 토의 | |

다음에 심포지엄, 포럼, 패널의 세 가지 유형의 토의만 상술한다.

### (3) 심포지엄

심포지엄은 패널 토의의 변형으로 생각된다. 특정 주제를 놓고 각기 다른 의견을 갖는 3~4명의 참가자가 자기 의견을 발표하고 그 뒤 청중도 토의에 참가한다. 이 형식은 주제에 대하여 찬반 의견을 구하자는 것이 아니고 주제를 중심으로 입장을 달리하는 연사가 참가 가능한 대로 다양하게 의견을 수렴해 나갈 때 적절한 토의 형식이다. 전문가와 권위자가 공통 문제에 대하여 각각의 입장에서 여러 각도로 발언하는 것이므로 문제 전체에 대하여 체계적이고 권위 있는 설명을 들을 수 있다. 심포지엄은 한 개 문제를 각 분야 전문가가 검토하는 것이므로 먼저 사회자는 일반 참가자에게 한 사람씩 연사를 소개하며 각 분야의 전문가인 동시에 권위자임을 알려 준다. 토의 연사는 청중을 향하여 10~15분간씩 강연을 한다. 의견 발표를 2회로 나누어 각 연사가 매회 10분 정도씩 말하는 방법도 있다. 토의 연사는 각자의 입장에서 대표적 의견을 말하는 것이므로 다면성을 떠나 이것은 토론이 아니므로 다만 강연식 발표로 그칠 염려가 있다. 결국 동일 문제를 놓고 각자 연사는 별개 측면에서 전문가 입장에서 검토하는 것이다. 질의 응답 시간이 되면 사회자는 일반 참가자의 질문을 정리해 나간다.

심포지엄을 효과적으로 진행하려면 다음 항목에 유의한다.

① 주제를 정하기에 앞서 문제 분석을 자세히 해놓는다.
② 가능하면 요점을 축소시킨다.
③ 사회자는 각 연사의 발언을 요약하는 능력이 있고, 각 발언의 상호 관계와 위치를 잘 밝혀 나갈 수 있어야 한다.
④ 심포지엄 시작에 앞서 청중에게 예비 지식을 줄 필요가 있다.

⑤ 발언자의 발언 시간이 꼭 지켜지게 한다.
⑥ 전체 예정 시간의 반쯤은 청중을 위해 남겨야 한다.
⑦ 청중석 발언은 되도록 짧아야 한다.
⑧ 사회자는 자기 나름대로 질문을 수용, 청중이 이해하기 쉽게 풀어 준다.
⑨ 끝으로 사회자는 전체 토의 요점을 약술, 당해 심포지엄의 의의를 다시 한 번 강조하고 끝을 맺는다.

(4) 포럼

패널과 심포지엄은 질의 응답이 뒤따른다. 그리고 질의 응답은 토의 연사의 강연이 끝난 뒤 청중에 의해 제기된다. 그러나 공개 회합은 시종 청중 참여로 이루어진다. 이같은 회합을 포럼이라 한다. 또 포럼은 고대 로마에서 실시한 재판 혹은 공공 문제를 놓고 공개 토의를 행한 공공의 광장을 의미하기도 한다. 그 후 포럼은 공개 토의를 위한 공공 집회장이라는 뜻으로 바뀌었고 공공의 광장에서 공공 문제를 공개 토의하는 것을 포럼 토의 또는 단순히 포럼이라 한다.

비교적 작은 집단에서 패널, 심포지엄, 혹은 강의식 방법을 취하기도 한다. 그러나 토의를 위한 간략한 주제 발표는 반드시 포함하되 자유가 보장되어야 한다. 대규모 집단에서의 포럼 종결 시 청중은 질의 응답에 제한을 받는다. 포럼 사회자는 청중에 대해 질의 응답의 통제 규정을 미리 설명한다. 첨예한 이해관계, 혹은 의견 불일치를 수반하는 주제에 대하여 사회자는 서면 질의를 청중에 종용한다. 그러면 관계위원회는 질의서를 수집, 질의서 중에서 가장 간결하고 중요한 것을 뽑는다. 사회자에게 정당성과 의지가 있다면 서면 질의로 주제에 따른 질문을 종결시킬 수 있다.

청중석에서 질문할 때 별로 격식을 따지지 않으나 간단한 규칙은 지켜야 한다.

① 질문 자체가 긴 연설이 되지 않아야 한다.
② 요점을 분명히 드러낸다.
③ 질문이 패널, 심포지엄, 강의식 주제에 관련성을 가져야 한다.
④ 한 사람이 질문을 독점해서는 안 된다.
⑤ 한 연사 또는 주제의 한 부면에 복수 질문이 제기된 때, 질문에 비교적 소극적인 사람을 우선 지명한다.

규모가 작든 크든 포럼에서 사회자는 청중석에서 나온 질문을 해당 연사에게 돌리기 앞서 질문을 재차 반복해 준다. 그리고 사회자는 되도록 산회시간을 넘기지 말아야 하며, 만약 산회에 앞서 일반 참가자가 포럼에 대한 관심이 감소되면 곧 산회하되, 모든 참가자에게 감사하고 질문을 계속할 사람은 산회 뒤에 개별적으로 하도록 제의한다.

(5) 패널

패널 토의는 집단에 관계되는 주제를 놓고 4~8명의 패널이 청중을 위한 토의를 각각의 입장에서 전개하는 것이다. 패널은 반원형으로 청중 앞에 앉든가 아니면 사회자를 중심으로 원탁에 둘러앉는 것이 정상이다. 만약 청중이 다수일 때는 연단 위에 자리를 마련하고 마이크가 필요하면 패널들이 자발적 발언을 자유로이 할 수 있게 편의를 제공해야 한다. 패널 토의는 이따금 이견 조정 수단으로 의회와 일반 회의에 쓰인다. 잘 운영하면 패널 토의는 주제의 가장 중요한 부면을 취급함에 있어 매우 큰 효과를 올릴 수 있다. 그러나 운영이 부적절하면 패널 토의는 시간 낭비에 그치고 만다. 패널 토의는 특정 문제를 해결 또는 해명하려는 목적으로 몇 사람 패널이 선정돼 청중 앞에서 자신이 갖고 있는 지식, 견문, 정보 등을 통하여 각자 자기 의견을 제시, 협력적 숙의를 전개하는 공동 대화라 할 수 있다. 특정 문제에 정통한 전문가 혹은 어떤 입장을 대표하는 사람이 패널에 선정되고, 일반 참가자는 특별한 경우를 제외하고 토의에 직접 참가하지 않는다. 또 주어진 문제와 화제에 대하여 특별한 관심을 갖거나 가치 있는 정보, 경험을 가진 사람이 패널로 선정될 때가 있다. 최선의 노력을 기울여 공공 문제에 대한 일층 깊은 이해와 앞으로의 확실한 행동을 정하기 위한 명확한 단안을 얻어내는 데 있어 각자 패널은 적극 협력하게 된다.

〈토의를 종결지을 때〉

"이번 토의로 우리는 주어진 문제에 대하여 무엇을 할 것이며, 또 어떤 대책을 강구할 것인가에 대하여 확실히 알게 되었다."고 말하게 된다.

패널 토의가 효과를 거두려면 다음 사항에 유의한다.

① 회장의 물리적 조건을 구비한다.
② 패널은 4~8명이 좋다.
③ 청중은 100여 명이 적당하다.
④ 패널은 자연스러운 정황에서 자유롭게 질문, 발언한다. 토의가 전체적으로 30~40분 경과하면 사회자는 패널의 발언 내용을 요약한다. 그 후 일반 청중의 질문을 받는다. 이 경우 역시 30분이 적당하다.

⑤ 질문은 되도록 한정한다.

⑥ 사회자는 공평하게 토의를 진행, 패널을 고르게 발언시키고 필요에 따라 패널의 발언 내용을 요약하며 때로 주석을 붙이고 문제를 분명히 드러내기 위하여 질문 또는 해설한다. 그러나 유머를 잊지 않는다.

⑦ 패널은 사회자와 한가지로 주제를 잘 파악하고 화법과 청법이 적절해야 한다. 말은 짧고 힘 있게 그리고 명확하게 한다. 청중 속에서 질문이 나오면 패널은 즉시 주의, 경청하고 짧은 시간 내에 명쾌하게 답변한다. 그리고 팀워 유지에 협력한다.

⑧ 청중에서도 의당 주제를 충분히 파악한 다음 질문하도록 한다. 손들어 발언 의사를 표시하고 사회자가 지명하면 자리에서 일어나 우선 자기 이름을 댄다. 그 후 토의 궤도에서 벗어나지 않는 범위 내에서 명료하게 질문한다. 사회자는 1인 1회 질문으로 한정하여 짧은 시간 내에 되도록 많은 질문을 받도록 한다.

패널 토의의 순서는 먼저 나오는 패널이 자신을 소개하든가 아니면 사회자에 의하여 소개받은 다음 자기가 특별히 조사 연구하고 문제에 따라 발언하고자 하는 내용이 무엇인가를 간단히 밝힌다. 전체 패널이 적절히 질문하고 의견 요지를 설명하되 토의 분위기가 밝은 것이 되게 함께 노력한다. 각 패널을 사회자는 순서대로 지명한다. 전체 참가자는 토의 진행이 주제에 집중되도록 노력하고 각 패널은 3～8분 정도 발언한다. 지명 발언이 끝나면 각자 자유스럽게 질문이나 요지 설명을 덧붙인다. 패널 사이의 토의가 거의 끝나면 일반 청중에게 자유스러운 발언이 허용되고 사회는 계속 진행을 맡는다.

패널 토의에 주어지는 문제는 찬반이 분명히 갈리는 성질의 것이기보다 오히려 결론이 여러 각도에서 이루어지는 성질의 것이 일층 적합하다.

## 회의 진행

-임영환(육군사관학교 교수) 외-

화법은 그 규모가 크든 작든, 공식적이든 비공식적이든 일종의 회합에서 실연되는 것이 보통이다. 우리가 학습한 화법의 원리나 방법은 의사소통을 필요로 하는 상황 속에서 실연될 때 비로소 그 가치와 의미를 지니게 되는 것이다. 그러므로 능력 있는 화자가 되기 위해서는 리더십의 기능과 밀접한 관련을 맺고 있는 회의의 진행에 대한 기본적인 원리와 방법에 대해서도 잘 알고 있어야 한다. 따라서 본 절에서는 회의 진행의 원리와 방법에 대해 간략히 알아본다.

어떤 단체의 지도자가 되면 — 동창회, 학교 육성회, 지방 의회, 교회 단체, 사적인 동호회, 회사의 각 부서 등 — 회합을 주제할 상황에 처하기 마련이므로, 회합을 성공적으로 이끌기 위해서는 회의 진행의 원리와 방법을 잘 알고 있어야 한다. 그런데 이런 회합을 성격에 따라 ① 의제에 대한 회의 구성원들의 의견들을 서로 교환하는 회의, ② 연회처럼 단순히 감사의 말이나 간단한 연설, 또는 보고만 하는 회의, ③ 토의나 위원회 회의처럼 어떤 문제를 토의하고 해결 방안을 결정하는 회의 등 세 가지 부류로 나눌 수 있다. 기본적인 성격이 다른 둘째 유형인 연회나 셋째 유형인 토의와 토론에 대해서는 따로 학습할 것이므로 본 절에서는 ①의 유형인 일반적 회의를 중심으로 논의한다.

### 1. 의장의 역할

집단생활에서는 각 개인의 의견을 조정하고 통합해야 할 필요성이 증대된다. 회의는 그 좋은 방법이라고 할 수 있는데, 이는 일정한 장소에 모인 사람들이 공동의 목적을 달성하기 위해 상호 협력하여 의견과 정보를 교환하고, 문제를 해결하기 위한 방법을 도출하는 행위를 말한다. 이를 효과적으로 해결하기 위해 의장(회장)은 의사일정을 계획하고, 회의를 공정하고 질서 있게 진행하며, 권위 있는 태도를 견지해야 한다. 그는 의제의 특정 항목에 대해 찬성이나 반대를 나타내서는 안 되며, 회의 진행 규칙을 어겨 개인적인 바람을 피력해서도 안 된다. 만일 자신의 이익이 걸려 있는 의제에 대한 특별한 관심이나 특정 회원에 대한 친분 때문에 회의를 공정하게 진행하기 어렵다고 판단될 때에는 다른 사람이 의장이 되어 줄 것을 요청하든가, 해당되는 문제가 처리될 때까지 의장 자리를 양도해야 한다. 회의 진행은 일반적으로 회의의 진행 규칙에 명시된 바에 따라 이루어진다. 의장의 일반적인 임무는 다음과 같다.

① 의사일정을 준비한다.
② 회합의 질서를 유지한다.
③ 의사일정에 명시된 순서에 따라 회의를 진행한다.
④ 회의 진행 관습에 따라 개회를 선언한다.
⑤ 공정하고 질서 있는 투표가 이루어지게 한다.
⑥ 회의 참가자들이 보람과 즐거움을 느끼면서, 활발하게 의견 교환이 이루어질

수 있도록 한다.

⑦ 규칙에 따라 폐회를 선언한다.

의장으로서 임무를 성공적으로 수행할 수 있는 일정한 방식이 있는 것은 아니지만, 회의 진행 절차의 원리를 이해해 두면 그것을 매우 가치 있는 지침으로 사용할 수 있다. 이러한 원리들은 회의 진행을 매끄럽게 할 뿐 아니라 시간도 절약할 수 있게 하기 때문이다. 사실 회의 진행의 원리에 대해 아무런 지식이 없이 사회를 본다는 것은 불가능하다. 따라서 다음에서는 회의 진행 절차를 규정하는 목적, 회의 진행 절차의 원리, 회의 참가자의 의무와 권리, 일반적인 회의 순서, 동의의 단계, 특별 동의, 수정, 위원회, 표결 등에 관해 알아본다.

## 2. 회의 진행 절차의 목적

회의 진행 절차는 그 목적이 민주 사회에서 동등한 권리를 가진 소수의 의견이 무시되지 않도록 하면서도, 다수의 의견이 정당하고 질서 있는 방법에 의해 결정될 수 있도록 회의를 진행시키기 위한 지침을 제공하는 데 있다. 비록 회의 진행 절차가 사회에 필요한 다소 세부적이고 포괄적인 규칙들을 정해 놓고 있지만, 별로 복잡하거나 전문적이 아니기 때문에 누구나 쉽게 수긍할 수 있다. 규칙들의 기반이 되는 근본 원리들은 몇 가지 되지 않으며, 상식적인 판단에 의지한다. 따라서 대부분의 규칙들이 쉽게 이해하고 상기할 수 있는 것들이다. 회의 진행 절차는 교활한 사람들이 다른 사람의 권리를 무시하거나 비윤리적인 행동을 하는 것을 방지하는 장치라고 할 수도 있다. 그것은 자유로운 토론을 통해 모든 회의 참가자들의 견해를 공평하게 듣는 것을 보장한다. 게다가 기본 원칙들은 회의의 성격과 필요에 따라 적절히 조정될 수 있는 융통성을 갖는다.

## 3. 회의 진행 절차의 기본 원리

회의 진행 절차는 4가지 원리를 바탕으로 한다. 첫째는 평등의 원리이다. 모든 회원은 소개에서부터 의제 발언과 투표에 이르기까지 동등한 권리를 갖는다. 둘째는 자유롭고 충분한 발언의 원리이다. 누구든지 무제한 발언할 수 있다. 그러나 부적절하다고 판단될 때는 제한받게 되는데, 즉 제한하는 것이 최선이라고 판단되어 민주적 방법에 의해 투표로서 제한하거나 멈출 것을 결정하였을 때만 제한을 받는다. 셋째는 다수결의 원리이다. 투표로 결정하기까지는 소수의 의견도 다수의 그것과 동일한 권리를 행사할 수 있지만, 일단 다수의 의견이 결정되면 그것에 따라야 한다. 넷째는 한 번에 한 가지 질문이나 발언만을 하는 원리이다. 몇 가지 제안을 할 수 있지만 오직 한 가지만이 투표에 붙여질 수 있다.

### 4. 회의 참가자의 의무와 권리

회의 진행 절차는 회의 참가자들에 대해 5가지 의무와 4가지 권리를 지킬 것을 요구한다.

(1) 기본 의무

① 말하기 전에 반드시 발언권을 얻어야 한다.
② 의제로 선택되기 전까지 그것에 관해 언급해서는 안 된다.
③ 다른 사람의 발언에 대한 동의가 처리되지 않는 한 그 발언에 간섭할 수 없다.
④ 논의 중에 있는 문제에 대해서만 발언해야지, 그것과 직접적인 관련이 없는 개인의 신상 문제에 대해서 말해서는 안 된다.
⑤ 회의 진행 절차의 기본 원리에 나타난 정신을 존중해야 한다.

(2) 기본 권리

① 회의 진행 절차와 규칙을 준수하는 범위 내에서 정당한 동의를 제출할 권리가 있다.
② 규칙에 의해 금지되지 않는 한 동의를 설명하거나 논박할 수 있다.
③ 의제의 순서나 적절성에 대해 질문할 수 있다.
④ 합법적으로 발언권을 얻었으면, 발언이 끝날 때까지(시간이 허락하는 한) 발언할 수 있는 권리를 갖는다.

### 5. 회의의 일반적 순서

회의의 성격이나 종류에 따라, 또는 회원들의 합의에 의해 진행의 순서나 단계를 다양하게 바꿀 수 있지만, 일반적으로 다음의 순서를 따르는 것이 좋다.

① 개회 선언
② 필요시 출결 인원 점검
③ 전번 회의록을 낭독하고 정정하며, 승인
④ 회계 보고
⑤ 기타 임원의 보고

⑥ 상임위원회의 보고
⑦ 특별위원회의 보고
⑧ 미결 사항 처리
⑨ 새로운 의제 처리
⑩ 산회

### 6. 동의(動議) 제출 단계

동의란 회의 참가자에 의해 예정된 의제 이외의 의제를 제출하는 것을 말하며, 결정을 필요로 하는 의사 일정의 항목을 제출하는 것이다. 이런 동의의 제출은 다음 단계를 밟는다.

① **동의 제출** : 회의 진행 규칙에 따라 동의가 제출되면, 의장은 발언권을 부여한다. 이때 "나는 ……을 동의합니다."라고 말하면서 승인을 요청한다.
② **재청** : 동의는 적어도 두 사람 이상의 지지가 있어야 고려 대상이 되기 때문에 재청을 필요로 한다. 의장이 재청을 요구할 수도 있고, 동의의 제출에 잇따라 다른 회원이 제기할 수도 있다. 이때 "그 동의에 재청합니다." 혹은 "재청이오."라고 말한다.
③ **동의 설명** : 재청이 있은 다음 의장은 회의 참가자들에게 원문대로 설명한다. 이는 동의 제출자에게 의장이 정확하게 들었는지를 확인시키고, 모든 회의 참가자들에게 동의를 알리며, 서기에게 기록할 시간을 주기 위해서이다. 만일 원문대로 말하기가 어려울 경우에는 그 내용을 제출자의 의도와 일치하도록 정확하게 설명해야 한다.
④ **동의 논의** : 회의 참가자들이 동의를 충분히 이해한 다음에는 그에 대한 찬반 의견을 개진할 기회를 갖는다. 이때 사회자는 회의 진행 규칙을 준수하여 진행해야 하며, 발언 시간이나 논의 참가자 수에 대한 적절한 제한을 두는 것이 좋다.
⑤ **논의 종료** : 의장은 논의가 적절하게 이루어졌다고 판단하거나 더 이상 질문이 없을 때, 또는 투표를 하자는 동의와 재청이 승인되었을 때에는 소수가 계속 논의를 원하더라도 논의를 종료한다.
⑥ **동의 확정** : 의장은 투표해야 할 동의에 대해 회의 참가자들이 정확히 알 수 있도록 최초의 동의나 논의를 통해 수정된 동의를 확정해서 말해 주어야 한다.
⑦ **표결** : 의장은 구두 표현이나 박수 또는 기립, 개인 호명, 무기명 투표 등의

방법으로 투표를 실시한다.

⑧ **결과 발표** : 의장은 표결 결과와 동의안의 가결 여부를 발표한다.

## 7. 특별 동의

회의 참가자는 회의 중 어느 순간에라도 원하는 행동을 하기 위해 동의를 제출할 수 있는데, 이때 제출하는 것이 특별 동의이다. 이것은 모든 동의에 우선하여 처리되어야 하며, 다음과 같은 목적을 위해 제출된다.

① **회의의 성격을 알리기 위해**
② **동의를 변경하기 위해** : 수정하거나 위원회에 회부
③ **동의 처리를 변경하기 위해** : 무한정 연기하거나 일정 시간까지 연기, 위원회 회부하거나 보류, 또는 특별한 조치
④ **동의를 거부하기 위해** : 논의 반대, 논의 중지
⑤ **논의를 제한하기 위해** : 시간 제한, 논의 중지
⑥ **보류된 동의를 재고하기 위해** : 동의 재논의, 연기한 시간 경과, 위원회 회부된 안건 보고, 무한정 연기된 사항에 대한 새 안건 상정, 재고, 파기, 보고에 실패한 위원회의 문책
⑦ **앞의 결정을 번복하기 위해** : 재고, 파기
⑧ **규칙을 폐기하기 위해**
⑨ **회의 참가자의 권리를 보호하기 위해**

## 8. 수정

수정 동의는 수정할 수 없는 것으로 지정한 동의를 제외하고는 모든 동의에 대해 제출될 수 있다. 그것은 적절해야 하며, 단지 긍정적인 동의를 부정적인 것으로 바꾸기 위한 것이어서는 안 된다. 수정된 것을 또 수정할 수는 있으나, 재수정한 것을 다시 수정할 수는 없다. 동의가 논의 중에 있을 때에는 수정 동의가 잇달아 제기된다고 하더라도 한 번에 한 가지만 수정이 가능하다. 수정 동의는 주로 첨가, 삽입, 삭제, 대체 등을 위해 제출된다.

## 9. 위원회

위원회의 종류에는 특별 위원회, 상임 위원회, 전체 위원회가 있다. 특별 위

원회는 특정 목적을 위해 임명된 위원으로 구성되며 일정 기간만 존속한다. 상임 위원회는 회의의 일상적인 업무를 수행하기 위해 임명된 상임 위원들로 구성된 상설 기관이다. 전체 위원회는 특정한 상황에서 비공식적으로 활동하는 전체 회의를 말한다.

위원회의 목적은 안건을 조사하거나 보고하거나, 해결 방안을 심의하여 결과를 보고하며, 안건을 심의하여 회의 상정 여부를 결정하고, 회합을 위한 특정한 임무를 수행하는 것이다.

특별 위원회를 위한 위원의 임명은 동의의 제출, 투표, 또는 회원의 지명, 의장의 임명 등에 의해 이루어지며 회기 중에 존속된다.

## 10. 표결

표결 방법은 대체로 다음과 같다. 첫째는 찬성과 반대를 묻는 의장의 질문에 구두나 박수로 응답하고, 그 크기에 따라 결정하는 것이다. 둘째는 손을 들거나 기립하게 하여 그 숫자를 세는 것이다. 셋째는 한 사람씩 호명하여 찬반 여부를 확인하는 것이다. 넷째는 무기명 비밀 투표를 실시하는 것이다.

사회를 보고 있는 의장이 회원일 경우에는 의장도 표결권을 갖는다. 구두나 박수로 표결하거나 거수와 기립 표결의 경우에는 관습적으로 표결에 영향을 줄 때만 의사 표현을 한다. 그런데 개인 호명 표결의 경우에는 의장의 호명은 가장 마지막에 하며, 투표를 할 경우에는 투표 마감 전에 하면 된다.

표결은 찬성자, 반대자, 기권자의 순으로 세며 찬반이 동수일 경우 부결이 원칙이다. 그러나 회칙에 의해 의장이 결정권이 보장되어 있을 때는 의장이 결정할 수 있다.

써보기

최근 학급 회의 진행에 대한 느낌을 쓰시오.

학급 회의 :

## 대화의 자세

-유종국(국문학자, 교수)-

### 1. 익숙하게 이야기할 수 있다는 마음가짐-자기 탄압으로부터 해방

대학 1학년 때 나는 대학 건물 현관에 우연히 서 있었다. 나는 당시에 영어 회화에는 자신이 없었다. 지금도 마찬가지다. 마흔 살이 넘어 뵈는 미국인 부인은 예닐곱 살쯤 되어 보이는 파란 눈의 소녀 아이의 손을 잡고 막 현관으로 들어오는 중이었다. 나를 보자 마자 “Wash room?”, “Toilet?”하고 물었다. 외국인의 본토 발음을 처음으로 듣기도 했지만 조금 당황해서 나는 그 발음을 여러 번 듣고서도 무엇을 묻는지 알아차리지 못했다. 그 아이가 소변이 급했던 모양이었다. 주위에는 도와줄 만한 사람이 아무도 없었다. 그 미국 부인이 몹시 답답했을 것이다. 답답하기는 나도 마찬가지였다. 그래서 난처한 현장을 모면할 심산으로 내가 한다는 말이 “I can not speak English.”라고 말했다. 그 부인이 너무 좋아하면서 웃으며 “You're O.K. You can speak English very well.”이라고 말했다. 나는 이 말은 알아들었다. 더욱 난처해졌다. 속도 모르고 그 부인이 나에게 영어를 잘한다고 말하면서 더욱 대화를 요구하는 것이었기 때문이었다. 그래도 “Toilet!”만을 알아듣지 못했다. 나중에는 부인이 제스처까지 넣어 가지고 말을 할 때서야 비로소 화장실을 찾는다는 것을 알았다. 내가 더 이상 말을 못하고 홍당무가 된 채 앞장서서 화장실로 안내했다. 내가 긴장하지 않고 겁을 집어 먹지만 않았다면 그것이 비록 외국인과의 첫대화라고 할지라도 차근차근 말할 수 있었을 것이다. 말하는 일은 우리말이거나 외국말이거나 마찬가지로 자신감을 가지고 부딪쳐 스스로 자기 표현에 유능한 자신을 만들어 나가야 할 필요가 있다.

우리나라 사람으로서 우리말을 할 수 있는 사람이면 누구나 상대방과 대화할 수 있다. 많은 청중들 앞에서도 말할 수 있다. 잘 말할 자신이 없어서 혹은 부끄럽게 생각해서 사람들에게 말을 할 수 없다고 하소연하는 사람이 종종 있다. 또는 자기가 나서서 말해야 할 경우임에도 불구하고 “나는 말을 잘 못하니까 김 과장이 나 대신 말해 주세요.”라고 꽁무니를 빼는 사람도 있다. 그들은 스스로 이렇게 자기 자신을 진단한다.

“저는 아무래도 말이 잘 안 나옵니다.”

“이야기하는 것이 서툴러서 곤란합니다.”

"태어날 때부터 남에게 이야기하는 일이 서툽니다."

이것은 자기 스스로 제멋대로 단정하는 일이다. 앞서 말한 것처럼 스스로 자신감을 가지고 말하기를 주저하지 않아야 한다.

청중 앞에서 이야기를 잘 못하는 사람이 어느 날 남들 앞에서 이야기를 하기 시작했다면, 그것은 심리학적인 의미에 있어서 '자기 탄압으로부터의 해방'이다. 만약에 자기 스스로 이야기하기가 익숙해지고 주위 사람들과 좋은 인간관계를 유지하고자 한다면, 진심으로 '나도 이야기하기에 익숙해져야지!'하는 결심이 서야 한다. M.E.(marriage encounter) 교육에서는 "사랑은 결심이다."라고 가르친다. 사람에 따라서는 다소간의 차이가 있긴 하지만, 맨 처음 고백은 힘들다. 신자가 고백소에서 처음 고백할 때도 힘들거니와 사랑의 고백도 또한 쉽지 않다. 그것은 대단한 결심이 필요하다.

가장 중요한 것은 마음가짐이다. 자신은 말을 못한다고 혹은 할 수 없다고 스스로를 자꾸 탄압하지 말라. 자기 탄압으로부터 해방되어야 한다. 스스로는 이야기가 서툴다고 단정하고 회합할 때 하고 싶은 말이 있어도 잠자코 있다가 각자 집으로 돌아갈 때에 신발장에서 신발을 꺼내어 신으면서 비로소 회의 내용에 대하여 불만을 늘어놓으면 그야말로 답답한 사람이다. 혹시 여러분이 바로 그런 사람이 아닐까 생각해 보시라. 얼마나 끔찍한가. 답답하다. 자기 스스로 언론의 자유를 탄압하고 있으니 말이다.

혹시 여러분이 거기에 해당하는 사람이라면, 이제 언론의 자유를 탄압하던 일을 중지하고 해방의 기쁨을 맞이하기 바란다.

"전요, 사투리가 강하고 발음도 이상해서 남에게 비웃음을 당할 겁니다. 그럼 창피해서 어떡하지요?"

"사실 말예요, 말 잘 못하는 사람이 공연히 이야기를 해서 위신을 떨어뜨리느니 잠자코 있는 게 무난해요."

"가만히 있으면 중간은 가지 않나요?"

이렇게 마음속으로 뇌까리고 있는 사람은 결코 나중에도 남 앞에서 이야기할 수 없다. 그런 뇌까림보다는 말을 잘하려는 노력이 필요하다. "나를 열어야 세계가 열린다."는 말이 있다. 말을 하는 것은 자신과 세계를 소통시키는 행위이다. 스스로 자신을 열지 않고서는 세계와 진솔한 소통을 할 수 없다.[32)]

문제는 노력을 기울이려고 마음을 먹지 않고 말을 하지 않고 살면 창피는 당

32) 한양대학교 국어교육위원회편 『말이 힘이다 삶이 문화다』(서울 : 한양대학교출판부, 2006), p. 9.

하지 않을 테니까 하는 소극적인 마음이다. 정말로 창피한 일은 서툰 이야기 솜씨를 언제까지나 숨기고 그것을 고치려 하지 않는 것이다. 이점에 대하여 진지하게 생각해야 한다. 그렇지 않으면 능숙하지 못한 당신의 화법 때문에 당신 스스로 자기 탄압으로부터 해방감을 맛볼 수 없으려니와 당신 주위에 있는 사람들에게 대단한 폐를 끼치게 될 것이다.[33)]

만약 당신이 사랑하는 동생이 행한 선행(善行)을 어느 단체의 회원들이 오해하여 위선적인 처신을 하고 다닌다고 비난하여 많은 군중 앞에서 수모를 당하고 있다고 한다면, 당신은 말을 잘 못하니까 그냥 잠자코 있어야 하겠는가 말이다.

그리고 말하기 전에 들어야 한다. 귀담아 듣는 모습에서 상호 간에 정서적 교감을 갖게 된다. 듣기만 해서는 안 된다. 들으면서 공감하고 상대방과 같은 시각으로 바라보려고 노력하는 자세가 또한 필요하다. 상대방과의 정서적 교감뿐 아니라 자신이 생각하지 못했던 사실을 깨달을 수 있다. 전혀 몰랐던 사실을 알 수도 있다. 듣기 과정에서 현명한 질문이나 발언이 나오는 것이다.[34)]

## 2. 성실하고 진지한 태도 – 신뢰도 증진

말하는 사람에 대하여 믿음직스럽다고 느끼게 할 수 있게 하는 여러 가지 방법이 있다.

① 자신의 경험을 토대로 말한다. 생생한 현장감을 주고 극적(劇的)인 느낌을 더해 준다. 이러한 생생한 경험은 말하는 이의 진실성을 높여 줄 수 있으며, 말하는 내용의 완전함을 보장받을 수 있으므로 해서 신뢰도를 증진시킨다.
② 저명한 권위자의 견해를 인용한다. 지명도가 높은 권위자의 견해는 화자의 생각에 정당성을 부여해 준다.
③ 듣는 이와 동일한 신념, 태도, 가치관을 지니고 있음을 보여 준다. 혈연, 지연, 학연, 신앙, 학문적 견해, 정치적 입장 등에서의 동일성은 대화의 장에서 양자간의 장벽을 무너뜨릴 수 있다. 특히 서두 부분에서 이러한 이야기를 꺼내어 벽을 허물어 놓아야 한다.
④ 이야기 줄거리를 체계 있고 논리 정연하게 구성한다. 횡설수설하거나 비논리

33) 화법(話法)이란 언어를 수단으로 하여 말하는 이의 사상, 정보, 생각, 경험, 정서 등을 듣는 이에게 전달하여 이해시킴으로써 의도하는 효과와 반응이 일어나게 하는 과정을 의미한다. 간단히 말하면 언어적 수단을 통해 이루어지는 의사소통 과정이라고 할 수 있다.

34) 한양대 국어교육위원회, 전게서. p. 15.

적인 이야기 전개는 신뢰도를 떨어뜨린다. 조목조목 이야기하고 필요한 사실은 사실을 뒷받침하는 객관적인 증거를 제시해야 한다.

⑤ 성실하고 진지한 태도를 지녀야 한다. 말하는 이의 진지한 태도는 듣는 이로 하여금 우호적이게 만든다.[35)]

그중에서 가장 중요한 점은 성실하고 진지한 태도를 지니는 것이다. 거짓말이나 속임수로 남을 감동시킬 수 없다. 비록 다소 더듬거리더라도 정직한 말은 남을 감동시킬 수 있다. 그러나 교언영색(巧言令色)으로써 겉치레만 유창한 말은 포장만 그럴듯할 뿐 듣는 이가 신뢰하지 않는다. 듣는 이가 '교묘한 말솜씨로 우리를 현혹하려는군! 농락을 당해선 안 되지. 음, 얼마든지 이야기 해 보렴.'이라고 마음속으로 생각하고 있다면, 그의 말하기는 오직 헛수고일 따름이다. 거짓말이나 교묘한 말솜씨로 순간적으로 다른 사람들을 속일 수 있어도 영원히 속일 수는 없는 일이다. 어느 철학자가 "만약 당신이 한 번 거짓말을 하면 영원불멸의 대단한 기억력이 필요할 것이다."라고 했다. 거짓말을 하게 되면 그 거짓말을 속이기 위해 또 거짓말을 해야 하고 그에 따라 줄곧 잇따라 거짓말을 해야 한다. 그러자니 부득이 대단한 기억력이 요구된다고 하겠다. 인간은 망각의 동물이다. 영원불멸의 대단한 기억력의 소유자가 되기란 불가능하다.

남이 내 이야기를 평가할 때 두 가지 기준을 가지고 잰다.

① 그 이야기의 사실과의 일치 여부
② 이야기하고 있는 일과 행동하고 있는 일과 일치 여부, 즉 언행일치 여부

사실과 일치되지 않는 이야기는 언젠가 노출되기 마련이다. 진실치 못한 자신을 드러낸다. 또한 언행이 일치되지 않았을 때 사람들은 신뢰하지 않는다. "불우 이웃을 도와야 한다."고 역설한다고 해서 무턱대고 그를 훌륭한 자선 정신의 소유자라고 칭찬하지 않는다. 평소에 그러한 일에 알게 모르게 앞장서온 사람이라야 수긍하고 칭찬하게 되는 것이다. 말로만 선행을 외치면 사람들이 종종 그를 위선자로 인식하게 된다. 반드시 행동이 먼저 앞서야 하는 것이다.

### 3. 대화의 장에서는 만인 평등 – 지혜의 결집

대화, 토의, 토론은 어떤 완전한 인간이 지상 명령을 내리는 것이 아니고 불

35) 임영환 외 전게서, p. 58 참조.

완전한 인간끼리 서로 지혜를 짜내어 보다 훌륭하고 올바른 결과를 만들어 내려는 의사소통의 활동이다. 좋은 결과를 이끌어내기 위한 모임이기 때문에 구성원 모두는 항상 동등한 입장으로 인정을 받아야 한다. 즉, 대화의 장에서는 모두가 항상 동등하다는 것이다. 이것이 없으면 지혜가 결집되기 어렵다.

또 체면을 차리고 있으면 훌륭한 내용이 묻혀 버리거나 몇몇 사람의 의견만으로 어떤 일이 결정이 나기도 한다. 따라서 대화 참여자들은 어느 때나 어느 장소나 간에 대화의 장에서는 모두 동등하다는 마음가짐을 가지고 있어야 하며, 그러한 태도를 끝까지 유지해야 한다. 만인 평등이라는 입장을 유지하지 않았을 때 나타날 수 있는 몇 가지 태도를 들면 다음과 같다. 이것은 바람직스럽지 못한 태도이다.

첫째, 포기하는 듯한 태도이다. 이것은 협력의 의지가 없는 데서 나오는 태도이다. '어찌됐든 상관없어.'라고 하는 태도는 대화에 큰 장애가 된다. 상대방에게 대화할 의지와 용기를 상실하게 하고 나아가서 무슨 일이든 할 맛이 없게 만든다.

둘째, 오만방자한 태도이다. 이것은 상대방을 얕잡아 보고 자기 스스로 우월감에 도취되어 있는 경우에 나타나는 태도이다. 듣는 사람은 이에 대하여 반발을 느끼며 말하는 사람을 인간적으로 혐오하게 되기까지 한다.

셋째, 비굴한 태도이다. 상대방을 필요 이상으로 우러러보거나 두려워하거나 할 때 나오는 태도이다. 괜히 학식이 높은 사람, 권력을 가진 사람, 돈 많은 사람 앞에서 주눅이 들면서 비굴한 태도를 보인다. 이러한 태도를 지닌 사람은 대개 자신보다 처지가 낮은 사람에게는 뽐내는 태도를 드러내기도 한다.

넷째, 인정하지 않으려는 태도이다. 이런 때 저편에서는 '어딘지 미심쩍구나.' 하는 생각을 갖게 하여 결코 신뢰를 받을 수 없다. 반드시 나 자신이 먼저 상대방을 인정해야만이 그도 나를 인정해 준다.

다섯째, 지나치게 흉허물 없는 태도이다. 처음부터 지나친 호의와 친절을 베푼다거나, 다짜고짜 허물없이 지내자고 하거나, 필요 이상으로 친한 척하면 곤란하다. 사람들은 경박스럽다고 느끼게 되며, 안심할 수 없다고 느끼기도 한다.

여섯째, 점잖은 척 거드름을 피우는 태도이다. 지나치게 점잖은 척하거나 거드름을 피우면 협력의 정신이 없다고 느낀다. 이런 경우에는 진심으로 친근감을 느끼지 못하고 피상적으로 사귀고 있다고 느끼게 된다.

대화의 장에서 서로 대등하다는 것은 대화에 참여하는 일원으로서 동등하다는 뜻이다. 대등하다고 해서 나이의 고하를 막론하고 반말을 하라는 것은 아니다. 나이의 차이, 선후배의 차이, 손님과 주인의 차이를 인정해야 한다. 그것은 존대어로 해결하면 된다. 존댓말이라고 하는 것은 어떻게 보면 인간관계의 차이를 서로 부드럽게 말로 메워 나가기 위해 만들어진 말이다. 대화는 언제나 겸손한 자세로 반드시 존댓말을 사용하는 것이다.

써보기

여러분이 대중 앞에서 발표할 글을 간략하게 쓰시오.

발표문 쓰기 :

## 좋은 글을 찾아서

– 이익섭(서울대 교수) –

### 1

국어학자로서 문학 작품을 보는 시각은 몇 가지 특별한 면이 있을 수 있을 것이다. 남다르게 맞춤법에 민감하다든가 문장의 문법성에 엄격하다든가 등이 그것이다. 어떤 글이 작문적으로 훌륭한가, 또는 문체상으로 특이하여 주목되는 점이 있는가 등도 국어학자들이 관심사로 할 수 있을 것이다.

그러나 국어학자들이 이러한 일에 본격적인 관심을 보이는 일은 아직 별로 없었던 듯하다. 문학 작품은 문학 평론가에 의해 문학 작품으로서의 성패만 평가받았을 뿐 그것이 국어학자에 의해 하나의 글로서의 우열을 평가받은 일은 별로 없었던 것이다. 필자도 아직 문학 작품을 언어학적인 관점에서 분석하는 일을 시도해 본 일이 없다. 그리고 그럴 만한 자료도 아직 갖추고 있지 못한다. 전반적으로 우리 학계가 아직 이 방면으로 마음을 돌릴 만큼 성숙하지 못한 것이 아닌가 한다.

그럼에도 문학 작품의 문장을 국어학자의 눈으로 분석하고 평가해 보라는 청탁이 왔다. 이제 서서히 국어학이 이 방면으로 기여할 때가 왔다고 판단하는 듯하다. 어떻게든 기지개를 켜긴 켜야 한다고 필자도 생각한다. 극히 초보적이고 또 단편적이지만 평소 눈에 띄었던, 어떤 이유에서는 필자의 눈을 멈추게 했던 문장을 몇 제시하고, 그 문장들이 왜 필자의 눈을 멈추게 하였는지를 논하여 숙제를 면코자 한다.

## 2

최근 크게 각광을 받고 있는 양귀자의 작품을 읽다가 눈에 거슬리는 또는 고개를 갸우뚱거리게 하는 문장이 몇 눈에 뜨였다.

① a. 어떻게 수습이 될런지 내가 더 걱정인 판이다. —<원미동 시인>
b. 산길에 피어 있는 꽃이름을 묻기도 하고 푸드덕거리며 날으는 새이름을 묻기도 했다. —<귀머거리새>

예문 ① a.의 '될런지'는 많은 학생들이 틀리는 맞춤법인데 '될는지'가 옳다. '될지'라고 써도 좋고, 또 그 편이 더 옳다고 하는 분들도 있다. 적어도 '되는지, 됐는지'의 '－는지'와 동일한 형태를 갖추어야 하므로 '－런지'로 표시해서는 옳지 않다. '－런지'는 어떤 경우에도 쓰이는 일이 없는 표기일 뿐이다.

예문 ① b.의 '날으는'은 '나는'이 옳다. 한때 '날으는 원더 우먼'이란 TV프로의 이름이 있었지만 '날으는'은 분명히 올바른 국어가 아니다. '우는 아이'를 '울으는 아이'라고 하면 옳지 않은 것과 마찬가지다. '놀－, 날－, 울－, 머물－' 등의 'ㄹ'말음 동사가 어미 '－는'을 만났을 때 '으'가 개재되는 법칙은 없는 것이다. 그럼에도 '날으는'이 꽤 널리 쓰이는 것은 '내가, 나를, 나는'의 '나는'과 동음어가 되는 것을 피하려는 심리 때문일 것으로 풀이된다. '나는 원더 우먼'이라 하면 'I am Wonder Woman'이라는 뜻으로 오해될 여지가 있는 것이다. 그렇다고 어법에 어긋나는 '날으는'을 쓸 수는 없을 것이다. 더욱이 예문 ① b.에서는 그러한 의미 혼동을 일으킬 염려도 없는 맥락이므로(또는 음절 수로써 운율의 효과를 내야 할 상황이라고 판단되지도 않으므로) '날으는'은 전적으로 잘못된 용례라 하겠다.

다음 예문 ② a.도 고개를 갸우뚱거리게 한다. '초호 고딕쯤으로나'의 어미 '－나'가 왜 여기에 쓰였는지 의아롭다. '－나'를 빼는 것이 한결 낫겠다. 그리고 '찍혀져 있다.'도 '찍혀 있다.'라고 해야 할 것이며, 예문 ② b.의 '밝히우고'도 '밝히고'라고 해야 옳다.

② a. 마루의 왼쪽 모퉁이에서부터 햇볕이 기어들고 있었으며 햇볕이 닿는 마루 끝 쯤에 놓인 찢어진 신문에는 초호 고딕쯤으로나 <배추값 폭등>이 있다.

—<귀머거리새>

b. 스위치를 찾아 삼십촉 백열구를 환히 밝히우고 나면 모든 것이 보다 선명한 모습으로 나타나 줄 것을 기대하면서. —<귀머거리새>

다음 문장도 비슷한 결함을 보이는 문장이다.

③ "야, 이 새꺄! 이리 못 나와!"

가게 안으로 쫓아 들어가면서 소리치고 있는 사내는 빨간 색의 소매 없는 런닝셔츠를 입고 있어서 땀에 번들거리는 어깻죽지가 엄청 우람하게 보였다.

"깽판 치기 전에 빨리 나오란 말야!"

가게 앞에 서서, 씩씩 가쁜 숨을 몰아쉬며 이마의 땀을 훔치고 있는 사내는 두 개의 웃저고리를 한 손에 거머쥐고 있었다. 그랬으므로 그도 당연히 런닝셔츠 바람이었지만 소매도 달린, 점잖은 흰 색이었으므로 빨간 셔츠에 비해 훨씬 온순하게 보여졌다. —<원미동 시인>

마지막의 '보여졌다'는 '보였다'라야 할 것이다. 그 앞의 문장에서는 '보였다'라고 바로 썼는데 두 가지로 구별할 이유도 찾기 어려울 뿐더러 '보여졌다'는 '찍혀져'와 마찬가지로 군더더기 '지다'를 쓸데없이 덧붙인 문법에 어긋나는 형태인 것이다.

예문 ③에서 '소매도 달린, 점잖은 흰 색이었으므로' 부분도 좋은 표현으로 보이지 않는다. '소매도 달린 데다가 색도 흰 색이었으므로' 정도면 한결 낫지 않을까 한다. '소매도 달린'의 '도'가 왜 쓰였는가를 따져 볼 일이다.

이것은 사소하지만 굳이 하나 더 지적하자면 '그랬으므로'도 필자에게는 매끄럽게 느껴지지 않는다. 차라리 '그러니' 정도가 낫지 않을지. 그보다는 '그랬으므로 그도 당연히 런닝셔츠 바람이었지만' 전체가 어떨까 싶다. '두 개의 웃저고리를 한 손에 거머쥐고 있었다.'고 해서 당연히 런닝셔츠 바람이라는 것이 필자의 고개를 갸우뚱거리게 한다. 그러나 이것은 지나치게 소심한 반응인지도 모른다.

양귀자의 문장을 하나만 더 보기로 한다. 다음 문장도 야릇하게 필자의 호흡을 깨는 문장이다. 뿐만 아니라 머리를 어지럽게 만든다.

④ 가을의 햇볕은 골고루 투명하고 여기저기 피어 있는 산의 가을꽃이 잎사 귀마다 매달고 있는 무늬가 섬세하기 짝이 없다. —<귀머거리새>

이 문장이 필자에게 거칠게 느껴지는 까닭을 정확히 분석해 내기는 쉽지 않으나 다음 몇 가지는 지적할 수 있을 법하다.

첫번째로 '여기저기 피어 있는 산의 가을꽃이'가 어떤 결함을 안고 있는 듯하다. 이 부분은 문법적으로 틀린 표현은 아니지만 그리 자연스러운 표현으로 받아들여지지는 않는다. '앞산 여기저기에 피어 있는 가을꽃'이나 '산자락 여기저기에 피어 있는 가을꽃'처럼 '산'이 저 앞쪽으로 나가야 자연스럽다고 생각한다. '이 산의 가을꽃이 저 산의 가을꽃보다'나 '이 산 저 산의 가을꽃'은 자연스러운데 '예쁘고 귀여운 산의 가을꽃'이나 '눈부신 산의 가을꽃' 또는 단순히 '(나는) 산의 가을꽃을 (좋아한다)'와 같은 표현은 어색한데 그 이유를 간명히 설명키는 어려워 보인다. 어떤 리듬의 문제가 국어 문장을 지배하는 일면이 있는 것이 아닌가 한다. 어떻든 '여기저기 피어 있는 산의 가을꽃'은 국어답지 않은 표현이요 서툰 표현이라고 생각된다.

두 번째로 '가을꽃이 잎사귀마다 매달고 있는 무늬'도 필자에게는 좋은 문장으로 보이지 않는다. 여기에서 '잎사귀'는 무엇일까? 꽃잎인가 나뭇잎인가? 어형(語形)을 액면 그대로 받아들이면 후자일 것이다. 꽃잎을 잎사귀라고 말하는 사람은 없으니까. 그러나 '여기저기 피어 있는 꽃이 나무 잎사귀마다 매달고 있는 무늬'는 우리를 혼란스럽게 만든다. 그렇다면 '잎사귀'는 역시 꽃잎일까? 꽃잎을 잎사귀라고 부르는 이유는 무엇일까? 여전히 우리를 혼란스럽게 만든다.

세 번째로 '햇볕은'과 '무늬가' 사이의 호응에 문제가 있어 보인다. 이 문장은 전체적으로 '투명하고'까지의 문장과 그 뒤의 문장으로 갈라지는 구조로 이루어져 있는데 이것이 과연 '투명하고'의 '-고'와 같은 어미로 접속될 성질의 문장일까 하는 의아심을 불러일으킨다. 앞뒤 문장이 대등한 관계에 있지 않은 듯한 느낌을 주기 때문일 것이다. 이것은 무엇보다도 '햇볕은'과 '무늬가'의 조사 사용에 그 원인이 있지 않을까 한다. '무늬가'를 '무늬는'으로만 고쳐 놓아도 이런 문제 대부분은 해결되는 듯이 보인다.

이상에서 한 작가의 소설에서 맞춤법 같은 사소한 문제에서부터 그 표현이 서툴거나 혼란스럽다고 여겨지는 문장을 몇 개 보았다. 작가의 글은 모범적인 글이어야 하고, 모범적인 글이란 무엇보다 먼저 문법적으로 정확한 문장이어야 할 것이다. 한 문장 한 문장이 온전히 만들어지지 않은 글이 결코 좋은 글이 될 수 없다는 사실을 작가는 특히 냉엄하게 받아들여야 한다고 생각한다. 작가는 어떤 내용을 전달하느냐에 못지 않게 그 내용을 담는 문장을 다듬고 가꾸는 일에도 혼신의 힘을 기울여야 하고 또 그러한 책임을 짊어진 사람들일 것이다.

## 3

작가는 쉼표 하나에도 남다른 관심을 기울여 남의 모범이 되어야 한다고 생각한다. 쉼표에 얽힌 묵은 이야기를 하나 했으면 한다.

> ⑤ 바다는 불이 켜져 있으면 고독을 알지 못하는 어린애의 양등(洋燈)과도 흡사하다.
> — 이양하 <프루스트의 산문>

이 예문 ⑤는 한동안 우리를 곤혹스럽게 했던 문장이다. 이양하 선생이 프루스트의 수필들을 번역한 <프루스트의 산문>이 한때 서울대학교 교양 국어 교재에 실린 일이 있다. 그 때 우리는 이 글을 가르치며 예문 ⑤ 앞에서 쩔쩔매지 않으면 안 되었다. 도무지 무엇을 말하고 있는지 풀 길이 없었던 것이다. 국문과 교수들의 의견을 모아 보았으나 신통한 결론을 얻을 수 없었다. 불문과 교수들에게 수소문하여 원문을 구해 보려 하였으나 그것도 여의치 못하였다.

1969년의 한 강의실에서였던 것으로 기억된다. 필자는 학생들에게 이실직고(以實直告), 이 구절은 잘 풀리지 않는다고 했다. 바다에 불이 켜져 있으면 어린애가 고독을 모르다니 그것이 도무지 무슨 말인지 해석하기 어렵다고 한 것이다. 그 때 한 학생이 손을 들었다. 철학과 학생이었던 것으로 기억된다. '바다는' 다음에 쉼표를 찍자는 것이다. 순간 머리 속에 섬광이 번쩍 빛났다. 그렇다, 그렇구나, 바다에 불이 켜져 있는 것이 아니다. 예문 ⑤를 쉼표를 넣어 다시 써 보기로 하자.

> ⑤ '바다는, 불이 켜져 있으면 고독을 알지 못하는 어린애의 양등(洋燈)과도 흡사하다.
> — 이양하 <프루스트의 산문>

불은 바다에 켜져 있는 것이 아니라 양등(洋燈)에 켜져 있는 것이다. 이것은 나중 원문을 보고 더욱 확실해졌다. 관계부사가 '양등'과 '불이 켜져 있으면'을 이어 주고 있는 것이다. 문장 구조가 이렇게 풀리고 나면 이 문장의 의미도 저절로 풀린다. 어른에게 육지로부터의 피로를 풀어 주고 태고의 새로움으로 위안을 주는 바다는 마치 캄캄한 밤을 불을 밝혀 어린애에게 위안을 주는 등불과 흡사하다는 것이다. 관계대명사나 관계부사가 없는 국어로써 외국어를 번역해 놓고 보면 표현도 국어답지 못하게 되는 경우가 많지만 예문 ⑤에서처럼 의미 파악이 어려워지는 때도 많다. 그러나 쉼표 하나를 적절히 활용하여 그 난관을 극복하는 길도 있음이 우리를 놀라게 한다.

이 점에서 근래 쉼표 사용에 고심하는 작가가 늘고 있음은 반가운 일이다. 필자는, 이제는 이미 오래 전의 일이고 따라서 그 작가 역시 이제는 신진 작가가 아니지만, 김승옥의 소설을 읽으며 몇 가지 새 세대 물결의 신선감에 흥분을 느낀 적이 있다. 그 중 하나가 쉼표 사용이었다.

⑥ a. 형광등이 낡았는지, 불이 사그라졌다가 다시 켜지곤 했다. －<다산성>

b. 천사는, 처음 출근한다는 기쁨 때문에 역시 새벽 네 시에 잠이 깨어 있는 나를 아직도 자고 있는 줄로 알고 발소리를 죽여 가며 내 문 앞을 조심조심 걷는다. －<다산성>

예문 ⑥ a.의 쉼표는 없어도 의미 전달에 별 영향을 미칠 것 같지는 않다. 그러나 그 쉼표는 우리를 즐겁게 한다. 거기에서 잠시 숨을 쉬며 읽노라면 정말 그렇게 읽어야 옳다는 생각이 들며 그 쉼표가 참 신통하다는 사실을 깨닫게 되는 것이다. '낡았는지'는 사실 잠깐 머릿속을 스치는, 한 층위 낮은 삽입구의 성격이며, 이를 쉼표가 잘 나타내 주고 있다. 진부한 표현이지만 당시 이 쉼표는 필자에게 신선한 충격이었다.

예문 ⑥ b.의 쉼표는 비중이 더 큰, 그만큼 더 적절히 사용된 쉼표라 할 만하다. 이 문장은 얼마간 모호성을 띤 문장이다. 한참까지는 '처음 출근한다는 기쁨 때문에 새벽 네 시에 잠이 깨어 있는' 사람이 '나'가 아니라 '천사'인 것처럼 오해를 일으키는 점이 그것이다. '천사는' 다음의 쉼표는 그러한 혼란을 덜어 주는 기능을 말한다. 의미의 모호성을 극복하는 데 쉼표의 역할이 결정적일 수 있음을 예문 ⑤에서 확인한 바 있거니와 예문 ⑥ b.의 쉼표 사용은 그러한 점에서 높이 평가할 만하다고 생각한다. 작가들의, 국어 문장과의 부단한 씨름을 보는 것 같아 예문 ⑥을 보며 필자는 당시 새 세대 작가들에게 경의를 표하고 싶기조차 하였다.

### 4

이왕 김승옥의 이야기가 나왔으니 이 작가의 글 한 부분을 마저 보기로 하자. 역시 <다산성>의 한 부분이다.

⑦ 그리고 침을 삼키고 "네."라고 '커피'만큼 작게 말했다.
－동생들은 학교에서 다 돌아왔고요…….
고개를 끄덕거리고 그 다음에 "네".
－오늘 낮에 무얼 하셨어요?
고개를 숙인 채 침묵.
－빨래하셨어요?
침묵.

위의 장면은 예문 ⑥ b.의 '천사', 즉 막 고등학교를 졸업한 주인집 딸과 그 집 하숙생이 다방에서 첫 데이트를 하는 장면이다. "커피만큼 작게 말했다"는 구절도 설명이 필요할 듯하다. 당시 커피 가격이 동결되어 물가는 오르는데 커피값은 올릴 수 없었다. 이에 커피의 양을 자꾸만 줄여 갔던 것이다. 한꺼번에 두 잔을 시켜 마시기도 했던 시절의 배경을 알면 재미있는 표현으로 이해될 것이다.

예문 ⑦에서 주목하고 싶은 것은 문장의 길이다. 문장이 새 행이 진행될수록 점점 짧아진 것을 볼 수 있다. 그러다가 마지막 행에서는 '침묵'하고 겨우 한 단어로 끝났다. 줄이 점점 짧아지다가 점 하나로 끝났다고 표현해도 좋을 것이다.

이처럼 각 행의 길이를 점점 짧게 해 간 것은 무엇을 의도한 것일까? 결코 우연의 결과라고는 생각되지 않는다. 작가의 어떤 치밀한 계산이 있었던 것으로 보인다. 필자의 생각은 이렇다. 이 소설에서 여고를 갓 졸업한 여주인공은 몹시 수줍음을 타는 소녀다. 다방에도 처음 나와 본 것이다. 거기에 남자와의 첫 데이트. 묻는 말에 대답도 못하고 목소리는 점점 기어들고 몸도 점점 오그라든다. 예문 ⑦의 행의 길이는 바로 이 분위기와 일치한다. 문장의 길이도 함께 점점 오그라들면서 짧아지는 것이다. '침묵.'하고 끝날 때는 마치 소녀의 몸이 조그만 점 하나가 되어 의자에 푹 파묻히는 듯한 착각마저 일으킨다.

만일 문장의 길이를 조절하지 않고, 그리하여 가령 마지막 행을 "이번에도 끝내 침묵을 지켰다"라든가 "고개를 더욱 깊숙이 숙이며 침묵으로 일관하였다"라고 했다면 어떠했을까? 글의 분위기, 아니 글의 효과가 아주 달라졌을 것이다. 예문 ⑦을 읽으면서 필자는 마치 석공이 돌을 다듬듯 작가가 국어 다듬기에 남다른 정성을 기울이는 모습을 보는 듯했다. 사실 작가는 그 나라 언어를 가장 사랑하는 사람들일 것이며, 또 그래야만 할 것이다.

문장을 다듬는다고 하면 으레 떠오르는 작가가 몇 있다. 특히 문장의 길이와 관련해서는 피천득과 이태준이다. 이들의 다음 두 예문도 필자로 하여금 경탄을 자아내게 하는 문장들이다.

⑧ 오월은 금방 찬물로 세수를 한 스물 한 살 청신한 얼굴이다. — 피천득 <오월>

⑨ '비둥'이란 대체로 무엇이뇨?
하늘이 우룽거림을 천둥이라 땅이 우룽거림을 지둥이라 하나니 여기 코가 우룽거림을 비둥이라 한들. — 이태준 <비둥>

예문 ⑧은 범상한 우리로서는 감히 흉내내기 어려운 간결체 문장이 아닌가 한다.

⑧' 오월은 금방 찬물로 세수를 한 스물 한 살 먹은 젊은이의 청신한 얼굴과 같은 달이다.

⑧'의 정도가 고작 우리가 구사할 수 있는 문체일 것이다. 그런데 예문 ⑧에서는 '오월=청신한 얼굴'로 뛰었을 뿐만 아니라 '스물 한 살 청신한 얼굴'이란 뛰어난 생략법을 구사하고 있다. 화가들이 덧붙이며 긁어내며 한 폭의 유화를 그려내듯 문장 하나하나를 각고의 정신으로 다듬은 결과일 것이다.

예문 ⑨는 또 다른 매력을 주는 글이다. 역시 전체적으로 생략법에 의해 간결체를 추구한 점이 매력의 포인트일 것이다. 그러나 그러면서도 특이한 매력을 준다. 비둥이라 한들. 이처럼 '한들'로 한 문장을 끝맺는 방식은 국어에는 원칙적으로 없는 방식이다. '한들 어떠리' 정도의 '어떠리'를 생략한 것이겠는데 그것이 신선감을 준다. 이 비슷한 수법은 '하늘의 우룽거림을 천둥이라 땅이 우룽거림을 지둥이라 하나니'에도 나타난다. '천둥이라' 다음에 으레 '하고' 정도가 쓰일 것을 과감히 생략하고 있는 것이다. 그리고 그것이 우리를 즐겁게 한다.

예문 ⑨에서는 어미 선택도 주목을 요한다. '무엇이뇨'의 '–뇨'와 '하나니'의 '–나니'가 매우 적절히 선택되었다고 생각되기 때문이다. 이 글은 기행문의 일부인데 같은 방에 동숙(同宿)하게 된 낯모르는 사람이 코를 하도 심하게 고는 바람에 잠을 설친 이야기를 코믹하게 쓴 글이다. 그 코믹한 분위기에 고어적인 냄새를 풍기는 이 어미들이 매우 적절히 어울려 효과를 발휘하는 것으로 보인다. '우리 집 다섯 짜리가 가로되'의 '가로되'처럼 근엄한 분위기에 쓰이는 표현이 오히려 코믹한 이야기에 효과를 내는 일은 흥미롭다.

사실 국어에서는 어미(내지 조사)의 선택이 어려울 때가 많다. 어미 하나에 의해 미묘하게 글의 맛이 달라지고 글의 효과가 달라지기 때문이다. 가령 '비둥이란 무엇이뇨'의 '–뇨'를 바꾸어 '비둥이란 무엇이냐, 비둥이란 무엇이니, 비둥이란 무엇인가, 비둥이란 무엇일까, 비둥이란 무엇이지' 등의 문장을 만들어 보라. 어느 두 짝도 의미가 똑같지는 않다. 그런데 만일 이 미묘한 의미차를 살려 영어로 번역한다고 가정해 보라. 신(神)이 와도 해 내지 못할 것이다. 그만큼 국어는 어미가 발달하여 있는 것인데 우리는 이 장점을 잘 살려 어미 하나의 선택에도 정성을 기울여야 할 것이다. 이 점에서도 예문 ⑨는 우리에게 귀중한 교훈을 주는 글이라 생각한다.

어미의 미묘함에 대한 이야기가 나왔으니 다음 글 하나만 더 보기로 하자.

⑩ 지구가 손 내밀어 소매 넌짓 당길 때
어느 봄 저녁 설악산 오색 쯤에서
민박하다 뜨고 싶다.
경주 남산 한 모퉁이
김시습 숨어 살던 골짜기도 좋지만,
봄꽃 어둡고 민박도 없어. —황동규 <오색에서>

위 시의 마지막 '없어'의 어미 '—어'가 야릇한 매력을 준다. 만일 이것을 '없다'로 바꾸었을 때 그 의미의 차이는 무엇일까? 그리고 저 앞의 '뜨고 싶다'의 '싶다'를 '싶어'로 하면 어떨까? '싶다'와 '싶어'의 차이, '없다'와 '없어'의 의미 차를 한 마디로 규명하기는 어려울 것이다. 그만큼 국어 어미의 의미는 미묘하기 이를 데 없는데 어떻든 '없어'의 어미 '—어' 때문에 이 시가 필자에겐 한결 매력적으로 읽힌다.

필자가 읽는 글이 매우 한정되어 있지만 적어도 필자가 대하는 작가들 중에서는 김승옥, 피천득, 이태준 셋은 우리나라 작가 중 가장 개성적인 문체를 구사하는 분들이 아닐까 한다. 그 개성적인 문체가 어디에서 비롯되는지 일일이 분석할 겨를이(겨를보다는 능력이) 없지만 그것은 아마도 문장의 길이와 어미 등의 선택에서 크게 좌우되는 것이 아닐까 한다. 그리고 그보다는 문장을 이모저모로 정성껏 다듬는 데서 비롯되는 것이 아닐까 한다. 아무튼 깔끔한 글을 써서 사람들에게 즐거움을 주는 작가가 주위에 있다는 것은 고마운 일이다.

## 5

다음은 필자에게 기쁨을 주었던 묘사 몇 예를 보기로 한다. 문장 구사에서 작가가 참으로 그 재능을 발휘하는 것은, 그리고 독자가 글의 참맛을 맛볼 수 있는 것은 묘사에서 아닌가 한다. 그만큼 필자는 멋진 묘사에 많이 끌리는 편이다. 먼저 이청준의 문장 하나를 보기로 한다.

⑪ 열 걸음도 못 떨어져 앉은 거무의 모습은 잘 보이지 않고 어둠 속에서 담뱃불만 이따금씩 숨을 쉬고 있다. —이청준 <석화촌>

대개는 '담뱃불만 밝아졌다 흐려졌다 하였다'고 할 것을 담뱃불에 생명을 주어 담뱃불이 '숨을 쉬고 있다'고 표현하고 있다. 생각하기에 따라서는 이만한 비유는 흔한 것인지 모른다. 그러나 필자에게는 이 비유가 기분 좋고 오래 인상에 남는다.

다음 황동규의 시 한 구절에서도 비슷한 유형의 즐거움을 맛보게 된다.

⑫ 어제 오후 큰 눈이 내려
포구(浦口)의 길이는 모두 지워졌습니다. —<겨울 편지>

눈이 길을 '지워 버렸다'는 표현이 우리를 즐겁게 한다. 한 시인의 뛰어난 감각이, 그리고 국어에 대한 남다른 애정이 '지우다'의 의미를 확장하고 우리의 시각 또한 그만큼 넓혀 주는 것이다. 꼭 새로운 단어를 만들어 써야만 되는 것이 아니다. 있는 단어로도 그것을 어떻게 가꾸느냐에 따라 국어는 무한히 그 힘을 확대해 갈 수 있지 않을까 한다.

다음은 서정인의 소설의 한 부분이다. 파도 장면을 묘사한 것으로서, 그야말로 파도가 집요하게 방파제를 부수려들 듯 집요하게 파도의 묘사를 물고 늘어졌다는 인상을 준다.

⑬ 바다에는 수평선이 없었다. 거대한 파도들이 깊은 물이랑을 뒤로 끌면서 말 위에 높이 앉듯 흉흉하게 솟구치고 있었다. 하얀 포말들이 말갈기처럼 그 위에서 부서졌다. 바다는 참을 수 없다는 듯이 방파제를 넘어다보면서 사납게 출렁거렸다. 바다는 세찼다. 하늘은 낮고 무거웠다. 하늘과 바다의 심한 요철과의 사이에는 농축된 대기가 가득 차 있었다. 공기는 투명체가 아니었다. 탁한 그 잿빛 공기를 뚫고 용솟음친 물결은 문득 정지하여 정상을 이루면서 적을 찾다가 밑이 무너지는 바람에 못다 한 미련을 가슴에 간직한 채 내부로부터 붕괴되어 소리를 내면서 허물어졌다. 두 개가 서로 만나면 소낙비 같은 물방울을 하얗게 내뿜으며 맞붙어 싸웠다. 그러다가 잦아지면 흔적도 남기지 않았다. 방파제를 보면 그들은 치열하였다. 움직이지 않는 콘크리트 벽은 생리부터가 그들과는 상극이었다. 하나가 후려치면 다음 것이 뒤따라 후려쳤다. 때로는 미처 앞엣것이 스러지기도 전에 뒤엣것이 그 위로 덮쳐 내리쳤다. 인내심 많고 말 없는 검붉은 방파제를 따라 길게 파도는 백열전을 그치지 않았다. 미쳐 날뛰는 파도는 그칠 줄을 몰랐다. 노한 넵튠은 송두리째 꿈틀거리고 있었다. —<물결이 높던 날>

일찍이 우리 작가의 글에 이만큼 철저하고 치열한 묘사가 있었던지 모르겠다. 서양 소설에서 우리는 지나치리만치 섬세한 묘사 장면을 만나는 수가 흔히 있다. 거기에 비해 우리 작품의 묘사는 너무 소략(疏略)한 면이 없지 않았다. 필자는 이를 양쪽의 만화와 비교하여 설명하기를 즐긴다. 같은 신문 만화인데도 가령 블론디(blondie)를 보면 머리카락 하나 단추 하나까지 섬세하게 그린다. 그에 비해 우리 만화는 너무 거칠다. 좋게 말하면 선이 굵고 여백의 미가 있지만 역시 우리에게는 좀더 끝까지 추구해 들어가는 장인의 정신이 부족한 것이 아닌가 한다. 그런 점에서 예문 ⑬은 우리에게 큰 위안을 준다. 사실 필자가 이 예문을 처음 대했을 때 그것은 큰 놀라움으로 다가왔다. 우리 주위에도 이처럼 치열한 추구 정신이 있었구나, 우리에게도 이제 치밀하기 그지없는 멋진 묘사가 있구나 하는 놀라움이었다.

좋은 묘사를 보면 작가는 훌륭한 조련사라는 느낌을 받는다. 국어는 사람들이 어떻게 부리느냐에 따라 거칠어지려면 끝없이 거칠어질 수도 있고 세련되려면 또 끝없이 세련될 수도 있다는 생각이 든다. 좋은 조련사를 만나 잘 길들여진다면 국어의 힘은 한결 강해질 것은 말할 것도 없다. 우리가 좋은 묘사를 만나면 기쁜 것은 바로 이 때문일지도 모른다.

### 6

필자는 종종 역대 최고의 문장가로 최남선을 든다. 가령 그의 기행문을 읽으면 그렇게 압도당할 수가 없다. 어떤 글이 이 이상으로 사람을 압도할 수 있을까?

그런데 그처럼 사람을 압도하는 힘은 구체적으로 어디에서 오는 것일까? 필자는 그것은 무엇보다도 먼저 그 화려한 어휘의 구사에서 온다고 생각한다. <백두산 근참기>에서 한두 부분을 보기로 하자.

⑭ a. 가도 가도 여전한 밀림지대이다. 하루쯤으로야 우리의 長遠深密한 至 味를 다 알겠느냐 하는 듯 이깔나무의 장림은 여전히 끌밋한 맵시와 싱싱한 빛과 빽빽한 숱으로써 사람의 턱 밑에 종주먹을 댄다.

b. 천궁(天宮)의 일부이던 청유리 일장(一張)이 무슨 사품에 이리로 내려와서 제가 제미에 흘려 지내느라고 가만히 드러누워 있는 것 같다. 이 속에 들어 와서 저런 경(景)이 생기다니! 조화가 아니 짓궂으신가! 본디부터 이만 절경을 보이자고나 하시기에 그 무서운 임로(林路)를 뚫고 나오게 하신 것일지 모르기도 하겠지마는 여하간 그 동안 지낸 것이 어떻고 괴롭고 지리한 것이었을지라도 그 빚을 갚고도 나머지 있고 그 때를 씻고도 나머지 있음을 앙탈할 수 없는 푼푼한 장면이다.

위의 두 글은 각각 삼지(三池)에 도달하기 직전과 도착 직후의 정경을 묘사한 글이다. 화려한 문체가 사람을 들뜨게 하지만 그 화려한 문체는 또 현란한 어휘에서 뒷받침받고 있다. 앞 세대 분들의 글에서는 우리에게는 낯선, 그래서 권위 있게 보이기도 하는 한자어들이 빛을 발하는 것이 일반적이지만 최남선의 글에서는 그 이외에 고유어 계열의 어휘도 화려하기 그지없다. 앞의 예문에서만 보아도 '끌밋한, 숱으로써, 종주먹을, 사품에, 앙탈한, 푼푼한' 등 매우 다채로운 어휘를 구사하고 있다. 그 중 많은 것은 우리로서는 범접하기 어려운 것들이기도 하다.

이기문 교수의 『당신의 우리말 실력은』은 한때 염상섭 등 작가의 작품에서 어휘를 뽑아 출제했던 적이 있다. 그때 우리가 당혹하였던 것은 우리의 어휘력이 얼마나 빈약한가 하는 것이었다. 그 사이 언어가 변화한 탓일 수도 있을 것이다. 그러나 그보다는 어떤 단절이 있었던 것이 아닌가 한다. 그러한 어휘와 우리들을 연결시켜 주어야 할 사람들이 그 책임을 다하지 않은 탓일까?

어휘 단절의 책임을 반드시 작가에게만 물을 수는 없을 것이다. 그러나 그 책임의 일단이 작가들에게 있다는 것도 부인하지 못할 것이다. 근래 작품들에서 그 어휘 사용이 너무 단조롭다는 느낌을 가질 때가 많다. 남다른 어휘력을 가져야 하는 것을 작가의 한 요건이라 한다면 이러한 현실은 앞으로 우리 작가들이 극복해 나가야 할 한 과제가 아닌가 한다.

그래서인지 필자는 남다른 어휘를 구사하는 작가(및 수필가)를 높이 평가한다. 근래 '넉넉하다' '풋풋하다' 등의 형용사가 꽤 널리 쓰이고 있음을 볼 수 있는데 추측건대 이는 대체로 법정(法頂)의 글에서 영향을 받은 것이 아닌가 한다. 필자는 법정의 글을 여러 모로 높이 평가하는 사람이지만 이렇게 유행을 일으킬 만한 좋은 어휘를 구사하는 점에서도 이 스님의 수필은 칭찬받아 마땅하다고 생각한다.

최일남도 어휘 구사에서 특이한 영역을 보일 때가 있다. 특히 '곰삭다'는 어휘와 최일남이 묶여 떠오르는 때가 많다. 적어도 필자에게는 '곰삭다'는 최일남의 전매특허품으로 인식된다.

서영은의 어휘 구사도 필자에게 기쁨을 준다. 다음은 그의 소설 <먼 그대>에서 뽑아 본 것이다.

⑮ a. 소매끝이 <u>날깃날깃</u> 닳아빠진 외투며, 여름도 겨울도 없이 신어온 쫄쫄이식 단화, 통은 넓고 기장은 짧아 발목이 <u>껑뚱해</u> 보이는 쥐똥색 바지, 보푸라기가 <u>한켜</u>나 앉은 투박한 양말, 서랍에서 꺼내어 얼찐거릴 때마다 반찬내를 물씬 풍기는 가방 등 몸에 걸치고 지닌 것마다 구멍만 뚫리지 않았다 뿐이었다.

b. 주인집과 그 집에 세들어 사는 여느 식구들은 문자가 새벽같이 층계참에 나와 매운 연기를 마셔 가면서도 연탄 화덕에다 신나게 부채질을 <u>활락활락</u> 해대며 때로는 콧노래까지 흥얼거리는 광경을 종종 볼 수 있다.

c. 나중엔 말끝마다 "이놈의 데 얼른 떠나야지, 더러워서 못해 먹겠어."하고 <u>군시렁거렸다</u> 하면 견뎌야 한두 달이 고작이었다.

위의 예문을 보면 이 작가가 어휘 선택에 남다른 정성을 쏟고 있다는 인상을 받는다. 특히 밑줄 친 어휘들은 우리에게 즐거운 웃음을 선사한다.

앞에서도 지적하였지만 최남선이나 염상섭 등 멀지 않은 시기의 작가들에게서 살아 숨쉬던 국어의 많은 부분이 이미 사장되어 가고 있다. 죽어가는 어휘들에 생명을 불어넣는 일에 작가들이 남다른 책임을 느껴 주었으면 한다. 동시에 훌륭한 어휘 구사로 우리들을 기쁘게 해 주는 작가들이 더욱더욱 많이 나와 주었으면 한다.

**7**

이상으로 국어학자로서 작가들의 글을 몇 조각 진단하여 보았다. 체계적으로 모은 자료도 없이 너무 단편적인 이야기만 한 것이 아닌가 한다. 앞으로 여유가 생겨 문학 평론가가 흔히 하지 못하는 이 방면의 작업을 좀더 깊이 할 수 있는 기회가 있었으면 한다. 국어는 그처럼 여럿이 협동적으로 가꾸어 갈 때 생동하며 또 제 힘을 발휘할 수 있다고 생각한다.

써보기

여러분이 읽은 소설책 가운데서 찾은 참신하고 좋은 어휘를 나열하시오.

어휘 찾기 :

## (9) 논설문

### 논설문의 요건

**≪논설문의 일반적인 성격과 갖추어야 할 요건≫**

논설문은 정보 전달이나 정서 표현을 위한 글이 아닌 논리적인 성격을 띤 글이다. 일정한 주제나 문제에 대하여 이론적으로 조리 있게 자기 주장을 펴 나가는 글이다. 평소에 가지고 있던 생각을 이용하거나, 객관적인 사실이나 연구 결과를 이용하기도 한다.

논설문은 본질적으로 깨우쳐 주고 설득하려는 데에 목적이 있다. 독자의 사고와 행동의 변화를 불러일으키려는 의도를 갖고 있다.

논설문은 전문적인 연구 논문에서 신문의 사설과 짤막한 일반적인 논평에 이르기까지 그 범위가 넓다. 일반적으로 말하는 논설문은 대개 시사적인 문제를 논하는 시사 평론, 예술에 대한 일반적인 논의를 중심으로 하는 예술 평론, 신문이나 잡지에서 칼럼니스트들이 쓰는 칼럼 등과 같은 자기 주장의 글을 의미한다. 간혹 신문에 볼 수 있는 자기 주장이 담긴 독자 투고, 혹은 독자 발언 역시 이에 속한다.

논설문은 다음의 요건을 갖추어야 한다.

첫째, 주장이 독창적이어야 한다. 특히 연구 논문의 경우에는 독창성이 생명이다.

둘째, 주장에 대한 근거가 합리적이고 실증적이어서 타당성을 얻어야 한다.

셋째, 주장이 명확해야 하고 일관성이 있어야 한다.

## 논설문 작성 요령

다른 사람에게 자신의 견해에 동감하게 하고 자신의 주장을 받아들이게 하기 위해서 사전 준비가 필요하다.

첫째, 무엇을 쓰느냐가 중요하다. 어떤 것을 논설문의 주제로 삼느냐 하는 점에 대한 깊은 통찰이 필요하다. 앞서 말한 대로, 자신의 주장에 독창성이 있어야 하고 또 관심을 끌만한 주제여야 한다. 이를테면,

- 낙태는 법률로 금지해야 한다.
- 속담에는 과학적 근거가 없다.
- 대학의 졸업 정원제에 문제 있다.
- 전통 민속놀이의 부활은 이웃 간의 신뢰 회복의 첩경이다.
- 인간 복제는 법률로 금지시켜야 한다.

와 같이 어떤 대상에 대한 일정한 판단이 포함되어야 한다. 이처럼 긍정적 혹은 부정적 판단을 표시하는 명제만이 논설문의 주제가 될 수 있다. 그냥 "낙태", "금기에 관한 속담", "대학의 졸업 정원제란?", "전통 민속놀이"라는 식으로 논설문의 주제를 선정해서는 안 된다. 이런 유의 주제는 논설문의 주제라기보다는 오히려 설명문의 주제로서 적합하다.

또한 너무 단순한 사실이거나 막연한 문제는 주제가 될 수 없다는 사실을 알아야 한다. 이를테면, "우리나라는 정의로운 사회를 지향해야 한다."라든가 "대학생들은 학업에 충실해야 한다."라는 식의 주제는 본인은 물론 다른 사람의 관심을 끌지 못한다. 요즈음 입시 위주의 교육이 갖는 폐단이 이야깃거리로 사람들의 입에 오르내린다. 그것을 해결할 수 있는 방안을 한 가지 제시하면 누구에게나 상당한 관심을 기울이게 할 수 있을 것이다. "대학평준화 일환으로 무시험 진학 제도를 마련해야 한다."라든가, "사회봉사 활동과 단체 활동 및 체육 활동으로 대입 시험을 대신해야 한다."라고 한다면 이야깃거리가 되고 관심의 대상이 될 수도 있다.

둘째, 주장을 뒷받침할만한 논거가 제시되어야 한다. "낙태는 법률로 금지해야 한다."

라고 주장하기 위해서는 "낙태는 일종의 살인 행위이다."라고 하는 의학적 근거를 들이대어 자신의 주장에 논리적인 호소력을 붙이기도 하고, "인간의 존엄성을 해친다."라고 하는 윤리적 근거를 들이대어 감정적 설득력을 얻을 수도 있다.

셋째, 논리적인 구성을 이루어야 한다. 논설문에 적합한 논리적인 구성은 삼단 구성이다. 서론, 본론, 결론이라든지 혹은 서두, 본문, 결말이라는 세 단계의 전개 과정을 통하여 글을 만들어 가는 것이 필요하다.

다음에 몇 편의 글을 예로 제시하고자 한다.

## 학문의 길

– 박종홍(철학자) –

### 1

우리는 학문을 배우고 연구한다. 배우고 연구하는 데는 실지로 경험하여 보는 것, 몸소 행동하여 보는 것이 물론 필요하다. 그러나 인류가 오랜 역사를 두고 경험한 것, 행동한 것을 그대로 하나도 빼지 않고 완전히 되풀이하여야 한다면 일생을 통하여 얻을 수 있는 지적 수준은 도저히 높은 데 이르지 못하고 말 것이다. 우리는 선인들의 고귀한 경험의 축적과 세련에 의하여 획득한 문화의 유산을 손쉽게 계승할 수 있기 때문에 비교적 짧은 시일에 선인과 동일한 수준에 도달할 수 있는 동시에 다시금 그의 발전도 꾀할 수 있다. 그저 경험이라든가 행동의 되풀이나 잘 하기는 다른 동물도 사람에게 뒤지지 않을 것이다. 기성 세대나 선배들이 이미 도달한 수준까지 하루 속히 따라가서 그를 극복하여 새로운 향상의 길을 틔우려는 노력이 학문이라고 할 수도 있다.

사람은 흉내 잘 내는 어린이의 재롱을 하나의 웃음거리로 생각하는 수가 많다. 그러나 우선 이 흉내 잘 내는 것으로부터 우리의 배움이 시작된다. 인간이란 무엇보다도 의식적인 모방을 계획적인 방법에 의하여 가장 적절하게, 가장 빨리 할 줄 아는 힘을 가지고 있음이 사실이다. 학문의 목표가 모방에 그칠 리야 만무하지만 우리는 어머님 품 속에서부터 시작하여 학창생활을 끝마치는 날까지 모방으로부터 완전히 벗어난다는 것은 거의 불가능한 일인지도 모르겠다. 겉으로 나타나는 행동은 말할 것도 없거니와 눈으로는 보이지도 않는 마음의 자세까지 본받으려 한다. 때로는 일부터 정반대의 태도를 취하는 경우가 없지 않으나 이것도 그의 영향 밑에 있는 증거인 것이요, 그로부터 어떤 시사를 받았기 때문에 가능한 것이다. 그런 의미에 있어서 배우고 있음을 속일 수 없다. 이 모두가 학문을 하는 계제로서 인간 형성에 있어서 없어서는 안 될 기능들이라고 하겠다.

그리하여 사람은 첫째로 사람에게서 배운다. 사람의 스승은 우선 사람이다. 글을 읽는 것도 간접적이긴 하나 내용에 있어서 사람의 말을 듣는 것과 다를 바 없다. 우리는 글을 배운다면 먼저 책을 생각한다. 그러나 그때에도 사람에게서 배우고 있는 것이다. 소크라테스도 인간은 인간사회에서 배우는 것이 가장 많고 의의 있는 것이라고 하였다. 옛날부터 성현들이 혹은 인(仁)을, 혹은 사랑을, 혹은 자비(慈悲)를 가르쳤음은 한결같이 인간관계를 떠나서 생각할 수 없다. 사람을 인간이라고 하는 것부터가 인간관계를 떠나서 사람일 수 없음을 의미하였던 것 같기도 하다. 사람은 사람에게서 배우고 사람에 의하여 사람 구실을 하게 마련이라고 하겠다.

현대같이 모든 학문이 분화 발달한 시대에 있어서는 더구나 각기 그 분야의 전문가를 찾아 배우지 않을 수 없거니와, 특히 인간적인 도야의 면에 있어서는 직접받는 인격적인 감화의 힘이 무엇보다도 위대한 것이다. 부득이한 처지일 때 우리는 사숙(私淑)을 하며 또는 독학(獨學)을 하는 것이요, 친히 경해(謦咳)에 접할 수만 있다면 책으로서는 느끼기 힘든 학문의 그윽한 분위기를 스승의 체취에서 감득(感得)하는 행복을 가지게 된다.

그러기에 고래(古來)로 배우기 위하여서는 타향의 신고(辛苦)를 예사로 알아왔던 것이요, 구도(求道)의 길이 험난하였음은 비행기 타고 유학하는 현대인으로서는 상상조차 힘든 일이었다. "男兒立志出鄕關 學若不成死不還"의 기개부터가 장(壯)하였다 하겠거니와, 천산(天山)의 험준(險峻)을 넘어 천축(天竺)으로 배움의 길을 찾던 옛사람들은 문자 그대로 목숨을 바쳤던 것이다.

去人成百歸無十
後者安知前者難
路遠碧天唯冷結
沙河遮日力疲彈

배우러 가는 사람이 百이나 된다면 돌아오는 수는 열도 못 되네
후세 사람이 어찌 선인들의 고생을 짐작이나 할소냐
아득하게 먼먼 길에 푸른 하늘 차가운 기운만 몸에 스며들 제
사하에 해는 저물어 고달픔에 지친 구도자의 모습이여

한 개인이나 한 사회나 배움의 의욕이 왕성할 때가 새로운 발전의 가능성도 많은 때다. 그리스의 문화도, 이탈리아의 르네상스도 모두 새로운 것을 잘 배

우는 데서 생겨난 것이요, 우리의 신라나 고려의 문화도 또한 그러하였다. 이 새로 배우는 데에서 전에 없던 창조도 가능한 법이다. 우리 민족의 자랑인 훈민정음 창제 당시에 성삼문이 몇 번이나 요동을 왕래하였던가. 배움의 힘은 큰 것이다. 그러기에 생이지지(生而知之)하였다는 공자(孔子)로서도 십오 세에 학문할 뜻을 세웠고 그 후 계속적인 정진을 한 나머지 "내가 하루 종일 식사도 하지 않고 밤이 새도록 잠도 안 자고 생각하여 보았으나 무익한지라 배움만 같지 못하더라(吾終日不食 終夜不寢 以思之無益 不如學也)."라 하였던 것이다.

## 2

그러나 우리는 사람에게서만 배우는 것이 아니다. 대자연에서 배우며 또 연구한다. 인간 자신도 대상화될 때는 다른 자연과 다름없는 존재자로서 다룰 수 있다. 실험장치를 통하여 측정되는 기이한 물리현상, 현미경 밑에 나타나는 미묘한 세포조직, 그 하나하나가 다할 수 없는 진리탐구의 기틀을 우리에게 제공하고 있는 것이다. 글로 쓴 책도 읽을 줄 알아야 하겠지만 그보다도 대자연이라는 책은 한없이 깊은 뜻을 가진 것이요, 연구하면 연구할수록 새로운 신비의 문을 열어 주는 진리의 보고(寶庫)인 것이다.

우리는 과학이라면 현대의 기계문명을 연상하리만큼 우리의 일상생활을 보다 편리하고 효과적이게 하는 힘을 가진 것으로 생각한다. 과학의 응용으로 여러 가지 기술이 급속도로 발달한 덕택이라고 하겠다. "아는 것은 힘이다(scientia est potentia)"라고 한 프란시스 베이컨의 말은 오늘의 과학이 스스로 증명하고도 남음이 있다. 현대에 있어서 세계의 패권을 장악하고 있는 나라는 무엇보다도 과학이 발달한 나라다. 현대전(現代戰)은 과학전(科學戰)이라는 말도 있거니와 전시(戰時) 아닌 평시에 있어서도 과학에 있어서의 경쟁이 얼마나 치열해 가고 있는가를 우리는 목도(目睹)하고 있다. 현대인이 마치 우주인인 양 우쭐대며 월세계로 가느니, 화성으로 가느니 하며 장차 전개될 어마어마한 전환을 꿈꾸게 된 것이 모두 이 새로운 학문의 힘인 것을 생각한다면 과학, 특히 자연과학이 인간의 현실생활에 미치는 바 영향이 엄청나게 큰 것임을 짐작할 수 있다. 인간이 다름 아닌 자연을 대상으로 그에게서 잘 배울 줄 알기 때문이라고 하겠다.

사람이란 본래 유한한 존재자이다. 더구나 그 지혜란 모든 것을 다 알았다고 할 수는 도저히 없는 법이다. 위대한 과학자일수록 스스로 궁극적인 진리를 다

알았노라고 하는 사람은 없을 것이다. 오히려 인간의 지혜의 한계를 누구보다도 잘 안 사람들이다. 우리는 알면 알수록 경건해지지 않을 수 없다.

그리하여 사람은 자연을 과학적으로만 보는 데 그치지 않고 태도를 바꾸어 그에서 도덕적인 교훈을 찾으려 하기도 하고 심미적(審美的)인 감상을 즐기려 하기도 한다. 키에르케골은 허공에 매달린 거미(蜘蛛)에게서 중간적 존재자로서의 인생의 고민과 모험을 보았거니와 동양 사람은 사자분신(獅子奮迅)이라 하여 사자(獅子)의 용왕매진하는 기상을 본뜨기도 하고, 황소걸음이라 하여 느린 듯하면서도 끊임없이 지속하는 노력과 정진의 모습을 황소의 걸음걸이에 비유하기도 한다. 호의(狐疑)의 결단성 없음을 비웃는가 하면 탈토(脫兎)의 날쌤을 신통하게 여기기도 한다. 송죽(松竹)에서 변함 없는 절개를 보았고, 백로(白鷺)에서 티 없는 순결을 읊었다. 맹취(猛鷲)가 감투의 정신을 표현하는 것이라면 비둘기는 평화를 상징한다고 하겠다. 어찌 그뿐이랴. 솔로몬의 지극한 영광으로도 그의 입은 옷이 들에 핀 백합만 못하다고 하지 않았던가.

인자(仁者)는 산을 좋아하고 지자(知者)는 물을 좋아한다고 하거니와, 묵묵히 선 채로 움직임이 없는 산, 봉우리가 높을수록 골짜기는 깊어 그 품 속에 찾아들수록 숭엄한 영기(靈氣)에 숙연하지 않을 수 없다. 주야불식(晝夜不息) 달리고 있는 냇물은 오직 전진이 있을 뿐이요, 밀려오는 파도에 쉴새없이 뒤치고 있는 대양은 천태만화(千態萬化)의 다할 줄 모르는 힘을 간직하고 있다. 깨끗한 마음씨를 맑은 호수와 같다고도 하거니와 노자(老子)는 겸허의 미덕을 언제나 장애물을 감싸고 아래로 흐르는 물에서 배우려 하였다.

좀더 시야를 넓혀 그리스의 피타고라스는 우주의 천체들이 일대 오케스트라를 연주하며 운행한다고 하여 모든 이법(理法)을 대자연의 질서정연한 조화(調和)에서 찾았다. 동양사상도 마찬가지다. 천(天)이나 자연(自然)을 스승으로 하여 그로부터 미루어 인간에 관한 이법(理法)까지도 알려고 하였다. 그러기에 『주역』(周易)에 "천체(天體)의 운행은 굳건한 법이다. 그러므로 군자는 자강불식한다(天行健 君子以自疆不息)."고 하였다. 공자는 "나는 말이 없고자 한다(余欲無言).", "하늘이 무엇을 말하리요. 사시가 행하여 백물이 생하나니 하늘이 무엇을 말하리요?(天何言哉 四時行焉 百物生焉 天何言哉)."라고 하였다. 대자연은 그대로 말 없는 스승인 것이다.

그렇다고 우리의 배움은 여기에 그치는 것도 아니다. 헤라클레이토스는 "나에게 묻지 말고 너의 '로고스(logos)'에 귀를 기울이라."고 하였다. 감각적인 귀로는 들을 수 없는 양심의 말 없는 소리를 들을 줄 알아야 한다는 것과 통하는 말이다. 그렇게도 정치하게 개념을 분석하여 논리적으로 따져 마지 않은 소크라테스도 지적으로 단정할 수 없는 궁극에 이르면 스스로 '다이모니온(神性, 신령적인 것, daimonion)'이라는 자기 내심의 소리를 들었다고 하지 않는가. 그는 '다이모니온(금지의 소리)'의 말 없는 소리에 순사(殉死)한 것이다. 내가 배워야 할 최후의 가장 위대한 스승은 밖에 있는 것이 아니라 알고 보면 나의 속에 있는 것도 같다.

인간의 이러한 내면적인 정신생활은 개인적인 주관에 의하여 좌우되는 것이라 하여 순수객관적인 과학과는 별개의 것으로 생각할는지 모른다. 그리하여 학문은 가장 냉철한 합리성으로 일관되어야 한다고도 한다. 옳은 생각이다. 그러나 객관성이니 합리성이니 하는 것을 확보하기 위한 과학자 자신의 태도는 언제나 내면적 성실성에 의하여 밑받침되어 있어야 한다. 성실성을 떠난 냉철이란 거짓말이다. 과학의 객관적 합리성을 추구하여 마지않는 세찬 의욕(意慾)은 진리를 동경하는 정열(情熱) 없이는 생각하기 곤란하다. 이것이 플라톤의 이른바 '에로스(eros)'이다.

사람들은 자기 혼자만 옳다고 생각하는 독단(獨斷)을 피하고 지식의 보편적인 객관성을 밝히기 위하여 대화의 방법을 쓰기도 한다. 이것이 발달되어 그리스에 있어서 대화술, 즉 '디알렉티케(dialektike)'로 된 것이요, 그것이 후세의 이른바 변증법으로 전개하는 단초(端初)를 마련하기도 하였다. '소피스트(sophist)'들에 의하여 한때 자기의 약점을 숨기고 상대방을 깍아내리는 소위 논쟁술로 악용된 일도 없지 않으나, 점차로 진리를 탐구하는 방법으로 정화(淨化)되어 소크라테스의 문답법(問答法)에까지 이르렀다. 소피스트들과 소크라테스의 방법적 차이를 우리는 무엇에서 찾을 것인가. 자기의 무지를 자각하고 솔직하게 고백함으로써 출발하는 소크라테스의 방법이 어떤 수단으로서나 상대방을 이겨내는 것이 목적인 소피스트들의 방법과 다른 점은 그의 성실성에 있다고 하겠다.

근대과학은 사물을 그저 바라보는 데만 그치지 않고 어느 정도의 이론적인 예상 밑에 일부러 변화를 일으켜 어떤 새로운 현상이 일어나는가를 인위적으로 시험하기도 한다. 이것이 실험이다. 또는 이론적으로 이끌어내어진 결론을 실제 현상에 의거하여 검증하기도 한다. 남보다 앞서려면 부지런히 배울 줄 알아야 할 것이요, 더구나 뒤떨어진 백성으로서는 새로운 지식을 널리 세계로부터 도입섭취할 것을 서둘러야 할 것이다. 그러나 아무런 자각도 비판도 없이 맹목적으로 추종만 일삼는 것은 학문 그 자체의 본의에도 어긋나는 것임을 알아야 하겠다. 뿐만 아니라 일정한 지식을 받아들이면 주장하기에 앞서 그러한 지식의 성립이 가능한 근거로부터 문제로 삼을 수도 있다. 이것이 엄밀한 의미에 있어서의 비판정신인 것이요, 한 걸음 더 나아가 인식론적인 요구로까지 전개되는 것이라고 보아도 무방하다. 그러나 이때에도 만일 진리탐구에 대한 정열이 결여되어 있다면 그것은 한갓 헛된 수고에 불과할 것이다.

학문의 전당을 상아탑이라고도 한다. 그리고 현실사회와는 동떨어진 별세계같이 생각하는 사람이 없지 않다. 그러나 상아탑이 저대로 옳은 구실을 다하기 위하여서는 거기에 학문적 분위기가 진리탐구에 대한 정열에 의하여 활기를 띠고 있어야 한다. 시험관 속에 일어나는 현상을 밤을 새워가며 응시하고 있는 학자의 눈동자를 어찌 냉철하다고만 할 것이랴. 형언하기 힘들 정열에 의하여 맑게 빛난다고 하겠다. 로고스(logos)와 파토스(pathos)는 따로 떨어져 있는 것이 아니다. 이런 학자가 있기에 인류의 문화가 향상발전할 수 있음을 잊어서는 안 된다. 상아탑은 현실사회로부터 유리된 안일한 도피처가 아니다.

학문의 길, 그것은 곤란의 험로(險路)인 동시에 인류의 앞날을 개척하여 주는 선구자, 지도자의 길이다. 그의 의의가 중차대한 만큼 출발에 있어서 확고한 의지와 결단에의 각오가 투철해야 하겠다.

써보기

아래에 이 글에 대한 요약문을 쓰시오.

요약문 쓰기 :

## 산업사회와 비판적 지성

-이명현(서울대 철학과 교수, 전 교육부 장관)-

1

인간은 인류 역사상 일찍이 오늘과 같이 찬란한 자기 자신의 능력의 전시장을 본 경험이 없으며 동시에 자기 자신에 대한 무력감과 회의를 오늘과 같이 절실하게 느꼈던 적도 없는 것 같다. 인간의 위력을 과시해 주는 인간의 소산이 그리 대단치 않았던 시대에 인간은 오히려 화사한 자화상에 탐닉할 수 있었다. 현대의 과학기술과 그것을 이용한 산업화는 인간의 삶의 가시적 차원에 엄청난 변화를 가져왔을 뿐 아니라 삶의 질 자체에 커다란 변화를 강요하기에 이르렀다.

현대 과학기술의 놀라운 기교와 그것에 의존하는 번쩍거리는 산업문화의 향연 앞에서 인간은 육중한 자신의 존재의 무게를 느낄지 모른다. 그러나 아이러니컬하게도 현대인이야말로 그 어느 시대의 인간보다도 자기 자신에 대한 깊은 회의 속에서 옛사람들이 그려 놓은 호화찬란한 인간에 대한 자화상에 깊은 우수의 눈길을 보내는 것이다. 그 무력감과 회의는 그 자신의 자랑스러운 능력, 즉 이성이 산출해 놓은 열매가 모두 그의 구미를 채워 주는 것이 아니라는 사실 인식과, 또 아닐 것이라는 예견에 기인한다. 그러면 현대인을 우울케 하는 징후들은 무엇인가?

첫째로 절대적 진리의 파악이 불가능하다는 인식에서 오는 자기 축소 의식이다. 서구의 2,500년의 학문적 전통을 지배해 온 것은 인간이 자신을 포함한 모든 존재세계에 관한 절대적 인식에 도달할 수 있으리라는 신념이었다. 이러한 신념이 인간의 분수에 넘치는 하나의 치기어린 과욕에 불과하다는 인식이 19세기부터 나타나기 시작하다가 오늘에 와서는 하나의 분명한 현실 이해가 되어 버렸다. 여기서 인간은 자신에 관한 전통적인 지고한 자화상이 깨어지는 아픔을 느껴야 했다. 이것은 인간의 인식 능력의 한계를 보는 아픔이었다. 그러나 다른 의미에서 이것은 인간 지식의 점진적 확장의 무한한 가능성을 암시하는 것이기도 하다. 절대적 진리란 하나의 인간의 심정적 소원의 투사요, 우리가 현실적으로 포착한 존재 세계의 모습은 수정의 가능성 속에 개방되어 있을 뿐이다. 그러기에 현대적 지성의 미덕은 자기 인식 체계 밖의 것에 대해서는 판단을 유보하는 자세라고 보겠다.

둘째로 과학기술에 의한 산업화가 인간을 기계적 생산 체계 속의 부품으로 만들어 버림으로써 전인적 삶이 어렵게 되어 가고 있다는 의식이다. 과학기술의 매력은 인간을 자연의 변덕스러운 횡포와 곤욕스러운 육체적 운동으로부터 해방시켜 주리라는 약속이었다. 그러나 이 매혹적인 약속을 건네는 손의 손바닥 안에는 그 대가를 지불하라는 단서가 달려 있음을 인간은 미처 깨닫지 못했던 것이다. 그 대가는 기계가 인간을 자기의 하수인으로 고용하겠다는 것이다. 이것이 바로 기계에 의한 인간의 소외 현상이다.

셋째로 인간에 관한 지식의 증가와 과학기술의 발달은 인간 조종의 효과적인 방법을 제공해 줌으로써, 인간을 통제의 꼭두각시로 만들 가능성을 넓혀 놓았다는 의식이다. 사실상 현대의 조직사회는 이러한 통제술의 효과적인 이용 속에 근거하고 있다. 다수를 일정한 질서에 의해 능률적으로 움직이게 하려면, 관리라는 미명 아래 자행되는 인간 조종과 통제가 필요악으로 등장하기 마련이다. 조직에 의한 인간 소외, 이것은 현대가 안고 있는 숙명적인 역사적 현실인지도 모른다.

넷째로 과학기술에 의한 고도의 산업화는 성장의 신화를 낳고, 이것은 머지않아 지구 위의 주요 자원을 몽땅 고갈시켜 버림으로써 산업 문화의 종말을 초래할 것이며, 산업화의 배설물인 공해는 지구를 인간이 생명을 더 이상 부지할 수 없는 곳으로 만들어 버릴 것이라는 의식이다. 이제 성장의 신화는 우리에게 패러다이스의 환영 대신 복마전의 영상을 안겨 주게 되었다. 성장은 일정한 한계 안에서만 유효한 개념이며, 그 한계의 피안에는 성장 자체가 성취하려는 목적과는 정반대의 결과가 초래된다는 현실 앞에서 현대인은 인간의 유한성을 다시금 되씹게 되었다. 성장은 인간에게 안녕과 복지를 가져다 주기만 하리라는 상념은 땅덩이 위의 현실과는 맞지 않는 하나의 낭만적 꿈에 지나지 않음이 명백해졌다. 지구라는 유한적 체계 안에서 무한한 성장이란 것이 논리적으로도 가능하지 않기 때문이다. 그러한 불가능을 시도하는 자에게 베풀어지는 선물은 사망 이외의 것일 수 없다. 기하급수적 성장이란 결국 인류를 그 종말로 재촉하는 것 이외에 아무것도 아니라는 사실은 성장의 신화의 가공성을 폭로해 줄 뿐이다.

다섯째로 현대인을 공포 속에 떨게 하는 것은 핵전쟁에 의한 인류의 공동 사멸의 가능성이다. 옛사람들에게 있어서 전쟁은 인간의 공격욕을 충족시켜 주는 하나의 유희로 간주되었을 수도 있으나, 이제는 결코 그러한 유희일 수 없다. 핵전쟁은 나는 살고 너만 죽는 그런 옛 전쟁이 아니기 때문이다. 핵전쟁의 가능성이야말로 어느 순간에라도 전인류가 파멸할 수 있다는 무서운 가능성이다. 개인의 사멸이 도둑과 같이 찾아오던 것은 옛일이었으나, 인류 전체의 동시 사멸이 도둑과 같이 찾아올 수 있는 것은 오늘의 현실이 되었다. 인류 전체의 종말을 인간 자신의 힘으로 초래할 수 있게 되었다는 사실이 현대인의 자부심을 고양시킨다는 것은 가공스러운 패러독스가 아닐 수 없다.

이러한 상황 속에 있는 자신을 발견하는 현대인은 이 아이러니컬한 사태를 진단하고 처방을 강구하지 않을 수 없다. 이러한 상황 속에서 우리가 빠지기 쉬운 오류는 과학과 과학기술을 매도하고 힐난하는 일이다. 이 불행스러운 사태의 책임은 과학과 과학기술의 잘못으로 규정하는 일이다. 여기에서 제기되는 중요한 문제가 바로 과학과 가치의 문제이다. 현대의 과학철학은 과학적 명제를 가치 명제와 근본적으로 다른 범주에 속하는 명제임을 논증한다. 과학의 이론 속에 가치 명제가 포함될 때, 그것은 사이비 과학이 된다. 과학은 존재의 구조를 있는 그대로 드러내 주는 것으로 족하다. 그 존재에 관한 정보를 어떻게 사용하느냐 하는 것은 전적으로 과학 외적 문제이다. 그 실용의 방향을 결정하는 문제가 바로 가치의 문제이다. 여기서 우리는 과학과 과학기술을 구별할 필요가 있다. 과학기술은 과학이 드러내주는 존재에 관한 정보를 사용하는 구체적 절차에 관한 연구이며, 그런 뜻에서 과학기술은 일정한 가치 판단을 전제로 한 것이다.

만일 현대의 산업사회가 안고 있는 병리적 현상이 과학기술과 연관 있다면, 그것은 과학기술 자체라기보다는 그러한 활동을 주도해 온 가치 판단에 그 책임이 있다고 보아야 한다. 과학은 어떠한 가치 판단과도 무관하게 인간 자신을 포함한 존재 세계가 어떻게 되었는가를 드러내려는 인간의 이성적 활동이요 그 결과이다. 그 결과를 어떻게 사용하는가는 가치 판단의 문제이므로, 현대 산업의 병리적 현상에 관한 문책은 과학을 어떤 특정한 방식으로 이용하기로 결정한 판단과 그 판단의 주체에게 물어야 한다. 그러기에 과학의 이론 자체에 무언가 잘못이 있는 듯이 생각하고 과학에 징그러운 눈길을 보내는 것은 하나의 미명이 아닐 수 없다. 과학 자체는 인간을 조종하지도, 인간을 해방시켜 주는 것도 아니다. 소위 프랑크푸르트 학파에 속하는 하버마스와 마르쿠제는 현대의 과학기술 자체가 인간 조종의 주도자인 듯이 비난하는데, 만일 비난받아야 할 주도자가 있다면 그것은 과학기술을 그런 방식으로 사용한 가치관이요, 그 가치관을 소유한 서구의 인간들 자신이다. 역사적으로 볼 때 과학기술은 그 시발점에서는 인간을 자연의 변덕스러운 횡포로부터 해방시키는 효능을 지녔으나, 그것이 차츰 그릇된 목적과 결부되어 거대한 체계로 성장해 나가면서 인간 조종의 수단으로 되었을 뿐 아니라 인간 자신의 주인의 위치에서 한낱 기계에 예속된 위치로 전락되어 가는 도착현상이 나타나게 되었다고 보는 것이 옳을 것 같다.

그러므로 자연과학은 인간과 자연을 기술적으로 통제하기 위한 방편으로, 사회에 관한 학문은 인간 해방에 관심을 두고 개발되어 왔다는 하버마스의 견해는 과학 이론 자체와 그 사용의 문제인 가치의 문제를 혼동하는 오류를 범한 것이라고 보여진다. 과학은 그것이 자연에 관한 것이든 인간과 사회에 관한 것이든 인간과 자연의 통제와 조종을 위해서 사용될 수도 있고 인간 해방을 위해서도 사용될 수 있는 것이기 때문이다. 마르쿠제에 의하면 자연과학의 학문적 정신을 표현하는 실증주의는 그 근본에 있어서 어떤 현상을(부정적 측면에서) 비판적으로 보는 정신이 결여된, 따라서 그것은 현상을 그대로 수용하는 보수적인 정신이라는 것이다. 이런 점에서 그것은 사물을 1차원적으로 보는 태도요, 따라서 과학적 사유를 하는 인간은 '1차원적 인간'이라는 것이다. 이러한 견해는 과학의 이론과 가치 판단의 문제(윤리의 문제)를 구별하지 않는 발상에 근거한 것이요, 과학의 기본 정신을 잘못 해석한 말이라 하지 않을 수 없다. 그가 말하는 비판이란 사회의 가치 질서, 혹은 체제에 대한 비판인데, 그것은 과학의 문제가 아니라 윤리학의 문제이다. 그러므로 과학이 그런 문제에 개입하지 않는다고 비난하는 것은 과학자에게 왜 교회에 가서 설교를 하지 않느냐고 윽박지르는 것과 흡사하다. 과학은 윤리적 문제, 가치의 문제에 관해 비판적 발언은 하지 않으나, 과학이야말로 비판적 태도 없이는 수행될 수 없는 지적 작업이다.

과학은 어떤 가정이나 선입견, 어떤 전통적 권위나 외적 압력을 배제하고 현상을 비판적으로 객관적으로 분석하고 검토하는 지적 작업이라 말하지 않을 수 없다. 과학은 누구의 편의나 이익을 옹호하거나 감소시키도록 그 이론이 짜여지는 것이 아니다. 과학이 결과적으로 어떤 집단이나 계층 · 민족의 이익을 도모하도록 사용될 수는 있다. 그러나 그것은 앞에서도 누차 지적한 대로 과학 외적 문제요, 가치 판단의 문제이다. 과학 자체는 어떤 이익을 옹호하는 이데올로기가 아니다. 그러나 과학의 사용은 이데올로기적인 성격을 지닌 것일 수 있다. 마르쿠제는 현대 과학기술 자체가 마치 이데올로기적인 성격을 띤 것처럼 이야기하며, 과학의 정신은 비판적 사유를 동반하지 않는 것인 양 외치고 있다. 그것은 하나의 커다란 논리적 오류이다.

## 2

필자는 지금까지 현대의 병리적 현상을 진단함에 있어서, 과학 이론 자체와 그것의 사용과 관련된 가치 판단의 문제를 구별해야 할 필요성을 역설하였다. 그리고 현대의 병리적 현상이 과학기술과 그 어떤 연관성을 가진 것이라 한다면, 그것은 과학 이론 자체보다는 그것의 사용과 결부된 인간의 가치관 내지는 마음가짐에서 그 병리적 원인을 구해야 한다는 것을 암시하였다. 필자는 그 병리적 원인과 관련하여 다음 몇 가지 점을 지적하고자 한다.

첫째로 서구의 산업사회에 살고 있는 현대인이 느끼는 병적 징후는 인간의 행복(혹은 안심입명)을 욕망 대상의 획득을 통해서 완전히 도달할 수 있다는 마음가짐의 결과와 깊이 관련이 있다. 행복=욕망 대상의 획득/욕망, 이것을 행복의 공식이라 한다면, 서구인이 과학을 이용하여 자연을 조종하고 지배하는 일에 지대한 관심을 보인 것은 행복의 공식의 분자를 늘림으로써 행복에 도달하려고 한 마음가짐의 표현이라고 해석할 수 있다. 과학기술을 이용하여 분자만을 극대화하려는 것은 인간을 오히려 거대한 기계적 체계의 부분품으로 격하시킬 뿐 아니라, 분자의 무한한 극대화가 이루어질 수 없는 한계가 있음을 현대 서구인은 인식하기에 이른 것이라고 볼 수 있다. 분명히 동양인은 분자를 극대화할 수 있는 세련된 과학 이론을 갖지 못한 데서 오늘의 '동양의 열등감'을 갖게 되었다. 그러나 동양의 지혜는 분모의 극소화, 즉 정서적 조정을 통하여 욕망을 순치함으로써 안심입명을 구한 데 있다. 우리는 여기서 성장의 신화의 허구성을 엿볼 수 있다.

둘째로 지적할 것은 능률을 최고의 덕목으로 삼는 문화는 인간을 맹목적인 노동의 도구로 만들고 탁월한 기능을 지닌 조직 속의 부품으로 인간을 전락시킨다는 점이다. 능률은 투쟁에서의 승리를 위한 최고의 격률이다. 그러기에 투쟁에서의 승리를 삶의 목적으로 삼는 모든 문화는 능률을 모든 인간 활동을 지배하는 최고 원리로 삼게 된다. 인간의 지성은 이제 삶을 단순한 끝없는 투쟁, 맹목적 투쟁의 과정으로만 보기에는 좀 성숙되었는지도 모른다. 능률을 최고 덕목으로 삼는 문화는 인간을 끝없는 노역의 도구로, 민첩한 기능인, 작동 잘하는 조직의 수인으로 만들어갈 뿐이며, 급기야는 가장 효과적인 방법으로 모든 인류가 동시에 부고장을 띄우게 되는 결과를 초래하게 될 것이다. 여기서 우리는 인류 모두가 새로운 가치관을 마음에 심어야 할 필요성을 엿볼 수 있다. 인류는 이제 하나의 공동 생명권 속에 살고 있으며, 투쟁이 아니라 화해를 지향할 때만 모두가 살아남을 수 있다는 인식이 재고되어야 한다. 이것은 하나의 정치 집단 내에서만 논의되던 정의의 개념을 전인류적 차원, 초국가적 차원에서 정의의 개념을 논의해야 함을 의미하는 것이다. 자연 자원을 포함한 모든 가치가 국경의 구분을 넘어서서 만족스럽게 배분될 수 있을 때만, 인간들은 투쟁의 총대를 어깨에서 내리고 화해를 지향할 수 있게 되겠기 때문이다. 이러한 이야기는 아직도 하나의 백일몽에 지나지 않는 소리로 생각된다. 그러나 인류가 아직도 그것을 백일몽이라고 생각하더라도, 그것이 인류가 그 문명에 종지부를 스스로 찍게 되지 않도록 하는 유일의 담보일는지 모른다.

셋째로 인간이 자기 자신과 세계에 관한 정보(지식)를 더 많이 탐색해 놓은 것은 인간의 행복의 증진을 가속화시킬 수도 있지만, 인간의 불행을 가속화시킬 수 있는 위험이 도사리고 있다는 점에 우리는 유의할 필요가 있다. 특히 인간에 관한 과학적 지식의 증가는 더욱이 부정적 효능을 가질 위험을 더욱 더 많이 내포하고 있다. 인간에 관한 정보가 악의에 찬 인간들에 의하여 그릇 이용될 때 전율할 사태가 벌어질 수 있기 때문이다. 그러므로 인간과 존재 세계에 관해 인간의 눈이 밝아진다는 것은 인간의 욕망의 순화를 동반하지 않을 때, 인간을 극도의 불행스런 상황 속에 몰아넣을 수 있다. 날카로운 칼이 어떻게 사용될 수 있을까에 관한 고려 없이 더욱 날카로운 칼만을 자꾸 생산해 내는 것은 인간다운 처사라 할 수 없다. 그러므로 과학적 지식의 증가를 아무런 단서 없이 박수갈채만 보낼 수 없는 상황이 현대인의 인간 조건이다.

넷째로 과학의 오용의 인간에 대한 재해는 과학의 힘을 빌어서만 교정될 수 있다는 점이다. 이열치열의 논리가 여기에 적용된다는 점이다. 그러므로 과학의 오용이 인간을 욕되게 하였다 하여 탓할 수만은 없다. 과학기술적인 방식에 의해 해독시킬 수 있기 때문이다. 과학은 인간이 지닌 이성의 욕구, 알고자 하는 충동의 산물이다. 그것은 상징적 기호인 언어를 사용하는 인간 능력의 열매이다. 이것이 바로 인간을 지구상의 다른 생물로부터 구별시켜 주는 우월의 징표이다. 그러나 과학은 인간의 삶을 고양시키며 풍성하게 하는 데 도움이 될 수도 있으며 정반대의 것도 될 수 있다. 그 방향을 가늠하는 것 역시 인간의 이성적 능력이다. 그 방향에 관한 결정은 인간의 윤리적 결단의 문제이다. 그러므로 과학이 '인간을 위한 과학'이 되기 위해서는 올바른 윤리적 판단을 내리는 '비판적 지성'이 항상 인간의 행위에 수반되어야 할 필요성을 우리는 여기서 분명히 본다.

써보기

윗글에서 필자는 현대 산업사회의 병리적 현상을 몇 가지로 예거했는가? 문장으로 조목 조목 열거해 보시오.

현대 산업 사회의 병리적 현상 :

## (10) 논문

### 논문 종류

**≪논문의 성격과 종류≫**

'논문'이란 말은 중국 위문제(魏文帝)가 쓴 '전론(典論)'에서 시작되었다. 넓은 의미에서 논문은 '문제'에 대한 '주장'을 논리적으로 '증명'하여, 독자를 '설득'시키고자 하는 글을 가리킨다. 좁은 의미의 논문이란, 학문적인 연구 활동의 결과로 이루어진 전문적인 연구 논문을 말한다. 특히 학문을 연구한 결과는 논문의 형태로 나타나는 것이므로 학문을 연구하기 위해서는 반드시 논문 쓰는 법을 잘 알고 있어야 한다.

논문은 논증의 양식으로 서술된다. 논문은 저자의 견해, 사상, 연구 결과 등을 논리적으로 정리하여 발표함으로써, 연구 결과의 가치를 인정받아, 사회에 기여함을 목적으로 한다.

연구 논문이 가치 있는 것이 되기 위해서는, 첫째 다루고 있는 문제가 새로운 내용을 담고 있어야 하며, 둘째 논의가 논리적으로 타당한 것이어야 하고, 셋째 체제와 형식을 제대로 갖추어야 하며, 넷째 공인된 발표 기관을 통해 공표해야 한다. 전공 학문의 문턱에 들어서려는 대학생들에게 이 네 가지 요건을 모두 갖춘 연구 논문을 기대하기는 어렵다. 그러나 이 요건들 중에서 둘째와 셋째만큼은 분명히 갖추어야 한다. 논문은 목적이나 다루는 대상에 따라 연구 논문, 보고 논문, 서평으로 나뉘고, 논문을 쓰는 사회적 동기에 따라 일반 학술 논문, 학위 논문, 대학의 강의와 관련되어 학생들에게 부과되는 리포트, 소논문 등으로 나뉜다. 또 그 논문이 다루고 있는 내용이 속하는 학문의 분야에 따라, 크게 인문과학 논문, 사회과학 논문, 자연과학 논문으로 구분되고, 여기서 다시 하위 분류가 가능하다. 예컨대, 인문과학 분야에서는 어문학, 철학, 역사, 종교 등으로 세분되고, 어문학은 언어학과 문학으로 분류되고, 문학은 시, 소설, 희곡, 수필, 평론 등으로 나뉜다.

## 논문 작성

### ≪논문작성의 절차≫

#### ① 문제의 발견

무엇을 연구할 것인가, 무엇에 대하여 논문을 쓸 것인가를 먼저 결정해야 한다. 이것을 연구의 테마, 연구 주제라고 한다. 연구 주제를 결정할 때에는 그 분야의 전문가, 지도교수, 선배, 동료 등 많은 사람들의 조언을 구하는 것이 좋다. 그러나 궁극적으로 연구 과제에 대해서 스스로 문제를 발견하고, 책임지고 결정하고 추진해야 한다.

문제를 스스로 발견해 나가기 위해서 다음과 같은 절차와 자세가 필요하다. 첫째, 자기가 관심을 기울이고 있는 분야, 관심을 기울이고 있는 문제를 다룬 가장 최근의 논문들을 구하여 정독해 보고, 거기서 문제를 찾고자 노력한다. 둘째, 그 이론이나 주장들이 어떤 기본 전제에 입각해 있는가를 검토해야 한다. 셋째, 인간이 이루어 놓은 것 중에 완벽하고 절대적인 것은 없다는 점을 전제로 해야 한다. 넷째, 같은 사실이나 현상일지라도 그것을 바라보는 시각과 다루는 방법은 다양하다. 다섯째, 아무리 완벽한 것처럼 보이는 논리와 주장이라고 할지라도, 거기에는 어떤 오류나 착오가 있을 수 있다. 여섯째, 어떤 이론이나 주장에 대해 예외가 없는가를 따져 보아야 한다. 일곱째, 아무리 이론의 여지가 없는 것으로 알려진 사실이나 주장이라고 할지라도, 반드시 그런가를 확인해야 한다. 여덟째, 주목을 받아온 문제들보다 가치 있는 논제들이 얼마든지 있다. 아홉째, 이미 알려져 있는 문제도 새로운 각도와 방법으로 접근하면 다른 의미와 가치를 발견할 수 있다.

이러한 검토를 통하여 적합한 문제를 찾으면, 다음과 같은 기준에 의해 논문의 주제를 결정한다. 자기의 호기심을 불러일으킬 수 있는 문제를 선택한다. 자기의 능력으로 해결할 수 있는 문제를 선택한다. 그 여러 가지 문제들 중에서 가장 가치가 있다고 생각되는 문제를 선별한다.

#### ② 자료의 조사

논문의 주제가 결정되면, 그 주제를 구체적으로 전개할 자료를 조사한다. 자료 조사의 첫 단계는 쓰고자 하는 논문의 주제와 관련된 문제를 다룬 연구 업적들을 수집하는 것이다. 이 단계는 이제까지 출판된 국내외의 단행본, 연간, 계간, 월간, 부정기 간행물 등의 모든 학술지들을 점검하는 단계이다. 이때 관련된 논저 해제집이나 논저 목록집을 검토해야 한다.

자료 수집과 선택, 그리고 비판의 과정은 다음 기준들에 의거한다. 다루고자 하는 논의와 관련이 있는가, 어떤 문제를 제기하고 어떻게 결론에 이르고 있는가, 결론은 타당한가, 논의의 자료는 결론을 논리적으로 뒷받침했는가, 논의의 자료들은 신뢰할 만한가, 결론의 예외는 어떤 것이 있으며, 그것에 대한 해명이 확실한가, 어떤 전제에 입각해 있는가, 방법론은 무엇이며 거기에는 문제점이나 결함이 없는가, 논증이 충분하고 논리적 결함은 없는가.

자료의 수집·정리는 활용하기 좋게 체계적으로 한다. 카드의 크기와 지질은 다양하지만, 처음부터 일관성 있는 크기와 지질, 모양과 색깔을 정한다. 컴퓨터를 활용하여 자료를 정리하고, 또 컴퓨터 통신망을 이용해서 관련 자료들을 수집·정리하는 것이 효과적이다.

카드를 작성할 때에는 대체로 다음과 같은 일반 원칙을 지켜야 한다. 첫째, 하나의 카드에는 한 가지 내용만 적는다. 둘째, 카드의 앞면만 사용하고 뒷면은 그대로 둔다. 셋째, 카드에 기입하는 내용은 정확하고 완전하게 적는다. 넷째, 직접 인용한 부분과 간접 인용한 부분, 요약한 내용과 자기의 의견 사이의 혼동이 발생하지 않도록 따옴표를 사용하여 분명하게 구분한다. 다섯째, 카드 분량이 많아질 경우 그 내용에 적합한 표제어를 달아서 나중에 분류하여 논문 작성에 편리하게 한다. 여섯째, 외국어나 한문으로 된 자료들은 원문을 정확하게 기록한다. 일곱째, 자료의 서지 사항을 완벽하게 기록한다. 즉, 저자, 작자, 기관 이름, 저서 및 논문의 제목, 게재 잡지나 학술지 이름, 출판 장소, 출판사, 출판 시기, 책 혹은 논문의 면수(논문의 경우는 논문이 실린 면의 처음과 끝 면수), 내용 발췌는 발췌한 면수, 부제 이름, 기타 책의 크기 등을 정확하게 적는다. 카드는 관계 문헌들의 서지 사항을 적는 서지 카드/서명 카드/마스터 카드와 서지 사항 외에 내용을 기록한 내용 카드로 분류된다. 보통 도서관에 비치되어 있는 카드들은 서지 카드/서명 카드이다.

③ 자료의 정리와 개요

조사 정리한 자료를 면밀히 검토하고 체계화하여, 자기의 주장을 논리적으로 전개하는 데 가장 적합한 형태로 설계도를 만든다. 이때 구상 방법을 적절히 활용한다. 자료를 분류하는 방법은 시간적 분류, 공간적 분류, 현상별 분류, 문제별 분류, 인과 관계식 분류, 연역적 분류, 귀납적 분류가 두루 활용될 수 있다.

## 논문 체재

논문의 체재는 논문의 필수적 요건이므로, 논문을 작성할 때 반드시 체재를 분명히 제시한다. 논문의 체재는 논문을 구성하는 요소의 범주에 따라 크게 서두, 본문, 참고자료 부분으로 삼분된다.

① 학위 논문

학위 논문의 일반적 체재는 다음과 같다.

1. 서 두

   표제지/표지

   제출서

   인준서

   서문 및 사사(필요시)

   목차

   도표 목록(필요시)

삽도 목록(필요시)
2. 본 문
서론
본론
결론
3. 참고자료
주
참고문헌란
부록(필요시)
색인(필요시)
초록

이상의 요소 중 가장 핵심적인 것은 본문이다. 주는 각주(脚註)의 형식으로 본문의 하단에 표시하거나 각 장 끝 혹은 참고자료 부분의 참고문헌란 앞에 붙인다.

② 학술 논문

일반 학술 논문은 크게 볼 때에는 학위 논문과 다르지 않으나, 학위 논문이 공식적인 자격 심사용 체재이기 때문에 일반 학술 논문에서는 제외될 수 있다.

1. 서 두
표제지
목차
영문초록(필요시)
2. 본 문
서론
본론
결론
3. 참고자료
주
참고문헌

위의 체재에서 영문초록 혹은 국문초록(외국어로 쓴 경우)은 경우에 따라 참고문헌 뒤에 들어가기도 한다.

③ 리포트

학기 리포트도 일반 학술 논문의 체재와 거의 같다. 서두 부분의 영문초록 부분은 필요치 않으며, 특히 목차와 참고문헌, 그리고 주 부분을 정확하게 표시한다. 이 부분은 리포트의 기본 체재와 성실성을 평가하는 중요한 부분이기 때문이다.

## 각 부분 작성법

① 서두

표제지는 논문의 맨 앞부분으로 논문의 제목을 적는 앞표지이다. 학위 논문은 각 해당 대학이 정해 놓은 엄격한 규칙이 있으므로, 그 규칙을 따라야 하고, 논문의 제목, 해당 대학, 학과, 제출자의 이름이 표시되어야 한다. 일반 학술 논문은 제목과 저자의 이름만 표시한다. 제목은 중앙 위쪽에, 저자명은 제목 아래 오른편에 적는다. 학기 리포트의 경우는 리포트의 제목, 강좌 이름, 담당 교수 이름, 제출자의 학과, 성명, 학번, 제출 연월일이 기록되어야 한다.

논문의 제목은 첫째, 문제의 범위를 분명하게 한정하여 드러낸다. 둘째, 논의의 성격을 분명하게 드러낸다. 셋째, 간결하고 압축적으로 기술한다. 여기에는 단어형, 어구형, 문장형 등이 있다. 넷째, 제목은 예리하고 신선해야 한다.

제출서와 인준서는 형식상 학위 논문의 표제지 다음 장에 들어간다. 이는 석·박사 학위 논문에서 붙이고, 일반적으로 학사 학위 논문에서는 붙이지 않는다. 제출서란에는 표제지에 적힌 사항과 지도교수의 이름, 그리고 무슨 학위 논문으로 제출한다는 공식적인 언급이 포함된다. 추인서에는 누구의 무슨 학위 논문을 인준한다는 내용을 적고 심사위원의 서명란이 있다. 제출서와 추인서에는 한 면에 표시되는 경우도 있다.

서문은 논문 형식의 글에서 드물게 쓰이고 주로 저서의 초두에 쓴다. 책을 쓰게 된 동기, 편찬 경위, 책의 의의, 독자와의 관계 등을 서술한다. 사사(acknowledgement)는 논문을 쓰는 동안 정신적·물질적으로 도움을 준 사람이나 기관 및 단체에 고마움을 표시하는 것을 말한다. 저서는 서문과 사사를 따로 분리하지 않고 쓰는 것이 일반적인 관례이나 서구의 저서에서는 다른 사람이 서문을 써 주는 경우에 사사를 따로 분리하여 서문 뒤에 쓰기도 한다. 일반 논문은 서두에 사사를 밝히기는 형식상 매우 어렵다. 일반적으로 논문의 제목에 별표를 한 뒤, 주석란에 별표를 하고 사사를 쓴다. 자연과학 분야는 결론 뒤에 따로 이 사사란을 두기도 한다.

목차는 논문의 전개 순서를 기록해 놓은 것으로 차례라고도 한다. 목차의 순서를 표시하는 숫자나 부호는 본문의 목차와 반드시 일치해야 한다. 목차는 장, 절, 항, 목 등 큰 범위의 목차일수록 왼쪽으로 나오게 표기하고 작은 범위일수록 오른쪽으로 들여 쓴다. 본문에서는 그 반대로, 즉 계층이 가장 높은 목차를 행의 중앙에 쓰고, 그 다음 항목부터는 중앙보다 앞쪽으로 배치한다. 목차의 표기는 장, 절, 항, 목을 표기하는 장절식 목차(章節式目次), 숫자나 기호를 사용한 수목차(數目次)를, 장절식 목차와 수목차를 절충하는 수문목차(數文目次)가 있다. 요즈음은 수목차의 방식을 많이 사용한다.

도표(圖表) 목록, 삽도(揷圖) 목록, 약호(略號) 목록은 논문 전체에서 도표나 삽도가 중요한 역할을 할 경우에 목차 뒤에 작성한다. 여기에는 통계표, 대조표, 그래프, 분석도, 사진자료, 도록 등이 포함된다. 약호 목록은 특별한 부호가 많은 논문이나 저서에서 목차 뒤, 목차 앞, 혹은 논문 뒤에 붙인다.

② 본문

서두 부분이 논문이 갖추어야 할 형식적인 요소들이라면, 본문 부분은 논문의 핵심부이다. 일반적으로 본문은 서론, 본론, 결론의 삼부로 이루어진다.

서론은 대체로 첫째 연구의 목적과 논의의 범위, 둘째 문제의 중요성과 의의, 셋째 연구의 배경(연구사 및 그에 대한 비판), 넷째 연구의 방법, 다섯째 논의에서 제외된 사항이 제시된다.

본론은 서론에서 제기한 문제점과 가설이 검증되고, 확실하고 부정할 수 없는 증거들에 의하여 필연적인 결론이 도출되어야 한다. 본론에서 드러나야 할 중요한 사항들은 다음과 같다. 첫째, 논거－어떤 주장에 대한 논증을 뒷받침해 주는 증거들－가 충분하고 적절하게 제시되어야 한다. 논거는 확실해야 하고, 입론을 뒷받침할 수 있어야 하며, 소견 논거에만 지나치게 의존해서는 안 된다. 둘째, 논지의 전개가 뚜렷해야 한다. 논지의 전개는 논문의 구성적 측면에서 볼 때, 논거를 제시하고 논의를 이끌어 가는 방식을 말한다. 사소한 문제로부터 중요한 문제로, 중요한 문제로부터 사소한 문제로, 논리적인 면에서 연역적인 방법으로, 혹은 귀납적인 방법으로, 계획에 따라 일관성 있게 전개되어야 한다. 작은 단위의 논의가 끝나면 그 결과를 효과적으로 요약하여 소결론을 내리는 것이 효과적이다. 셋째, 논거와 논지가 분명해지면 구체적 논의가 주도면밀하게 이루어지게 한다. 논의는 논거와 논지에 따라 논증을 구체적으로 진행하는 과정이다. 즉, 제시된 자료와 이론을 근거로 하여 가설을 세우고 가설의 정당성을 논리적으로 증명해 가는 과정이다. 이 과정은 다른 사람들의 주장이나 견해에 대하여 균형 있는 논리를 전개할 때 편협된 논의의 오류에 빠지지 않게 된다. 주어진 자료의 의의, 가치, 중요성에 대한 검토가 행해져야 하고, 이 단계에서 자료를 바탕으로 한 주장들은 어떤 것들이 있는가를 논의·검토한 다음, 다른 주장들보다 자기 주장의 우월을 논증해 낸다. 자신의 주장이 가지는 문제점이나 예외도 낱낱이 검토하여 그에 따른 문제점에 대한 자신의 주장이 어떻게 정당화될 수 있는가를 입증한다.

결론은 본론에서 제시한 논의의 결과를 요약하고 정리하는 단계이다. 논리적으로 도출된 결론이라면, 결론 자체가 매우 중요한 의미를 띠게 된다. 일반적으로는 본론에서 이미 이루어 놓은 소결론들을 종합하여 결론을 삼는다. 이럴 경우 결론은 본론을 반복하는 성격이 강해, 논리적인 긴박성을 잃을 염려가 있다. 어느 경우에나 결론은 그 논문에서 밝혀진 가장 중요한 사실이나 결과를 제시한다. 주변적이고 사소한 논점들이나 문제들은 결론에서 과감히 제거한다. 그래야 논문 전체의 윤곽이나 연구자의 주장이 명백히 드러난다. 결론을 지나치게 과장하는 것은 금물이지만, 결론에서 지나치게 겸손을 보이는 것도 바람직하지 않다.

결론에는 본론에서 명확히 다루지 못한 미진한 부분, 철저히 파헤치지 못한 부분, 논문의 주제와 관련된 다른 중요한 문제, 앞으로 밝혀야 할 문제를 명시해 둔다. 그래야 같은 문제를 다루게 될 후학들이나 다른 사람에게 문제를 확실히 파악하는 데 도움을 준다. 결론은 구성면에서 서론과 대비된다. 서론에서 제기한 문제에 대해 답하는 형식을 취하는 것도 결론에 쓰이는 방법이다. 서론에서 제기한 문제가 다루어지지 못한 점이 있으면, 이것도 결론에서 명시한다. 서론에서 거창한 문제를 제기해 놓고 마무리를 못한다면, 웃음거리가 될 수 있다. 본문의 끝에는 '전망'이나 '제언' 혹은 '의의'와 같은 부분을 첨가하는 경우도 있다. 이는 문제의 해결이 다른 부분에 미치는 영향이나 의의 혹은 학문의 방향에 대하여 언급한 것으로 흔히 대가의 논문에서 볼 수 있다.

③ 참고자료

참고자료 부분은 참고문헌, 부록, 색인, 초록 부분 등으로 이루어지게 된다.

참고문헌은 연구를 진행하는 동안 참고했거나 언급한 모든 문헌이나 자료를 일정한 순서와 양식에 따라 본문 뒤에 배열한 것을 말한다. 전통적인 방식에 따라 주를 자세하게 밝힌 경우는 이 난을 생략하기도 하나, 점차 이 난을 논문 작성의 필수적인 부분으로 여기게 되었다. 특히 주를 저자의 이름과 출판 연도로 표시하는 내각주(內脚註) 방식을 취한 경우는 참고문헌란의 생략이 용납될 수 없다.

참고문헌란을 중시한 이유는 그것이 연구의 질이나 수준을 판단하는 척도가 되기 때문이다. 어떤 주제를 다루는 데 반드시 참조할 문헌을 참고하지 않으면 좋은 논문이 되기 어렵다. 참고문헌란은 반드시 일정한 순서와 양식에 따라 작성되어야 한다. 그 양식은 학문 분야와 게재지에 따라 각기 특이한 형식을 정해 두기 때문에 논문의 제약 조건이 되기도 한다.

부록란은 본문에서 다루기 어려운 자료나 참고사항, 도표, 연표, 긴 인용문, 법률조문, 기타 구하기 어려운 자료나 사진 자료 등을 묶어서 제시하는 부분이다. 실험 연구나 조사 연구는 실험 도구나 통계표, 조사표나 질문지의 양식을 제시하기도 한다. 본문의 논의를 보충하기 위해 따로 기다란 논문을 작성하는 경우도 있다. 부록은 독자들에게 참고가 될 가치가 있어야 하고, 부록 자체의 논리적 순서의 일관성을 유지해야 한다.

색인은 '찾아보기'라고도 하며, 저서의 가장 끝부분에 넣는다. 책에서 다루어진 주요 사항이나 술어를 독자들이 부분적으로 참조하거나 찾아보기 쉽도록 하는 데 그 목적이 있다. "색인이 없는 책은 책이 아니다."라는 말처럼 저서의 색인은 그 책의 활용에 유용하다. 그러나 여러 사람의 논문들을 합하여 만든 논문집에서는 색인이 필수적이지 않다. 저서는 색인을 내용에 따라 분류하여 작성하는 경우도 있다. 주요 술어나 내용에 대한 주제 색인, 일반 색인 이외에도 저자, 인용된 사람들의 인명 색인, 또는 논문에서 다루어진 주요 사항에 대한 색인을 따로 만드는 경우도 있다. 색인은 가나다 순 또는 알파벳 순으로 배열한다.

초록은 연구의 내용이나 결과를 요약한 글로서, 해당 논문의 표기 문자가 국어인 경우에는 외국어로, 외국어인 경우에는 국어로 작성한다. 초록을 붙이는 이유는 학문의 보편성, 국제성을 고려하기 때문이다. 초록은 참고문헌란 이후에 붙이거나 국문 목차 혹은 국문 제목 다음에 둔다. 이 체재로 된 저서는 목차 앞 장에 초록을 둔다.

## 인용법

남이 쓴 글의 내용을 가져다 자신의 논리 전개에 필요한 논거로 삼거나 비판의 자료로 삼는 것을 인용이라 하고, 인용에 의한 논증을 인증(引證)이라 한다. 이는 해당 분야의 권위 있는 주장·이론이나 정확한 자료를 제시하여 논문의 타당성과 정확성을 뒷받침하기 위해 주로 이용한다. 어떤 문제에 대해 여러 견해나 학설이 있다면, 그것들을 비교·대조하여 필자의 주장을 펴야 한다. 인용된 내용을 비판의 자료로 삼을 경우, 남의 주장과 다른 점을 분명히 밝혀 자기 주장의 근거로 사용해야 한다. 그러나 이러한 인용에는 남의 글이나 자료를 정확하게 읽어서 필요한 부분을 인용하는 요령이 필요하다. 특히 남이 쓴 글의 흐름을 제대로 파악하지 못하고 지엽적이고 일부에 치우친 내용을 인용하여 비판하는 일은 삼간다.

인용이 적절한 효과를 거두기 위해서 논거로서 충분한 가치가 있고 그것이 적절히 다루어져야 한다. 인용이 남발되면 무분별하게 남의 글을 모으기만 했다는 인상을 주기 쉽다. 인용할 때, 그에 대한 자신의 견해를 덧붙여야 한다. 논문은 어디까지나 저자의 견해와 주장이 주된 내용이 되어야 하고 인용은 그것을 뒷받침하기 위한 역할에 그쳐야 한다. 남의 글이나 자료를 인용할 경우, 반드시 그 출처를 밝혀야 한다. 그렇지 않으면 표절이나 도용의 혐의를 받을 수 있다. 남의 논문에 인용된 글이나 자료를 다시 인용할 때에는 반드시 그 원전을 확인한다. 그렇지 못한 경우는 솔직하게 재인용했다는 표시를 하여, 읽는 이의 착오가 없도록 한다.

인용한 문장의 길이는 가능한 한 짧은 것이 좋다. 인쇄하여 반 페이지 이상되는 인용문은 부록으로 돌리거나 별지에 따로 <예 1>, <예 2>식으로 독립시킨다. 국어 논문에서 외국어로 된 내용을 인용할 경우 국어로 해석하여 제시한다. 원문을 함께 제시하고 싶으면 소괄호를 하고 그 안에 제시한다. 국문학이나 국사학 방면의 논문은 원문을 각주에 제시하기도 한다. 인용에는 직접 인용과 간접 인용이 있다. 원전 그대로 인용하는 것을 직접 인용, 원전의 내용을 저자의 표현으로 바꾸어 내용 중심으로 인용하는 것을 간접 인용이라고 한다.

### ① 직접 인용

직접 인용은 표현한 대로 옮기는 것이 절대적으로 필요한 경우나 특정 표현 방법을 통해서만 표현되었을 경우에 쓰인다. 문학 작품, 법조문, 행정시행령, 중요 포고문 또는 수학이나 과학의 공식을 인용할 때 흔히 이 방식을 취한다. 직접 인용된 내용을 본문 속에 삽입할 때 큰 따옴표(" ")를 사용한다. 직접 인용을 본문 내용 속에 삽입하지 않고 따로 처리할 때에는 본문과 인용문 사이를 상하 1행씩 비우고 왼쪽에서 2~3자 정도 들여서 인쇄한다. 본문보다 행간을 좁히며 한두 호수 작은 활자로 인쇄한다. 시의 인용은 3행 이내에는 시행이 바뀌는 것을 표시하기 위해 사선( / )을 사용하지만, 3행 이상일 경우에는 그대로 인용한다. 직접 인용을 할 때 인용문 뒤나 각주에서 출처를 밝힌다.

직접 인용을 예와 혼동해서는 안 된다. 직접 인용은 저자의 새로운, 또는 확대된 견해를 펼치는 데 동기가 있으나, 예시는 자신의 논리를 일반화시켜 나가는 데 동기가 있다. 직접 인용을 할 때에는 가급적 원전대로 인용해야 하나 저자가 어떤 변화를 가할 때에는 그런 사실을 표시해 준다. 드러냄표(방점)를 일부에 찍을 경우라면 그 인용문 끝에 '드러냄표(방점) 저자'라는 말을 소괄호 속에 표시해야 하고, 일부를 중간에서 생략했을 경우에는 생략한 부분에 '(중략)'이란 표시를 해야 한다. 인용문을 끝 부분에서 생략했을 경우에는 인용문의 말미에다 소괄호를 하고 '이하 생략'이란 표시를 해 준다.

직접 인용에서 원문 자체의 잘못된 부분으로 인하여 독자의 오해가 생길 경우 잘못된 부분 다음에 [원문대로] 또는 [Sic]라 고 적어서 원문과 틀림없음을 밝힌다. 저자나 편집자가 임의로 가필한 내용은 대괄호([ ])를 사용하여 표시한다. 만일 원문의 잘못된 부분을 수정하여 인용했으면 원문의 사실을 다시 밝혀야 한다.

충영봉에 달뜨고
사자강에 달진다
저달떠서 들에나와
저달져서 집에 도라간다
얼얼널널 상사뒤
어여뒤여 상사뒤

이는 忠南 夫餘 軍守里로서 農民들이 百濟 때 노래라고 전하고 있다. 「韓山世稿券之二」 '山有花補詞小引'에도 이를 백제 의자왕 때 노래라고 하였으나 민요는 그러한 고정적이 아니고 유동적인 것일 뿐더러 이 산유화가라는 의의와 명칭을 상고해 보면 近朝의 作임을 알겠다. 그 後斂의 '얼얼널널 상사뒤 어여뒤여 상사뒤'와 같은 건 퍽 古朴스러운 餘音이되 其外 사설은 그리 오랜 것이랄 수 없다. 마치 <강강수월래>나 <쾌지나칭칭>과 같이 사설은 역대에 따라 달라졌다. 農謠도 일찍 어느 기록에 적힌 것 아닌 구전으로는 그 원형을 그대로 전하지 않았다. 이 산유화보다 더 오랜 近朝 成宗 때 姜希孟이 지은 「衿陽雜錄」에 적힌 '農謠十四章'은 純漢文으로 되었으나 그때 농요를 부르던 절차를 말한 바, 점심 전 반나절은 慢調로 부르고 점심 후 반나절은 促調로 부르며, 慢調의 和辭는 '屎應阿地利(히응아지리)'라 하여 新羅曲 끝의 '多農多利乎地利多利(다롱다리오지리다리)'와 같다 하였으며, 그 促調의 和辭 '確子古老農(확자고로롱)'이라 하고 노래를 다 부르고는 반드시 기운을 吐하고 입술을 떨면서 '頭婁農(두루롱)'을 불렀다 하였다. 이건 농부들이 서로 매기고 받던 노래의 한 餘音이었다. '히응아지리'라든지 '확자고로롱'이라든지 '두루롱'이라든지가 다 餘音이었다. 말이 아니고 다만 음성으로서 된 노래의 한 句節을 우리말로는 옛부터 여음이라 하여 왔다. '확자고로롱'은 무슨 騷亂한 소리를 일컬어 '왁자그르릉'이라 함과 같은 소리다.
이러한 민요의 여음들은 역대도 역대려니와 같은 시대에도 각기 지방에 따라 다르다.

– 이병기 「가람문선」에서

② 간접 인용

남의 저서를 그대로 인용하지 않고 논문 작성자의 말로 바꿔 인용하는 것이 간접 인용이다. 이는 보통 요약이나 의역(paraphrase)으로 이루어지는데, 상당한 기술과 훈련이 필요하다. 이 경우 인용부호를 쓰지 않고 주를 달아 출처를 밝힌다.

> 金哲俊 教授는 해방 후의 思想的 停滯가 日帝下의 問題意識이 포기되었기 때문이라고 하나, 실은 포기 때문이 아니라 반대로 執着되고 固着되었기 때문이다. 姜萬吉 教授의 지적처럼, 과거를 고집한 主人公들이, 아직도 이 사회의 주역을 담당하기 때문이라고 말하는 것이 솔직한 표현일 것이다.
>
> – 姜萬吉 「國史學의 現在性 不在 問題」 『韓國學報』에서

## 주석과 참고문헌

인문·사회 과학의 논문과 자연과학의 논문은 체재에서 뿐만 아니라 주석과 참고문헌의 작성법에서 차이가 있다. 인문·사회과학 분야 논문은 각주와 참고문헌을 구분하지만, 자연과학 분야 논문에서는 주석을 따로 만들지 않고 이 둘을 합쳐 하나로 묶어 참고문헌에서 처리한다.

① 인문·사회 과학 분야

- 주석의 성격 : 논문을 작성할 때 자신의 논리를 효율적으로 전개하기 위해 인용의 방법을 쓰기도 하고, 개념을 더욱 명백히 하기 위하여 보충 설명을 넣는다. 전자의 주를 참조주, 후자의 주를 내용주라고 한다. 참조주와 내용주를 달아 줌으로써 논문 저자의 학문적인 양심을 나타내며, 인용된 저자에 대한 감사의 표시를 하고, 나아가 독자들의 이해를 돕는 편의도 제공한다.

  주석은 참고할 만한 내용을 본문에서 다루면 논리 전개에 단절이 생기고 혼란이 일어날 염려가 있을 때 각주를 이용하여 처리한 것이다. 주는 논문에서 부차적이고 보조적인 기능을 하기 때문에 간결하게 작성한다. 주를 다는 방식은 본문의 활자보다 작은 크기로 다는 협주(狹註) 또는 세주(細註)와 본문 밖에 다는 난외주가 쓰인다. 본문 안에 괄호를 하고 출처 표시나 보충 설명을 하는 내각주(內脚註), 본문의 해당 부분 뒤에 각주의 번호를 붙이고 그 밑에 일정한 순서로 다는 외각주(外脚註)를 비롯하여 논문의 장 뒤나 논문 전체의 뒤에 몰아 다는 후주(後註)도 있다. 논문을 원고지에 쓸 때, 주석란을 부록과 참고문헌 뒤에 따로 만든다. 주는 본문 활자보다 작게 인쇄한다.
- 주석 번호 붙이는 법 : 주를 달 때 주를 달 부분을 적절히 선택해야 한다. 외각주는 참고 부분이 끝나는 위치에서 반행 위에 아라비아 숫자로 주석 번호를 붙이고, 내각주는 참고 부분이 끝나는 위치에 괄호를 붙여 단다. 내각주에서 내용주를 달았

을 때 마지막 문장을 마치는 마침표는 닫는 괄호 밖에 찍는다. 본문의 문장이 끝나는 곳에 주를 달 때 주석 번호를 마침표 뒤에 찍는 것이 원칙이지만, 내각주의 경우는 본문 문장의 마침표는 닫는 괄호 뒤에 찍되 하나만 찍는다. 외각주의 주석 번호는 논문 전체에 일련 번호를 붙이기도 하고, 인쇄된 페이지마다 새로 달기도 하며, 긴 논문이나 저서는 장 절마다 새로 시작하기도 한다. 인쇄된 페이지마다 주석 번호를 새로 붙일 경우, 아라비아 숫자 대신 별표(*)나 단검표(†)를 사용하기도 한다. 자연과학 분야의 논문은 혼동을 피하기 위하여 이런 방식을 많이 사용하지만, 그렇지 않은 경우에는 삼가야 한다. 주석 번호는 1) (1) 1과 같이 윗 첨자로 달지만, 논문이 실리는 논문집에서 채택하는 방식에 따라 선택된다. 본문 내용에서 언급하는 경우가 아니라면, 註 1), 註 1과 같이 주자(註字)를 넣지 않는다.

- 외각주 다는 법 : 인용 문헌의 출처를 밝히는 주는 그 자체의 특이한 형식을 취한다. 그 형식은 일률적으로 통일되지 않고, 학문 분야나 학술지, 대학마다 차이가 있으나 일반적으로 다음과 같은 방식을 취한다.

| 작자(저자)명, 논저명, 서지 사항, 출간 연도, 인용 면수. |
|---|

서지 사항과 출간 연도는 소괄호로 표시하고 쉼표나 마침표를 사용하기도 한다. 괄호를 할 때에는 괄호 앞에 문장부호를 사용하지 않는다. 논저명은 논문일 경우 큰 따옴표(“ ”)로 에우고, 서양 책은 밑줄을 그어 이탤릭체로 구분한다. 겹낫표(『 』)로 저서를 나타내기도 하지만 논문 본문에 저서임을 표시하는 경우 외에는 이 표시를 하지 않는다. 어떤 방식으로 하든 마지막에는 마침표를 찍는다. 좀 더 자세한 것은 해당 학문 분야에서 관습적으로 사용해 온 방식이 어떠한가를 살펴서 따르는 수밖에 없다.

주석의 인용이 참고문헌과 크게 다른 점은 인용 면수가 있다는 점, 서구 저술의 인용일 경우에는 이름과 성의 순서로 쓴다는 점(참고문헌란에서는 반대로 씀)이다. 인용 면수 표시는 한 면일 때에는 1(또는 1면, 1쪽)로, 두 면 이상일 때에는 1－5(또는 1～5면)로 표시한다.

조동일, 한국문학통사 1, 서울 : 지식산업사, 1982, 35～49.
임진택, 살아 있는 판소리, 한국문학의 현단계 Ⅱ, 창작과 비평사, 1983, 302～342.
Sigmund Freud, *A General Introduction to Psychoanalysis*, trans, Joan Riviere (New York : Garden City, 1935), 112～35.
Harold H. Watts, “*Myth and Drama*,” *Myth and Literature*, ed. John B. Vickery (Lincoln : U of Nebraska Press, 1966), 103～23.

예시된 각주는 모든 사항이 들어 있는 완전 주석이다. 하나의 각주 번호 밑에 둘 이상의 참고 논저가 표시되는 경우, 둘째 또는 셋째의 논저라도 행을 새로 하지 않고 첫째 논저에 연속시킨다. 이 때 각 논저는 반점( ; )으로 구분하고 맨 끝에 종지부를 찍는다. 같은 논저가 뒤에서 계속 인용될 경우 전체를 다시 써야 하는 번거로움을 피하기 위해 두 번째 이후의 것은 약식주석으로 단다. 대표적으로 사용되는 약식 부호들은 다음과 같다.

> 앞의 책/논문, 103～123면/쪽.
> 홍길동, 앞의 논문/책, 211～225쪽/면.

• 내각주 작성법 : 내각주는 본문의 해당 부분에서 인용하는 방식의 주이다. 주로 간접 인용이나 요지를 제시하면서 출전을 밝히는 방식이다.

> 풍물굿은 일반적으로 영동 지방, 경기·충청 지방, 영남 지방, 호남 좌도, 호남 우도 등으로 그 분포 지역별 유형이 나누어지는데(정병호, 1986 :19), 본 연구에서는 다른 어느 지역의 풍물굿보다도 그 예술적인 기능이 발달되었다고 하는 호남지방의 풍물굿 중에서 호남 좌도 풍물굿의 자료들을 선택하였다.
>
> 현대 한국어에서의 접속어미의 연구의 시발점이 최현배(1959)에서 비롯되는 것처럼, '－므로'의 의미 기능 연구 역시 최현배(1959)의 연구 업적을 기반으로 해야 한다. 그것은 최현배(1959)의 연구가 자료의 광대성으로 인해 논의가 지극히 정밀할 뿐 아니라, 여러 제기되는 문제를 예견해 주고 있기 때문이다.
> 이제 최현배(1959)의 '－므로'에 대한 언급을 살펴보기로 하겠다.

내각주는 논문이 간행된 연도로 해당 문헌을 대치시킨 것이다. 만일 같은 해에 발행된 두 편 이상의 논저를 인용할 경우에는 이병기(1935a), 이병기(1935b)로 구분해서 표시한다. 이렇게 내각주를 처리할 경우에는 참고문헌란에 이와 상응하는 체재로 해당 참고문헌을 표시한다.

> '민중'이란 대체로 언어·지연·혈연·문화·역사 등을 공동으로 하여 공고히 결합된, 인간의 공동체와 관련된 것을 의미한다.(신용하, 1985a : 18～39). 이렇게 볼 때, '민속'이란 용어는 앞에서도 말한 바와 같이 영어의 'folk'나 독일어의 'volk'에 해당되는 말로 가장 보편화되어 있으며, '민중'이란 용어는 영어의 'folk'나 'people' 등에 해당하는 말이지만 이들 영어의 의미보다 그 '정치적, 경제적, 문화적 관계에

있어서의 피지배 계층과 관련된'이라는 의미가 강조되어 있는 용어로 사용되고 있음(신용하, 1985b : 24).을 알 수 있다.

신용하(1985a), 「두레공동체와 농악의 사회사」, 『공동체이론』, 서울 : 문학과 지성사. 신용하(1985b), 『민족이론』, 서울 : 문학과 지성사.

• 참고문헌 작성법 : 참고문헌은 본문 뒤, 즉 결론이나 부록 뒤에 둔다. 참고문헌을 두는 것이 일반적이지만, 학문 분야에 따라서는 생략하기도 한다. 참고문헌은 인용했거나 참조한 논저만 적는다. 참고문헌의 논저에는 서지 사항을 빠짐없이 수록해야 한다. 간혹 부제는 기록하지 않는 경우가 많으나 빠뜨리지 말고 기록한다. 참고문헌에 대한 서지 사항들은 일반적으로 정해진 순서로 배열한다. 저서의 경우, 그 순서는 다음과 같다.

저자명, 저서명, 판수, 출판지명 : 출판사명, 출판 연도.

저자명은 여러 사람이 공저했을 때 이름을 모두 밝히되, 그 사이에 가운뎃점(·)을 찍는다. 세 사람 이상이 공저했을 때, 주석란에서는 첫번째 사람 이름만 적고 그 뒤에 '외 몇 명'이니 'et al(=et alii)' 또는 'and others'를 붙이는 것과는 차이가 있다. 외래어로 된 이름은 주석란과 달리 성과 이름의 순서로 기록한다. 그러나 여러 사람이 공저했거나 그 뒤에 편·역자가 나올 때에는 첫번째 사람만 성과 이름의 순서로 하고 나머지 사람들은 주석란에서와 같이 이름과 성의 순서로 나열한다. 성과 이름의 순서로 나열할 때에는 그 사이에 쉼표를 찍는다(예 : Chomeky, Norm 혹은 Chomsky, N.).

같은 저자명이 계속 나열될 때 그 저자명을 생략하고 가운뎃줄만 치는 경우도 많다. 저서명도 표제지 혹은 판권란에 나와 있는 대로 적는다. 서구어로 된 저서명은 이탤릭체로 표기하고, 타자를 치거나 원고지에 쓸 경우는 밑줄을 긋는다. 부제는 주제목 뒤에 쌍점( : )을 하고 기록한다. 판수나 출판지명은 생략할 수 있다. 이 때 그 뒤에 붙는 부호( ; : )도 같이 생략한다. 그러나 해당 저서가 초판이 아닐 경우 반드시 판수를 기록해야 한다. 같은 논저가 2행 이상 기록될 때 둘째 행부터는 왼쪽에서부터 넉자(서구어는 여덟자)를 들여서 기록하고 행간의 간격을 두지 않는다.

조동일, 『한국문학통사』 제2판, 서울 : 지식산업사, 1989.
한상복·이문웅·김광억, 『문화인류학개론』, 서울 : 서울대출판부, 1985.
신용하 편, 『공동체이론』, 서울 : 문학과 지성사, 1985.

Levi-Strauss, Claude. *Structural Anthropology*. New York : Basic Books, 1963.
Fodor, Jerry A. Thomas G. Bever. & Merrill F. Garett. *The Psychology of Language : An Introduction to Psycholinguistics and Generative Grammar*, New York : McGraw Hill, 1974.

논문이나 그에 준하는 것들은 다음과 같은 순서로 배열한다.

저자명, "논문명", 게재지명, 권 · 호수, 출판 연도.

저서명과 달리 논문명은 국문으로 쓰였건 서구문으로 쓰였건 큰 따옴표 (" ")를 한다. 게재지명도 일종의 저서와 같은 것으로 취급하여 서구문으로 된 곳은 이탤릭체로 표기할 때는 밑줄을 긋고, 권, 호수는 '제4권 제3호'와 같이 기록하고 쉼표를 넣지 않는다.

구인환, "문체론적 비평고", 동국어문논집 제1집, 1965.
김상태, "춘원 이광수 연구", 국어문학 21집, 전북대 국어국문학회, 1980.
이보형, "쇠가락의 충동과 그 다양성", 문학사상, 1978년 9월호.
김완진·이병근·고영근·안병희·이익섭, "국어학 연구의 방향 정립을 위한 기초적 연구," 관악어문연구4, 서울대학교 국어국문학과, 1981, pp. 307~399. Michelle. "Authentic Voodoo is Synthetic", The Drama Review 26(1982) : 89－110.

논문의 인용면 수는 기록하지 않을 때가 많다. 여러 사람이 공동 집필을 한 논문은 참고문헌에서 공동 집필자를 한 사람도 빼지 않고 적는다. 기타 논설, 기사, 사전 항목, 작품의 경우도 위의 방식에 따른다.

주상호, "국문론" 「독닙신문」 2권 47·8호, 1897. 4. 22~23 및 2권 114·5호, 1897. 9. 25~26.
한석진, "국리민복의 전도", 「대한민보」 112·3호, 1909. 10. 27~28.
이상백, "이성계파의 전체 개혁운동과 그 실속" 『이조 건국의 연구』, 서울 : 을유문화사, 1958. 181~227.
조동일, "웃음" 『한국민족문화대백과사전』 13, 한국정신문화연구원, 1986, 49~58.
노수현, "신록(1920년대)" 『심산노수현화집』, 서울 : 동아일보사, 1974.

최근에 서구 논저(영어의 경우) 참고문헌 작성법은 다음과 같다.

Chomsky, Noam. *Cartesian Linguistics*. New York : Harper & Row, 1966.
Coleridge, Samuel T. *The Poems*. London : Oxfore UP, 1959.
de Saussure, Ferdinand. A *Course in General Linguistics*. Ed. Charles Bally & Albert Sechehaye. Tr. Wade Baskin. Glasgow : Fontana/Collins, 1974.
Forster, Kenneth I. "The Role of Semantic Hypotheses in Sentence Processing", *Probl'emes Actuels en Psycholinguistique*. Ed. F. Bresson & J. Mehler. Paris : Editions du CNRS, 1974.
Lyons, John ed. *New Horizons in Linguistics*, Harmondsworth : Penguin, 1970.

논문 본문에서 내각주 방식으로 인용의 출처를 밝힐 때 참고문헌에서도 다음과 같이 출판 연도를 저자·저자명 뒤에 소괄호를 하고 기록한다.

李熙昇(1955), 『國語學槪說』. 서울 : 民衆書館.
최현배(1961), 『우리말본』, 서울 : 정음사.
Quine, W van Orman(1960), *Word and Object, Cambridge, Mass*.: M.I.T. Press.
Ramstedt, G. J.(1952), *Einführung in die Altaische Sprachwissenschaft* Ⅱ, Formenlnhre, Helsinki : Soumalais-Ugrilainen Seura.

논문 제목 안에 다른 논문 제목이 포함될 때, 포함된 논문 제목은 큰 따옴표(" ")를 하지 않고 작은 따옴표(' ')로 표시한다. 이것은 인용구 속에 인용구가 다시 나올 때 내 인용부호(' ')를 사용하는 것과 같다. 참고문헌란 전체의 구성은, 국문으로 된 것을 가나다 순으로 배열하고 동일한 저자의 논저가 여럿일 때에는 간행 연도 순으로 배열하며, 서구문 논저도 같은 요령으로 ABC 순으로 배열한다. 동양권 논저는 국문 논저와 서구문 논저 사이에 배치한다. 저자명이 없을 경우 논저명을 이름처럼 간주하여 처리한다. 특히 연구사를 서술하거나 연도 순으로 연구의 흐름을 보여 줄 필요가 있을 때 출판 연도 순으로 배열한다. 논문에 따라 참조한 자료와 논저를 따로 분리하여 처리하고 논문과 저서를 구분하여 적기도 한다.

② 자연과학 분야

자연과학 논문은 따로 주석란을 마련하지 않고 주에 해당하는 참고문헌을 인용한 순서대로 일련번호를 매겨 배열한다. 때문에 참고문헌에서 저자 중심의 가나다 순이나 ABC 순도 무시하고 국문과 서구문 등의 구별도 불필요하다. 논문에서 내각주 방식으로 저자의 이름과 연도가 함께 표시되기도 하지만, 사람 이름에 각주 번호만 달고 참고문헌에서 그 내용을 적기도 한다. 또 어떤 경우는 참고문헌 없이 외각주의 형식만을 취한다. 자연과학 분야에서는 제재와 분량 및 참고문헌 작성법을 엄격하게 제한하는 학술지가 많다. 자연과학 분야 논문의 참고문헌을 예로 들어 보자.

「물리학」

1) D. D. Carmony, A. H. Rosenfeld, R. T. Vandewalle, Phys. Rev. Letters 8, 117(1962) C. Afff, D. Berley, D. Colley, N. Gelfand, U. Navenberg, D. Miller, J. Schultz, J. Steinberger, T. Han, H. Burgger P. Karmer, R. Plano, Phys. Rev. Letters 9, 322(1962).
2) J. Kim, Nevis Report 170, Columbia Univ.(unpublished).
3) C. Baltay, et al., Phys. Rev. Letters 19, 1945(1967).
4) J. Kim, et al., bull. Am. Phys. Soc. 13, 16(1968).
5) Berkeley-Columbia-purdue-Wisconsin-yale collaboration, Phys. Rev.149, 1044 (1966).

「화학」

1) See, for example,
   (a) D. A. Long, "Raman Spectroscopy", McGraw-Hill, New York, 1977.
   (b) S. K. Freeman "Application, of Laser Raman Spectroscopy", Wiley-Interscience, New York, 1974.
   (c) J. G. Grasselli, M. K. Snavely, and B. J. Bulkin, Phys. Reports, 65(4), 231(1981).
2) N. Furuya, A. Matsuyuki, S. Higuchi, and S. Tanaka, Water Res, 13, 371 (1979).
3) K. M. Cunningham, M. C. Goldberg, and E. R. Weiner, Anal. Chem., 49(1), 70(1977).
4) See for recent reviews,
   (a) M. D. Morris and D. J. Wallan, Anal. Chem., 51(2), 182A(1979).
   (b) D. J. Gardiner, Anal. Chem., 52, 96R(1980).
5) C. W. Tsai and M. D. Morris, Anal. Chem., Acta, 76, 193(1975).

「공학」

1) Bitsianes, G. and Joseph, T. L.: Journal of Metals, Transaction, Section 7 (1955) 639.
2) 안필영 : 「경북대학교 논문집」 제3집(1958) 277.

3) Meyer, H. H. : Mitt K-W-I. Eisenforsch. 10(1928) 107.
4) Goetzel, C. G., Treatise on Power Metallurgy. Vol, 1, 1949, p. 503.

「의학」

1) 윤두석, 「국방부 과학기술연구소 보고」 4, 73(1959).
2) Kin H. R., Shim, M. J., Kim, J. W., Lee, C.O., C.O., Choi, E. C. and Kim, B. K., Kor. J. Pharmacogn. 15, 61(1984).
3) 이정옥·김형수·최응칠·김병옥, 「한국생약학회지」 17, 32(1986).
4) Kim Y. K., Lee, C. C., Shim, M. J., Kim, S. W., Choi, E. C. and Kim, B. K., Kor. J. Mycol. 12, 35(1984).

다음은 자연과학의 몇 분야에서 간행되는 학술지의 투고 요령의 일부이다.

Human Genetices의 투고 요령(번역)

- 각주는 일련번호로 매겨야 한다.
- 참고문헌은 본문 내에서 언급된 것만 포함해야 한다. 본문에서는 內脚註 방식(저자-연도 체계)이 사용되어야 한다 : (Child 1941 ; Godwin and Cohen 1969 ; MacWilliams et al. 1970) 또는 "그리고 Hillman and Tasca(1977)의 研究."
- 참고문헌은 첫번째 저자명의 알파벳 순으로 논문 끝에 배치되어야 한다. 동일한 저자의 참고문헌이 둘 이상일 때에는 연도 순으로 나열되어야 한다. ; 같은 해에 동일한 저자의 것이 둘 이상일 때에는 연도 다음에 abc 등이 덧붙여져야 한다. 학술지 이름은 Index Medicus에 따라 약기(略記)되어야 한다.

**보기** Epstein, C. J. (1987) Aneuploidy in mouse and man. In: Vogel F., Spering K. (eds.) Human Genetics. Proceedings of the 7th International congress. Berin Heidelberg New York, pp. 260−268.
Kalla, A. K., Khanna, S., Singh, I. P., Sharma S., Schnobel R., Vogel F. (1989) A genetic and anthropological study of atlanto-occipital fusion. Hum Genet 81 : 105−112.
Vogel F. Motulsky. A. G. (1986) Human genetics-problems and approaches, 2nd eds. Springer, Berin Heidelberg New York.

한국품질관리학회지의 투고 규정

- 각주 : 각주 [Footnotes]는 어구의 상단면에 일련 번호를 붙여 아라비아 숫자로 표시하고, 해당 원고 하단 부분에 표기한다.
- 인용 문헌 : 인용된 문헌은 저자명 [연도]을 부여하여 본문 중에 명시하고 그 전부

를 본문 끝에 일괄 기입하되 저자명 [연도], 제목, 잡지명, 권수, page 순으로 기술하며, 원서의 경우 저자의 Last name을 먼저 기록하고 Alphabet 순으로 기입한다.

보기 Bartholomew, D. J.(1963), "The sampling Distribution of an Estimate Arising in Life Testing", Technometrics 5, 367－374.

본문 중에 인용되지 않은 문헌은 인용 문헌(References)에 실리지 않도록 한다.

써보기

컴퓨터를 이용하여 각주(脚註)를 달아 보시오.

각주달기 :

(11) 광고문(PR문)

오늘날의 매스 미디어들은 광고를 위한 수단으로 많이 활용되고 있다. 광고문은 그 자체가 하나의 상업을 목적으로 하는 행위이다. 광고문은 상품 선전을 통하여 독자로 하여금 주의를 집중케 하고, 상품에 매력을 느끼게 하고, 호기심을 유발시켜 구매욕이 발동되도록 하여 마침내 판매량을 늘이는 데에 있다. 그래서 광고문은 매우 전략적인 문장으로 이루어진다. 허위 광고나 과대 포장된 광고문은 법률로 제한을 받지만, 어느 정도의 범위 내의 과장 광고나 선의의 과장 광고가 허용된다.

독자 역시 광고문이 상업상의 관심에 입각해서 전략적으로 쓰였다는 점을 잘 알고 있다. 전달된 광고문 내용에 들어 있는 온갖 과장된 자랑과 상품의 값이 싸다는 것을 곧이곧대로 받아들여서는 안 된다는 것쯤은 이미 대개 알고 있다. 이러한 특징이 곧 광고문 양식의 식별표지(識別標識)이다.

광고문은 다음과 같은 요령으로 작성하는 것이 일반적이다. 먼저 주의를 집중시킨 다음(attention), 흥미를 유발시키고(interest), 욕망을 자극하여(desire), 구매 행동을 실행케 한다(action). 광고문은 표제와 본문으로 이루어진다.

표제에는 캐치 워드(catch word)와 슬로건(slogan)이 있다. 캐치 워드는 상품과 직접 관련이 없이 독자의 주의를 끌기 위한 것이며(예 : '공전의 초베스트셀러! 『혼불』'), 슬로건은 직접 내용과 관련을 가지며 독자의 흥미와 욕망을 불러일으킨다(예 : 곰 쓸개, 웅담 성분의 간장약 우루사!). 최근에는 상품의 내용보다 구매자의 심리를 강조하는 경향이 있다. 표제는 캐치 워드든 슬로건이든 간결하고, 참신하고, 리드미컬하고, 세련되고, 유머러스하고, 인상적이어야 한다. 너무 지루하게 길거나 내용이 단조로우면 읽는 중에 정신이 산만하게 되어 구매자의 시선과 관심을 끌기 어렵다. 상품이 좋고 안 좋고를 떠나 무엇보다도 구매자의 관심을 끌어야 한다.

본문은 구체적인 내용을 담고 있다. 상품의 종류, 특징, 가격, 구매 방법이 빠지면 안 된다. 만약 표제만으로 이런 사항들을 알 수 있으면 생략해도 좋다. 광고문은 광고의 매체와 종류에 따라 시간적, 공간적 제약이 효율성을 크게 좌우하므로 허락된 시간과 공간 안에서 최대한의 효과를 거두게 하는 것이 가장 중요한 과제이다.[36] 예를 들자.

① 캐치 워드 : 세상에 이런 곳이 있었나?
② 슬로건 : 콘도 중에 콘도, 제주 하이츠 콘도
③ 본문 : 우리나라에서 제일 빨리 오는 곳, 제주 성산포에 하이츠 콘도가 먼저 다가옵니다. 1년 365일 언제라도 내집처럼 편안하게 이용하십시오. 하이츠 콘도는 국내 최초로 연간 사용 일수의 제한을 없앴습니다. 저렴한 가격 단 1,000만 원.

분양 문의 (02)234－2566

① 캐치 워드 : 사람과 사람, 이웃과 이웃을 잇는 징검다리
② 슬로건 : 꿈이 있는 신문, 사랑이 있는 신문, 교차로
③ 본문 : 지역 주민을 위한 생활정보지, 가족을 만나는 기분으로, 가족과 함께 꼭 한 번 읽어 보시지요. 성실하게 꾸몄습니다.

광고 문의 (0671)235－1110

광고문은 위의 예와 같이 삼분하는 경우도 있지만, 그냥 캐치 워드와 본문만으로 구성할 수도 있다. 경우에 따라 표제만 있는 광고문도 있고, 상품명만 있는 광고문도 있다.

36) 전북대 대학국어교재편찬회, 『대학국어작문』(서울 : 학문사, 1994), pp. 73～74 참조.

① 캐치 워드 : 지금, 세상을 시원하게 하는 자들이 왔다!
② 슬로건 : 세상의 모든 답답함은 나에게 맡겨라-나를 시원하게 하는 맥주, 하이트
③ 본문 : 100% 암반천연수로 만든 맥주 하이트, 파란색 온도계가 가장 선명할 때 드십시오. 그때가 가장 시원하고 맛있는 섭씨 7도입니다.

인물 사진을 곁들이기도 하고, 상품의 모양을 곁들이기도 하며, 상품과 관계없는 아름다운 풍경화를 넣어서 정서적으로 유혹하기도 한다. 고사성어나 세계적인 명사의 명언을 인용하여 설득하려 하기도 한다.[37)]

써보기

여러분도 아래에 광고문을 만드시오.

광고문 작성 :

## 2) 문예문

문예문은 예술적 표현을 목적으로 하는 글이다. 문학에서는 시, 소설, 수필, 희곡, 평론 5개 분야로 나눈다. 문예문은 어떻게 쓰는가 하는 구체적인 방법을 알아보고, 문학적 표현 능력을 기르도록 노력해 보자.

### (1) 시

시는 운율적 혹은 리드미컬한 형식으로 된, 사상과 감정의 고양된 표현이다. 시를 쓰기 위해서는 고양된 사상과 감정에 대한 표현을 운율적인 형식에 담아

37) 이향아, 「창작의 아름다움」(서울 : 학문사, 1997), pp. 76~77 참조.

야 한다. 사상과 감정은 시의 소재, 제재, 주제와 관련되고, 표현과 운율은 시의 표현 기술에 관련된 문제이다.[38] 독자가 이육사의 <광야>에서 조국 광복에 대한 간절한 염원을 느끼게 된 경우, 혹은 김소월의 <진달래꽃>에서 이별의 슬픔을 맛본 경우, 서정주의 <문둥이>에서 저주받은 운명에서 나오는 한 맺힌 절규와 회한(悔恨)의 소리를 듣는 경우, 그것은 사상과 감정을 통해 주제를 전달받은 것이다. 만약 한용운의 <임의 침묵>에서 "아, 임은 갔지만 나는 임을 보내지 아니 하였습니다."라는 절묘한 역설(逆說)을 보거나, 김소월의 <가는 길>에서 "그립다/말을 할까/하니 그리워// 그냥 갈까/그래도 다시 더 한 번"이라는 대목에서 리드미컬한 운율감을 느꼈다면, 시의 표현법과 운율이라고 하는 표현 기술을 알 수 있을 것이다.

사람들은 시라고 하면 너무 어려워서 쓰기 어렵다고 말하는 예가 많다. 물론 그렇게 쉽지는 않으나 그렇다고 그리 어려운 것만은 아니다. 이향아 교수는 우리 모두 삼류 시인이라고 말하곤 하는데, 그것은 삼류 시인밖에 되지 못한다는 의미가 아니라 우리는 이미 시인이라는 기반에서 출발하고 있다는 의미라고 말한다. 이 교수는 시에 대하여 문외한이라고 말하는 사람들도 시 구절을 접했을 때 코끝이 찡한 감동을 받는다면 절대로 시를 모르는 사람이 아니라고 한다.[39] 그 말은 우리 모두 시적인 감수성이나 시인으로서의 자질을 얼마간은 지니고 있다는 뜻이다.

시를 창작하는 데 있어서 일정한 원리나 이론이 있는 것은 아니다. 설사 일정한 원리나 이론이 있다고 하더라도 그러한 지식은 시 창작에 별반 도움이 되지 못한다. 지나친 이론 적용은 오히려 언어 예술로서의 시의 미감(美感)을 약화시킬 수 있다.[40]

일반적으로 시 쓰기도 다른 글쓰기와 같은 절차와 방법으로 이루어진다. 그러나 시는 그 자체의 아름다움을 목적으로 하기 때문에, 적합한 표현법이나 형식을 갖추는 데 어려움이 따른다. 보통 시를 쓰는 과정은 다음과 같은 단계를 거친다고 말한다.

첫째, 안 쓰고는 배길 수 없는 '사상과 감정'이 마음속에 충일하게 되면, 그것을 어떻게 표현할까를 생각한다. '어떻게'에 대한 답을 해 나아가는 과정이 시 쓰기의 과정이다.

38) 전북대 대학국어교재편찬회, 전게서, p. 94.
39) 이향아, 전게서, pp. 236～237 참조.
40) 이향아, 상게서, p. 237.

둘째, '고양된 사상과 감정'을 터져 나오는 대로 자유스럽게 쓴다.

셋째, 처음 휘갈겨 쓴 초고를 거듭해 읽으면서 내면에서 일렁이는 사상과 감정을 구체적으로 표현할 방법을 찾고, 이에 적합한 '목소리'와 '어조'를 생각하고, 떠오른 대로 수정한다.

넷째, 어느 정도 길이로, 어떤 형식으로 다듬어 나갔으면 좋겠는가를 생각한다. 이때 시의 형식에 관한 지식을 총동원하여 첨삭을 계속한다.

다섯째, 운율 혹은 리듬을 어떻게 다듬어야 할까를 생각한다. 이때도 운율 혹은 리듬에 관한 지식들을 동원한다.

여섯째, 사상과 감정에 꼭 맞는 표현은 어떤 것이 있을까 생각한다. 즉, 어떤 이미지, 어떤 비유법－직유법, 은유법, 의인법, 상징법, 반어법, 역설법 등－과 수사 기교를 사용하면 그 사상과 감정을 표현하는 데 적절할 것인가를 깊이 따져 보고, 시어를 세심히 골라 조탁(彫琢)한다.

일곱째, 각 부분이 생기가 발랄하고 긴밀한 유기적인 구조로 이루어졌는가를 생각한다.

여덟째, 지금까지 해온 과정을 되풀이하면서, 의미상의 미세한 변화를 생각하며 의미를 확장, 심화, 갱신하기 위해 의식을 집중한다.

아홉째, 더 이상 수정과 쇄신 작업을 할 수 없을 정도가 되면, 그 상태의 원고를 새 원고지에 옮겨 쓴다.41)

절묘한 상징법을 사용하면서도 절제된 언어 표현으로 한 편의 시를 창작해 놓은 시 한 편을 보자. 서정주의 <동천>(冬天)이다.

**동천(冬天)**

내 마음 속 우리 님 고운 눈썹을
즈믄 밤의 꿈으로 맑게 씻어서
하늘에다 옮기어 심어 놨더니
동지 섣달 나르는 매서운 새가
그걸 알고 시늉하며 비끼어 가네

온갖 수사법을 사양하고 평이하게 쓴 시이지만 우리에게 찡한 감동을 주는 시들도 많다. 청마 유치환의 <심산>(深山)과 천상병의 <귀천>(歸天)을 보자.

41) 전북대 대학국어교재편찬위원회, 전게서, p. 94 참조.

### 심산(深山)

심심 산골에는
산울림 영감이
바위에 앉아
나같이 이나 잡고
홀로 살더라

### 귀천(歸天)

나 하늘로 돌아가리라
새벽 빛 와 닿으면 스러지는 이슬
더불어 손에 손 잡고
나 하늘로 돌아가리라
노을 빛 함께 단 둘이서
기슭에서 놀다가 구름 손짓하며는
나 하늘로 돌아가리라
아름다운 세상 소풍 끝나는 날
가서, 아름다웠다고 말하리라…….

써보기

여러분도 아래에 시 한 편을 지으시오.

시 한 수 :

우리나라 고유의 시조(時調)도 역시 운문이요, 시의 일종이다. 따로 시조(時調) 혹은 시조시(時調詩)라고 일컫기도 한다. 고려 중엽부터 이어져 내려온 오랜 전통을 지닌 시조는 일정한 형식을 지닌다. 엇시조나 사설시조는 정형성을 다소 탈피한 것이지만, 평시조는 초, 중, 종 3장이라고 하는 장(章)의 제약과 각 장에 따른 음절 수의 제약을 가지고 있다. 한시(漢詩)가 일정한 글자 수의 제약을 받으면서도 그 나름의 압축과 절제와 균형 속에서 웅숭깊은 맛을 지니고 있듯이, 시조 역시 그러한 제약으로 인하여 언어 표현을 마음껏 자유롭게 펼칠 수 없는 한계를 가지면서도 절제와 조화에서 오는 산뜻한 멋과 우아한 맛을 깊이 간직할 수 있기도 하다. 황진이의 절창(絕唱)의 시조 한 편을 보자.

**황진이 시조**

동짓달 기나긴 밤을 한 허리를 베어 내
춘풍(春風) 이불 아래 서리서리 넣었다가
어른님 오신 날 밤이어드란 구비구비 펴리라.

자신의 처신과 법도를 잘 지키면서 그것을 시조로 지어 부른 송인(宋寅 : 1517~84)의 시조 작품을 보자. 가을밤에 술노래로 불렀음직한 작품이다.

**송인 시조**

들은 말 즉시 잊고 본 일도 못 본 듯이
내 인사(人事) 이러하니 남의 시비 모를로다
다만지 손이 성하니 잔 잡기만 하노라[42)]

한편 요즈음의 시조(현대시조)는 각 장(章)을 두 행으로 쓰기도 하여 시각적인 효과를 살리기도 한다. 고하 최승범 선생의 시조 작품 <서시>(序詩)를 살펴보자.

**최승범 〈서시〉(序詩)**

풀잎에 바람이듯
우리 서로 있자요

갈미봉 구름이듯
우리 서로 있자요

정자와 느티나무이듯
세월 하냥 있자요

42) 이 작품에 대한 해설은 최승범, 「시조에 깃든 우리 얼」(서울 : 범우사, 1997), pp. 55~60 참조.

써보기

여기에 시조 한 수를 지으시오.

시조 한 수 :

### (2) 소설

미국 소설가 애드거 앨런 포우는 문학에 대하여 평범한 일상적 현실을 그대로 옮기는 것이 아니라 오히려 그러한 현실을 잊게 하는 일종의 흥분상태를 만들어 내는 것이라고 말한다. 그래서인지 포우의 소설 작품은 독자를 언제나 그러한 흥분 상태로 끌어들이는 가공의 세계를 창조하고 독자에 대하여 일종의 마술을 거는 예술이라고 느껴지기도 한다. 실제로 그의 소설은 현실에서 일어날 수 없는 공포, 전율, 기괴감을 느끼게 한다. 소설이란 상상을 통하여 만든 가공적인 이야기를 언어로 서술한 산문이다. 허구의 이야기지만 현실에서 있을 법한 일들을 가공(架空)한 것이다.

소설가 전상국 씨가 소설에 대하여 재미있게 해설한 설명문 한 편을 소개하기로 한다.

### 소설이란 무엇인가

– 전상국(소설가) –

#### 1. 소설은 거짓말 이야기다

기분이 썩 좋지는 않겠지만 소설을 쓰려는 사람은 소설이 무엇인가 하는 자문에 대해 그것이 거짓말 이야기라는 사실을 자기 자신에게 확인시켜야 한다. 남을 속이기 위해 의도적으로 만들어 낸 것, 누가 뭐래도 소설은 독자를 속여먹기 위해 꾸며낸 이야기라는 것을 믿어야 한다.

이쯤에서 성급히 그 거짓말을 '참말'의 반대 개념으로서가 아니라 참말 그 이상을 내포한 또 다른 '진실'을 의미한다고 말하고 싶어질 것이다. 거짓말에 대한 미화는 계속된다. 선의의 거짓말을 생각해 보라. 상대를 위해서, 모든 사람을 위해서 부득이한 경우의 거짓말도 있지 않은가. 더 나아가 그 거짓말은 허위의 뜻도 아니며 비사실은 더욱 아닌, 있는 그대로의 사실보다 더 보편적이고 개연성 있는 진실이다. 있어야 할 거짓말, 드디어는 거짓말의 필요성까지 강조하게 될 것이다.

옳은 얘기다. 소설은 선의의 거짓말이요 그 허구의 세계는 인간이 사는 현실생활에서 선택된 제재에 의해 이루어진 세계이기 때문에 현실을 굴절시켜 반영하는 '진실된 거짓'인 것이다. 이 말은 소설을 올바로 이해하고 제대로 감상하는 데 절대적 지침이 된다.

그러나 소설을 쓰려는 사람은 그러한 소설의 정의에 귀 솔깃하여 짐짓 점잖을 빼기에는 아직 이르다. 당신은 결코 선의의 거짓말을 하려고 소설을 쓰는 것이 아니기 때문이다. 원고지를 앞에 놓고 앉아 있는 당신은 모종의 음모로 회심의 미소를 입가에 흘리고 있다. 그것은 분명히 어떤 것을 뒤집어 엎을 악의가 분명하다. 무서운 반역의 기미가 당신의 웃음 속에, 당신의 부르쥔 주먹 속에 때로는 스스로 빠져든 그 감동의 떨림 속에 감춰져 있다.

그렇다. 당신이 하는 거짓말은 때로는 칼이다. 경우에 따라 당신은 색소를 넣은 사탕을 무기로 쓰기도 한다. 때로는 껄껄웃음으로 위장하기도 하며 명치를 치받쳐 오르는 울음으로 거짓말을 한다. 더구나 당신은 지금 남을 속여넘기는 일을 업으로 삼아 그 일을 본격적으로 즐기려 하고 있는 것이다.

## 2. 소설은 악의의 음모요 반역이다

소설을 쓰려는 당신에게는 분명 어떤 악의가 있어야 한다. 인간을 헤치려는 그런 악의가 아니라 인간이 믿고 있는 어떤 생각, 이를테면 전통적 규범이나 도덕과 가치를 다른 각도로 휘어놓거나 아예 무시하려는 그런 부정의 정신을 말한다.

그 부정의 기미를 전혀 내색하지 않는 그 시치미떼기, 감쪽같이 능청스럽게 속여넘긴 다음 그것을 믿게 하는 그런 악의 말이다. 감쪽같음, 능청스러움－그것이 바로 소설의 얼굴이다. 지금까지 '참말'로 알려진 것을 참말이 아니라고 믿게 하려는 이야기가 소설이다. 악의가 아니고, 반역이 아니고서 어찌 이제까지의 '참말'을 뒤집어엎을 수 있겠는가.

'그'를 아는 사람 모두가, 심지어는 그의 부모까지도 그가 죽어 없어지기를 바라는 그런 구제불능의 악덕한(惡德漢)을 옹호하는 입장에서 '그'가 '당신'들보다 더 가치 있는 인간이라는 것을 말하기 위해 만들어 내는 이야기가 소설이다. 이때 당신은 어차피 거짓말을 생각하지 않으면 안 된다. 그것은 사람을 판별하는 이때까지의 사회적 조건이나 인식을 뒤집어엎으려는 악의가 없이는 어림도 없는 거짓말이다.

소설은 감춰져 있는 것 드러내기의 한 방법이다. 소설을 쓰려는 당신은 당신 속에 들어 있는 그 어떤 것을 드러내고 싶어 안달이 났다고 봐야 한다. 당신이 꾸며대는 거짓말 이야기, 그것은 당신 자신의 이야기다. 소설가는 자서전을 쓰지 않는다고 한다. 소설을 통해 자신을 다 풀어내기 때문이다. 물론 처음부터 자신의 이야기가 아니고 남의 치부나 남의 그릇된 생각을 들춰내기 위해서 이야기를 꾸며내는 사람도 없지 않다.

그러나 그 경우도 자신의 생각이 미치는 범위 내에서의 들춰냄이 있을 뿐이다. 이럴 때 '가치 있는 체험의 기록'이 문학이라고 말한 최재서(崔載瑞)의 말은 매우 적절한 표현이라고 생각된다. 당신이 하려는 거짓말 이야기는 당신의 체험을 토대로 했을 때라야만 상대를 감쪽같이 속여넘길 수 있는 힘을 갖게 되기 때문이다.

## 3. 소설은 과장이다

'그 여자와 그 남자는 매우 애틋한 사랑을 했다' 또는 '전쟁은 비극이다' 등등의 단순한 진술을 위해서 소설가는 오랜 시간을 끙끙거리며 수백 장 혹은 수천 장 분량의 이야기를 꾸며낸다. '아아, 괴로워!' 그 말 한 마디면 족할 것을 중언부언 그럴싸한 말들을 끌어다 자신의 내면이 매우 복잡하고 심오하기 때문에 그 괴로움이 결코 단순하고 저급스러운 것이 아니라는 걸 보여 주려 노력한다.

다행히도 독자들은 계산된 거짓말(정치쟁이의 심각한 얼굴은 그 좋은 예다)보다는 과장된 거짓말에 더 호감을 갖고 있는 것 같다. 이것은 어차피 거짓말이요 과장된 것이라는 생각이 독자를 어떤 부담으로부터 해방시켜 주고 있기 때문이다. 소설은 바로 그 심리를 역이용한 것이다. 현실의 일도 아니요, 자기 얘기도 아니라는 안도감이 과장된 그 거짓말 속으로 허심탄회하게 걸어들어가 감동의 눈물을 맛보게 하는 것이다. 좋은 소설이란, 자기가 읽은 그 소설이 결코 꾸며진 이야기가 아니라는 착각을 일으켜 현실 그 이상을 생각하게 해주는 역할을 할 수 있는, 그럴 듯하게 과장된 거짓말을 의미한다.

또한 소설은 사람들의 기억 속에 거의 잊혀져 가는 어떤 사건을 선택한 다음,

비록 어제의 것이지만 이것만은 결코 잊어서는 안 된다고 다소 과장된 방법으로 뭔가를 환기시켜 주는 것이기도 하다. 독자들은 이미 오래 전 별 것 아니라고 버렸던 지난 어느 날의 그 일이, 이처럼 흥미 있게 또는 이처럼 심각하게 재현되었다는 사실에 놀라 그것이 꾸며진 이야기, 과장된 이야기라는 사실을 까맣게 잊게 마련이다.

그런 면에서 소설은 반성의 한 형태다. 자신의 자잘한 마음 움직임에 대한 돌아봄에서부터 우리 이웃들의 사는 방식에 대해서도, 또는 이 사회의 모순과 부조리에 대해서 반성을 요구하기도 한다.

### 4. 소설은 인간에 대한 이야기다

이쯤에서 우리는 당신이 그처럼 거짓말로 꾸며내고 싶어하는 이야기가 결국은 '어떤 인간'을 우리에게 보여 주고 싶은 저의에서 시작되었다는 것을 알게 된다. 당신은 어떤 인간이 이러한 상황에 이렇게 대처해 나갔으며 급기야는 그 상황을 이런 의지로 바꿔 놓았다는 것을 이야기하고 싶어 한다. 이와는 반대로 어떤 상황이 인간을 이 지경으로 만들어 놓을 수도 있다는 것을 이야기하는 경우가 더 많기도 하지만 결과는 마찬가지다. 당신은 짐짓 그 어떤 상황에 관심이 있을 뿐이라고 강변할 수도 있겠지만, 따지고 보면, 그 어떤 상황을 만든 사람들에 대한 감정이 그만큼 깊다는 이야기밖에 안 된다. 결국 당신은 그 인간들이 만든 나쁜 상황으로 해서 이 지경이 된 '그'를 우리들 모두가 사랑해 주기를 바라는 마음에서 그 소설을 구상하게 됐을 것임이 분명하다. 실패한 소설이란 대부분 작가 자신이 사랑하지도 않는 '그'를 독자에게 내놓고 이 사람이야말로 당신들이 사랑하지 않으면 안 될 것이란 발언을 소설 속에 끼워넣는 경우다.

그것은 소설이 인물 탐구며 성격 창조라는 지극히 기초적인 지침을 망각했을 때 일어나는 현상이다. 성공한 소설은 모두 '이러한 인간의 의식'을 그려내겠다는 인물 창조에 대한 관심이 그 어느 것보다 앞서 있었음을 알게 된다. 당신이 만들어 내려는 이러한 인간의 의식이 그 작품의 분위기와 당신이 노리고 있는 빽적지근한 사건을 만들어 간다는 것을 믿어야 할 것이다.

### 5. 소설은 상상의 산물이다

소설을 쓰려는 당신은 무엇보다 당신의 상상력을 믿어야 한다. 당신이 하려는 거짓말 이야기, 당신이 만들어 내려는 인물은 모두 당신의 상상력에 의해 얻어진다는 것을 믿어야 한다.

물론 문학적 상상력은 칸트의 분류에 따르지 않더라고 단순히 과거 감각의 인상을 그대로 재생해 내는 것이 아니라 과거 체험(강렬한 기억이라 해도 좋다)에서 유추된 새로운 이미지, 새로운 세계를 지향하고 있다는 점에서 창조적이다. 그러나 시적 상상력이 다분히 직관적이고 절대적 자유성을 필요로 하는 넉넉한 마음의 상태에서 얻어지는 것인 데 비하여, 소설에 필요한 상상력은 대상을 의식하고 거기서 어떤 의미를 인식하려는 절박성으로 하여 보다 구체성을 띠며 현실적이다.

현상학적으로 볼 때, 우리의 의식은 어떤 대상(외적 세계)에 의해 드러나며, 그 의식과 대상의 연결은 작가나 독자의 상상력에 의해서만 가능하다고 한다. 아울러 어떤 대상이 상상력에 의해 인식되는 과정에서 그것은 어떤 요구나 희망을 내포하게 됨으로써 존재의 지향성을 강력히 시사한다. 바꾸어 말하면 소설을 쓰려는 당신에게는 인식되는 현실을 보다 나은 세계로 보여 주고 싶은 욕구로 가득한 그런 상상이 힘차게 펼쳐지고 있다는 말이다.

이럴 때 소설을 쓰려는 당신은 다소 불만스런 얼굴로 말한다. 소설이 고작 상상에서 나온 것이라니, 제기랄. 그러나 당신은 곧 회심의 미소를 머금고 말할 것이다. 상상이라면 나한테 맡기라구. 그거야 내가 끝내주지.

그러나 그렇게 말하는 당신의 경우 그 상상이란 것이 대개 공상이나 망상이기 십상일 것이다. 시의 경우는 자유 분방한 몽상까지를 창조적 상상으로 떠받들 수 있겠지만 소설에서는 그것이 구별되어야 한다고 생각한다.

물론 공상이나 몽상의 힘으로 쓰여지는 소설이 아주 없는 것은 아니다. 그러나 그것은 독자의 상상력을 마비시켜 대상을 제대로 인식하는 힘을 빼앗기 위한 악의가 작용되었다고 봐야 옳을 것이다. 자 나한테 코 꿴 이 우매한 독자들아, 너희들은 내가 보여 주는 이런 세상을 상상도 하지 못했을 거다. 그는 독자들이 여유를 가지고 이야기의 앞으로 돌아가 이럴 수도 있는가 하는 의문을 가지는 것을 용서하지 않는다. 그렇다고 독자들이 미래를 예견하도록 도와 주지도 않는다. 그는 오직 자신의 공상으로 독자를 사로잡고 있음을 자랑삼을 뿐이다. '남자는 호텔 앞에 서서 여자의 눈길을 잡는 데 성공했다.' 이쯤에서 끝내야 할 이야기가 독자를 호텔 안으로 끌어들여, 너희들은 이런 거 모르지-하면서 방에 불이 꺼진 뒤의 사건을 그리는 데 전력을 쏟아붓는 그런 소설. 무협 소설류의 황당무계함. 달콤한 이야기로 어린 소녀의 영혼을 주장질시키는 질 나쁜 하이틴 소설류.

물론 당신은 그런 류의 소설을 쓰기 위해 소설 창작 공부를 할 수도 있다. 그러나 분명한 것은, 그런 소설은 결코 우리가 원하는 '보다 나은 세계를 지향하는' 상상력과는 다소 거리가 있다는 사실이다.

소설이 필요로 하는 상상력은 작가의 의식이 어떤 대상(현실이라고 하는 것이 좋겠다) 속에 깊이 뿌리를 내리고 있을 때만 문학적이요 창조적이다. 상상력은 과거의 어떤 기억(강력한 충격에 의해 각인된 것일수록 좋다)이 현실의 어떤 대상과 만나는 순간 불꽃처럼 피어오르게 마련이다. 그것은 우리를 둘러싸고 있는 현실의 풀리지 않는 답답함과 그 고통을 극복하기 위한 불꽃이며, 그 불꽃에 의해 피어오르는 문학적 상상은 인식된 대상을 변용, 변화, 융합시키는 즐거움을 동반한다. 그것은 인식된 대상에 대한 새로운 각도의 해석과 더불어 다른 의미, 다른 가치, 새로운 질서를 부여하기 위한 즐거움인 것이다.

## 6. 소설은 창조된 세계이다

소설이 끈 끊어진 풍선 같은 공상이나 몽상에 의해 만들어지지 않은 이상 그것은 창조된 세계다. 상상력에 의해 소설이 만들어진다는 것을 믿는 당신은 지금 이 세상 어디에도 없는 새로운 세계, 새로운 질서로서 만들어지는 세계를 우리들에게 보여 줄 설계를 하느라 신명이 날 것이다.

당신이 우리에게 보여 주려는 세계는 현실에서 유추된 세계다. 그것은 없음에서 있음을 보여 주는 신의 창조와는 달리 있음(현실)에서 다른 있음을 만들어 내는 세계다. 그러나 당신이 독창성으로 만들려고 하는 그 세계는 현실에 뿌리를 둔, 현실의 변용이기 때문에 진실성 혹은 사실성을 획득하게 될 것이다.

현실과 꼭 닮은 세계, 현실이 잘 투영된 세계를 그려내는 것이 소설을 쓰려는 당신의 욕심이다. 지극히 옳은 생각이다. 소설은 현실의 축도다. 어떤 면에서 소설은 역사 기록과 많이 닮았다. 소설이 사회를 반영하는 거울이어야 한다는 소설의 효용적 측면에서 볼 때 당신의 욕심은 더욱 빛난다.

그러나 소설을 쓰려는 당신의 그러한 욕심은 본래의 뜻에서 많이 빗나가 있을 수도 있다. "소설은 결코 현실의 모사가 아니다." 당신은 대상을 있는 그대로 충실히 담는 일에 만족하는 사진사가 찍은 사진과 당신의 소설을 비교해서는 안 된다. 굳이 비교하자면 화가가 대상의 지배적인 인상이나 그 성질을 묘출(描出)한 캐리커처 한 장이 당신이 그려내려는 소설과 더 닮았다고 봐야 한다.

꾸며진 이야기로서의 소설 문학이 특수한 사실만을 중시하는 역사적 기록과 어떻게 다른가 하는 것은 이미 아리스토텔레스가 '개연적 진실'이라는 말로 명료히 밝힌 바 있다.

어느 날 당신은 신문기자인 친구와 함께 충청도의 어느 마을을 방문한다. 출발하기 전부터 그 친구는 아직 이 세상에 알려지지 않은 그 마을을 취재하게 된 흥분을 감추지 못한다. 타성받이가 단 한 집도 살지 않는 그 아무데 김씨 마을은 옛날은 말할 것도 없고 근래 30여 년 동안 남편이 죽은 뒤 단 한 사람의 여자도 개가를 하지 않았을 만큼 열녀들이 많이 나왔다는 것이다. 열녀가 많이 나와 나라로부터 세금까지 면제받았던 마을이란 것이 옛 문헌에 고증까지 돼 있다며, 그 친구는 전통적 미풍양속의 계승이란 측면에서 그 마을을 세상에 널리 알리겠다고 한다. 그러나 당신은 소설 소재를 얻기 위해 그 마을을 방문한다는 것을 잊지 말아야 한다. 소설을 쓰려는 당신은 친구의 흥분과는 반대로 그 마을을 '정말 못되 먹은 마을'로 생각할 필요가 있다. 당신은 전통과 가문과 유교적 악습이 커다란 폭력이 되어 그 마을 여자들의 인권을 유린했다는 사실에 착안해야 한다. 당신은 분노를 감춘 채 그 여자들 중 어느 한 사람은 그 폭력으로부터 도망치려 몸부림치던 일을 상상해 볼 필요가 있다. 결코 기록에 오를 수 없었던, 그러나 분명히 있을 수 있었던 그 작은 항거에 대한 생각, 그것이 바로 소설을 창조의 세계로 끌어올리는 개연적 진실인 것이다.

비록 거짓말로 꾸민 이야기지만 소설은 언어를 일차적인 재료로 한 예술이다. 작가나 독자가 소설의 일차적인 재료가 언어라는 것을 잊었을 때 올바른 소설 문학은 성립될 수 없다.

소설을 쓰려는 당신이 혹시 문학의 일차적인 재료가 언어라는 사실을 가볍게 생각하고 있을는지 모른다는 노파심에서 다시 한 번 강조해 둔다.

### 7. 소설은 언어 예술이다

당신이 꾸며내려는 거짓말 이야기, 그 이야기 속에 은근슬쩍 찔러 넣으려는 당신의 생각, 인식된 대상을 보다 나은 세계로 보여 주려 힘차게 펼쳐지고 있는 당신의 그 자랑할 만한 상상력, 당신이 이야기 속에 만들어 넣을 사랑받을 만한 그 여자의 모습……. 그 모든 것을 제자리에 집어넣기 위해, 그리고 당신이 바라는 만큼의 조화와 통일을 연출하기 위해서 당신은 어느 날 당신의 언어와 마주앉지 않으면 안 될 것이다. 이제까지 별것 아니라고 관심도 두지 않았던 당신의 언어에 대해서 신경질을 부리고 있는 당신의 모습을 떠올리는 것은 어렵지 않다. 지지리 못난 얼굴로 당신을 쳐다보며 히히 열없게 웃고 있는 당신의 언어로 해서 절망하는 당신의 얼굴도 보인다.

'언어의 특수한 구조'가 문학이라는 구조론적 정의는, 우선 소설이 '이야기 구조'라는 측면에서도 음미해볼 만한 가치가 있다. 당신의 귀여운 어린 조카가 당신에게 '어떤 이야기'를 들려 주기를 부탁했을 때, 당신은 피아노나 그림 도구들을 생각하지는 않을 것이다. 당신이 춘향이나 돈키호테를 만난 것이 모두 언어에 의해서 이루어졌듯, 당신은 어린 조카에게 들려 줄 '이야기'로서의 '말'을 준비하기 시작할 것이다. 조카를 놀라게 할 이야기도, 조카의 웃음을 유도할 이야기도 잠시 이야기를 멈추고 조카의 궁금증을 가중시킬 그 뜸들이기도, 당신이 구사하는 말의 높낮이와 완급의 호흡도 모두 이야기의 구조로서 당신의 언어에 의해 형상화된다는 사실을 잊어서는 안된다.

당신이 쓰는 언어에 의해 제대로 형상화된 이야기, 그 이야기를 이루는 여러 가지 구조가 유기적으로 통일성을 갖추게 한 당신의 그 장인 의식이 빚어낸 그 소설을 우리는 언어 예술이라고 부른다.

여러분은 이제 소설 한 편을 읽고 준비한 노트에 독후감을 쓰시오.

### (3) 수필

수필(隨筆)은 글자 그대로 '붓 가는 대로 쓰는 글'이다. 다른 문학 장르에 비해서 가장 자유로운 글쓰기라 할 수 있는 수필은 어떤 자연 사물이나 인생의 한 단면에 대한 느낌, 견해, 인상, 관찰, 상상 등을 자유스럽게 써 나간 글이다. 자유스럽게 쓴다는 말은 글감이나 글의 내용이나 형식이 어떤 제약을 받지 않는다는 뜻이다.

이렇게 자유스럽다고 한다면 수필의 개념이 너무 포괄적인 점도 없지 않다. 가벼운 신변잡기부터 시작해서 의미심장한 격식 있는 글에 이르기까지 모두 그 범주에 넣을 수 있다.

수필의 특징을 몇 가지로 간단하게 설명할 수 있다.

첫째, 수필은 산문 문학이다. 문학의 일종이지만, 수필의 범주가 매우 광범위해서 칼럼처럼 비문학적인 글도 전혀 없지는 않다. 수필이 문학이라면 곧 산문

문학에 속한다.

산문 정신은 상업주의의 발아와 함께 근대의 시민 정신을 반영한 것으로 자연스럽고 꾸밈이 없는 정신이며, 평등과 자유의 내용을 중시하는 정신이라고 할 수 있다. 소설이나 여타 서사 문학 장르는 일정한 구성법에 의해서 다듬어지고 정리된 것임에 반하여 수필은 산문이지만 작가가 지금 창작하고 있다는 것조차 의식할 수 없을 만큼 자연스럽고 생생하게 표현하게 된다. 수필에 운문이 삽입될 수 있다. 전문(全文)이 운문으로 쓰이는 경우도 생각할 수 있다. 운문은 언어를 선택하고 그것을 응축하고 정돈하는 과정에서 실감이 많이 훼손될 수 있으므로 운문만으로 수필을 쓸 경우 자기 고백적인 문학으로서의 수필의 의미가 약화될 염려가 있다.[43]

그러나 운문을 부분적으로 적절히 활용하면 오히려 실감을 돕기도 하고 시적인 표현으로 감동을 불러일으킬 수도 있다. 린위탕(임어당, 林語堂)은 <여성들과의 대화>라는 수필에서 이렇게 바이런의 시구를 인용하고 있다.

> 나는 여자들과 말하기를 좋아한다. 여자들은 항상 나에게 바이런의 불멸의 시 한 구절을 상기시킨다.
>
> "남자란 이상한 것이지만, 더욱 이상한 것은 여자다."
>
> (What strange thing is man! and what a strange is woman!)
>
> 그런데 나를 니체나 쇼펜하우에르와 같이 여자를 싫어한다고 생각하면 곤란하지만 그렇다고 해서 셰익스피어의 "약한 자여! 그대의 이름은 여자니라."라고 하는 신사다운 대사에 나타나 있는 것 같은 고상한 여성관을 가지고 있기 때문인 것도 아니다.
>
> 나는 조그만 일에 낙망하지 않고 또한 조그마한 괴로운 환멸도 하지 않는 그대로의 여자들을 좋아한다. 그녀들은 일체의 모순과 경박에도 불구하고 나는 그녀들의 상식과 생활 본능-소위 제육감(第六感)에 비상한 신뢰를 가지고 있다. 여자들의 찬박한 생활 밑바닥에는 남자보다 심각한 생활이 있고, 생의 영위에 대해서는 남자보다도 몇 배 더 엄밀한 어떤 의욕이 있기 때문에 나는 여자들을 존경하는 것이다. 여자들은 생활을 영위한다. 그런데 남자들은 그것에 대하여 주장할 뿐이다. 여자들은 남자를 이해한다. 그런데 남자는 아무래도 여자를 이해하지 못한다. 남자들은 담배를 피운다든가 사냥을 한다든가 발명을 한다든가 음악 작곡을 한다든가 하여 인생을 낭비하는데, 여자들은 아기를 낳고 그리고 그 시중을 드는데 이것은 큰 일인 것이다. 나는 만약에 남성 혼자에게 책임을 지워서 아이들의 시중을 제대로 들 수 있는 아버지가 이 세상에 한 사람이나마 있을까 의심한다. ……이하 생략….[44]

---

43) 이향아, 전게서, pp. 122~123 참조.

44) 윤영춘 역, 「임어당 에세이선」(서울: 서문당, 1975), pp. 118~119.

둘째, 글감이 다종다양하다. 어떤 것이든 글감이 될 수 있다. 어떤 자연 사물이나 인생 등 온갖 삼라만상의 거죽이나 내면 구조와 내심(內心)이나 영혼까지 글의 소재가 된다.

셋째, 형식이 자유롭다. '무형식의 형식'이라는 말로도 설명하려니와 일정한 형식에 구애받지 않는 형식이다. 수필은 자유롭다 못해 여러 가지 형식을 넘나든다. 서정의 글이든, 서경의 글이든, 편지글이든, 일기든, 논설이든, 칼럼이든 그러한 스타일을 인용하기까지 한다.

넷째, 수필은 가장 개성적인 문학이다. 다른 문학보다 더 개성적이며 심경적이며 경험적이다. 비록 객관적인 사실을 다루었다고 하더라도 그 심경에 부딪혀 나오는 작가가 지닌 나이브한 심음(心音)이 들어 있다. 그러나 그것은 강렬하게 발산되어 나오는 심음이 아니라 자연히 흘러나오는 심음이다.

다섯째, 수필은 비평 정신의 문학이다. 위트와 유머가 글에 탄력을 불어 넣는다. 그것이 없으면 너무 단조롭고 지리하다. 위트와 유머는 본시 지성(知性) 위에 하나의 정서적으로 신비한 이미지로 나타나기 때문에 그 안에 비평 정신이 깃들지 않을 수 없다.

여섯째, 미적 가치가 있는 글이며, 윤리적 가치가 있는 글이다. 곧 예술성과 도덕성(morality)을 지닌 글이다.

일곱째, 귀족적이지 않으면서도 천박하지 않은 문학이다. 다른 문학 장르와 대조하자면 평이하면서도 고상하고 우아한 글이다. 피천득 선생은 그래서 수필을 이렇게 비유하였다.

> 수필은 청자연적이다. 수필은 난이요 학이요 청초하고 몸맵시 날렵한 여인이다. 수필은 그 여인이 걸어가는 숲속으로 난, 평탄하고 고요한 길이다.

여기서 두 편의 수필을 소개한다. 재미있기도 하려니와 생활의 윤리 규범에 대한 최승범 선생의 수필 <주중수칙>(酒中守則)과 미적 쾌감과 철학적 가치를 지닌 이보영 선생의 수필 <가시>(棘)이다.

### 주중수칙(酒中守則)

– 최승범(전북대 명예교수, 시인, 수필가) –

<구운몽>을 강독하는 시간이었다. 주인공 성진이 수정궁에 나아가 용왕의 친절한 대우를 받는 대문에, 술을 놓고 다음과 같은 문답이 오고가는 데 이르렀다.

성진 : "술은 마음을 흐리게 하는 광약(狂藥)이라, 불가(佛家)의 유(類)에서는 큰 경계니 감히 파계를 못하겠나이다."

용왕 : "부처의 오계(五戒)에 술을 경계하는 줄 내 어찌 모르오리마는, 궁중에서 쓰는 술은 인간 광약(狂藥)과는 달라 다만 사람의 기운을 화창케 하니 마음이 미란(靡爛)치 아니 하나이다."

이 대문에 나오는 오계(五戒)를 비롯한 몇몇 낱말 풀이만으로 넘어가기엔 무엇인가 아쉬운 생각이 들었다. 요즘 부쩍 늘어났다고 느껴지는 대학생들을 비롯한 우리 젊은이들의 음주벽(飮酒癖)에 생각이 미쳤던 것이다. 잠시 술 이야기로 강독 시간은 옆으로 달리지 않을 수 없었다.

술은 실로 인간 세계에 없지 못할 것으로 알아오고 있다. 누군가 "사랑 없는 인생이란 사막과 같다."는 말을 하였다지만, 나에겐 술 없는 인생도 어쩜 사막에 직유(直喩)해도 좋을 것 같다. 밀밭만 지나도 취하더라고 곧잘 술잔을 사양하는 친구도 술자리만은 즐거이 나앉곤 하는 것을 보면 이 친구도 술자리 인정이나 그 정경만은 떨쳐 버리고 싶지 않은 모양이다.

이러한 술이 사람을 미치게 하는 광약일 수도 있고 사람의 마음을 아주 화창하게 하는 선약(仙藥)일 수 있으니, 여기에 술의 문제가 야기되지 않을 수 없다. 그렇다고 술 자체를 나무랄 것은 아니라고 본다. 광약이게 하는 것도 선약이게 하는 것도 어디까지나 우리들 사람에게 매어 있는 것이기 때문이다. 자랑할 것 못 되는 나의 주력(酒歷)이지마는 20여 년간 대소 술자리를 합쳐 3천 번은 족히 되고 남을 주석(酒席)마다에서, 준수하고자 노력하여 온 나의 주중수칙 몇 가지를 여기 피력해 둘 필요성을 느낀다.

잔은 술에 맞는 것으로 챙기도록 한다. 배갈을 마셔야 할 잔에 청주를 마셔도 싱겁지만 맥주 컵으로 소주를 들이대는 것도 타끈스러운 일이다.

잔엔 9분(九分)쯤 술을 받을 일이다. 흔히들 임은 품 안에 차들고 잔은 차야 맛이라고 하지만, 나의 경우 남실거리는 술잔을 받으면 지레 술이 목까지 차오른 듯한 겁을 집어 먹게 된다.

받은 잔은 적어도 세 번 끊어 마신다. 배갈 잔도 끊어 마시고, 청주 잔도 막걸리 대접도 세 번 끊어 마신다. 맥주의 첫번째 컵만은 예외로 한다. 그러나, 두 번째 컵으로부터는 맥주도 예외일 수 없다. 끊어 마실 때마다 일단 잔을 상위에 놓고 안주를 집든 이야기를 몇 마디 하든 한다.

낮술은 안 마신다(낮술이라는 말이 사전에 있는 지 모르겠다. 그러나 낮술이니, 낮술이라는 말을 써도 되겠지). 비록 맥주라고 해도 그렇다. 오후 내내 잠이나 청하려면 몰라도 무엇인가 말을 하고 길을 걷고 사람과도 접촉해야 한다면, 나의 경우 낮술이란 절대 금물로 하고 있다.

술은 사철을 두고 어느 철이나 땅거미가 지필 무렵부터 들기로 한다. 유시(酉時)래야 술은 제 맛이 난다는 말엔 동감이다. 그러나 하지절(夏至節)엔 유시(酉時)도 빠르다. 하긴 고려 때 노래 <동동>의 구절마따나(9월 9일에/아으 약이라 먹는/황화꽃이 안에 드니) 술이란 하지절 아닌 국화철로부터 국화주로나 시작해야 보신도 되고 풍미도 돋우는 것이라면, 술은 유시로부터 제 구실을 하는 음료수라 하여 좋을 것 같다.

깡술은 금물이다. 맥주라도 마른 안주 세 가지 쯤은 놓고 마시는 것이 좋다. 소주나 청주를 김치 가닥 한 가지로 마신대서야 철골(鐵骨)이래도 당해낼 재간이 없을 것이다. 술상도 세 접시의 안주쯤 세모 꼴로 놓아야 품(品)이 있지 않겠는가.

술자리도 단 둘의 대작(對酌)만으로는 단조롭다. 여자 친구라도 불러서 세 사람쯤 어울려 마시는 게 제 멋이 있다. 술자리에서의 이야기라면 사람이 팽팽히 맞서는 게 좋지 않다. 세 사람으로 이야기줄은 낭차짐해질 수 있어 좋다.

선술집에서 술을 마시는 경우, 화제(話題)를 옆자리와 넘나들지 않도록 해야 한다. 더욱 술잔을 보내고 받고 하는 일은 금물이다. 대화의 정신은 아름다운 것이지만 주기(酒氣)의 열꽃을 빌리다가는 자칫 작은 시비가 큰 시비로 번질 우려가 있다.

술자리를 바꾸는 소위 2차, 3차로 나가는 일은 피한다. 같은 청주라도 술집에 따라 주정의 농도가 다르고, 이걸 섞어 마시면 흔들리는 취기가 배로 돌기 마련이다. 술집과 같이 2, 3차에서 주종을 바꾸어 마시면 더더욱 말할 것도 없다.

이상 몇 가지는 그 동안 내 주력에서 내 나름대로 지켜온 수칙이다. 20여년, 따져 본다면 실로 엄청난 주량을 마셔 왔지만 아직까지 내 오장육부들이 견딜 만큼 꺼떡잖고 있음은 워낙 내가 지켜온 이러한 수칙 때문이 아닌가 생각해 본다.

대학생들을 비롯한 젊은 층들에게 금주(禁酒)를 말하고 싶지는 않다. 다만 술로 하여금 광약이게 해서는 안 되겠다는 것이다. 술이 있어 온 이후, 옛 어른들이 말한 주도(酒道)를 배우며, 또 주도(酒道)를 익혀서 마셔 주었으면 싶을 뿐이다. 술은 손위 어른들 앞에서 배우며 마실 일이다.

## 가시(棘)

-이보영(전북대 교수, 평론가)-

나는 한 번도 누구에게 꽃을 주어본 일이 없다. 갖가지 예식이나 혹은 병상 위문을 위해 꽃다발이 드나들지만 그 하얀 종이에 싼 꽃다발을 산다는 것은 허망하고 무의미한 사치로밖에 보이지 않는다. 또 꽃을 가꾸어 본 일도 없다. 단, 꽃을 바라본다는 것-이건 말만 들어도 금시 눈동자가 커질 것 같은 감동을 주기도 하지만 꽃을 배경으로 한 이렇다 할 추억은 없다. 그저 주위의 많은 꽃을 스쳐온 느낌 뿐이다.

나의 추억은 꽃보다는 차라리 가시에 얽혀 있다. 어렸을 때 살던 마을의 한 골목에 꽤 넓은 채전을 낀 집이 있었는데 그 울타리가 온통 탱자나무였다. 우리 꼬마들은 늦가을만 되면 그 울타리에 익은 노란 탱자에 미쳤었다.

그날도 탱자를 따려고 그 곳에 가자 웬 쥐의 시체가 울타리 속에 어중간히 걸려 있었다. 그런데 돌에 맞은 탱자는 잘 떨어져도 그 시체는 좀처럼 떨어지질 않았다.

며칠 뒤에 가봐도 쥐의 시체는 그대로 있었다. 그 탱자울타리에는 어쩌다가 '눈에피'라는 것이 걸려져 있기도 했다. '눈에피'는 울긋불긋한 헝겊을 한데 묶은 것으로서 다래끼 따위의 눈병을 고치기 위한 축귀의 부적이다. 밤에 그 골목을 지나가다 우연히 그게 눈에 띄우기라도 하면 등마디가 오싹했었다.

한편 그 무렵 어머니들은 아들의 종기를 따는 데도 그 탱자 가시를 잘 쓰셨다. 일종의 소독법으로 머리에 몇 번 문지르기나 콧김을 쏘인 뒤 가만히 대어오는 그 샛파란 탱자나무 가시는 보기만 해도 끔찍스러웠다. 지금 돌이켜 보면 그 가시의 빨가족족한 끝이 여간 친근하게 느껴지지 않는다.

누구나 어려서 아버지한테 꾸중을 들은 적이 있는 것처럼 가시에 채어 피가 난 기억이 있을 것이다. 나의 경우는 워낙 성미가 털털해서 그랬는지 산이나 들에 가는 날이면 영락없이 긁혀가지고 왔다. 그런데 그 가시의 상처는 아무리 작은 엉겅퀴 같은 것으로 스친 데라도 다른 상처와 달리 전신이 근질근질할 만큼 화가 치밀면서 아픈 것이었다.

나의 가시에 대한 추억은 몇 개만 들어봐도 이처럼 대개 어둡고 고통스러운 것들이지만 꼭 한 번 이상한 계시 같은 일이 있었다.

중학교 시절 처음으로 본 그 예수상은 머리에 빛이 돋혀 있었다. 그땐 정말 빛으로만 보였다. 그 후 20대에 들어 성경을 읽고 나서야 나는 그게 빛이 아니라 빌라도의 부하들이 조롱삼아 씌운 가시 면류관의 가시라는 것을 알게 되었다. 야릇했다. 하지만 소년 시절의 그 오해는 머리에서 지워지질 않아 그 뒤로도 면류관을 쓴 예수상을 보면 그게 가시임을 알면서도 얼핏, 아니 반은 의식적으로 빛으로 착각을 했고 또 그 편이 둥근 후광 같은 것보다 몇 배 생생했다.

그리하여 점점 그 가시의 빛이 지닌 엄숙한 뜻에도 눈을 뜨게 되었다. 거기에는 수난과 영광, 고통과 환희, 나아가서는 삶과 죽음의 모순이 혼연히 융화된 秘蹟이 숨어 있었다. 또 이 가시의 빛에 대한 의식은 그밖의 여러 가지 문제에 깃든 역설적 裏面을 암시해 주는 실마리가 되었는지도 모른다.

지금 내가 그려 보는 것은 여름에는 꽃이나 그늘에 가려져 있다가 꽃이 다 져버린 겨울의 한랭한 하늘을 향해 앙상히 뻗쳐 있는 가시나무들이다. 그 가시들은 아무 표정도 없다. 차다. 거기에는 무서운 집념 속에 무관심과 자기 경멸이 숨어 있다. 기나긴 인고와 저주의 세월도 이젠 옛 이야기다. 눈도 뜨지 않는다. 귀도 열지 않는다. 앞으로 닥쳐올 자신의 죽음에 대해서도 캄캄할는지 모른다. 그러면서도 죽음 그것처럼 죽음을 초월하고 있는 것 같다. 한 겨울 소담한 눈에 덮인 가시나무들, 이것저것 생각하면서 나는 또 이런 공상에도 젖는다.

혼례식이나 무덤에 장미의 꽃을 뿌리는 축하객이나 조객들은 꽃이 지고 가시만 남은 나뭇가지를 까맣게 잊고 있으리라. 나는 그 나무가지를 모아 가지고 돌아와 가장 가깝고 가장 먼 곳에 있는 내 슬픈 신부의 방에 불을 지피리라.

가시나무는 여늬 나무보다 불기운도 좋고 잘 타는 법이니까.

여러분은 준비한 노트에 수필 한 편을 지으시오.

### (4) 평론

여기서의 평론은 문학 평론에 한정한다. 물론 미술 평론, 음악 평론 등도 있다. 문학 평론은 다른 말로 문학 비평, 혹은 문예 비평이라는 말로도 쓰인다.

문학 평론 혹은 문학 비평이란 문학 작품을 해석하고 그 가치를 판단, 평가하는 일을 말한다. 문학 작품의 특성과 의미를 알아내고 가치를 평가하는 글이기 때문에 논증적인 글일 수밖에 없다.

일반적으로 평론은 논증적인 특징이 있어서 논설문, 논문, 리포트 등과 매우 밀접한 관련을 맺고 있다. 그러나 그런 글들은 예술적인 목적을 본령으로 삼고 있지 않다는 점에서 문학 예술 작품으로서의 평론문과 구분된다. 평론은 문학

작품이다. 문학 작품을 평가하는 문학 작품이다. 그래서 문학의 5대 장르 가운데 하나이다.

평론을 쓰기 위해서는 무엇보다도 먼저 문학 작품에 대한 감상 능력이 풍부해야 한다. 즉, 문학 작품을 이해하고 평가할 수 있는 능력이 없으면 평론문은 쓸 수 없다. 평론문은 대체로 다음과 같은 단계를 거쳐서 쓰여진다. 우선 작품을 숙독하고, 세밀하게 분석하고, 그 가치를 평가한다. 그것을 논리적인 글 형식으로 구성한다. 잘 짜여진 구성에 따라 자기의 주장이나 논리를 편다. 논리 전개상 모순이 없는가, 논증은 정확하고 확실한가, 설득력은 충분히 확보되어 있는가, 독창적인 해석이 도출되었는가를 세심하게 살핀다. 이를 바탕으로 집필하여 완성한다.[45)]

평론에 대하여 조금 더 이해를 넓히기 위해서 평론의 기능을 간략히 살펴보기로 한다. 평론은 보통 세 가지 기능을 수행한다. 해석, 감상, 평가의 기능이 그것이다.

첫째, 해석(interpretation)의 기능이다. 작품을 해석한다는 것은 한 마디로 말하여 작품을 빈틈 없이 잘 읽고 그 의미를 정확하게 파악하는 작업이다. 오래전의 작품은 원전(text)을 정확하게 확정하고 그 원전에 근거하여 의미를 파악해야 한다. 작품 해석이란 원전 확정 작업뿐 아니라 작자를 규명해 내고 그의 생애와 사상, 정신 등 전기적인 사실들을 알아내고, 창작 당시의 시대 상황을 명확히 파악해야 하고, 작품의 의미와 주제를 파악해야 하며, 나아가서는 그 작품 양식의 언어 지향성과 삶의 자리까지 탐구해야 한다.

둘째, 감상(appreciation)의 기능이다. 감상은 예술 작품으로부터 나오는 미적 쾌락을 향수하는 일이다. 즉, 작품의 아름다운 면을 느껴 받는 것이다. 문학 작품을 읽는 사람이면 모두 작품을 감상하고 있는 것이다. 평론 작업도 일차적으로는 감상으로부터 시작한다. 훌륭한 비평가란 훌륭한 감상자라고 할 수 있다. 우리는 작품을 읽고 진한 감동을 얻을 수 있다. 그것이 감상이다.

셋째, 평가(evaluation)의 기능이다. 평론이라는 말은 영어로 criticism이라고 한다. 이 말은 라틴어 criticus, 희랍어 krinein에서 나온 말로서 재판관, 심판, 감정가, 분할, 식별 등의 뜻을 지닌 말이다. 평론에서 평가야말로 가장 중요한 기능이라고 할 수 있다. 평가란 작품의 가치를 평하는 일이다. 그 가치의 유무, 호·불호, 선악을 판단하여 평하는 것이다. 평가에는 글쓴이의 주관이 개입될 수밖

45) 전북대 대학국어교재편찬회, 전게서, p. 103 참조.

에 없다. 그렇다고 전적으로 주관에만 의존해서는 평론이 문학의 한 장르로 존재하기 어렵다. 소위 인상 비평이라고 하는 비평 태도가 있다. 이는 평론가 자신의 직관적인 감성과 주관을 비평의 가장 중요한 기준으로 삼는 것인데, 오늘날에는 비과학적이라 하여 위험한 태도로 보고 있다. 평론가의 주관이라고 하는 것도 객관적 타당성과 논리를 기초로 해야만이 설득력을 얻을 수 있기 때문에, 작품 평가에 있어서도 일정한 기준과 그 기준에 따른 일관성 있는 논리가 요구된다. 이때 작품 평가의 기준을 어디에 두느냐에 따라 비평의 방법이 달라지는 것이다.

문학 비평의 여러 가지 방법에 대한 논의는 매우 전문적인 것이기 때문에 여기서는 논외로 한다. 이제 천이두 선생이 미당 서정주의 시 세계를 논한 평론문 <지옥과 열반>을 보자.

### 지옥과 열반

– 천이두(문학평론가. 전 전북대 · 원광대 교수) –

시인 서정주의 세계를 파악하는 데 있어서 많은 사람들이 그의 처녀 시집 『화사집』의 책머리에 실린 <자화상>을 유력한 단서로 삼고 있다. 『화사집』에서 『동천』에 이르기까지의 서정주의 시 세계를 더듬어 본 필자에게도 <자화상>은 확실히 그의 시 세계를 이해하는 데 있어서 중요한 열쇠가 될 수 있으리라는 생각이 든다.

> 애비는 종이었다. 밤이 깊어도 오지 않았다.
> 파뿌리같이 늙은 할머니와 대추꽃이 한 주 서 있을 뿐이었다.
> 어미는 달을 두고 풋살구가 꼭 하나만 먹고 싶다 하였으나… 흙으로 바람벽 한 호롱불 밑에
> 손톱이 깜한 에미의 아들
> 갑오년이라든가 바다에 나가서는 돌아오지 않는다 하는 外할아버지의 숱많은 머리털과
> 그 크다란 눈이 나는 닮었다 한다.
> 스물세 햇 동안 나를 키운 것 팔할이 바람이다.
> 세상을 가도 가도 부끄럽기만 하드라.
> 어떤 이는 내 눈에서 죄인을 읽고 가고
> 어떤 이는 내 입에서 천치를 읽고 가나
> 나는 아무 것도 뉘우치진 않을란다.

찬란히 틔어오는 어느 아침에도
이마 우에 얹힌 시(詩)의 이슬에는
몇 방울의 피가 언제나 섞여 있어
볕이거나 그늘이거나 혓바닥 늘어뜨린
병든 수캐마냥 헐떡거리며 나는 왔다. – <자화상>

이 <자화상> 가운데서 나에게 특히 어필해 오는 구절은 '나를 키운 건 팔할이 바람이다'라는 대문이다. '바람'이라는 무형상(無形象)의 현상이 8할이라는 수리적(數理的) 개념과 연결되면서 기묘한 자조적(自嘲的) 뉘앙스를 풍겨 주는 이 구절은 식민지시대를 견뎌내지 않으면 안 되었던 서정주의 괴로운 젊음을 잘 반영하고 있는 동시에, 그 뒤의 그 자신의 시의 생애를 아주 잘 예감하고 있었던 듯한 인상마저 주는 것이다. 그의 다섯 권의 시집과 몇 권의 자전적인 기록들을 면밀하게 섭렵해 본 사람이라면, 그 속에 반영되어 있는 서정주 자신의 방황과 좌절과 광기(狂氣)와 빈곤과 죄의식 등의 밑바닥에, 23년 동안 그를 키웠을 뿐 아니라, 그 뒤의 그의 생애를 결정적으로 지배하여 온 그 숙명적인 '바람'이 완강하게 도사리고 있어 왔다는 사실을 누구나 시인하게 될 것이다.

서정주의 생애가 겪어 온 모든 비극성의 근원은 바로 이 '바람'에서 연유된 것이며, 그 비극을 극복하기 위한 그의 피나는 노력의 원동력을 얻게 된 것도, 그리하여 마침내 '바람' 그 자체까지를 잠재우는 데 성공할 수 있게 된 것도 모두 이 '바람'의 힘에서 연유되는 것이다. 마치 익숙한 명두할미가 귀신의 힘을 빌어 도리어 그 귀신을 다스리듯 시인 서정주는 자기 내면의 '바람'에 휘둘리면서, 결국 그 힘으로서 자기 '바람을'을 다스리는 데 성공한 것이다. 메피스토펠레스에 의하여 가혹한 시련을 치르면서도, 결국 그 메피스토펠레스의 협력에 의하여 승천의 계기를 붙잡을 수 있었던 파우스트와 같이, 시인 서정주는 자기 내면의 데먼에 의하여 처절한 고난을 겪어야 했지만, 바로 그 데먼의 힘을 빌어 천사를 만나는 데 성공한 시인이다. 이런 의미에서 나이 23세에 '나를 키운 건 팔할이 바람이다'라 선언한 <자화상>은 여러 가지 의미에서 그의 인간과 문학을 이해하는 데 있어 중요한 기점이 될 수 있으리라는 생각을 갖게 되는 것이다.

그러나 시인의 자화상(自畵像)을 액면 그대로 승인했다가는 엉뚱한 함정에 빠질 위험성이 있다는 사실도 알아야 하겠다. 시인의 자화상에는, 특히 서정주 같은 마력(魔力)을 가진 시인의 자화상에는 선량한 독자를 엉뚱한 미로(迷路)로 끌고 가는 특수한 암시력이 개재하기 마련이다. <자화상>을 가지고 그의 시 세계를 이해하는 유력한 단서로 삼기 위해서는, 적어도 두 가지 점에서 그러한 암시력을 경계해야 한다. '이마 우에 얹힌 시(詩)의 이슬에는/ 몇 방울의 피가 언제나 섞여 있는' 그리고 '볕이거나 그늘이거나 혓바닥 늘어뜨린/ 병든 수캐마냥 헐떡거리며' 살아온 23세의 시인 서정주의 그 암담한 정신 풍경에서, 가령 그보다 30년 뒤의 <동천>에서 보여 주고 있는 투명한 고전적 조화의 세계가 이룩될 수 있는 어떤 맹아(萌芽)를 찾아내려고 어설프게 서두는 따위의 어리석음을 아예 범하지 말아야 한다는 것이 하나이며, 이 작품이 보여 주고 있는 암담한 요절적(夭折的) 전조(前兆)가 아무리 매력적인 것이라 할지라도, 그것으로 미루어 뒷날의 서정주의 인간적 초상을 점쳐 보려는 따위의 도로(徒勞)는 범하지 말아야 한다는 것이 다른 하나이다.

확실히 장수를 누린 범용(凡庸)의 위대성보다는, 애석하게 요절한 천재의 여운에, 보다 짙은 인간적 애정을 느끼게 되는 게, 항용 갖기 쉬운 독자들의 야박한 미신이다. 이런 미신에 사로잡히는 경우 개개의 작품들은 그 요절한 －혹은 요절할 것으로 예감되는－ 천재가 고민하고 방황했던 한낱 환경에 지나지 않게 되며, 따라서 그것들은 그 애석한 천재의 인간적 초상을 재구성하기 위한 데이터에 지나지 않게 된다. <날개>나 <오감도>나 <권태> 등이 왕왕 봉두난발(蓬頭亂髮)의 애석한 비극의 당사자 이상(李箱)의 인간적 초상을 그려내기 위해서만 관심의 대상으로 되었던 사실이나, 보들레르의 숙명적인 오이디푸스 콤플렉스를 해명하기 위해서만 그의 시편들이 징발당했던 사실들은 모두 그 때문이다. 서정주의 <자화상>에 접할 때 특히 그러한 미신에 빠져들고 싶은 유혹을 느낀다. '병든 수캐마냥 헐떡거리며' 살아온 그의 <자화상>에 접할 때－<자화상> 뿐 아니고 『화사집』에 수록된 거의 모든 작품들을 접할 때, 망국(亡國)의 젊은 시인의 고뇌하는 모습이 뚜렷이 부각되어 오는 것을 어찌할 수 없다. 그리고 그 모습이 너무도 음산하고 강렬한 것이어서, 그 속에 서정주의 미래의 운명이 이미 지울 수 없는 짙은 농도로 새겨져 있는 것이나 아닌가 생각될 정도다. 그러나 사실은 정반대다. 30년 뒤의 <동천>에 있어서의 서정주는 언제 그랬었더냐 하는 듯싶게 건강한 고전적 경지에 접어들고 있다. 요컨대 <자화상>만을 가지고 단세포(單細胞)식으로 그의 인간적 초상을 추리할 수도 없고, 역시 단세포적으로 그의 문학적 변모 과정을 추리할 수도 없다는 것이다.

그러나 <자화상>은 23세의 서정주의 자화상이되, 역시 서정주의 모습과 판이한 것이라 할지라도, 아니 판이한 것이기에 더욱 그것은 서정주 다운 방식으로 그려 낸 자화상임에 틀림없다는 생각이 드는 것이다. 이것은 결코 역설이 아니다.

사발에 냉수도
부셔 버리고
빈 그릇만 남겨요
아주 엷은 구름하고도 이별해 버려요.
햇볕에 새 붉은 꽃 피어나지만
이것은 그저 한낱 당신 눈의 그늘일 뿐
두번째가 세번째로 집히는 그늘일 뿐
당신 눈의 작디 작은 그늘일 뿐이어니…….

―<피는 꽃>

가령 시집 『동천』에 수록되어 있는 이 작품 속에서 부각되어지는 서정주의 모습이 <자화상>에서 볼 수 있었던 다급하고 음산하고 병적인 것과는 달리, 여유자적하고 정관적(靜觀的)이고 유현한 것이라 할지라도, 그리고 양자 사이에 하등의 유사성이나 전후의 맥락(脈絡) 같은 것을 찾을 수 없다 할지라도, 그리고 그 양자 사이의 거리는 측정할 수 없을 정도로 엄청난 것이라 할지라도, 그 두 가지 모습은 결국 모두 서정주 자신의 것임에 틀림없다. 다름이 있다면, 전자가 20대의 서정주의 것이라면 후자는 그보다 30년 뒤의 그것이라는 다름이 있을 뿐이요, 전자가 저주받은 청춘의 고뇌를 반영하는 것이라면, 후자는 지칠 줄 모르는 구도자가 터득한 자족(自足)의 자세를 반영하는 것이라는 다름이 있을 뿐이다. 양자 사이의 거리는 극한에서 극한까지의 거리이다. 지상에서 영원에 이르기까지의, 혹은 지옥에서 열반에 이르기까지의 거리이다. 그 속에 서정주의 시적인 전 과정이 포용되고 있는 것으로 필자에게는 생각되는 것이다. 그것은 줄기차고도 격렬한 과정이다. 그것은 가위 한 생애라 불러 마땅할 과정이다. 나는 그러한 격렬하고도 탄력 있는 생애의 과정을 살펴보려는 것이다.

한 시인이 그 나름의 한 생애를 성취하기란 손쉬운 일이 아니다. 우리나라의 경우 더욱 그러하다. 서정주는 그러한 우리 나라에 있어서 한 생애를 이룩한 거의 유일의 시인이다. 발레리는 괴테를 찬양하는 글에서 괴테가 천재로 될 수 있었던 여러 조건들 가운데서도 그의 장수(長壽)를 으뜸으로 꼽은 일이 있다. 거의 1세기에 해당하는, 그것도 인류의 정신사상 가장 중요한 전환의 시기를 살면서, 고대와 근대의 온갖 자양을 여유자적하게 하나로 종합할 수 있었던 야누스[兩面神]괴테의 긴 생애 그 자체가, 그로 하여금 메피스토펠레스에서 파우스트에 이르기까지의 인간의 온갖 개연성을 '하나의' 인간상 속에 형상화할 수 있는 계기를 가져다 주었다는 것이다. 그런 의미에서 생각할 때 서정주 역시 장수의 시인이다. 그러나 그것은 아직도 회갑 미만의 그의 생리적 연령을 두고 하는 말은 물론 아니다. 『화사집』 무렵의 그 뜨겁고 가파르게 잉잉거리던 피와 살의 몸부림이 『신라초』나 『동천』에 이르러, 「만월」과 「황금반지」의 비전을 성취하게 되기까지, 그의 인간과 시는 지칠 줄 모르는 구도(求道)의 탐험을 계속해 왔고, 그리하여 당초에 풍겨 주던 그 요절적 전조를 기적적으로 극복했을 뿐 아니라, 자기 인간과 시로 하여금 영원의 시간과 연결을 지으려는 고된 작업에 들어설 수 있게 하였다는 사실을 두고 하는 말이다. 그렇다. 분명 서정주의 30여 년의 시의 과정은 가위 하나의 생애라 이를 만한 것이다.

자기의 전 과정을 통해서 그 속에 몇몇의 뛰어난 시편을 남긴 시인을 찾기는 그리 어렵지 않으나, 그 개개의 시편들이 그때마다 삶과 시의 뚜렷한 단계를 이룩하면서, 꾸준한 상승(上昇)의 궤적을 쌓아 올린 시인을 찾기는 어렵다. 요절과 중도 유산의 불행한 문학 풍토 속에 있어 우리나라의 경우 더욱 그러하다. 김소월은 젊은 한(恨)의 시인이었으나, 늙은 '시궁소리'(서정주의 <무제>)를 뽑아 보지 못한 채 갔다. 고요한 명상의 시인이었던 한용운은 뜨겁게 잉잉거리는 피와 살의 몸부림을 당초부터 외면한 자리에서 자기 시의 기반을 구축하였다. 청마(靑馬)의 구도(求道)는 준엄한 일관성을 간직하는 것이었으나, 바로 그렇기 때문에 인간적인 방황과 광기가 범접할 틈이 없었다. 송강(松江)이건 고산(孤山)이건 황진이(黃眞伊)건 이런 점에서는 모두 일반이다. 그들은 끝내 젊은 설움의 시인으로 끝났었거나, 한 번도 젊어 보지 못한 채 당초부터 늙었었거나, 둘 중의 하나다. 그들에게서 시를 찾을 수는 있으나, 시의 한 생애를 찾을 수 없다. 이리하여 우리는 갑오경장 이후, 아니 향가(鄕歌)나 <정읍사> 이후, 최초의 한 장수의 시인을 갖게 되었으니, 그가 곧 서정주인 것이다.

앞서 나는 서정주의 생애(그의 인간과 시를 아울러)를 이끌어 온 기본적 추진력은 그의 내면에 회오리쳐 마지 않는 그 숙명적인 '바람'이었다고 말한 바 있다. 그러면 그 바람이란 무엇인가? 그것은 안한(安閑)한 정착을 거부하는 맹목적 지향성(志向性)이 아닌가? 그의 자전적인 기록들이 말해 주고 있듯이 그의 생애는 끊임없는 방랑의 생애였다. 어느 한 고장에, 어느 한 직장에, 혹은 어느 일정한 인간 관계 속에 안착하지를 못하고, 그는 끊임없이 방황하여 왔다. 이러한 방랑성은 그의 시의 생애에 일관하는 성격이기도 하다. 서정주의 많은 시 작품들에서 우리는 지향성을 암시하는 무수한 구절들을 발견하게 된다.

돌팔매를 쏘면서, 쏘면서, 麝香 芳草ㅅ길 저놈의 뒤를 따르는 것은 　　— <花蛇>

걸어가자, 걸어가 보자, 좋게 푸른 하늘 속에 내 피는 익는가. 능금같이 익는가 능금같이 익어서 떨어지는가. —<斷片>

거북이여 느릿느릿 물ㅅ살을 저어
숨 고르게 조용히 갈고 가거라 —<거북이에게>

아, 여기는 대체 몇 萬里냐. 山과 바다의 몇 萬里냐. 팍팍해서 못 가겠는 몇 萬里이냐. —<無題>

피리 불고 가신 님의 밟으신 길은
진달래 꽃비 오는 西域 三萬里 —<歸蜀途>

千年 맺힌 시름을
출렁이는 물살도 없이
고운 강물이 흐르듯
鶴이 날은다. —<鶴>

바람이 波濤를 밀어 올리듯이
그렇게 나를 밀어 올려다오. —<鞦韆詞>

기러기 앞서서 떠나야 할
섧게도 빛나는 외로운 雁行 —<가을에>

간대도 간대도
四方 金色界라든가 뭐라든가
그런 데로밖에 쏠릴 길조차 없으니 —<두 香나무 사이>

가도 가도 안 끝나는 머나먼 旅行
뭉클리어 밀리는 머나먼 旅行 —<旅愁>

동지섣달 날으는 매서운 새가
그걸 알고 시늉하며 비끼어 가네 —<동천>

그의 꿈을 고이는
그의 벼갯모의 금실의 테두리 안으로 돌아오기 위해
나는 또 한 이별을 갖는다. —<님은 주무시고>

山茱萸꽃 떨어져 시드시어서
구름으로 날아가 또 앉아 쉬다
프리즘의 무지개를 타고 오르면
구름 없는 하늘에서 다시 살아요. —<내 그대를 사랑하는 마음은>

이러한 지향성, 끊임없이 어느 미지의 곳으로 떠나려는 지향성은 어쩌면 서정주의 거의 모든 시에 있어서의 결정적 모티프가 되고 있다 해도 과언이 아니다. 그것이 설사 어떤 현세적인 표적을 좇아 내닫는 짐승스런 맹목의 추적(追跡)이건, 전라도 고향에서 만주 땅까지의 물리적 이동이건, 임 두고 만리길 정처 없이 떠나는 애절한 보행(步行)이건, 탕아의 귀소(歸巢)와도 같은 일상성에의 회귀(回歸)이건, 혹은 모란에서 소나기나 구름까지의, 눈썹에서 만월까지의 상징적 변용이건, 아니면 이승에서 저승까지의 순환이건, 이러한 끊임없는 지향성 속에서 그의 시의 생애는 엮어져 온 것이다.

『화사집』에서 『동천』까지의 긴 여로(旅路), 그것은 서정주의 '바람'에서 연유되는 그것이었다. 유럽의 전통적인 바람둥이 돈환의 그 끊임없는 바람기 속에서 영원의 여인상을 찾아 마지않는 한 준엄한 탐험가의 모습을 부착시키고자 한 사람이 있었던 것으로 알고 있거니와, 서정주의 내면에 회오리치는 '바람'(지향성)이 지칠 줄 모르는 구도의 정신에서 연유되는 것임은 말할 나위도 없다. 필자는 흥미의 초점은 시인 서정주의 생애가 아니라, 구도적(求道的)인 그의 시의 생애를 더듬어 보려는 데 있다. 이러한 노력은 물론 서정주의 시 세계를 바르게 이해하기 위해서지만, 동시에 그에 의하여 탁월한 샘플이 성취된 한국의 현대시의 위상(位相)을 바르게 파악하기 위해서이기도 하다.

여러분은 준비한 노트에 윗글에 대한 요약문을 쓰시오.

### (5) 희곡

희곡은 무대 상연을 전제로 쓰인 연극의 대본을 말한다. 물론 희곡 가운데는 '읽기 위한 희곡'도 있기는 하다. 그러나 그것은 예외이다. 대부분의 희곡은 연극 대본으로서 그 존재 의의를 갖는다. 희곡의 삶의 자리는 상연될 연극의 준비된 대본에 위치한다.

소설이 사건을 이야기로 서술하는 것이라면, 희곡은 사건을 '행동'으로 서술하는 것이다. 희곡은 우리가 말하고 행동하는 모습과 같은 형태로 전개되기 마련이다. 희곡을 어떻게 쓰는가를 알 수 있는 가장 기초적인 방법은 실감나는 삶의 현장을 녹화하거나 녹음하여 문자 언어 형태로 바꾸어 놓은 것이다. 이때 가장 중요한 문제는 문자 언어라는 제약 수단으로 사람들이 살아 움직이는 모습을 효과적으로 표현해 내기 어렵다는 점이다. 이 문제를 해결하기 위해서 희곡의 온갖 기법들－해설, 지문, 대사 등－이 필요하다.

희곡은 표면적으로는 해설, 지문, 대사 등으로, 내면적으로는 사건, 등장인물, 배경, 구성/구조 등으로 이루어지나, 무대라고 하는 제약이 가해지는 문학 양식이다. 무대적 제약은 공연을 전제로 한 예술이기 때문에 필연적으로 생기는 제약이다. 이것을 희곡의 '이중성'이라 한다. 희곡은 배경의 시간적 공간적 제약이 가장 큰 문학 장르인데, 이 점은 영화 대본인 시나리오보다도 더 제약적이다. 대체로 희곡 창작은 다음의 과정을 거친다.

① 행동 양식으로 기술하고 싶은 사건이 얻어지면, 그것을 중심으로 풍부한 자료를 모은다.
② 그것을 어떻게 주제화할 것인가를 정한다.
③ 어떤 순서와 길이로 행동을 짜야 공연에 효과적일까를 생각한다. 즉, 연극적 구성/개요－대사, 지문, 해설의 기법만으로 된 개요－를 치밀하게 짠다. 이때 등장인물의 수, 성격과 행동의 동기, 구체적인 행동과 대사, 인물들 간의 갈등 관계, 장과 장 그리고 막과 막 사이의 비율, 템포 등이 치밀하게 계획되어야 한다.
④ 구성 계획에 따라 사건을 기술한다. 인물의 행동은 대사, 지문, 해설 이외의 방법으로 기술해서는 안 된다. 이것이 초고의 완성이다.
⑤ 일단 완성된 초고를 연극 제작자에게 넘기거나 실제로 공연적 검토－배역을 정하고 배경을 만들어 그 작품을 상연하여 퇴고하는 검토－를 하여 공연의 적합 정도를 가늠하여 최종적으로 수정하고 원고를 마무리한다.[46]

희곡 창작 방법은 매우 전문성이 요구된다. 만약 희곡이나 시나리오를 쓰려면 전문 서적을 참고해야 한다.

46) 상게서, pp. 95～96.

# 부록

## 한글 맞춤법

부록 :::

# 한글 맞춤법

## 제1장 총칙

제1항 한글 맞춤법은 표준어를 소리대로 적되, 어법에 맞도록 함을 원칙으로 한다.
제2항 문장의 각 단어는 띄어 씀을 원칙으로 한다.
제3항 외래어는 '외래어 표기법'에 따라 적는다.

## 제2장 자모

제4항 한글 자모의 수는 스물넉 자로 하고, 그 순서와 이름은 다음과 같이 정한다.

ㄱ(기역) ㄴ(니은) ㄷ(디귿) ㄹ(리을) ㅁ(미음) ㅂ(비읍) ㅅ(시옷)
ㅇ(이응) ㅈ(지읒) ㅊ(치읓) ㅋ(키읔) ㅌ(티읕) ㅍ(피읖) ㅎ(히읗)
ㅏ(아) ㅑ(야) ㅓ(어) ㅕ(여) ㅗ(오) ㅛ(요) ㅜ(우)
ㅠ(유) ㅡ(으) ㅣ(이)

[붙임 1] 위의 자모로써 적을 수 없는 소리는 두 개 이상의 자모를 어울러서 적되, 그 순서와 이름은 다음과 같이 정한다.

ㄲ(쌍기역) ㄸ(쌍디귿) ㅃ(쌍비읍) ㅆ(쌍시옷) ㅉ(쌍지읒)
ㅐ(애) ㅒ(얘) ㅔ(에) ㅖ(예) ㅘ(와)
ㅙ(왜) ㅚ(외) ㅝ(워) ㅞ(웨) ㅟ(위)
ㅢ(의)

[붙임 2] 사전에 올릴 적의 자모 순서는 다음과 같이 정한다.

자음 ㄱ ㄲ ㄴ ㄷ ㄸ ㄹ ㅁ ㅂ ㅃ ㅅ ㅆ ㅇ ㅈ ㅉ ㅊ ㅋ ㅌ ㅍ ㅎ
모음 ㅏ ㅐ ㅑ ㅒ ㅓ ㅔ ㅕ ㅖ ㅗ ㅘ ㅙ ㅚ ㅛ ㅜ ㅝ ㅞ ㅟ ㅠ ㅡ ㅢ ㅣ

## 제3장 소리에 관한 것

### 제1절 된소리

제5항 한 단어 안에서 뚜렷한 까닭 없이 나는 된소리는 다음 음절의 첫소리를 된소리로 적는다.

1. 두 모음 사이에서 나는 된소리

소쩍새 어깨 오빠 으뜸 아끼다
기쁘다 깨끗하다 어떠하다 해쓱하다 가끔
거꾸로 부썩 어찌 이따금

2. 'ㄴ, ㄹ, ㅁ, ㅇ' 받침 뒤에서 나는 된소리

산뜻하다　잔뜩　살짝　훨씬　담뿍
움찔　몽땅　엉뚱하다

다만, 'ㄱ, ㅂ' 받침 뒤에서 나는 된소리는 같은 음절이나 비슷한 음절이 겹쳐 나는 경우가 아니면 된소리로 적지 아니한다.

국수　깍두기　딱지　색시　싹둑(-싹둑)
법석　갑자기　몹시

## 제2절 구개음화

**제6항** 'ㄷ, ㅌ' 받침 뒤에 종속적 관계를 가진 '-이(-)'나 '-히-'가 올 적에는 그 'ㄷ, ㅌ'이 'ㅈ, ㅊ'으로 소리나더라도 'ㄷ, ㅌ'으로 적는다(ㄱ을 취하고, ㄴ을 버림).

| ㄱ | ㄴ | ㄱ | ㄴ |
|---|---|---|---|
| 맏이 | 마지 | 핥이다 | 할치다 |
| 해돋이 | 해도지 | 걷히다 | 거치다 |
| 굳이 | 구지 | 닫히다 | 다치다 |
| 같이 | 가치 | 묻히다 | 무치다 |
| 끝이 | 끄치 | | |

## 제3절 'ㄷ' 소리 받침

**제7항** 'ㄷ' 소리로 나는 받침 중에서 'ㄷ'으로 적을 근거가 없는 것은 'ㅅ'으로 적는다.

덧저고리　돗자리　엇셈　웃어른　핫옷
무릇　사뭇　얼핏　자칫하면　뭇(衆)
옛　첫　헛

## 제4절 모음

**제8항** '계, 례, 몌, 폐, 혜'의 'ㅖ'는 'ㅔ'로 소리나는 경우가 있더라도 'ㅖ'로 적는다(ㄱ을 취하고, ㄴ을 버림).

| ㄱ | ㄴ | ㄱ | ㄴ |
|---|---|---|---|
| 계수(桂樹) | 게수 | 혜택(惠澤) | 헤택 |
| 사례(謝禮) | 사레 | 계집 | 게집 |
| 연몌(連袂) | 연메 | 핑계 | 핑게 |
| 폐품(廢品) | 페품 | 계시다 | 게시다 |

다만, 다음 말은 본음대로 적는다.

게송(偈頌)　게시판(揭示板)　휴게실(休憩室)

**제9항** '의'나, 자음을 첫소리로 가지고 있는 음절의 'ㅢ'는 'ㅣ'로 소리나는 경우가 있더라도 'ㅢ'로 적는다(ㄱ을 취하고, ㄴ을 버림).

| ㄱ | ㄴ | ㄱ | ㄴ |
|---|---|---|---|
| 의의(意義) | 의이 | 닁큼 | 닝큼 |
| 본의(本義) | 본이 | 띄어쓰기 | 띠어쓰기 |
| 무늬(紋) | 무니 | 씌어 | 씨어 |
| 보늬 | 보니 | 틔어 | 티어 |
| 오늬 | 오니 | 희망(希望) | 히망 |
| 하늬바람 | 하니바람 | 희다 | 히다 |
| 늴리리 | 닐리리 | 유희(遊戱) | 유히 |

## 제5절 두음법칙

**제10항** 한자음 '녀, 뇨, 뉴, 니'가 단어 첫머리에 올 적에는 두음 법칙에 따라 '여, 요, 유, 이'로 적는다(ㄱ을 취하고, ㄴ을 버림).

| ㄱ | ㄴ | ㄱ | ㄴ |
|---|---|---|---|
| 여자(女子) | 녀자 | 유대(紐帶) | 뉴대 |
| 연세(年歲) | 년세 | 이토(泥土) | 니토 |
| 요소(尿素) | 뇨소 | 익명(匿名) | 닉명 |

다만, 다음과 같은 의존 명사에서는 '냐, 녀' 음을 인정한다.

냥(兩) 냥쭝(兩－) 년(年)(몇 년)

[붙임 1] 단어의 첫머리 이외의 경우에는 본음대로 적는다.

남녀(男女) 당뇨(糖尿) 결뉴(結紐) 은닉(隱匿)

[붙임 2] 접두사처럼 쓰이는 한자가 붙어서 된 말이나 합성어에서 뒷말의 첫소리가 'ㄴ' 소리로 나더라도 두음 법칙에 따라 적는다.

신여성(新女性) 공염불(空念佛) 남존여비(男尊女卑)

[붙임 3] 둘 이상의 단어로 이루어진 고유 명사를 붙여 쓰는 경우에도 [붙임 2]에 준하여 적는다.

한국여자대학 대한요소비료회사

**제11항** 한자음 '랴, 려, 례, 료, 류, 리'가 단어의 첫머리에 올 적에는 두음 법칙에 따라 '야, 여, 예, 요, 유, 이'로 적는다(ㄱ을 취하고, ㄴ을 버림).

| ㄱ | ㄴ | ㄱ | ㄴ |
|---|---|---|---|
| 양심(良心) | 량심 | 용궁(龍宮) | 룡궁 |
| 역사(歷史) | 력사 | 유행(流行) | 류행 |
| 예의(禮儀) | 례의 | 이발(理髮) | 리발 |

다만, 다음과 같은 의존 명사는 본음대로 적는다.

리(里) : 몇 리냐?

리(理) : 그럴 리가 없다.

[붙임 1] 단어의 첫머리 이외의 경우에는 본음대로 적는다.

개량(改良)　　선량(善良)　　수력(水力)　　협력(協力)
사례(謝禮)　　혼례(婚禮)　　와룡(臥龍)　　쌍룡(雙龍)
하류(下流)　　급류(急流)　　도리(道理)　　진리(眞理)

다만, 모음이나 'ㄴ' 받침 뒤에 이어지는 '렬, 률'은 '열, 율'로 적는다(ㄱ을 취하고, ㄴ을 버림).

| ㄱ | ㄴ | ㄱ | ㄴ |
|---|---|---|---|
| 나열(羅列) | 나렬 | 분열(分裂) | 분렬 |
| 치열(齒列) | 치렬 | 선열(先烈) | 선렬 |
| 비열(卑劣) | 비렬 | 진열(陳列) | 진렬 |
| 규율(規律) | 규률 | 선율(旋律) | 선률 |
| 비율(比率) | 비률 | 전율(戰慄) | 전률 |
| 실패율(失敗率) | 실패률 | 백분율(百分率) | 백분률 |

[붙임 2] 외자로 된 이름을 성에 붙여 쓸 경우에도 본음대로 적을 수 있다.

신립(申砬)　　최린(崔麟)　　채륜(蔡倫)　　하륜(河崙)

[붙임 3] 준말에서 본음으로 소리나는 것은 본음대로 적는다.

국련(국제연합)　　대한교련(대한교육연합회)

[붙임 4] 접두사처럼 쓰이는 한자가 붙어서 된 말이나 합성어에서 뒷말의 첫소리가 'ㄴ' 또는 'ㄹ' 소리로 나더라도 두음 법칙에 따라 적는다.

역이용(逆利用)　　연이율(年利率)
열역학(熱力學)　　해외여행(海外旅行)

[붙임 5] 둘 이상의 단어로 이루어진 고유 명사를 붙여 쓰는 경우나 십진법에 따라 쓰는 수(數)도 [붙임 4]에 준하여 적는다.

서울여관　　신흥이발관　　육천육백육십육(六千六百六十六)

제12항 한자음 '라, 래, 로, 뢰, 루, 르'가 단어의 첫머리에 올 적에는 두음 법칙에 따라 '나, 내, 노, 뇌, 누, 느'로 적는다(ㄱ을 취하고, ㄴ을 버림).

| ㄱ | ㄴ | ㄱ | ㄴ |
|---|---|---|---|
| 낙원(樂園) | 락원 | 뇌성(雷聲) | 뢰성 |
| 내일(來日) | 래일 | 누각(樓閣) | 루각 |
| 노인(老人) | 로인 | 능묘(陵墓) | 릉묘 |

[붙임 1] 단어의 첫머리 이외의 경우에는 본음대로 적는다.

쾌락(快樂)　　극락(極樂)　　거래(去來)　　왕래(往來)
부로(父老)　　연로(年老)　　지뢰(地雷)　　낙뢰(落雷)
고루(高樓)　　광한루(廣寒樓)　　가정란(家庭欄)　　동구릉(東九陵)

[붙임 2] 접두사처럼 쓰이는 한자가 붙어서 된 단어는 뒷말을 두음 법칙에 따라 적는다.

내내월(來來月)　　상노인(上老人)
중노동(重勞動)　　비논리적(非論理的)

### 제6절 겹쳐 나는 소리

제13항 한 단어 안에서 같은 음절이나 비슷한 음절이 겹쳐 나는 부분은 같은 글자로 적는다(ㄱ을 취하고, ㄴ을 버림).

| ㄱ | ㄴ | ㄱ | ㄴ |
|---|---|---|---|
| 딱딱 | 딱닥 | 꼿꼿하다 | 꼿곳하다 |
| 쌕쌕 | 쌕색 | 놀놀하다 | 놀롤하다 |
| 씩씩 | 씩식 | 눅눅하다 | 능눅하다 |
| 똑딱똑딱 | 똑닥똑닥 | 밋밋하다 | 민밋하다 |
| 연연불망(戀戀不忘) | 연련불망 | 싹싹하다 | 싹삭하다 |
| 유유상종(類類相從) | 유류상종 | 씁쓸하다 | 씁슬하다 |
| 누누이(屢屢-) | 누루이 | 짭짤하다 | 짭잘하다 |

## 제4장 형태에 관한 것

### 제1절 체언과 조사

제14항 체언은 조사와 구별하여 적는다.

| | | | | |
|---|---|---|---|---|
| 떡이 | 떡을 | 떡에 | 떡도 | 떡만 |
| 손이 | 손을 | 손에 | 손도 | 손만 |
| 팔이 | 팔을 | 팔에 | 팔도 | 팔만 |
| 밤이 | 밤을 | 밤에 | 밤도 | 밤만 |
| 집이 | 집을 | 집에 | 집도 | 집만 |
| 옷이 | 옷을 | 옷에 | 옷도 | 옷만 |
| 콩이 | 콩을 | 콩에 | 콩도 | 콩만 |
| 낮이 | 낮을 | 낮에 | 낮도 | 낮만 |
| 꽃이 | 꽃을 | 꽃에 | 꽃도 | 꽃만 |
| 밭이 | 밭을 | 밭에 | 밭도 | 밭만 |
| 앞이 | 앞을 | 앞에 | 앞도 | 앞만 |
| 밖이 | 밖을 | 밖에 | 밖도 | 밖만 |
| 넋이 | 넋을 | 넋에 | 넋도 | 넋만 |
| 흙이 | 흙을 | 흙에 | 흙도 | 흙만 |
| 삶이 | 삶을 | 삶에 | 삶도 | 삶만 |
| 여덟이 | 여덟을 | 여덟에 | 여덟도 | 여덟만 |
| 곬이 | 곬을 | 곬에 | 곬도 | 곬만 |
| 값이 | 값을 | 값에 | 값도 | 값만 |

## 제2절 어간과 어미

**제15항** 용언의 어간과 어미는 구별하여 적는다.

| | | | |
|---|---|---|---|
| 먹다 | 먹고 | 먹어 | 먹으니 |
| 신다 | 신고 | 신어 | 신으니 |
| 믿다 | 믿고 | 믿어 | 믿으니 |
| 울다 | 울고 | 울어 | (우니) |
| 넘다 | 넘고 | 넘어 | 넘으니 |
| 입다 | 입고 | 입어 | 입으니 |
| 웃다 | 웃고 | 웃어 | 웃으니 |
| 찾다 | 찾고 | 찾아 | 찾으니 |
| 좇다 | 좇고 | 좇아 | 좇으니 |
| 같다 | 같고 | 같아 | 같으니 |
| 높다 | 높고 | 높아 | 높으니 |
| 좋다 | 좋고 | 좋아 | 좋으니 |
| 깎다 | 깎고 | 깎아 | 깎으니 |
| 앉다 | 앉고 | 앉아 | 앉으니 |
| 많다 | 많고 | 많아 | 많으니 |
| 늙다 | 늙고 | 늙어 | 늙으니 |
| 젊다 | 젊고 | 젊어 | 젊으니 |
| 넓다 | 넓고 | 넓어 | 넓으니 |
| 훑다 | 훑고 | 훑어 | 훑으니 |
| 읊다 | 읊고 | 읊어 | 읊으니 |
| 옳다 | 옳고 | 옳아 | 옳으니 |
| 없다 | 없고 | 없어 | 없으니 |
| 있다 | 있고 | 있어 | 있으니 |

[붙임 1] 두 개의 용언이 어울려 한 개의 용언이 될 적에, 앞말의 본뜻이 유지되고 있는 것은 그 원형을 밝히어 적고, 그 본뜻에서 멀어진 것은 밝히어 적지 아니한다.

(1) 앞말의 본뜻이 유지되고 있는 것

| | | | |
|---|---|---|---|
| 넘어지다 | 늘어나다 | 늘어지다 | 돌아가다 |
| 되짚어가다 | 들어가다 | 떨어지다 | 벌어지다 |
| 엎어지다 | 접어들다 | 틀어지다 | 흩어지다 |

(2) 본뜻에서 멀어진 것

드러나다　　사라지다　　쓰러지다

[붙임 2] 종결형에서 사용되는 어미 '-오'는 '요'로 소리나는 경우가 있더라도 그 원형을 밝혀 '오'로 적는다(ㄱ을 취하고, ㄴ을 버림).

| ㄱ | ㄴ |
|---|---|
| 이것은 책이오. | 이것은 책이요. |

| | |
|---|---|
| 이리로 오시오. | 이리로 오시요. |
| 이것은 책이 아니오. | 이것은 책이 아니요. |

[붙임 3] 연결형에서 사용되는 '이요'는 '이요'로 적는다(ㄱ을 취하고, ㄴ을 버림).

| ㄱ | ㄴ |
|---|---|
| 이것은 책이요, 저것은 붓이요,<br>또 저것은 먹이다. | 이것은 책이오, 저것은 붓이오,<br>또 저것은 먹이다. |

**제16항** 어간의 끝음절 모음이 'ㅏ, ㅗ'일 적에는 어미를 '－아'로 적고, 그 밖의 모음일 적에는 '－어'로 적는다.

1. '－아'로 적는 경우

| | | |
|---|---|---|
| 나아 | 나아도 | 나아서 |
| 막아 | 막아도 | 막아서 |
| 얇아 | 얇아도 | 얇아서 |
| 돌아 | 돌아도 | 돌아서 |
| 보아 | 보아도 | 보아서 |

2. '－어'로 적는 경우

| | | |
|---|---|---|
| 개어 | 개어도 | 개어서 |
| 겪어 | 겪어도 | 겪어서 |
| 되어 | 되어도 | 되어서 |
| 베어 | 베어도 | 베어서 |
| 쉬어 | 쉬어도 | 쉬어서 |
| 저어 | 저어도 | 저어서 |
| 주어 | 주어도 | 주어서 |
| 피어 | 피어도 | 피어서 |
| 희어 | 희어도 | 희어서 |

**제17항** 어미 뒤에 덧붙는 조사 '－요'는 '－요'로 적는다.

| | |
|---|---|
| 읽어 | 읽어요 |
| 참으리 | 참으리요 |
| 좋지 | 좋지요 |

**제18항** 다음과 같은 용언들은 어미가 바뀔 경우, 그 어간이나 어미가 원칙에 벗어나면 벗어나는 대로 적는다.

1. 어간의 끝 'ㄹ'이 줄어질 적

| | | | | | |
|---|---|---|---|---|---|
| 갈다 : | 가니 | 간 | 갑니다 | 가시다 | 가오 |
| 놀다 : | 노니 | 논 | 놉니다 | 노시다 | 노오 |
| 불다 : | 부니 | 분 | 붑니다 | 부시다 | 부오 |
| 둥글다 : | 둥그니 | 둥근 | 둥급니다 | 둥그시다 | 둥그오 |
| 어질다 : | 어지니 | 어진 | 어집니다 | 어지시다 | 어지오 |

[붙임] 다음과 같은 말에서도 'ㄹ'이 준 대로 적는다.

마지못하다　　마지않다　　(하)다마다　　(하)자마자

(하)지 마라　　(하)지 마(아)

2. 어간의 끝 'ㅅ'이 줄어질 적

긋다 : 그어　　그으니　　그었다

낫다 : 나아　　나으니　　나았다

잇다 : 이어　　이으니　　이었다

짓다 : 지어　　지으니　　지었다

3. 어간의 끝 'ㅎ'이 줄어질 적

그렇다 : 그러니　　그럴　　그러면　　그럽니다　　그러오

까맣다 : 까마니　　까말　　까마면　　까맙니다　　까마오

동그랗다 : 동그라니　　동그랄　　동그라면　　동그랍니다　　동그라오

퍼렇다 : 퍼러니　　퍼럴　　퍼러면　　퍼럽니다　　퍼러오

하얗다 : 하야니　　하얄　　하야면　　하얍니다　　하야오

4. 어간의 끝 'ㅜ, ㅡ'가 줄어질 적

푸다 : 퍼　　펐다　　뜨다 : 떠 떴다

끄다 : 꺼　　껐다　　크다 : 커 컸다

담그다 : 담가　　담갔다　　고프다 : 고파　　고팠다

따르다 : 따라　　따랐다　　바쁘다 : 바빠　　바빴다

5. 어간의 끝 'ㄷ'이 'ㄹ'로 바뀔 적

걷다[步] : 걸어　　걸으니　　걸었다

듣다[聽] : 들어　　들으니　　들었다

묻다[問] : 물어　　물으니　　물었다

싣다[載] : 실어　　실으니　　실었다

6. 어간의 끝 'ㅂ'이 'ㅜ'로 바뀔 적

깁다 : 기워　　기우니　　기웠다

굽다[炙] : 구워　　구우니　　구웠다

가깝다 : 가까워　　가까우니　　가까웠다

괴롭다 : 괴로워　　괴로우니　　괴로웠다

맵다 : 매워　　매우니　　매웠다

무겁다 : 무거워　　무거우니　　무거웠다

밉다 : 미워　　미우니　　미웠다

쉽다 : 쉬워　　쉬우니　　쉬웠다

다만 '돕-, 곱-'과 같은 단음절 어간에 어미 '-아'가 결합되어 '와'로 소리나는 것은 '-와'로 적는다.

돕다[助] : 도와　　도와서　　도와도　　도왔다

곱다[麗] : 고와　　고와서　　고와도　　고왔다

7. '하다'의 활용에서 어미 '-아'가 '-여'로 바뀔 적

하다 : 하여 하여서 하여도 하여라 하였다

8. 어간의 끝음절 '르' 뒤에 오는 어미 '-어'가 '-러'로 바뀔 적

이르다[至] : 이르러 이르렀다 누르다 : 누르러 누르렀다
노르다 : 노르러 노르렀다 푸르다 : 푸르러 푸르렀다

9. 어간의 끝음절 '르'의 'ㅡ'가 줄고, 그 뒤에 오는 어미 '-아/-어'가 '-라/-러'로 바뀔 적

가르다 : 갈라 갈랐다 부르다 : 불러 불렀다
거르다 : 걸러 걸렀다 오르다 : 올라 올랐다
구르다 : 굴러 굴렀다 이르다 : 일러 일렀다
벼르다 : 별러 별렀다 지르다 : 질러 질렀다

## 제3절 접미사가 붙어서 된 말

제19항 어간에 '-이'나 '-음/-ㅁ'이 붙어서 명사로 된 것과 '-이'나 '-히'가 붙어서 부사로 된 것은 그 어간의 원형을 밝히어 적는다.

1. '-이'가 붙어서 명사로 된 것

길이 깊이 높이 다듬이 땀받이
달맞이 먹이 미닫이 벌이 벼훑이
살림살이 쇠붙이

2. '-음/-ㅁ'이 붙어서 명사로 된 것

걸음 묶음 믿음 얼음 엮음
울음 웃음 졸음 죽음 앎
만듦

3. '-이'가 붙어서 부사로 된 것

같이 굳이 길이 높이 많이
실없이 좋이 짓궂이

4. '-히'가 붙어서 부사로 된 것

밝히 익히 작히

다만, 어간에 '-이'나 '-음'이 붙어서 명사로 바뀐 것이라도 그 어간의 뜻과 멀어진 것은 원형을 밝히어 적지 아니한다.

굽도리 다리[髢] 목거리(목병) 무녀리
코끼리 거름(비료) 고름[膿] 노름(도박)

[붙임] 어간에 '-이'나 '-음' 이외의 모음으로 시작된 접미사가 붙어서 다른 품사로 바뀐 것은 그 어간의 원형을 밝히어 적지 아니한다.

(1) 명사로 바뀐 것

귀머거리 까마귀 너머 뜨더귀 마감
마개 마중 무덤 비렁뱅이 쓰레기

올가미 주검

(2) 부사로 바뀐 것

거뭇거뭇 너무 도로 뜨덤뜨덤 바투
불긋불긋 비로소 오긋오긋 자주 차마

(3) 조사로 바뀌어 뜻이 달라진 것

나마 부터 조차

**제20항** 명사 뒤에 '－이'가 붙어서 된 말은 그 명사의 원형을 밝히어 적는다.

1. 부사로 된 것

곳곳이 낱낱이 몫몫이 샅샅이
앞앞이 집집이

2. 명사로 된 것

곰배팔이 바둑이 삼발이 애꾸눈이
육손이 절뚝발이/절름발이

[붙임] '－이' 이외의 모음으로 시작된 접미사가 붙어서 된 말은 그 명사의 원형을 밝히어 적지 아니한다.

꼬락서니 끄트머리 모가치 바가지
바깥 사타구니 싸라기 이파리
지붕 지푸라기 짜개

**제21항** 명사나 혹은 용언의 어간 뒤에 자음으로 시작된 접미사가 붙어서 된 말은 그 명사나 어간의 원형을 밝히어 적는다.

1. 명사 뒤에 자음으로 시작된 접미사가 붙어서 된 것

값지다 홑지다 넋두리 빛깔
옆댕이 잎사귀

2. 어간 뒤에 자음으로 시작된 접미사가 붙어서 된 것

낚시 늙정이 덮개 뜯게질
갉작갉작하다 갉작거리다 뜯적거리다 뜯적뜯적하다
굵다랗다 굵직하다 깊숙하다 넓적하다
높다랗다 늙수그레하다 얽죽얽죽하다

다만, 다음과 같은 말은 소리대로 적는다.

(1) 겹받침의 끝소리가 드러나지 아니하는 것

할짝거리다 널따랗다 널찍하다 말끔하다
말쑥하다 말짱하다 실쭉하다 실큼하다
얄따랗다 얄팍하다 짤따랗다 짤막하다
실컷

(2) 어원이 분명하지 아니하거나 본뜻에서 멀어진 것

넙치 올무 골막하다 납작하다

제22항 용언의 어간에 다음과 같은 접미사들이 붙어서 이루어진 말들은 그 어간을 밝히어 적는다.

1. '－기－, －리－, －이－, －히－, －구－, －우－, －추－, －으키－, －이키－, －애－'가 붙는 것

| | | | |
|---|---|---|---|
| 맡기다 | 옮기다 | 웃기다 | 쫓기다 |
| 뚫리다 | 울리다 | 낚이다 | 쌓이다 |
| 핥이다 | 굳히다 | 굽히다 | 넓히다 |
| 앉히다 | 얽히다 | 잡히다 | 돋구다 |
| 솟구다 | 돋우다 | 갖추다 | 곧추다 |
| 맞추다 | 일으키다 | 돌이키다 | 없애다 |

다만, '－이－, －히－, －우－'가 붙어서 된 말이라도 본뜻에서 멀어진 것은 소리대로 적는다.

| | | |
|---|---|---|
| 도리다(칼로 －) | 드리다(용돈을 －) | 고치다 |
| 바치다(세금을 －) | 부치다(편지를 －) | 거두다 |
| 미루다 | | 이루다 |

2. '－치－, －뜨리－/－트리－'가 붙는 것

| | | | |
|---|---|---|---|
| 놓치다 | 덮치다 | 떠받치다 | 받치다 |
| 밭치다 | 부딪치다 | 뻗치다 | 엎치다 |
| 부딪뜨리다/부딪트리다 | | 쏟뜨리다/쏟트리다 | |
| 젖뜨리다/젖트리다 | | 찢뜨리다/찢트리다 | |
| 흩뜨리다/흩트리다 | | | |

[붙임] '－업－, －읍－, －브－'가 붙어서 된 말은 소리대로 적는다.

| | | |
|---|---|---|
| 미덥다 | 우습다 | 미쁘다 |

제23항 '－하다'나 '－거리다'가 붙는 어근에 '－이'가 붙어서 명사가 된 것은 그 원형을 밝히어 적는다(ㄱ을 취하고, ㄴ을 버림).

| ㄱ | ㄴ | ㄱ | ㄴ |
|---|---|---|---|
| 깔쭉이 | 깔쭈기 | 살살이 | 살사리 |
| 꿀꿀이 | 꿀꾸리 | 쌕쌕이 | 쌕쌔기 |
| 눈깜짝이 | 눈깜짜기 | 오뚝이 | 오뚜기 |
| 더펄이 | 더퍼리 | 코납작이 | 코납자기 |
| 배불뚝이 | 배불뚜기 | 푸석이 | 푸서기 |
| 삐죽이 | 삐주기 | 홀쭉이 | 홀쭈기 |

[붙임] '－하다'나 '－거리다'가 붙을 수 없는 어근에 '－이'나 또는 다른 모음으로 시작되는 접미사가 붙어서 명사가 된 것은 그 원형을 밝히어 적지 아니한다.

| | | | |
|---|---|---|---|
| 개구리 | 귀뚜라미 | 기러기 | 깍두기 |
| 꽹과리 | 날라리 | 누더기 | 동그라미 |

두드러기　　딱따구리　　매미　　부스러기
뻐꾸기　　얼루기　　칼싹두기

제24항 '－거리다'가 붙을 수 있는 시늉말 어근에 '－이다'가 붙어서 된 용언은 그 어근을 밝히어 적는다(ㄱ을 취하고, ㄴ을 버림).

| ㄱ | ㄴ | ㄱ | ㄴ |
|---|---|---|---|
| 깜짝이다 | 깜짜기다 | 속삭이다 | 속사기다 |
| 꾸벅이다 | 꾸버기다 | 숙덕이다 | 숙더기다 |
| 끄덕이다 | 끄더기다 | 울먹이다 | 울머기다 |
| 뒤척이다 | 뒤처기다 | 움직이다 | 움지기다 |
| 들먹이다 | 들머기다 | 지껄이다 | 지꺼리다 |
| 망설이다 | 망서리다 | 퍼덕이다 | 퍼더기다 |
| 번득이다 | 번드기다 | 허덕이다 | 허더기다 |
| 번쩍이다 | 번쩌기다 | 헐떡이다 | 헐떠기다 |

제25항 '－하다'가 붙는 어근에 '－히'나 '－이'가 붙어서 부사가 되거나, 부사에 '－이'가 붙어서 뜻을 더하는 경우에는 그 어근이나 부사의 원형을 밝히어 적는다.

1. '－하다'가 붙는 어근에 '－히'나 '－이'가 붙는 경우

   급히　　꾸준히　　도저히　　딱히　　어렴풋이　　깨끗이

[붙임] '－하다'가 붙지 않는 경우에는 소리대로 적는다.

   갑자기　　반드시(꼭)　　슬며시

2. 부사에 '－이'가 붙어서 역시 부사가 되는 경우

   곰곰이　　더욱이　　생긋이　　오뚝이　　일찍이　　해죽이

제26항 '－하다'나 '－없다'가 붙어서 된 용언은 그 '－하다'나 '－없다'를 밝히어 적는다.

1. '－하다'가 붙어서 용언이 된 것

   딱하다　　숱하다　　착하다　　텁텁하다　　푹하다

2. '－없다'가 붙어서 용언이 된 것

   부질없다　　상없다　　시름없다　　열없다　　하염없다

## 제4절 합성어 및 접두사가 붙은 말

제27항 둘 이상의 단어가 어울리거나 접두사가 붙어서 이루어진 말은 각각 그 원형을 밝히어 적는다.

   국말이　　꺾꽂이　　꽃잎　　끝장　　물난리
   밑천　　부엌일　　싫증　　옷안　　웃옷
   젖몸살　　첫아들　　칼날　　팥알　　헛웃음
   홀아비　　홑몸　　흙내
   값없다　　겉늙다　　굶주리다　　낮잡다　　맞먹다

| | | | | |
|---|---|---|---|---|
| 반내다 | 번놓다 | 빗나가다 | 빛나다 | 새파랗다 |
| 샛노랗다 | 시꺼멓다 | 싯누렇다 | 엇나가다 | 엎누르다 |
| 엿듣다 | 옻오르다 | 짓이기다 | 헛되다 | |

[붙임 1] 어원은 분명하나 소리만 특이하게 변한 것은 변한 대로 적는다.

할아버지 할아범

[붙임 2] 어원이 분명하지 아니한 것은 원형을 밝히어 적지 아니한다.

| | | | | |
|---|---|---|---|---|
| 골병 | 골탕 | 끌탕 | 며칠 | 아재비 |
| 오라비 | 업신여기다 | 부리나케 | | |

[붙임 3] '이 [齒, 蝨]'가 합성어나 이에 준하는 말에서 '니' 또는 '리'로 소리날 때에는 '니'로 적는다.

| | | | | |
|---|---|---|---|---|
| 간니 | 덧니 | 사랑니 | 송곳니 | 앞니 |
| 어금니 | 윗니 | 젖니 | 톱니 | 틀니 |
| 가랑니 | 머릿니 | | | |

**제28항** 끝소리가 'ㄹ'인 말과 딴 말이 어울릴 적에 'ㄹ' 소리가 나지 아니하는 것은 아니 나는 대로 적는다.

| | | |
|---|---|---|
| 다달이(달-달-이) | 따님(딸-님) | 마되(말-되) |
| 마소(말-소) | 무자위(물-자위) | 바느질(바늘-질) |
| 부나비(불-나비) | 부삽(불-삽) | 부손(불-손) |
| 소나무(솔-나무) | 싸전(쌀-전) | 여닫이(열-닫이) |
| 우짖다(울-짖다) | 화살(활-살) | |

**제29항** 끝소리가 'ㄹ'인 말과 딴 말이 어울릴 적에 'ㄹ' 소리가 'ㄷ' 소리로 나는 것은 'ㄷ'으로 적는다.

| | | |
|---|---|---|
| 반짇고리(바느질-) | 사흗날(사흘-) | 삼짇날(삼질-) |
| 섣달(설-) | 숟가락(술-) | 이튿날(이틀-) |
| 잗주름(잘-) | 푿소(풀-) | 섣부르다(설-) |
| 잗다듬다(잘-) | 잗다랗다(잘-) | |

**제30항** 사이시옷은 다음과 같은 경우에 받치어 적는다.

1. 순 우리말로 된 합성어로서 앞말이 모음으로 끝난 경우

(1) 뒷말의 첫소리가 된소리로 나는 것

| | | | | |
|---|---|---|---|---|
| 고랫재 | 귓밥 | 나룻배 | 나뭇가지 | 냇가 |
| 댓가지 | 뒷갈망 | 맷돌 | 머릿기름 | 모깃불 |
| 못자리 | 바닷가 | 뱃길 | 볏가리 | 부싯돌 |
| 선짓국 | 쇳조각 | 아랫집 | 우렁잇속 | 잇자국 |
| 잿더미 | 조갯살 | 찻집 | 쳇바퀴 | 킷값 |
| 핏대 | 햇볕 | 혓바늘 | | |

(2) 뒷말의 첫소리 'ㄴ, ㅁ' 앞에서 'ㄴ' 소리가 덧나는 것

멧나물 아랫니 텃마당 아랫마을 뒷머리

잇몸 깻묵 냇물 빗물

(3) 뒷말의 첫소리 모음 앞에서 'ㄴㄴ' 소리가 덧나는 것

도리깻열 뒷윷 두렛일 뒷일 뒷입맛

베갯잇 욧잇 깻잎 나뭇잎 댓잎

2. 순 우리말과 한자어로 된 합성어로서 앞말이 모음으로 끝난 경우

(1) 뒷말의 첫소리가 된소리로 나는 것

귓병 머릿방 뱃병 봇둑 사잣밥

샛강 아랫방 자릿세 전셋집 찻잔

찻종 촛국 콧병 탯줄 텃세

핏기 햇수 횟가루 횟배

(2) 뒷말의 첫소리 'ㄴ, ㅁ' 앞에서 'ㄴ' 소리가 덧나는 것

곗날 제삿날 훗날 툇마루 양칫물

(3) 뒷말의 첫소리 모음 앞에서 'ㄴㄴ' 소리가 덧나는 것

가욋일 사삿일 예삿일 훗일

3. 두 음절로 된 다음 한자어

곳간(庫間) 셋방(貰房) 숫자(數字)

찻간(車間) 툇간(退間) 횟수(回數)

제31항 두 말이 어울릴 적에 'ㅂ' 소리나 'ㅎ' 소리가 덧나는 것은 소리대로 적는다.

1. 'ㅂ' 소리가 덧나는 것

댑싸리(대ㅂ싸리) 멥쌀(메ㅂ쌀) 볍씨(벼ㅂ씨) 입때(이ㅂ때)

입쌀(이ㅂ쌀) 접때(저ㅂ때) 좁쌀(조ㅂ쌀) 햅쌀(해ㅂ쌀)

2. 'ㅎ' 소리가 덧나는 것

머리카락(머리ㅎ가락) 살코기(살ㅎ고기) 수캐(수ㅎ개)

수컷(수ㅎ것) 수탉(수ㅎ닭) 안팎(안ㅎ밖)

암캐(암ㅎ개) 암컷(암ㅎ것) 암탉(암ㅎ닭)

## 제5절 준말

제32항 단어의 끝모음이 줄어지고 자음만 남은 것은 그 앞의 음절에 받침으로 적는다.

| (본말) | (준말) | (본말) | (준말) |
|---|---|---|---|
| 기러기야 | 기럭아 | 온가지 | 온갖 |
| 어제그저께 | 엊그저께 | 가지고, 가지지 | 갖고, 갖지 |
| 어제저녁 | 엊저녁 | 디디고, 디디지 | 딛고, 딛지 |

제33항 체언과 조사가 어울려 줄어지는 경우에는 준 대로 적는다.

| (본말) | (준말) | (본말) | (준말) |
|---|---|---|---|
| 그것은 | 그건 | 너는 | 넌 |

| | | | |
|---|---|---|---|
| 그것이 | 그게 | 너를 | 널 |
| 그것으로 | 그걸로 | 무엇을 | 뭣을/무얼/뭘 |
| 나는 | 난 | 무엇이 | 뭣이/무에 |
| 나를 | 날 | | |

제34항 모음 'ㅏ, ㅓ'로 끝난 어간에 '-아/-어, -았-/-었-'이 어울릴 적에는 준 대로 적는다.

| (본말) | (준말) | (본말) | (준말) |
|---|---|---|---|
| 가아 | 가 | 가았다 | 갔다 |
| 나아 | 나 | 나았다 | 났다 |
| 타아 | 타 | 타았다 | 탔다 |
| 서어 | 서 | 서었다 | 섰다 |
| 켜어 | 켜 | 켜었다 | 켰다 |
| 펴어 | 펴 | 펴었다 | 폈다 |

[붙임 1] 'ㅐ, ㅔ' 뒤에 '-어, -었-'이 어울려 줄 적에는 준 대로 적는다.

| (본말) | (준말) | (본말) | (준말) |
|---|---|---|---|
| 개어 | 개 | 개었다 | 갰다 |
| 내어 | 내 | 내었다 | 냈다 |
| 베어 | 베 | 베었다 | 벴다 |
| 세어 | 세 | 세었다 | 셌다 |

[붙임 2] '하여'가 한 음절로 줄어서 '해'로 될 적에는 준 대로 적는다.

| (본말) | (준말) | (본말) | (준말) |
|---|---|---|---|
| 하여 | 해 | 하였다 | 했다 |
| 더하여 | 더해 | 더하였다 | 더했다 |
| 흔하여 | 흔해 | 흔하였다 | 흔했다 |

제35항 모음 'ㅗ, ㅜ'로 끝난 어간에 '-아/-어, -았-/-었-'이 어울려 'ㅘ/ㅝ, ㅘㅆ/ㅝㅆ'으로 될 적에는 준 대로 적는다.

| (본말) | (준말) | (본말) | (준말) |
|---|---|---|---|
| 꼬아 | 꽈 | 꼬았다 | 꽜다 |
| 보아 | 봐 | 보았다 | 봤다 |
| 쏘아 | 쏴 | 쏘았다 | 쐈다 |
| 두어 | 둬 | 두었다 | 뒀다 |
| 쑤어 | 쒀 | 쑤었다 | 쒔다 |
| 주어 | 줘 | 주었다 | 줬다 |

[붙임 1] '놓아'가 '놔'로 줄 적에는 준 대로 적는다.

[붙임 2] 'ㅚ' 뒤에 '-어, -었-'이 어울려 'ㅙ, ㅙㅆ'으로 될 적에도 준 대로 적는다.

| (본말) | (준말) | (본말) | (준말) |
|---|---|---|---|
| 괴어 | 괘 | 괴었다 | 괬다 |

| 되어 | 돼 | 되었다 | 됐다 |
|---|---|---|---|
| 뵈어 | 봬 | 뵈었다 | 뵀다 |
| 쇠어 | 쇄 | 쇠었다 | 쇘다 |
| 쐬어 | 쐐 | 쐬었다 | 쐤다 |

**제36항** 'ㅣ' 뒤에 '–어'가 와서 'ㅕ'로 줄 적에는 준 대로 적는다.

| (본말) | (준말) | (본말) | (준말) |
|---|---|---|---|
| 가지어 | 가져 | 가지었다 | 가졌다 |
| 견디어 | 견뎌 | 견디었다 | 견뎠다 |
| 다니어 | 다녀 | 다니었다 | 다녔다 |
| 막히어 | 막혀 | 막히었다 | 막혔다 |
| 버티어 | 버텨 | 버티었다 | 버텼다 |
| 치이어 | 치여 | 치이었다 | 치였다 |

**제37항** 'ㅏ, ㅕ, ㅗ, ㅜ, ㅡ'로 끝난 어간에 '–이–'가 와서 각각 'ㅐ, ㅖ, ㅚ, ㅟ, ㅢ'로 줄 적에는 준 대로 적는다.

| (본말) | (준말) | (본말) | (준말) |
|---|---|---|---|
| 싸이다 | 쌔다 | 누이다 | 뉘다 |
| 펴이다 | 폐다 | 뜨이다 | 띄다 |
| 보이다 | 뵈다 | 쓰이다 | 씌다 |

**제38항** 'ㅏ, ㅗ, ㅜ, ㅡ' 뒤에 '–이어'가 어울려 줄어질 적에는 준 대로 적는다.

| (본말) | (준말) | (본말) | (준말) |
|---|---|---|---|
| 싸이어 | 쌔어 싸여 | 뜨이어 | 띄어 |
| 보이어 | 뵈어 보여 | 쓰이어 | 씌어 쓰여 |
| 쏘이어 | 쐬어 쏘여 | 트이어 | 틔어 트여 |
| 누이어 | 뉘어 누여 | | |

**제39항** 어미 '–지' 뒤에 '않–'이 어울려 '–잖–'이 될 적과 '–하지' 뒤에 '않–'이 어울려 '–찮–'이 될 적에는 준 대로 적는다.

| (본말) | (준말) | (본말) | (준말) |
|---|---|---|---|
| 그렇지 않은 | 그렇잖은 | 만만하지 않다 | 만만찮다 |
| 적지 않은 | 적잖은 | 변변하지 않다 | 변변찮다 |

**제40항** 어간의 끝음절 '하'의 'ㅏ'가 줄고 'ㅎ'이 다음 음절의 첫소리와 어울려 거센소리로 될 적에는 거센소리로 적는다.

| (본말) | (준말) | (본말) | (준말) |
|---|---|---|---|
| 간편하게 | 간편케 | 다정하다 | 다정타 |
| 연구하도록 | 연구토록 | 정결하다 | 정결타 |
| 가하다 | 가타 | 흔하다 | 흔타 |

[붙임 1] 'ㅎ'이 어간의 끝소리로 굳어진 것은 받침으로 적는다.

| | | | |
|---|---|---|---|
| 않다 | 않고 | 않지 | 않든지 |
| 그렇다 | 그렇고 | 그렇지 | 그렇든지 |
| 아무렇다 | 아무렇고 | 아무렇지 | 아무렇든지 |
| 어떻다 | 어떻고 | 어떻지 | 어떻든지 |
| 이렇다 | 이렇고 | 이렇지 | 이렇든지 |
| 저렇다 | 저렇고 | 저렇지 | 저렇든지 |

[붙임 2] 어간의 끝음절 '하'가 아주 줄 적에는 준 대로 적는다.

| (본말) | (준말) |
|---|---|
| 거북하지 | 거북지 |
| 생각하건대 | 생각건대 |
| 생각하다 못해 | 생각다 못해 |
| 깨끗하지 않다 | 깨끗지 않다 |
| 넉넉하지 않다 | 넉넉지 않다 |
| 못하지 않다 | 못지 않다 |
| 섭섭하지 않다 | 섭섭지 않다 |
| 익숙하지 않다 | 익숙지 않다 |

[붙임 3] 다음과 같은 부사는 소리대로 적는다.

| | | | |
|---|---|---|---|
| 결단코 | 결코 | 기필코 | 무심코 |
| 아무튼 | 요컨대 | 정녕코 | 필연코 |
| 하마터면 | 하여튼 | 한사코 | |

## 제5장 띄어쓰기

### 제1절 조사

제41항 조사는 그 앞말에 붙여 쓴다.

| | | | |
|---|---|---|---|
| 꽃이 | 꽃마저 | 꽃밖에 | 꽃에서부터 |
| 꽃으로만 | 꽃이나마 | 꽃이다 | 꽃입니다 |
| 꽃처럼 | 어디까지나 | 거기도 | 멀리는 |
| 웃고만 | | | |

### 제2절 의존 명사, 단위를 나타내는 명사 및 열거하는 말 등

제42항 의존 명사는 띄어 쓴다.

| | |
|---|---|
| 아는 것이 힘이다. | 나도 할 수 있다. |
| 먹을 만큼 먹어라. | 아는 이를 만났다. |
| 네가 뜻한 바를 알겠다. | 그가 떠난 지가 오래다. |

**제43항** 단위를 나타내는 명사는 띄어 쓴다.

| | | | |
|---|---|---|---|
| 한 개 | 차 한 대 | 금 서 돈 | 소 한 마리 |
| 옷 한 벌 | 열 살 | 조기 한 손 | 연필 한 자루 |
| 버선 한 죽 | 집 한 채 | 신 두 켤레 | 북어 한 쾌 |

다만, 순서를 나타내는 경우나 숫자와 어울리어 쓰이는 경우에는 붙여 쓸 수 있다.

| | | | |
|---|---|---|---|
| 두시 삼십분 오초 | 제일과 | 삼학년 | 육층 |
| 1446년 10월 9일 | 2대대 | 16동 502호 | 제1어학실습실 |
| 80원 | 10개 | | 7미터 |

**제44항** 수를 적을 적에는 '만(萬)' 단위로 띄어 쓴다.

십이억 사천사백오십육만 칠천팔백구십팔
12억 3456만 7898

**제45항** 두 말을 이어 주거나 열거할 적에 쓰이는 다음의 말들은 띄어 쓴다.

| | |
|---|---|
| 국장 겸 과장 | 열 내지 스물 |
| 청군 대 백군 | 책상, 걸상 등이 있다. |
| 이사장 및 이사들 | 사과, 배, 귤 등등 |
| 사과, 배 등속 | 부산, 광주 등지 |

**제46항** 단음절로 된 단어가 연이어 나타날 적에는 붙여 쓸 수 있다.

| | | | |
|---|---|---|---|
| 그때 그곳 | 좀더 큰것 | 이말 저말 | 한잎 두잎 |

## 제3절 보조 용언

**제47항** 보조 용언은 띄어 씀을 원칙으로 하되, 경우에 따라 붙여 씀도 허용한다(ㄱ을 원칙으로 하고, ㄴ을 허용함).

| ㄱ | ㄴ |
|---|---|
| 불이 꺼져 간다. | 불이 꺼져간다. |
| 내 힘으로 막아 낸다. | 내 힘으로 막아낸다. |
| 어머니를 도와 드린다. | 어머니를 도와드린다. |
| 그릇을 깨뜨려 버렸다. | 그릇을 깨뜨려버렸다. |
| 비가 올 듯하다. | 비가 올듯하다. |
| 그 일은 할 만하다. | 그 일은 할만하다. |
| 일이 될 법하다. | 일이 될법하다. |
| 비가 올 성싶다. | 비가 올성싶다. |
| 잘 아는 척한다. | 잘 아는척한다. |

다만, 앞말에 조사가 붙거나 앞말이 합성 동사인 경우, 그리고 중간에 조사가 들어갈 적에는 그 뒤에 오는 보조 용언은 띄어 쓴다.

| | |
|---|---|
| 잘도 놀아만 나는구나! | 책을 읽어도 보고……. |

네가 덤벼들어 보아라. 강물에 떠내려가 버렸다.
그가 올 듯도 하다. 잘난 체를 한다.

### 제4절 고유 명사 및 전문 용어

**제48항** 성과 이름, 성과 호 등은 붙여 쓰고, 이에 덧붙는 호칭어, 관직명 등은 띄어 쓴다.

김양수(金良洙) 서화담(徐花潭) 채영신 씨
최치원 선생 박동식 박사 충무공 이순신 장군

다만, 성과 이름, 성과 호를 분명히 구분할 필요가 있을 경우에는 띄어 쓸 수 있다.

남궁억/남궁 억 독고준/독고 준
황보지봉(皇甫芝峰)/황보 지봉

**제49항** 성명 이외의 고유 명사는 단어별로 띄어 씀을 원칙으로 하되, 단위별로 띄어 쓸 수 있다(ㄱ을 원칙으로 하고, ㄴ을 허용함).

| ㄱ | ㄴ |
|---|---|
| 대한 중학교 | 대한중학교 |
| 한국 대학교 사범 대학 | 한국대학교 사범대학 |

**제50항** 전문 용어는 단어별로 띄어 씀을 원칙으로 하되, 붙여 쓸 수 있다(ㄱ을 원칙으로 하고, ㄴ을 허용함).

| ㄱ | ㄴ |
|---|---|
| 만성 골수성 백혈병 | 만성골수성백혈병 |
| 중거리 탄도 유도탄 | 중거리탄도유도탄 |

## 제6장 그 밖의 것

**제51항** 부사의 끝음절이 분명히 '이'로만 나는 것은 '-이'로 적고, '히'로만 나거나 '이'나 '히'로 나는 것은 '-히'로 적는다.

1. '이'로만 나는 것

가붓이 깨끗이 나붓이 느긋이 둥긋이
따뜻이 반듯이 버젓이 산뜻이 의젓이
가까이 고이 날카로이 대수로이 번거로이
많이 적이 헛되이 겹겹이 번번이
일일이 집집이 틈틈이

2. '히'로만 나는 것

극히 급히 딱히 속히 작히
족히 특히 엄격히 정확히

3. '이, 히'로 나는 것

| | | | | |
|---|---|---|---|---|
| 솔직히 | 가만히 | 간편히 | 나른히 | 무단히 |
| 각별히 | 소홀히 | 쓸쓸히 | 정결히 | 과감히 |
| 꼼꼼히 | 심히 | 열심히 | 급급히 | 답답히 |
| 섭섭히 | 공평히 | 능히 | 당당히 | 분명히 |
| 상당히 | 조용히 | 간소히 | 고요히 | 도저히 |

**제52항** 한자어에서 본음으로도 나고 속음으로도 나는 것은 각각 그 소리에 따라 적는다.

| (본음으로 나는 것) | (속음으로 나는 것) |
|---|---|
| 승낙(承諾) | 수락(受諾), 쾌락(快諾), 허락(許諾) |
| 만난(萬難) | 곤란(困難), 논란(論難) |
| 안녕(安寧) | 의령(宜寧), 회령(會寧) |
| 분노(忿怒) | 대로(大怒), 희로애락(喜怒哀樂) |
| 토론(討論) | 의논(議論) |
| 오륙십(五六十) | 오뉴월, 유월(六月) |
| 목재(木材) | 모과(木瓜) |
| 십일(十日) | 시방정토(十方淨土), 시왕(十王), 시월(十月) |
| 팔일(八日) | 초파일(初八日) |

**제53항** 다음과 같은 어미는 예사소리로 적는다(ㄱ을 취하고, ㄴ을 버림).

| ㄱ | ㄴ | ㄱ | ㄴ |
|---|---|---|---|
| -(으)ㄹ거나 | -(으)ㄹ꺼나 | -(으)ㄹ지니라 | -(으)ㄹ찌니라 |
| -(으)ㄹ걸 | -(으)ㄹ껄 | -(으)ㄹ지라도 | -(으)ㄹ찌라도 |
| -(으)ㄹ게 | -(으)ㄹ께 | -(으)ㄹ지어다 | -(으)ㄹ찌어다 |
| -(으)ㄹ세 | -(으)ㄹ쎄 | -(으)ㄹ지언정 | -(으)ㄹ찌언정 |
| -(으)ㄹ세라 | -(으)ㄹ쎄라 | -(으)ㄹ진대 | -(으)ㄹ찐대 |
| -(으)ㄹ수록 | -(으)ㄹ쑤록 | -(으)ㄹ진저 | -(으)ㄹ찐저 |
| -(으)ㄹ시 | -(으)ㄹ씨 | -올시다 | -올씨다 |
| -(으)ㄹ지 | -(으)ㄹ찌 | | |

다만, 의문을 나타내는 다음 어미들은 된소리로 적는다.

-(으)ㄹ까?　　-(으)ㄹ꼬?　　-(스)ㅂ니까?　　-(으)리까?
-(으)ㄹ쏘냐?

**제54항** 다음과 같은 접미사는 된소리로 적는다(ㄱ을 취하고, ㄴ을 버림).

| ㄱ | ㄴ | ㄱ | ㄴ |
|---|---|---|---|
| 심부름꾼 | 심부름군 | 귀때기 | 귓대기 |
| 익살꾼 | 익살군 | 볼때기 | 볼대기 |
| 일꾼 | 일군 | 판자때기 | 판잣대기 |
| 장꾼 | 장군 | 뒤꿈치 | 뒷굼치 |

| | | | |
|---|---|---|---|
| 장난꾼 | 장난군 | 팔꿈치 | 팔굼치 |
| 지게꾼 | 지겟군 | 이마빼기 | 이맛배기 |
| 때깔 | 땟갈 | 코빼기 | 콧배기 |
| 빛깔 | 빛갈 | 객쩍다 | 객적다 |
| 성깔 | 성갈 | 겸연쩍다 | 겸연적다 |

제55항 두 가지로 구별하여 적던 다음 말들은 한 가지로 적는다(ㄱ을 취하고, ㄴ을 버림).

| ㄱ | ㄴ |
|---|---|
| 맞추다(입을 맞춘다, 양복을 맞춘다.) | 마추다 |
| 뻗치다(다리를 뻗친다, 멀리 뻗친다.) | 뻐치다 |

제56항 '-더라, -던'과 '-든지'는 다음과 같이 적는다.

1. 지난 일을 나타내는 어미는 '-더라, -던'으로 적는다(ㄱ을 취하고, ㄴ을 버림).

| ㄱ | ㄴ |
|---|---|
| 지난 겨울은 몹시 춥더라. | 지난 겨울은 몹시 춥드라. |
| 깊던 물이 얕아졌다. | 깊든 물이 얕아졌다. |
| 그렇게 좋던가? | 그렇게 좋든가? |
| 그 사람 말 잘하던데! | 그 사람 말 잘하든데! |
| 얼마나 놀랐던지 몰라. | 얼마나 놀랐든지 몰라. |

2. 물건이나 일의 내용을 가리지 아니하는 뜻을 나타내는 조사와 어미는 '(-)든지'로 적는다(ㄱ을 취하고, ㄴ을 버림).

| ㄱ | ㄴ |
|---|---|
| 배든지 사과든지 마음대로 먹어라. | 배던지 사과던지 마음대로 먹어라. |
| 가든지 오든지 마음대로 해라. | 가던지 오던지 마음대로 해라. |

제57항 다음의 말들은 각각 구별하여 적는다.

| | |
|---|---|
| 가름 | 둘로 가름 |
| 갈음 | 새 책상으로 갈음하였다. |
| 거름 | 풀을 썩인 거름 |
| 걸음 | 빠른 걸음 |
| 거치다 | 영월을 거쳐 왔다. |
| 걷히다 | 외상값이 잘 걷힌다. |
| 걷잡다 | 걷잡을 수 없는 상태 |
| 겉잡다 | 겉잡아서 이틀 걸릴 일 |
| 그러므로(그러니까) | 그는 부지런하다. 그러므로 잘 산다. |
| 그럼으로(써)<br>(그렇게 하는 것으로) | 그는 열심히 공부한다. 그럼으로(써) 은혜에 보답한다. |

| | |
|---|---|
| 노름 | 노름판이 벌어졌다. |
| 놀음(놀이) | 즐거운 놀음 |
| 느리다 | 진도가 너무 느리다. |
| 늘이다 | 고무줄을 늘인다. |
| 늘리다 | 수출량을 더 늘린다. |
| 다리다 | 옷을 다린다. |
| 달이다 | 약을 달인다. |
| 다치다 | 부주의로 손을 다쳤다. |
| 닫히다 | 문이 저절로 닫혔다. |
| 닫치다 | 문을 힘껏 닫쳤다. |
| 마치다 | 벌써 일을 마쳤다. |
| 맞히다 | 여러 문제를 더 맞혔다. |
| 목거리 | 목거리가 덧났다. |
| 목걸이 | 금 목걸이, 은 목걸이 |
| 바치다 | 나라를 위해 목숨을 바쳤다. |
| 받치다 | 우산을 받치고 간다. |
| | 책받침을 받친다. |
| 받히다 | 쇠뿔에 받혔다. |
| 밭치다 | 술을 체에 밭친다. |
| 반드시 | 약속은 반드시 지켜라. |
| 반듯이 | 고개를 반듯이 들어라. |
| 부딪치다 | 차와 차가 마주 부딪쳤다. |
| 부딪히다 | 마차가 화물차에 부딪혔다. |
| 부치다 | 힘이 부치는 일이다. |
| | 편지를 부친다. |
| | 논밭을 부친다. |
| | 빈대떡을 부친다. |
| | 식목일에 부치는 글 |
| | 회의에 부치는 안건 |
| | 인쇄에 부치는 원고 |
| | 삼촌 집에 숙식을 부친다. |
| 붙이다 | 우표를 붙인다. |
| | 책상을 벽에 붙였다. |
| | 흥정을 붙인다. |

| | |
|---|---|
| | 불을 붙인다. |
| | 감시원을 붙인다. |
| | 조건을 붙인다. |
| | 취미를 붙인다. |
| | 별명을 붙인다. |
| 시키다 | 일을 시킨다. |
| 식히다 | 끓인 물을 식힌다. |
| 아름 | 세 아름 되는 둘레 |
| 알음 | 전부터 알음이 있는 사이 |
| 앎 | 앎이 힘이다. |
| 안치다 | 밥을 안친다. |
| 앉히다 | 윗자리에 앉힌다. |
| 어름 | 경계선 어름에서 일어난 사건 |
| 얼음 | 얼음이 얼었다. |
| 이따가 | 이따가 오너라. |
| 있다가 | 돈은 있다가도 없다. |
| 저리다 | 다친 다리가 저린다. |
| 절이다 | 김장 배추를 절인다. |
| 조리다 | 생선을 조린다. 통조림, 병조림 |
| 졸이다 | 마음을 졸인다. |
| 주리다 | 여러 날을 주렸다. |
| 줄이다 | 비용을 줄인다. |
| 하노라고 | 하노라고 한 것이 이 모양이다. |
| 하느라고 | 공부하느라고 밤을 새웠다. |
| -느니보다(어미) | 나를 찾아 오느니보다 집에 있거라. |
| -는 이보다(의존 명사) | 오는 이가 가는 이보다 많다. |
| -(으)리만큼(어미) | 그가 나를 미워하리만큼 내가 그에게 잘못한 일이 없다. |
| -(으)ㄹ 이만큼(의존 명사) | 찬성할 이도 반대할 이만큼이나 많을 것이다. |
| -(으)러(목적) | 공부하러 간다. |
| -(으)려(의도) | 서울 가려 한다. |

| | |
|---|---|
| -(으)로서(자격) | 사람으로서 그럴 수는 없다. |
| -(으)로써(수단) | 닭으로써 꿩을 대신했다. |
| -(으)므로(어미) | 그가 나를 믿으므로 나도 그를 믿는다. |
| (-ㅁ, -음)으로(써)(조사) | 그는 믿음으로(써) 산 보람을 느꼈다. |

**저자 약력**

전북대학교 대학원 국어국문학과 문학박사(1987년)
전북대학교 강사
전북과학대학교 교수(현). 학과장, 교무처장, 학장 직무대리 역임

〈저서〉
『몽유록소설연구』, 『고시가양식론』, 『우리네 우화』, 『대학과 문화』(공편), 『소성면지』(2007년 대한민국 출판문화 대상 수상), 『현대화사설본 춘향가』 외 4편

〈논문〉
"풍요론", "원왕생가 해석론", "고려속요 원형 재구", "<산유화>의 이혼재생", "몽유록의 양식" 등 50여 편

# 도대체 무엇을 어떻게 쓸 것인가

초　　판 1쇄 발행 / 1998년 2월 25일
개정증보판 1쇄 발행 / 2011년 8월 17일
개정증보판 8쇄 발행 / 2024년 3월 15일

저자　유종국
발행처　형설출판사
경기도 파주시 회동길 37-23 · 전화 (031) 955-2361～4 · 팩시밀리 (031) 955-2341
발행인　장진혁
등록　라-제9호 · 1962년 5월 1일
홈페이지　http://www.hyungseul.co.kr
e-mail　hs@hyungseul.co.kr

정가 21,000원



ISBN 978-89-472-4882-2 93700